LE DOMAINE

DES

HOSPICES DE PARIS

DEPUIS LA RÉVOLUTION

JUSQU'A LA TROISIÈME RÉPUBLIQUE

PAR

AMÉDÉE BONDE

DOCTEUR EN DROIT

CHEF DE SERVICE A L'ADMINISTRATION GÉNÉRALE DE L'ASSISTANCE PUBLIQUE DE PARIS

Préface de M. G. MESUREUR

DIRECTEUR DE L'ADMINISTRATION GÉNÉRALE DE L'ASSISTANCE PUBLIQUE DE PARIS

BERGER-LEVRAULT ET Cie, ÉDITEURS

PARIS | NANCY

5, RUE DES BEAUX-ARTS | 18, RUE DES GLACIS

1906

LE DOMAINE

DES

HOSPICES DE PARIS

DEPUIS LA RÉVOLUTION

JUSQU'A LA TROISIÈME RÉPUBLIQUE

LE DOMAINE

DES

HOSPICES DE PARIS

DEPUIS LA RÉVOLUTION

JUSQU'A LA TROISIÈME RÉPUBLIQUE

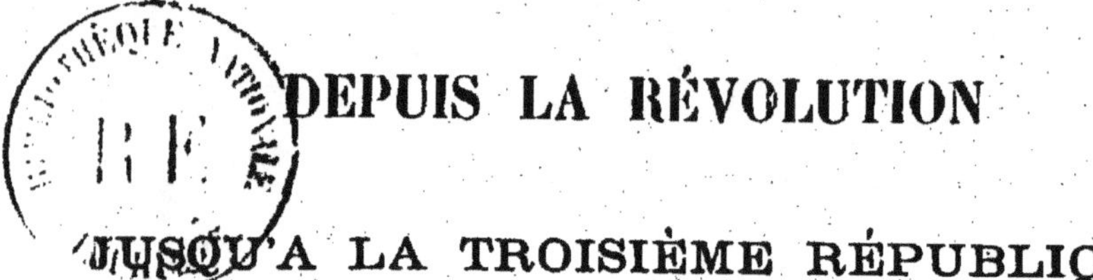

PAR

AMÉDÉE BONDE

DOCTEUR EN DROIT

CHEF DE SERVICE A L'ADMINISTRATION GÉNÉRALE DE L'ASSISTANCE PUBLIQUE DE PARIS

Préface de M. G. MESUREUR

DIRECTEUR DE L'ADMINISTRATION GÉNÉRALE DE L'ASSISTANCE PUBLIQUE DE PARIS

BERGER-LEVRAULT ET Cⁱᵉ, ÉDITEURS

PARIS | NANCY

5, RUE DES BEAUX-ARTS | 18, RUE DES GLACIS

1906

PRÉFACE

___

A Monsieur *BONDE*

Chef du service du domaine de l'Assistance publique.

___

Monsieur et cher Collaborateur,

J'avais suivi votre travail dans son développement et je me félicite aujourd'hui de le relire ; votre livre n'est pas seulement une étude historique, minutieuse en ses recherches, puisée aux documents originaux ; il vaudra aux yeux des lecteurs par l'enseignement qu'il renferme sous une forme concrète ; en effet, vous avez posé implicitement le problème de la gestion administrative et vous en avez suivi les applications à un domaine digne d'attention par son étendue et par ses origines, plus important encore par son rôle, le domaine immobilier de l'Assistance publique à Paris, « le domaine des hospices ».

Ce sont bien les hospices qui sont les maîtres du domaine : la vieille expression porte avec elle le symbole de la personnalité vivante, qui, après une longue carrière dans les siècles passés, s'est imposée à notre droit administratif.

Les hospices ont la personnalité ; il fallait bien que quelqu'un possédât au nom de ceux qui n'avaient rien et que les pauvres fussent représentés. La charité privée avait connu originairement les défauts résultant de l'action limitée, irré-

1

gulière, liée à tous les incidents de la vie humaine et subordonnée aux circonstances. Pour faire œuvre durable, elle eut à s'organiser. Elle créa des établissements pour les doter d'une individualité propre, distincte de celle de leurs fondateurs, et le bienfait put ainsi survivre aux bienfaiteurs. On savait à qui donner lorsqu'on voulait gratifier les pauvres.

Le sait-on encore aujourd'hui? L'Administration générale de l'Assistance publique à Paris n'est pas seulement le représentant désigné par la loi pour les pauvres de Paris, elle est aussi l'héritière du passé, elle a reçu, avec ces vieux établissements, avec leurs charges et leurs droits, la mission de pourvoir à des besoins nombreux, à des problèmes chaque jour plus difficiles; et c'est vers elle que l'on se tourne pour réclamer l'exécution des services complexes d'assistance qu'elle doit assurer. Se tourne-t-on aussi souvent vers elle pour donner aux pauvres et leur tendre la main? Des haines, des polémiques ont quelque peu écarté les bienfaiteurs; l'Assistance publique n'est faite que pour servir les pauvres : faible moyen de persuasion, argument ingrat et négatif que cette seule raison d'être, que ce titre unique à l'attention des bienfaiteurs : la mission de représenter les pauvres !

Qu'est-ce à dire, si nous nous souvenons des légendes et des calomnies! Par une ironie singulière, ce sont nos détracteurs qui nous reprochent de n'avoir pas assez de dossiers et de paperasses, de ne pas faire signer assez de quittances et de ne conserver, pour nous justifier, que des preuves insuffisantes. L'histoire du domaine des hospices montrera, avec les difficultés d'une telle gestion, la haute probité des administrateurs du bien des pauvres.

Ce livre fera mieux encore : il apportera une contribution décisive aux recherches sur la personnalité civile. La limite des droits attachés à la personnalité juridique de l'établissement public est l'objet, à travers le dix-neuvième siècle, de théories controversées. Augmenter un patrimoine immobilier par un placement de capitaux, l'améliorer, le transformer, gérer comme le fait un particulier, voilà des opérations que, suivant la vieille théorie des économistes, on juge des administrateurs incapables de mener à bien : ils n'y ont point d'intérêt personnel, ils agiront avec négligence. La théorie s'accorde avec l'opinion publique pour suspecter sinon l'intégrité, du moins l'intelligence et l'activité de la gestion administrative. Tel fut d'un parti important l'avis partagé par l'autorité supérieure. La personnalité n'est, d'après eux, qu'une fiction de la loi et à peine cet être de fiction est-il formé qu'on lui impose une sorte d'incapacité générale ; on lui donne le droit de posséder, mais on l'estime incapable de gérer son patrimoine. Double paradoxe : la loi n'a rien créé. Comme si la loi avait eu besoin de créer ce qui existait, ce qui est demeuré dans les mêmes murs, avec les mêmes traditions, soutenu par les mêmes fermages, payé par les mêmes familles de fermiers qu'il y a plusieurs siècles ! Il suffit de connaître la fortune mobilière et immobilière de l'Assistance publique à Paris, ses origines et son caractère, pour se convaincre qu'elle est une personne, au sens étroit et au sens large : elle a tout un passé, des souvenirs, des traditions. Et, tout à coup, cette incapacité, habilement utilisée, est suspendue, pour permettre d'en dériver le profit et de décider que cette fortune s'emploiera en valeurs d'un certain ordre. Ceux que l'on juge incapables de conserver et de louer une ferme font des placements en Bourse.

L'histoire du domaine des hospices de Paris montrera combien une gestion immobilière est délicate et quels en sont les dangers ; mais s'il convient de la contrôler, pourquoi tendre à la supprimer en fait, pourquoi aboutir à une règle qui, sans diminuer leur responsabilité, impose aux administrateurs des placements d'une seule catégorie, une part excessive des rentes d'État, avec la certitude de voir diminuer sans cesse les revenus ? Il était naturel que l'Assistance publique, à l'image du *bonus pater familias*, divisât ses risques et fît effort pour conserver son domaine immobilier. Ceux qui se sont intéressés à elle, ceux qui ont touché à son organisation complexe, qui ont connu la vie active de tous ses services, se réjouiront d'apprendre la destinée de cette fortune immobilière, legs de tant d'années, toujours insuffisante aux besoins.

Ce livre se rattache à l'Assistance publique par des liens étroits et nombreux ; l'histoire des faits passés est le meilleur des plaidoyers et le droit administratif trouvera dans ce travail solide l'exemple décisif et précis pour appuyer la théorie.

A ce double titre, je me félicite de présenter l'étude qui va suivre à tous ceux qui portent leur attention sur notre grand service d'assistance.

G. MESUREUR.

LE DOMAINE

DES

HOSPICES DE PARIS

DEPUIS LA RÉVOLUTION

JUSQU'A LA TROISIÈME RÉPUBLIQUE

PRÉLIMINAIRES

La possession et l'administration par les établissements hospitaliers d'un patrimoine immobilier urbain et rural ont donné lieu de tout temps à de vives controverses. On comprend qu'il en soit ainsi. D'un côté, les administrations ont toujours été accusées, et parfois avec raison, de mal gérer leurs biens immobiliers, d'employer à cette tâche un personnel nombreux et largement rétribué qui, assuré du lendemain, n'apporte à l'accomplissement de sa tâche quotidienne que l'insouciance et l'esprit de routine. Grevés de frais généraux très élevés, gérés par des employés indifférents ou processifs et parfois incapables, les biens des établissements hospitaliers ne produisent, dit-on, que de faibles revenus et périclitent peu à peu, faute d'entretien, jusqu'au jour où s'impose la nécessité d'y effectuer des travaux de grosses réparations qui, exécutés trop tardivement, sans préoccupation d'économie, absorbent d'un coup le montant du loyer de plusieurs années.

D'un autre côté, les hospices sont des *personnes de mainmorte* ; or, les pouvoirs publics ont toujours vu un double danger, politique et économique, dans le développement de la propriété foncière de ces entités juridiques, qui acquièrent souvent, en vertu de libéralités ou à titre onéreux, aliènent rarement et ne meurent jamais.

A l'époque féodale et sous la monarchie pure, jusqu'à la Révolution, les inconvénients de la mainmorte étaient atténués par des procédés ingénieux. On permettait l'acquisition, mais l'établissement était obligé de se défaire de la tenure dans un délai restreint, ordinairement une année. Ou bien on constituait un *homme vivant et mourant* désigné par l'établissement public pour le représenter et dont le décès entraînait la perception des droits de mutation : *relief, ensaisissement* ou autres, d'après la condition de la tenure. Une troisième combinaison consistait à autoriser l'acquisition, moyennant le payement sous le nom d'*amortissement*, d'une somme une fois payée, comme indemnité, au profit du roi ou du seigneur [1].

Au XVIII⁰ siècle, l'augmentation croissante de la fortune des personnes morales, ecclésiastiques et séculières, inquiéta d'autant plus vivement la royauté que ses finances étaient dans une détresse plus grande.

Sous Louis XV, un édit, rédigé par le chancelier d'Aguesseau et publié au mois d'août 1749, défendit à tous les gens de mainmorte d'acquérir, recevoir ou posséder à l'avenir, *à titre gratuit ou onéreux, sans permission du roi*, aucuns biens meubles ou immeubles.

Le même édit alla plus loin encore : il interdit de faire aux gens de mainmorte aucune *disposition de dernière volonté*, pour leur donner des *fonds de terre* ou des *maisons*, alors même que ces libéralités seraient faites à charge d'obtenir des *lettres patentes* [2].

Dans une lettre adressée le 13 avril 1750 à un membre du Parlement de Grenoble, d'Aguesseau justifia l'application de l'édit aux hôpitaux par les raisons suivantes : « Personne n'ignore que le revenu des biens-fonds est consommé en grande partie, et quelquefois absorbé entièrement, par les réparations et autres charges ; à quoi il faut ajouter la difficulté de trouver à affermer ou à louer ces biens à leur juste valeur, l'insolvabilité des fermiers ou des locataires, les poursuites, les procès..... Les meilleurs administrateurs ne sont

---

1. Voir Esmein, *Cours élémentaire d'histoire du droit français*, chap. IV, § 1ᵉʳ. L'amortissement a été remplacé, de nos jours, par une taxe annuelle, la taxe de mainmorte (Loi du 20 février 1849).

2. Art. 14, 15, 16, 17. Isambert, vol. 22, p. 226. Merlin, vol. 7, page 608. L'article 25 de cet édit s'exprime ainsi : « Dans tous les cas dans lesquels des biens immeubles pourraient échoir aux gens de mainmorte en vertu des droits attachés aux seigneuries à eux appartenant, ils seront tenus de les *aliéner dans le délai d'un an*. »

pas toujours capables d'entrer dans les détails que ces sortes d'objets exigent nécessairement, ou ils ne sont pas en état d'y vaquer. L'expérience a fait voir que les biens-fonds des hôpitaux diminuent presque toujours de valeur, et la dépense journalière d'un hôpital demande un revenu qui soit plus facile à percevoir[1]. »

Un nouvel édit, en date du 20 juillet 1762, revint sur la sévérité du premier; il ratifia les legs d'immeubles de toute nature faits aux hôpitaux depuis l'édit de 1749 et autorisa pour l'avenir les dispositions de dernière volonté, à leur profit, sous une double réserve : les héritiers auront un droit de retrait pour les immeubles légués, en payant leur valeur sur estimation ; faute par eux d'exercer ce droit, les établissements institués seront tenus d'aliéner les immeubles dans le *délai d'un an*[2].

Le 14 janvier 1780, un édit de Louis XVI préparé par Necker enjoignit aux hospices de *procéder* à mesure d'occasions convenables, et par voie d'enchères publiques, *à la vente de leurs biens immeubles*. Une partie du prix devait être employée au payement des dettes des hospices ; pour le reste, l'édit en conseillait le versement dans la Caisse générale des domaines, avec intérêt à 5 p. 100 [3]. Les établissements hospitaliers auraient ainsi, dit Necker, *converti un faible intérêt contre un plus grand, et une administration compliquée contre une très simple*[4].

Nous consacrerons cette étude au DOMAINE IMMOBILIER PRODUCTIF DE REVENUS des hospices civils de Paris depuis la Révolution. Nous suivrons ce domaine dans toutes ses phases, dont quelques-unes furent critiques : confiscation, restitution partielle, dédommagements, ventes en masse sous le premier Empire et la Restauration, puis aliénations fréquentes, mais isolées, et reconstitution progressive du patrimoine foncier.

Nous verrons la Monarchie de juillet et le second Empire tenter

---

1. Œuvres complètes, édition de Pardessus, t. XIII, p. 109.

2. Isambert, vol. 22, p. 323. Merlin, vol. 7, p. 610.

3. Isambert, vol. 21, p. 257. D'autres emplois étaient autorisés, notamment sur les États et sur le clergé, conformément à l'édit de 1749.

4. Cité par Augustin Cochin, ancien membre du Conseil de surveillance de l'Assistance publique, *De la conversion en rentes des biens hospitaliers*, brochure, 1858.

quelques efforts pour imposer, par substitution à cette fortune immobilière, la *rente sur l'État*, et la République de 1848 essayer de remplacer le patrimoine hospitalier urbain et rural par des *bois et forêts* provenant du domaine national.

L'Administration hospitalière opposa toujours une vive résistance à la transformation radicale et exclusive de ses domaines en *rentes sur l'État*. Nous ferons connaître les arguments invoqués en faveur de la jouissance par les hospices d'un patrimoine immobilier, urbain et rural.

Notre étude comprendra en outre la *gestion proprement dite* des propriétés. Nous aurons l'occasion de constater que, malgré les entraves apportées à cette gestion par la *complication* et la *lenteur des formalités*, les hospices de Paris n'ont jamais cessé d'apporter dans la régie de leurs biens un zèle et même un dévouement que n'ont lassés ni les critiques ni les attaques dirigées contre eux en tout temps.

Si les événements ont parfois trahi leurs prévisions, si parfois aussi les hospices ont fait preuve, avec quelque persistance, d'idées peut-être préconçues, nous ne devons pas oublier que les collectivités, comme les individus, ont leurs imperfections et que les administrateurs du domaine hospitalier de Paris, s'ils ont toujours été des hommes de bonne volonté, ont été également des hommes de bonne foi. A toute époque, ils ont donné des témoignages répétés de clairvoyance et d'énergie ; ils ont bien mérité des malheureux.

CHAPITRE Ier

LE DOMAINE IMMOBILIER PRODUCTIF PENDANT LA PÉRIODE RÉVOLUTIONNAIRE

§ Ier. — ORGANISATION ET RESSOURCES DES HOSPICES DE PARIS EN 1789.

Avant d'indiquer les mesures prises par la Révolution à l'égard des biens des hôpitaux, examinons sommairement quelle était l'organisation hospitalière de la ville de Paris en 1789 et par quelles phases elle passa depuis cette époque jusqu'à la création du *Conseil général des Hospices*, en 1801.

A la fin de l'ancien régime, les établissements charitables les plus importants de la capitale étaient placés sous la direction de trois grandes administrations : le *Bureau de l'Hôtel-Dieu*, le *Bureau de l'Hôpital général* et le *Grand Bureau des pauvres*. Ces établissements sont l'origine des trois formes d'assistance aujourd'hui pratiquées : *l'hôpital* dérive de l'Hôtel-Dieu, *l'hospice* de l'Hôpital général, *le secours à domicile* du Grand Bureau des pauvres [1].

En dehors de ces trois groupements, il existait un certain nombre d'hôpitaux, d'hospices et autres établissements charitables isolés, soumis à des règlements particuliers et dirigés presque tous par des corporations ou congrégations religieuses [2]. Plusieurs font partie aujourd'hui de l'Administration de l'Assistance publique.

---

1. Dépendaient de l'HOTEL-DIEU, l'hôpital *Saint-Louis*, l'hospice des *Incurables* (aujourd'hui hôpital *Laënnec*), l'hôpital de la *Santé* ou de *Sainte-Anne*.

L'HÔPITAL GÉNÉRAL avait dans son service les hospices de *Notre-Dame de Pitié*, de la *Salpétrière*, de *Bicêtre*, *l'hôpital des Enfants trouvés*, composé de la maison de la Couche et de la maison du faubourg Saint-Antoine (hôpital Trousseau), l'hôpital du *Saint-Esprit* et la maison de *Scipion*.— Brièle, *Inventaire des archives de l'Administration générale de l'Assistance publique à Paris*, introduction, p. IV.

Le GRAND BUREAU DES PAUVRES, bien qu'administration de secours à domicile, pratiquait aussi l'hospitalisation. Deux établissements relevaient de lui : 1° *l'hôpital des Petites-Maisons*, destiné d'abord à la claustration des mendiants, puis transformé en hospice; 2° l'hôpital de *la Trinité*, école professionnelle réservée aux enfants des pauvres de l'aumône. — Voir l'*Assistance publique en 1900*, titre Ier.

2. Citons, parmi ces derniers, l'hôpital de la *Charité*, les hôpitaux *Necker* et *Cochin*, l'hôpital *Sainte-Catherine*, la maison des *hospitalières de la Roquette*, l'hôpital *Beaujon*, la maison de retraite de *La Rochefoucauld*. — Brièle, *loc. cit.*, p. V. — Voir aussi Derouin, Gory et Worms, *Traité théorique et pratique d'assistance publique*, t. I, p. 17.

Les ressources de toutes les institutions charitables de la ville de Paris étaient considérables. Elles comprenaient le revenu des immeubles fonciers, d'importants droits féodaux (dîmes, rentes seigneuriales, banalités de pressoirs, de fours, de moulins), des cens, des champarts, des rentes sur particuliers, sur les caisses publiques, une indemnité annuelle représentative de la loterie des enfants trouvés, une subvention sur les domaines du roi comme seigneur haut justicier ayant charge des enfants trouvés, des droits sur la ferme des voitures de place, sur les arts et métiers, sur les offices judiciaires et autres, sur le sel, sur les beurres et fromages, sur la recette brute des spectacles, des droits sur les entrées dans Paris, spécialement attribués aux hospices. Ajoutons les fondations ; enfin, les dons, collectes, etc. [1].

En présence des chiffres très contradictoires qui ont été fournis, il est difficile de connaître exactement la fortune des hôpitaux de Paris, au moment de la Révolution. Nous possédons, cependant, un renseignement certain en ce qui concerne l'Hôtel-Dieu. C'est un *compte général des recettes et des dépenses* de cet établissement pendant 39 ans, du 1er janvier 1750 au 31 décembre 1788 [2]. Ce document établit que le revenu moyen de l'Hôtel-Dieu, pendant 10 ans, de 1778 à 1788, était annuellement de 1 412 713 l. 15 d. 2 s.

C'est à peu près la somme indiquée par Husson, ancien directeur de l'Administration de l'Assistance publique, dans ses *Études sur les hôpitaux* [3]. Nous pouvons supposer que les chiffres donnés par cet auteur sont ceux qui se rapprochent le plus de la vérité. Les voici :

Hôtel-Dieu	1 421 651 l.	} 1 804 290 liv.
Incurables	442 039	
Grand Bureau des pauvres . .		398 754
Hôpital général	3 548 189	} 4 693 208
Enfants trouvés	1 145 019	
Établissements divers		1 131 728 [4]
		8 087 980 liv.

1. Les privilèges et les octrois des hôpitaux furent abolis par la loi du 22 août 1791. Les octrois furent rétablis comme octrois municipaux et de bienfaisance par la loi du 24 février 1800.

2. Ce document se trouve dans les archives de l'Administration générale de l'Assistance publique à Paris, E² 17-2346, 1 vol. 1789.

3. Paris, P. Dupont, 1862, p. 506.

4. Lecouteux-Canteleu, dans un discours à l'Assemblée nationale, *Moniteur*, IX, p. 72, 73, a attribué à l'Hôtel-Dieu et aux hôpitaux qui en dépendaient un revenu de 1 303 350 fr.

Quel était, dans ce total des ressources hospitalières, le produit des immeubles urbains et ruraux ? Nous trouvons, pour l'Hôtel-Dieu, une réponse à cette question dans le *Compte général* cité plus haut. Ce produit était le suivant :

Loyers des maisons, échoppes et terrains de Paris.   287 075 l. 15 d.   4 s.
Fermages en argent. . . . .   98 850 l. 11 d.   »
Fermages en grains : 101 muids, 4 setiers et demi, 2 boisseaux de blé froment.

Pour l'ensemble des établissements, nous avons les chiffres de Pastoret dans ses *Rapports faits au Conseil général des Hospices sur l'état des hôpitaux, des hospices....* depuis le 1er janvier 1804, jusqu'au 1er janvier 1814 [1]. Pastoret déclare qu'en 1789 les hôpitaux de Paris percevaient comme loyers de maisons 1 092 000 livres, et comme fermages 284 000 livres. Mais les chiffres de Pastoret sont sujets à caution et doivent être bien au-dessous de la vérité, puisque cet ancien membre du Conseil général des hospices ne trouve que 3 408 000 l. pour la totalité des revenus de toute nature des établissements hospitaliers de Paris, à la veille de la Révolution, contre le chiffre de 8 087 980 donné par Husson. Quoi qu'il en soit, si l'on tient compte de l'importance de la population de Paris, des éléments qui la composaient [2], de la puissance d'acquisition de l'argent à cette époque, il semble que la dotation hospitalière, complétée par l'assistance privée, suffisait alors aux premiers besoins des indigents de la capitale.

§ 2. — RÉORGANISATION DES HOSPICES SOUS LA RÉVOLUTION.

Le 22 juillet 1789, un décret, que Louis XVI sanctionna en janvier suivant, réalisa l'unité de direction des hôpitaux en les plaçant tous sous une autorité commune, celle des administrations départementales. A Paris, le Directoire du département confia la gestion des hôpitaux à une *commission de cinq membres*. Les établissements hospitaliers de la capitale subirent, ensuite, les péripéties de la

---

1. Ce document se trouve aux archives de l'Administration de l'Assistance publique à Paris, E¹-11, 2335-2337.

2. Paris n'était pas alors une ville manufacturière. Les ouvriers, et par conséquent les nécessiteux, entraient pour une moins forte proportion que maintenant dans le nombre de ses habitants.

tourmente révolutionnaire. Le 10 août 1792, ils tombèrent sous l'*autorité de la Commune*. Puis, un décret de la Convention en date du 14 fructidor an II (31 août 1794) confia l'administration des hospices à la *commission des secours publics ;* celle-ci désigna des *commissaires* qu'elle chargea de la gestion effective. Plus tard, une loi du 10 vendémiaire an IV (2 octobre 1795) plaça la direction des hôpitaux dans les attributions du *Ministère de l'intérieur*. L'année suivante, l'administration immédiate des hôpitaux de Paris fut de nouveau attribuée à une *commission de cinq membres* nommée, comme au début de la Révolution, par l'autorité départementale (Loi du 16 vendémiaire an V). Cette organisation ne fut que provisoire. Le 17 janvier 1801 (27 nivôse an IX), un arrêté des Consuls créa à Paris le *Conseil général des Hospices*, assisté d'une *commission administrative*, qui subsista jusqu'à la loi actuelle du 10 janvier 1849 [1].

§ 3. — Confiscation des biens des hospices.

Au moment où éclata la Révolution, la situation financière de l'État était critique : il fallait des ressources. Le gouvernement envisagea la possibilité d'une mainmise sur les biens des hospices ; il les respecta néanmoins, mais *quant à présent* seulement [2]. Lorsque, un peu plus tard, l'Assemblée nationale décida de vendre les biens de l'État, elle en donna une énumération et déclara ajourner les mesures à prendre à l'égard des biens des hôpitaux, maisons de charité et autres établissements destinés au soulagement des pauvres. On pressentait néanmoins que la confiscation était prochaine. Un décret des 5-11 avril 1791 ne laissa aux hospices l'administration de leurs propriétés que provisoirement. Un autre, en date des 19-22 janvier 1792, n'assura également le payement de leurs rentes que *provisoirement*, jusqu'au 1er janvier 1793 [3].

Bientôt, le patrimoine des communes, fabriques et autres établissements fut absorbé par l'État. Les établissements hospitaliers devaient subir le sort commun.

---

1. Voir Derouin, Gory et Worms, *loco cit.*, p. 31. Les membres de la commission administrative étaient placés chacun à la tête d'une division.
2. Décret des 20, 22 avril 1790, art. 8.
3. Durieu et Roche, *Répertoire de l'administration et de la comptabilité des établissements de bienfaisance*, t. Ier, *Biens*, p. 239, Archives de l'A. P. Cᵇ 2, 1914.

Le 23 messidor an II (11 juillet 1794) un décret de la Convention rendu sur le rapport de Cambon déclara *dettes nationales*, par son article 1er, *les créances passives des hôpitaux, hospices, maisons de secours, bureaux des pauvres* et autres établissements de bienfaisance, sous quelque dénomination qu'ils fussent. L'actif de ces établissements, dit l'article 2, « fait partie des propriétés nationales ; « il sera administré ou vendu, conformément aux lois existantes « pour les domaines nationaux ».

Cette attribution à l'État des biens hospitaliers avait été préparée par la Constitution, inappliquée du reste, de 1793. Celle-ci ayant proclamé l'entretien des malheureux une dette publique, la nation s'engageait à les nourrir. On justifiait encore une aussi grave mesure par cette raison qu'il était affligeant de voir certains hospices trop richement dotés, tandis que, dans certains autres, les malades manquaient du nécessaire. La substitution de l'État aux administrations charitables devait établir un régime uniforme[1].

Malheureusement, la Convention ne s'était pas rendu compte de la charge qu'elle assumait, charge d'autant plus lourde qu'au moment même où elle faisait de l'assistance publique un service exclusivement d'État, elle créait par plusieurs décrets, conformément au principe posé dans la Constitution de 1793, le *droit aux secours* pour les malades, les infirmes, les vieillards, les veuves, les filles-mères et leurs enfants.

Les services hospitaliers nécessitent des ressources journalières, abondantes ; ils ont souvent des besoins imprévus auxquels il faut parer sans retard. La Convention, en proie à une terrible crise financière, était impuissante à remplir une pareille tâche. Elle voulut le tenter, cependant, et imagina, pour alléger le fardeau dont elle s'était chargée, de supprimer une grande partie des hospices et de répandre largement les *secours à domicile*. On aurait ainsi réduit de beaucoup les frais de régie et créé plus facilement l'égalité, si vivement désirée, de l'assistance publique. C'est dans ce but que fut créée la *Commission des secours publics* que nous avons mentionnée plus haut et qui avait la direction des hospices. Aussitôt établie, elle vit surgir en foule les demandes et les réclamations des établissements hospitaliers ; mais aucune règle ne lui avait été

---

1. Tribunat. Séance du 3 ventôse an IX (22 février 1801), discours de Monger.

tracée, et ses caisses ne contenaient que des ressources bien maigres, eu égard aux besoins de l'indigence[1].

A Paris, comme ailleurs, les effets de la loi de messidor an II furent désastreux. Les confiscations effectivement opérées et les suppressions des droits de toute nature réduisirent les revenus des hospices dans une proportion considérable[2].

§ 4. — RESTITUTION DES BIENS CONFISQUÉS ET NON VENDUS.

Le *9 fructidor an III* (26 août 1795), la Convention nationale ordonna la suspension des ventes. Les aliénations consenties avaient eu lieu, comme celles des biens nationaux, à vil prix, à raison même de la quantité des immeubles offerts aux acquéreurs.

Le *2 brumaire an IV* (24 octobre 1795), un rapport du Comité des secours publics à la Convention formula l'aveu loyal de la faute commise. Le Comité proposait, en attendant qu'il fût statué sur l'organisation définitive des secours, de suspendre la loi du 23 messidor an II, en *restituant* à chaque administration particulière non les biens, mais la *jouissance des revenus* produits par les biens qui n'avaient pas été aliénés[3]. Cette proposition fut adoptée le jour même. C'était le commencement de la réaction.

Par une *loi du 16 vendémiaire an V*, le Directoire acheva l'œuvre réparatrice. Cette loi *restitue* aux hospices leurs *biens, rentes et re-*

1. « Les inconvénients nés des imperfections de la loi se sont accrus par le malheur des circonstances. Le prix de toutes les choses consommables est devenu excessif ; les demandes de chaque hospice ont été exorbitantes et la dépense pour le Trésor public s'est élevée dans une progression rapide ; enfin, l'on est aujourd'hui parvenu à ce point que, quoique l'on dépense des sommes considérables, l'on ne peut que très difficilement faire droit à toutes les réclamations et satisfaire à tous les besoins... » *Rapport du Comité des secours publics* du 3 brumaire an IV, tendant à rendre aux hospices la jouissance de leurs biens.

2. Voir, p. 311, les chiffres donnés comme représentant la perte subie par les hospices lors de la restitution des biens non vendus.

3. « Il est palpable que cette mesure opérera un effet salutaire ; car, en rentrant dans la *jouissance* de ces biens presque tous affermés en nature, ces établissements se procureront les denrées nécessaires à leur consommation ; ils pourront se procurer d'utiles échanges et acquérir à peu de frais, et dans une mesure suffisante, ce que la cupidité ne livre qu'en très petite quantité, pour des sommes excessives. Enfin, il est clair que, par cette disposition, l'on soulagera le Trésor public d'une dépense considérable et que l'on accordera aux malheureux ce qu'ils ont le droit d'attendre en tout temps, et surtout dans les temps difficiles, de la bienfaisance nationale. » *Rapport du Comité de Secours publics*, 2 brumaire an IV.

devances non aliénés ni transférés (art. 5). En *remplacement des immeubles vendus*, les administrations centrales devront *désigner*, à dire d'experts, *des biens nationaux de même produit* (art. 6 et 8). Le *travail* des administrations centrales ne sera, toutefois, que *préparatoire et n'aura son effet qu'en vertu d'une loi expresse* (art. 8). Les redevances dont jouissaient les hospices *sur les biens nationaux vendus et sur des biens* appartenant à des *particuliers* qui, pour s'en libérer, en auront versé le prix au Trésor, seront payées aux hospices par le Trésor public (art. 9). Jusqu'à la remise des biens attribués en compensation, il sera payé aux hospices une somme égale à celle que produisaient en 1790 leurs propriétés vendues (art. 10)[1].

Quelle était, alors, l'étendue du dommage causé aux hospices de Paris par la vente de leurs biens ? Il est assez difficile de le savoir, même approximativement, tant les chiffres donnés sont contradictoires. Il est certain, toutefois, que les aliénations furent très importantes[2]. (*Voir, pour renseignements plus précis, p. 303.*)

L'exécution de la *loi du 16 vendémiaire an V* fut réglée par plusieurs dispositions législatives et administratives ; mais l'envoi en possession de biens attribués à titre de remplacement fut retardé par des formalités et par la résistance des administrations départementales. Les hospices de Paris souffrirent de ces lenteurs comme ceux de la province. Et pourtant, ils avaient absolument besoin d'une très sensible

---

1. La loi du 20 ventôse an V fit participer les bureaux de bienfaisance au bénéfice de la loi du 16 vendémiaire et autorisa les administrations centrales à désigner aux hospices et aux bureaux de bienfaisance des *rentes foncières ou constituées* dues à la République, en remplacement de celles qu'ils prouveraient leur être dues par le Trésor. Durieu et Roche, *loco cit.*, p. 242.

2. Lors de la discussion de la loi du 20 fructidor an VI, au *Conseil des Cinq-Cents*, le rapporteur, Delaporte, déclara que les aliénations de biens fonciers et la suppression des rentes féodales et des octrois avaient réduit les revenus des hospices de Paris de 6 700 000 fr. à 1 893 000 fr., soit une diminution de 4 807 000 fr., près des cinq septièmes (séance du 24 fructidor an VI). Dupin prétend que la perte de revenu était des trois cinquièmes (cité par A. Cochin, *loco cit.*, p. 9). Un membre éminent de l'ancien Conseil général des hospices, Benjamin Delessert, estimait qu'au moment de la restitution, les hospices de Paris avaient perdu, *en biens fonciers* seulement, plus de quinze millions (Notes manuscrites de M. Mauger, archiviste de l'Administration de l'Assistance publique). Le *Compte moral* administratif de 1855 donne des chiffres tout différents : « Les ventes réalisées pendant la mainmise de l'État firent éprouver aux hospices de Paris, *compensation faite de quelques biens nationaux*, une perte en revenu de 123,700 fr. et, en capital, de 2 476 018 fr. », p. 23. Ces chiffres paraissent au-dessous de la vérité.

Nous en trouvons d'autres plus élevés dans le travail préparatoire du *Compte moral* de 1861 (non imprimé). Les revenus des pauvres pour la France entière auraient été diminués des trois cinquièmes. Quant aux *hospices de Paris*, les ventes

augmentation des ressources qui leur restaient, pour pouvoir continuer à remplir leur mission charitable. Ajoutons qu'il ne suffisait
pas de leur rendre leurs immeubles confisqués et l'équivalent en
biens nationaux des propriétés aliénées; il fallait aussi les indemniser pour les droits féodaux, les rentes foncières, les cens, les droits
d'octroi et autres qui produisaient de beaux revenus et que la Révolution supprima sans retour. (Voir *l'appendice*, p. 311 et 312.)

§ 5. — Misère des hospices. — Subventions allouées par l'État.
— Désordres dans les établissements hospitaliers de Paris. —
Projet de nouvelle confiscation.

En attendant, la situation des hospices était devenue tellement
précaire que, pendant plusieurs années, faute d'argent disponible
pour se procurer directement les fournitures qui leur étaient nécessaires, les commissions administratives furent obligées de mettre

---

et suppressions de droits leur auraient fait subir une perte annuelle de 3 438 984 fr.
ainsi répartie :

1° *Loyers et fermages des propriétés aliénées* et dont le prix avait été touché par le domaine national	158 006f 90c
2° Rentes dont le capital avait été versé dans les caisses nationales	37 842 80
3° Réduction de rentes sur l'État, en exécution des lois du 24 frimaire an VI ou 2 brumaire an VII	1 200 000 »
4° Suppression des rentes ou redevances assignées sur les domaines nationaux	346 235 »
5° Suppression des sommes payées aux hospices pour affranchissement d'entrées	601 900 »
6° Suppression des droits sur les spectacles	350 000 »
7° Suppression de la rente payée par l'État en remplacement du droit de la boucherie de l'Hôtel-Dieu acheté par lui	40 000 »
8° Suppression du produit annuel du péage du Pont-au-Double	30 000 »
9° Suppression de divers droits féodaux évalués annuellement	25 000 »
10° Suppression de l'affranchissement de toutes impositions, dont jouissaient les hospices	350 000 »
11° Suppression des legs particuliers et universels évalués	120 000 »
12° Part contributive dans les revenus des prêts consentis par le Mont-de-Piété	80 000 »
Total	3 438 984f »

Il ne semble pas que le nombre des *propriétés urbaines* des hospices de Paris
aliénées au profit de l'État ait été bien grand. Nous n'avons pas, du reste, de renseignements très précis sur ce point. Nous sommes un peu mieux documentés en ce
qui concerne les *biens ruraux*, et nous savons qu'il en fut vendu beaucoup. En 1858,
l'Administration hospitalière de Paris eut l'idée de s'adresser aux préfets de quatre
départements dans lesquels des ventes de ses biens avaient été faites par le domaine.

leurs hôpitaux *à l'entreprise*. A Paris, chaque entrepreneur était chargé de fournir tous les produits nécessaires à un ou plusieurs établissements.

Pour tirer les hospices de la situation critique dans laquelle ils se débattaient, pour « *remplir le vide immense* qui se trouvait dans leurs revenus »[1] et leur permettre de payer leurs dettes, le Directoire exécutif alloua aux établissements hospitaliers répartis sur tout le territoire une subvention de 27 millions destinée à assurer le service des années V et VI. A la fin de l'an VI, il restait encore dû 10 millions sur cette somme. Où les trouver? Une commission nommée par le Conseil des *Cinq-Cents* proposa, le 24 fructidor an VI, de les *prendre sur l'arriéré de la contribution mobilière* des mêmes années V et VI, arriéré qui s'élevait à plus de 91 millions. « La Com-

---

Les réponses parvenues sont intéressantes, bien que les renseignements fournis soient nécessairement incomplets :

Eure : 50 ventes de terres et fermes sises à Fontenay, Guitry et Forest, appartenant à l'Hôtel-Dieu de Paris, faites les 9 et 29 germinal, 7, 8, 9 floréal, 28 prairial et 16 messidor an III moyennant un prix total de . . . . 1 319 435 fr.

Oise : 4 ventes comprenant un moulin à vent, un moulin à eau et leurs dépendances, deux fermes et des terres sises à Bouillancy, Reez, Le Meux, Les Ageux, Rivecourt, Rucourt, Bienville, Marquy et Venette, appartenant aux Incurables de Paris, au Val-de-Grâce et à l'abbaye de Saint-Corneille réunie au Val-de-Grâce de Paris, faites les 16 thermidor et 1er fructidor an III, 26 novembre et 12 décembre 1791, 9 et 27 août 1792, 19 novembre et 29 décembre 1790, moyennant un prix total de 610 305 fr.

Seules, les deux premières ventes (moulins et dépendances à Bouillancy) ont été faites en exécution de la loi du 26 messidor an II ; le montant en a été de *401 100 fr.* Les autres ventes sont antérieures. 401 100

Seine-et-Marne : 7 ventes de pièces de terre appartenant à l'Hôtel-Dieu de Paris, à Lieusaint et Moissy, faites le 19 prairial an III, moyennant un prix total de 113 200

Seine-et-Oise : 5 ventes de biens appartenant au Grand Hospice d'humanité, situés à Aubray, Marcoussy, Villiers-le-Sec, Ormoy, faites les 28 germinal, 19 et 22 prairial, 2, 3, 4 floréal an III, moyennant un prix de 533 420

Total . . . . 2 365 155 fr.

Il y eut également suppression de rentes, dîmes, champarts, cens, lods et ventes et droits seigneuriaux, qui produisaient un revenu annuel de 9 346 livres.

1. « Les secours dus à l'humanité souffrante sont une dette de la société : vous voulez qu'elle soit acquittée, et la voix plaintive des malheureux vous atteste qu'elle ne l'est pas. Ici, ce sont des enfants que les nourrices rapportent, faute de paiement, et qui meurent ; là ce sont des malades qui expirent, parce qu'on n'a pas le moyen de leur procurer les secours dont ils ont besoin. Partout, c'est le spectacle affligeant d'infortunés qui souffrent et qu'on ne peut secourir. » *Rapport de Delaporte au Conseil des Cinq-Cents*, 24 fructidor an VI.

mission a pensé, dit le rapporteur (Delaporte), que les motifs d'humanité seraient un puissant stimulant pour engager les citoyens à payer leur contribution personnelle. » Ce projet fut adopté le même jour.

En ce qui concerne spécialement les hospices de Paris, le ministre de l'Intérieur mit à leur disposition, le 9 nivôse an V (29 décembre 1796), la somme de 500 000 fr. et, un peu plus tard, le 26 ventôse suivant, une nouvelle somme de 300 000 fr.[1].

Ces subventions n'étaient que des palliatifs bien insuffisants, d'autant plus que le désordre paraît s'être introduit, sinon dans les hôpitaux des départements, du moins dans ceux de Paris, si on en juge par les attaques violentes dirigées contre le personnel hospitalier au Conseil des Cinq-Cents. « Les frais de régie des biens dépendant des hospices et ceux d'administration intérieure sont grands, sans doute, mais c'est à Paris. Là, on voit 2 792 employés recevant 900 000 fr. de traitements; là, on voit de plus un grand nombre d'employés à peu près sans emploi..... Là, on voit des dilapidations et des abus de toute espèce contre lesquels ont lutté et luttent encore, sans succès, des administrateurs courageux. Ils peignent en ces termes, dans une lettre adressée à la Commission, l'état actuel des choses:

« L'ordre serait bientôt rétabli partout, si l'on pouvait *nous assi-*
« *gner des fonds* pour renvoyer cet essaim nombreux d'agents qui
« avilissent et dévorent les hospices, et qui *n'ayant point reçu de*
« *gages depuis plus de quinze mois,* se croient tous autorisés à se
« payer par leurs mains, sans qu'on soit dispensé de recommencer
« à les solder un jour. Ce renvoi opéré, l'ordre, l'économie, la dé-
« cence reparaîtront dans les hospices ; sans lui, ils continueront
« d'offrir le tableau du brigandage, du désordre et du crime[2]...»

---

1. Louis Parturier, *L'Assistance à Paris sous l'ancien régime et pendant la Révolution*, p. 239.

2. *Rapport* de Delaporte *au Conseil des Cinq-Cents,* 24 fructidor an VI. Nous aimons à croire que ce tableau était un peu forcé, pour mieux disposer le pouvoir législatif à voter des subsides indispensables. En tout cas, la tentation de se payer par leurs mains devait être bien irrésistible pour des employés qui, depuis plus de quinze mois, n'avaient pas reçu d'appointements.
Dans la séance du 9 ventôse an VII, du Conseil des Cinq-Cents, où il fut donné communication d'un message du Directoire, ayant pour objet une nouvelle confiscation des biens hospitaliers, Jouenne, le rapporteur s'exprima de la sorte:
« Autorités républicaines, et surtout vous, commission des hospices.... écartez

Ce pillage qui semble avoir régné dans les hôpitaux, le peu d'activité apporté dans le recouvrement des revenus, les *pots-de-vin* et les gratifications dont les baux étaient, disait-on, l'objet, la *manie des procès* reprochée aux commissions administratives, une *défense insuffisante* ou nulle *contre la surcharge des contributions*, le manque d'entretien des bâtiments, l'absence de zèle des membres des commissions, la crainte d'un *nouveau développement de la mainmorte*, le défaut d'organisation du service central de l'assistance, qui empêchait de connaître les besoins réels des hôpitaux et encourageait leurs administrateurs à des demandes de subsides souvent exagérées, toutes ces raisons [1] provoquèrent, *en ventôse an VII*, un *message du Directoire exécutif* aux Cinq-Cents, proposant de *rapporter les lois des 16 vendémiaire an V et 2 brumaire an VI* et de *remettre*, conformément à la *loi du 23 messidor an II, tous les biens* dont jouissaient les hôpitaux, *dans les mains de la nation*. On devait substituer aux établissements hospitaliers la distribution de secours à domicile, dans toutes les communes de moins de 12 000 habitants.

Le Conseil des Cinq-Cents discuta ce message dans sa séance du 9 ventôse an VII (27 février 1799). Mais, cette fois, l'idée d'aliéner ce qui restait de patrimoine immobilier des hôpitaux rencontra une résistance énergique. L'expérience tentée en l'an II avait été concluante aux yeux des hommes qui avaient un souci éclairé du sort des malheureux et que préoccupait l'avenir des services d'assistance. Aussi le bon sens l'emporta-t-il et le projet d'aliénation fut-il repoussé, sur les conclusions nettement hostiles du rapport de Jouenne [2].

---

loin de vous ces ménagements, ces condescendances, qui depuis si longtemps ont fait tant de mal aux hospices en faisant conserver aux places des hommes qui ne le méritèrent jamais par leur capacité, encore moins par leur moralité politique ; que d'austères règlements, profondément médités, assurent une économie sévère, première base de prospérité, et qu'une vigilance imposante entretienne dans ces maisons l'exactitude du service et force à l'assiduité tous ceux auxquels l'honneur de coopérer au soulagement de l'humanité souffrante ne suffirait pas pour leur donner la mesure précise de leurs devoirs. C'est par de tels moyens, représentants du peuple, que nous pensons que l'économie et l'ordre reparaîtront dans les hospices... »

1. Lire notamment le discours de Saint-Horent au *Conseil des Anciens* (séance du 12 prairial an VI) [31 mai 1798].

2. Le discours de Jouenne fut un vrai discours en trois points. L'orateur invoqua, contre l'aliénation, la *politique*, la *morale*, la *justice*. La *politique* dissuade une confiscation qui donnerait des armes à la malveillance. Les législateurs seraient considérés comme des *dissipateurs insatiables* pour qui rien n'est sacré, dont la

§ 6. — Attributions faites aux hospices en compensation de leurs biens vendus et de leurs droits supprimés.

Les hospices ayant recouvré leur vie propre, il fallait, pour leur permettre de subsister, leur attribuer de nouvelles ressources en compensation de celles qu'ils avaient à jamais perdues. On fut donc obligé de prendre, à cet égard, des mesures particulières.

1° *Droit sur les spectacles.* — La *loi du 8 thermidor an V* (26 juillet 1797) les fit participer au bénéfice du *droit sur les spectacles, bals et concerts publics*, rétabli par la loi du 7 frimaire au profit des bureaux de bienfaisance.

2° *Octroi municipal et de bienfaisance.* — Un peu plus tard, la *loi du 27 vendémiaire an VII* (18 octobre 1798) ordonna la perception par la commune de Paris d'un *octroi* municipal et *de bienfaisance*, en vue principalement de faciliter aux hospices et au service des secours à domicile *l'acquit de leurs dépenses* (art. 1er)[1].

3° *Biens usurpés et rentes célées au domaine.* — Un *arrêté du 15 brumaire an IX* (6 novembre 1800) attribua, en outre, aux hospices les *biens usurpés* et les *rentes célées* provenant de l'ancien domaine de la couronne, du clergé, des corporations dissoutes, d'établissements publics, de communes. Beaucoup de biens nationaux, en effet, avaient été accaparés, beaucoup de rentes dissimulées, au milieu des troubles de la Révolution.

---

cupidité est excitée par le patrimoine des pauvres. La *morale* réprouve le système des secours à domicile comme *seul moyen* de secourir l'indigent. Ainsi, une fille, honteuse de sa faiblesse et désireuse de se cacher, n'ira pas réclamer les secours à domicile. La *justice* défend d'avoir deux poids et deux mesures, etc. D'autres raisons ont été données : la possession de propriétés est le moyen le plus sûr de garantir la régularité des services en fournissant des revenus certains (Corps législatif, séance du 21 pluviôse an IX) [10 février 1801]. Discours de Defermont. Enlever leurs biens aux hôpitaux, c'est les exposer à un anéantissement futur, ou surcharger horriblement le Trésor; c'est tarir la source de la bienfaisance. Les seuls établissements qui aient conservé une existence utile sont ceux dont les biens ont échappé aux ventes. — Voir le discours qu'avait précédemment prononcé Girod de l'Ain, au *Conseil des Anciens*, le 16 vendémiaire an V.

1. Les octrois avaient été supprimés en France en 1791. Le prélèvement opéré sur l'octroi en faveur des pauvres a été remplacé, de nos jours, par une subvention municipale.

Les dispositions de l'arrêté du 15 brumaire an IX furent consacrées par la *loi du 4 ventôse* suivant, dont l'article 1er s'exprime ainsi : « Toutes *rentes* appartenant à la République, dont la reconnaissance et le paiement se trouveraient interrompus, et tous *domaines nationaux* qui auraient été usurpés par des particuliers sont affectés aux besoins des hospices les plus voisins de leur situation. » Les préfets, sous-préfets, maires, notaires et autres fonctionnaires devaient donner connaissance aux administrateurs des hospices des *biens et rentes* dissimulés qu'ils pouvaient découvrir (art. 2).

Un *arrêté du 7 messidor an IX* vint régler l'exécution de la loi de ventôse. Son article 1er attribua aux commissions administratives des hôpitaux les arrérages, comme le principal des rentes découvertes. L'article 2 réputa rentes affectées aux hospices les rentes et prestations dues par les détenteurs de biens nationaux à titre de *bail emphytéotique* ou qui dépendaient des anciens *domaines engagés*, ou faisaient partie des *anciens apanages* et des biens soumis à la *confiscation*, etc...

Le *27 frimaire an XI*, un nouvel arrêté précisa les conditions d'application de la loi du 4 ventôse an IX. C'étaient les suivantes :

Les rentes provenant de *l'ancien domaine national* n'appartiennent aux hospices que si la régie de l'enregistrement ne peut justifier qu'il a été *fait des paiements* depuis le premier jour de l'an I de la République ou que *des poursuites* ont été *exercées* (art. 1er).

Les rentes provenant du *clergé*, de *corporations supprimées*, d'*établissements publics*, de *communes*, ou de toute autre origine, appartiennent aussi aux hospices, *si elles ne sont pas inscrites sur les registres de la régie du domaine*, ou si la régie n'en a pas *fait le recouvrement*, quoiqu'elle eût les titres, ou *si elle n'a pas fait poursuivre, pourvu que six ans se soient écoulés* depuis le moment où les rentes ont été mises sous la main de la nation, jusqu'au jour de de l'arrêté (27 frimaire an XI) [art. 2].

L'administration des hospices de Paris bénéficia de rentes découvertes, pour une somme très élevée, par suite d'événements qu'il nous semble intéressant de faire connaître. Nous voulons parler des RÉVÉLATIONS MARIETTE.

Mariette, avocat, était receveur des domaines et conservateur des hypothèques à Valognes, quand une loi du 10 janvier 1800 mit à la disposition du Gouvernement, pour le paiement d'une partie de la dette publique, toutes les *rentes nationales* sur particuliers, foncières et constituées. Elle les déclara, en même temps, rachetables et aliénables, à raison de quinze fois la rente. Mariette s'appliqua à rechercher, en dehors des rentes connues et servies, les rentes nationales provenant de l'*ancien clergé* et de l'*ancien domaine royal*, dont l'existence était ignorée ou le recouvrement abandonné, par suite d'absence de titres. Après des recherches longues et patientes, il découvrit pour 3,608,750 fr. de rentes perceptibles d'après la législation existante et dont les débiteurs étaient d'une solvabilité reconnue.

En 1802, à la suite de difficultés avec son administration, Mariette fonda, sous le nom de *compagnie Dumarest*, une société pour l'exploitation de ses découvertes. Le 21 nivôse an XIII (11 janvier 1805), il conclut avec la *Caisse d'amortissement* [1] et le ministre des finances un traité par lequel la compagnie Dumarest avait la recette des arrérages et la négociation des capitaux *de toutes les rentes nationales qui n'avaient pas été payées à l'Administration des domaines*, et de toutes celles dont le recouvrement se trouvait *abandonné faute de titres*. La compagnie devait être indemnisée par des remises sur les capitaux et arrérages des rentes recouvrées.

Cette convention n'était-elle pas en contradiction avec la loi du 4 ventôse an IX, qui accordait aux hospices les rentes célées et les domaines nationaux usurpés? Non, car le Gouvernement était revenu en partie, depuis cette époque, sur l'attribution faite aux établissements hospitaliers, tant par la loi de ventôse que par l'arrêté du 7 messidor suivant et celui du 27 frimaire an XI. Il avait dû s'apercevoir que l'importance des droits abandonnés à leur profit était plus grande qu'il ne l'avait cru. D'un autre côté, le Gouvernement n'avait pas assez de rentes pour gager les *rescriptions* ou billets d'État qui, en 1795, avaient remplacé les assignats et étaient échangeables contre des rentes nationales. En conséquence, le 8 juillet 1803 (19 messidor an XI), il avait modifié l'arrêté du 27 frimaire

----

1. La Caisse d'amortissement fut créée après le 18 brumaire an VIII (9 novembre 1799) par le ministre des finances, Gaudin, qui fut depuis duc de Gaëte, pour l'amortissement de la dette de l'État. La dotation spéciale qui servit à la créer fut formée principalement avec les cautionnements en espèces, égaux au vingtième du contingent de leur département, que devaient fournir les receveurs généraux.

an XI, en accordant à la *Caisse d'amortissement* le droit de bénéficier des découvertes, concurremment avec les hospices. Le 7 nivôse
an XII, la concurrence fut étendue à l'*Administration des domaines*
et l'attribution faite aux hospices se trouva restreinte aux biens dé-
couverts par leurs propres agents.

L'exécution du traité du 21 nivôse an XIII donna lieu à des
différends graves entre les parties contractantes, par suite, semble-
t-il, des exigences de la *Caisse d'amortissement*. Mariette s'en
plaignit vivement. On lui répondit en l'accusant d'une soustraction de deniers et registres publics dans le bureau de Valognes
et, le 7 avril 1806, on le déféra au tribunal criminel. Le 24 avril,
une décision du ministre des finances restreignit la convention
du 21 nivôse an XIII. Le 28 octobre, le directeur général de l'Administration des domaines retira son accusation de soustraction de
deniers et registres. Mais, le 14 juillet 1807, à la suite de nouveaux conflits, Mariette fut encore une fois arrêté ; ses papiers
furent saisis.

Au mois d'août, le traité, restreint par la décision du 24 avril 1806,
fut définitivement rompu, et Mariette continua une lutte inégale
contre la *Caisse d'amortissement* et l'*Administration des domaines*.

Voyant, enfin, la partie perdue pour lui de ce côté, Mariette cé-
dant, dit-il, aux sollicitations de ses amis et de ses créanciers, prit
la décision de proposer son travail aux hospices de Paris, aptes à en
bénéficier en vertu de la loi du 4 ventôse an IX et de l'arrêté du
7 messidor suivant.

Le 22 mai 1810, il remit à Fesquet, administrateur du domaine
des hospices, une lettre par laquelle il offrait à l'Administration
hospitalière des biens, redevances, rentes, emphytéoses et créances
de la nature de ceux attribués aux hospices, *valant en capital un
million* et situés dans 16 départements, moyennant l'abandon à son
profit d'une partie des biens et droits révélés.

Le 6 avril suivant, Mariette informa Fesquet que, si le Conseil
général obtenait un décret impérial illimité, il procurerait aux
hospices de Paris la totalité de ce qui existait tant à Paris que
dans les départements de l'ancienne France en rentes, emphytéoses,
créances et immeubles mentionnés par la loi du 4 ventôse an IX,
sans exception.

Le 9 juillet 1810, Mariette, d'accord avec Fesquet, mit sous une enveloppe qui fut scellée de cinq cachets rouges, dont trois au chiffre de Fesquet et deux portant une tête antique, ses offres des 22 mars et 6 avril, plus un état de divers biens-fonds, redevances, rentes, emphytéoses, créances et maisons. Sur l'enveloppe, Fesquet déclara que le paquet lui avait été remis par une personne qui voulait rester inconnue et qu'il ne pourrait être ouvert qu'après autorisation donnée par sa Majesté l'Empereur et Roi à l'arrêté du Conseil qui accepterait les propositions de l'inconnu. Dans le cas où l'autorisation serait refusée, le paquet devait être rendu au déposant, sans être ouvert.

Deux jours après, le 11 juillet, le Conseil général des hospices prit une délibération par laquelle était acceptée l'offre de l'inconnu, sous la condition qu'il se chargerait de mettre, *à ses frais, risques et périls,* l'Administration charitable en possession des biens révélés.

Cette condition avait pour but d'éviter aux hospices des poursuites et des restitutions onéreuses et d'empêcher « que sous prétexte du bien public on ne troublât, par d'injustes vexations, le repos des particuliers ». La restriction apportée à l'offre de Mariette fut admise par ce dernier sans résistance.

Mariette avait agi prudemment en gardant l'anonymat. S'il s'était fait connaître, la Caisse d'amortissement et l'Administration des domaines seraient très certainement intervenues pour s'opposer à l'obtention du décret en faveur des hospices[1].

Le décret fut rendu le 22 novembre 1810. Voici la teneur de l'article 1er : « L'offre d'un anonyme de mettre, *à ses frais, risques et périls,* l'Administration des hôpitaux de Paris en possession de biens-fonds, redevances, rentes emphytéotiques, créances et maisons qui se trouvent dans le cas de la loi du 4 ventôse an IX et de l'arrêté du Gouvernement du 7 messidor de la même année, ces divers objets situés dans différents départements, et cette offre faite aux conditions..., sera acceptée, au nom de l'Administration des hospices

---

1. « M. Mariette souffre beaucoup de se présenter sous le nom d'un anonyme, mais ses amis et ses créanciers ont exigé de lui qu'il ne se fasse connaître qu'après l'acceptation de son offre et cela pour ne pas rencontrer de nouveaux obstacles de la part de ceux qui, depuis six ans, ne cessent de le calomnier dans toutes les administrations. » (Exposé des motifs de Mariette, du 6 avril 1810.)

civils de Paris, par l'administrateur chargé des domaines de ces établissements, et *aux conditions imposées.*

« Demeurent réservés les droits de la régie des domaines pour les objets, entre ceux qu'on offre de révéler, dont elle justifierait *avoir eu connaissance, et fait des poursuites, afin de s'en emparer,* dans les *dix années* antérieures à ladite offre. »

Les conditions imposées par Mariette étaient assez onéreuses. Les hospices devaient lui abandonner :

1° *Le quart* des rentes perpétuelles de toute nature, rentes viagères, prestations foncières, redevances emphytéotiques, nues propriétés et créances portées en ses états ;

2° *Les trois autres quarts* desdites rentes, redevances, prestations et emphytéoses, *à la charge* toutefois, avant de pouvoir en disposer, *de verser à la caisse* des hospices *le montant des 3/4 des capitaux* de ces valeurs, savoir : au taux et dans les termes de la loi du 21 nivôse an VIII pour les rentes, redevances et prestations[1], et conformément à la loi des 18-27 avril 1791, pour les emphytéoses[2] ;

3° *La moitié des arrérages et intérêts* dus et non prescrits ;

4° Enfin, le droit *pendant neuf ans* au *quart du revenu des immeubles révélés.*

Le paquet sous enveloppe scellée de cinq cachets rouges fut ouvert le 18 janvier 1811. On sut alors, officiellement, que l'anonyme était M. Mariette, de Valognes, ancien agent de la Caisse d'amortissement, résidant à Paris et domicilié alors rue du Helder, n° 6. Le lendemain, Mariette fut convoqué pour procéder à l'ouverture d'une malle déposée par lui le 6 avril de l'année précédente et contenant les

---

1. « Toute rente due à la République pourra être rachetée par le débiteur ou aliénée à des tiers, à raison de *quinze fois la rente.* — Le prix sera acquitté ainsi qu'il suit : un dixième dans le mois et le surplus en trois obligations payables sans intérêt, de six mois en six mois, à compter du jour du rachat ou de l'acquisition. » (*Bulletin des lois,* 3e série, n° 1, p. 5.)

2. « Les experts estimeront quel doit être le revenu des biens compris dans le bail emphytéotique ou à vie. Lorsque le revenu fixé par les experts excédera celui de la rente emphytéotique, le soumissionnaire sera tenu d'offrir : 1° vingt-deux fois le revenu de la rente emphytéotique ; 2° le capital de l'excédent, au même denier, mais eu égard à la non-jouissance que l'acquéreur éprouvera jusqu'à l'expiration du bail, le tout suivant les tables de proportion annexées au présent décret. » (Art. 15.) (*Collection générale des lois, décrets, arrêtés,* etc., depuis 1789 jusqu'en 1814, par Rondonneau, t. II, p. 184.)

copies des états nominatifs des 3 605 750 fr. 49 c. de rentes et redevances, états qui, en 1805 et 1806, avaient été remis à la Caisse d'amortissement et renvoyés, depuis, par cette dernière, *comme ne pouvant lui servir.*

Fesquet déclara alors accepter définitivement au nom de l'Administration des hospices les offres des 22 mars et 6 avril 1810, aux conditions du décret du 22 novembre de la même année.

Sans perdre de temps, l'Administration hospitalière commença à réclamer les droits que lui attribuaient son traité avec Mariette et le décret impérial; elle mit les débiteurs en demeure de payer et opéra des recouvrements importants. Mais bientôt la Caisse d'amortissement entra en scène. Elle prétendit que Mariette était resté lié envers elle par deux traités, du 21 nivôse an XIII et du 9 janvier 1806; qu'il n'avait pu disposer de biens qui ne lui appartenaient pas, et fit prendre par le ministre des finances, le 10 mars 1811, une décision enjoignant aux hospices de s'abstenir d'accepter provisoirement les découvertes de Mariette, sauf à se faire envoyer, par des arrêtés spéciaux, en possession des rentes véritablement ignorées de l'Administration des domaines, après les vérifications d'usage faites avec cette administration. Les 2 mai et 12 septembre 1812, deux nouvelles décisions furent prises par le ministre des finances. Ce dernier admettait que les rentes non inscrites sur les états déposés par Mariette à la Caisse d'amortissement au 8 août 1807, date de la décision qui avait fait cesser l'effet du traité conclu avec la compagnie Dumarest, pouvaient être présumées avoir été découvertes par lui pour son compte particulier et, comme telles, étaient susceptibles d'être attribuées aux hospices; mais les rentes découvertes avant cette époque et comprises dans les états de Mariette devaient appartenir exclusivement à la Caisse d'amortissement.

Pour pouvoir distinguer ces deux catégories, il était nécessaire de procéder à une vérification des états remis à la Caisse d'amortissement et de les comparer avec les états remis aux hospices. C'est ce que prescrivit la décision ministérielle du 2 mai 1812.

Le Conseil général des hospices et Mariette protestèrent contre cette distinction. Au contraire, le préfet de la Seine, désireux d'éviter un conflit, approuva les décisions du ministre et défendit aux hospices de former aucune demande contre les personnes comprises dans les états Mariette, ou de défendre à aucune attaque faite par elles.

Il en résulta, pendant plusieurs années, une interruption des recouvrements qui causa aux hospices un dommage irréparable, par suite des prescriptions dont bénéficièrent les débiteurs et de l'état d'insolvabilité dans lequel tombèrent plusieurs d'entre eux.

La vérification, ordonnée le 2 mai 1812, fut effectuée en partie. Elle établit la concordance complète entre les états remis aux hospices en vertu du décret du 22 novembre 1810 et ceux qui avaient été remis à la Caisse d'amortissement en vertu du traité du 21 nivôse an XIII.

Dans ces conditions, les hospices ne pouvaient plus réclamer aucune des rentes, aucun des biens révélés par Mariette. Mais il arriva qu'au lieu de tirer parti des états dont elle avait revendiqué le profit exclusif, la Caisse d'amortissement déclara, comme elle l'avait déjà fait avant de dénoncer le traité Mariette, qu'ils étaient informes et incomplets et qu'il était impossible de s'en servir pour opérer le moindre recouvrement.

Pendant ce temps, Mariette était de nouveau inculpé de détournements de fonds et de registres. Il répondit en accusant la régie des domaines d'avoir perçu, grâce aux états dont il lui avait remis les doubles, les capitaux et arrérages d'environ 300,000 fr. de rentes qu'elle aurait ignorées sans cette remise. Il demanda instamment à en établir la preuve par une *vérification*. Ce droit lui fut refusé. On l'arrêta et il fut enfermé à la maison d'arrêt de Sainte-Pélagie.

Mariette et les hospices étaient dépossédés; ils continuèrent la lutte sans se lasser.

Le 14 août 1817, le ministre des finances invita Chabrol, préfet de la Seine, à lui faire connaître, sur cette affaire, son *avis définitif*. Cet avis fut donné le 30 août suivant, en termes précis et catégoriques.

Le traité du 21 nivôse an XIII, déclara Chabrol, était un acte synallagmatique dont les clauses liaient réciproquement les deux parties contractantes, la Caisse d'amortissement et Mariette. Il a été rompu par la décision ministérielle du 24 avril 1806. Depuis ce moment, le sieur Mariette, rendu à lui-même, a donc pu offrir le travail de sa compagnie à tout établissement ayant capacité pour le recevoir. L'Administration des hospices est un de ces établissements; sa capacité résulte de la loi du 4 ventôse an IX. Le décret du 22 novembre 1810 et une décision du ministre de l'intérieur l'ont autorisée à accepter les offres de Mariette. De cette acceptation est résulté un traité mis à exécution avant le 20 février 1811. Ainsi, les rentes et les états lui appartiennent de droit et de fait, et la propriété ne peut aujourd'hui lui en être contestée, ni par la Caisse d'amortissement, ni par la régie des domaines, qui, en faisant rompre le traité du 21 nivôse an XIII, ont, par cela même et du moment de la rupture, formellement renoncé à tout ce qui restait de ces rentes à négocier ou à recouvrer.

« Mais la discussion des droits des hospices devient désormais superflue, ajoute Chabrol : cette question peut être décidée par un simple motif de considération et de convenance.

« Ce motif est puisé dans les propres aveux de la régie des domaines... La régie a depuis longtemps en ses mains les doubles des états dressés par le sieur Mariette... Or, la régie a toujours déclaré et reconnaît encore formellement que *ses préposés ne pourront jamais en tirer parti.....* C'est donc pour les garder oisifs et inutilisés dans ses mains, que la régie des domaines demande aujourd'hui que la remise lui en soit faite..... Il ne paraît pas douteux qu'entre une administration qui demande des pièces pour n'en rien faire et une administration qui demande à les conserver pour les mettre à profit, cette dernière ne doive, même à parité de droits, obtenir la préférence[1]... »

Le préfet eut gain de cause et l'Administration charitable recouvra le droit de réclamer les biens et rentes et d'en poursuivre les

---

[1]. Sur la réclamation de Mariette tendant à établir que la régie des domaines avait perçu en capitaux et arrérages environ 300,000 fr. de rentes portés sur les états dont les doubles lui avaient été remis, le préfet se prononça avec la même netteté : « Si la vérification eût été ordonnée, et s'il avait été prouvé que la régie des domaines avait, en effet, profité des états du sieur Mariette pour toucher 300,000 fr. de rentes qui, avant la remise des doubles de ces états, étaient ignorées ou abandonnées par ses préposés, il est évident que *tous les débets* mis à la charge du sieur Mariette et qui ont donné lieu aux décrets et décisions qu'on lui oppose, *se trouvaient sans réalité.*

« Il me paraît impossible de refuser au sieur Mariette la possibilité de se justifier, et dès que cette justification dépend uniquement de la *vérification d'un fait,* qui est *toujours permise à celui qui se trouve inculpé,* je pense que, dans le fond, il y a lieu de l'ordonner. » — Nous ignorons si cette vérification eut lieu et quels en furent les résultats.

détenteurs et débiteurs. (Arrêté préfectoral du 16 juillet 1819.) De nombreuses revendications eurent lieu, elles se prolongèrent jusque sous la Monarchie de juillet. Les sommes recouvrées furent déposées, conformément à l'article 2 du décret du 22 novembre 1810, dans la *Caisse du Mont-de-Piété*.

Les procès intentés ne se terminèrent pas tous heureusement ; il y eut quelques échecs provenant, pour la plupart, de ce que les rentes réclamées furent déclarées définitivement éteintes comme étant féodales et censuelles, d'après le décret du 4 août 1789 [1].

Mais, conformément à la convention signée avec Mariette, celui-ci dut payer tous les frais.

Nous ne possédons pas de tableau d'ensemble des recouvrements opérés. Les états partiels qui nous restent prouvent que la part des hospices dut être considérable.

D'autres révélations, en dehors de celles de Mariette, furent faites à l'Administration hospitalière. L'importance ne semble pas en avoir été très grande.

4° Biens des hospitalières et des filles de charité attachées au service des pauvres et des malades. — Le *26 prairial an IX* (16 juin 1801), un arrêté du gouvernement consulaire comprit dans la *restitution* faite aux hospices civils les biens, devenus biens nationaux, des anciennes corporations hospitalières supprimées. Il est conçu dans les termes suivants : « Les *biens* spécialement affectés à la nourriture, à l'entretien et au logement des *hospitalières et des filles de charité attachées aux anciennes corporations vouées au service des pauvres et des malades* font essentiellement partie des biens destinés aux besoins généraux de ces établissements : en conséquence, et conformément aux lois du 16 vendémiaire an V (7 octobre 1796) et du 20 ventôse an V (10 mars 1797), *l'administration en sera rendue* aux commissions administratives des hospices et des établissements de secours à domicile. »

En exécution de cette nouvelle loi du 26 prairial an IX et de la clause générale de restitution insérée dans la loi du 16 vendémiaire an V (art. 5), l'Administration charitable de Paris, formée

---

[1] « L'Assemblée nationale détruit entièrement le *régime féodal* et décrète que, dans des devoirs, tant féodaux que censuels, ceux qui tiennent à la *mainmorte réelle et personnelle* et à la *servitude personnelle* et ceux qui les représentent sont *abolis sans indemnité* et tous les autres déclarés rachetables. »

par le groupement des hospices restés ouverts, fut envoyée en possession des biens non vendus des anciennes corporations hospitalières supprimées. Ce qui avait été sauvé du patrimoine propre des deux grandes administrations d'autrefois: l'Hôtel-Dieu et l'Hôpital général, fut donc augmenté des biens subsistants des établissements isolés que dirigeaient autrefois les congrégations religieuses dissoutes en 1790.

Les établissements hospitaliers *maintenus* avaient hérité des lourdes charges d'entretien des malades, vieillards et enfants, recueillis auparavant et soignés par les corporations charitables supprimées. Il était donc juste de leur attribuer, en dédommagement, les biens de ces corporations confisqués par l'État: *ubi onus, ibi emolumentum.* C'est la règle qu'avait suivie pour lui-même le gouvernement de la Révolution, lors de la confiscation des biens hospitaliers.

En fait, cette attribution aux hospices de Paris se trouva être pour eux l'indemnité de beaucoup la plus importante qui leur fut accordée comme réparation du préjudice qu'ils avaient subi par l'aliénation de leurs propriétés et la suppression de leurs autres droits. Certaines des corporations disparues avaient, en effet, une grosse fortune foncière. Les hospices de la capitale qu'avait épargnés la Révolution, constitués désormais en une administration unique, eurent alors un patrimoine productif de revenus supérieur, par le nombre et la valeur locative et vénale, à celui qui leur appartenait avant la confiscation de leurs biens particuliers.

Les établissements charitables de Paris que la Révolution avait fait disparaître et dont les propriétés furent dévolues à l'administration des hospices étaient les suivants : l'hôpital *Sainte-Catherine,* l'hôpital des *Cent-Filles ou de la Miséricorde,* ceux du *Saint-Esprit,* de *Saint-Gervais ou Saint-Anastase,* les *Hospitalières de la Place Royale ou de l'Indivisibilité,* les *Hospitalières de la rue Mouffetard,* les *Hospitalières de la Roquette,* la *Communauté des Miramiones,* l'hôpital de la *Sainte-Trinité,* les *Orphelines de la rue du Vieux-Colombier,* les *Petites-Maisons.*

Dans un *état des propriétés appartenant à l'Administration des hospices de Paris,* en 1811, à une époque où déjà avait commencé l'aliénation, prescrite par Napoléon, de l'ensemble du patrimoine hospitalier productif, nous trouvons encore, comme provenant des établissements et corporations énumérés ci-dessus, des biens nombreux et variés dont voici la liste :

Hôpital Sainte-Catherine[1]. — Biens dans *Paris* : 53 maisons, un terrain. — Biens *ruraux* : une maison, 4 lots de terre, une rente foncière.

---

1. L'hôpital Sainte-Catherine avait en même temps le caractère d'un couvent dont les religieuses étaient communément appelées *Catherinettes*. A la suite du décret de l'Assemblée constituante du 13 février 1790 qui abolit les vœux monastiques et prononça la dissolution des congrégations, la communauté des sœurs hospitalières de Sainte-Catherine cessa d'exister légalement ; ses biens devinrent biens nationaux et furent, à ce titre, en vertu de la loi de vendémiaire an V, donnés aux hospices de Paris.

Peu avant sa suppression, en 1790, l'hôpital Sainte-Catherine avait les propriétés ci-après :

BIENS DE VILLE

23 maisons rue Saint-Denis.
3 — rue des Lombards.
4 — rue de la Vieille-Monnaie.
1 maison rue Saint-Martin.
1 — rue Beau-Bourg.
1 — rue Simon-le-Franc.
1 — rue du Poirier.
1 — place Maubert.
2 maisons rue Montmartre.
1 maison rue de la Jussienne.
1 — rue de Cléry.
1 — faubourg Saint-Laurent.
6 maisons rue Chapon.
3 — rue des Gravilliers.
1 maison rue des Nonnains-d'Hyères.

Au total 53 maisons, plus un *marais* rue de Buffault, loué par bail emphytéotique (à l'état des propriétés de 1811, ce marais, alors couvert de constructions, figure pour 12 maisons) ; enfin, un terrain servant de cimetière au faubourg Saint-Marcel. Aujourd'hui, se trouve à ce dernier emplacement la maison louée par l'Assistance publique à la ville de Paris pour l'école, boulevard Saint-Marcel, 60, et partie de l'amphithéâtre d'anatomie.

BIENS RURAUX

6 arpents 1/4 de terre à la Butte-Chaumont.
6 quartiers de terre rue de la Tour-d'Auvergne.
59 arpents 61 perches de terres à Roissy.
1 maison au Petit-Tremblay.
7 arpents de terre à Torcy.
13 arpents 3/4 à Valgrand.
6 quartiers 8 perches à Wissous.
9 quartiers à Arcueil.
1 arpent à Colombes.
6 quartiers et demi de terres et de vignes à Argenteuil.
Plus des rentes, cens, lods et rentes et autres redevances.
(Brièle, *Supplément à l'inventaire sommaire des archives hospitalières antérieu-*

Hôpital des Cent-Filles. — Biens dans *Paris* : 5 maisons, 1 loge et 1 portion de loge, un jardin et une ferme. — Biens *ruraux* : un lot de terres.

Hôpital du Saint-Esprit. — Biens dans *Paris* : 22 maisons, 3 terrains, 3 rentes foncières. — Biens *ruraux* : une maison, 2 fermes, 3 lots de terre.

Hôpital de Saint-Gervais. — Biens dans *Paris* : 10 maisons, dont un ancien hospice, un marais, un terrain. — Biens *ruraux* : un lot de terres.

Hospitalières de la place Royale. — Biens dans *Paris* : une propriété.

Hospitalières de la rue Mouffetard. — Biens dans *Paris* : 5 maisons.

Hospitalières de la Roquette. — Biens dans *Paris* : un ancien couvent et vastes dépendances [1].

Communauté des Miramiones. — Biens dans *Paris* : un ancien couvent [2].

Hôpital de la Sainte-Trinité. — Biens dans *Paris* : une ancienne église, 27 maisons, un enclos, une boutique, une échoppe.

Orphelines de la rue du Vieux-Colombier. — Biens dans *Paris* : une maison et un jardin.

Petites-Maisons. — Biens dans *Paris* : 29 maisons, 2 corps de logis, 7 terrains. — Biens *ruraux* : une maison, 2 lots de terre.

5° Biens nationaux désignés par les administrations centrales des départements. — Les assignations de biens nationaux faites aux hospices par la loi de vendémiaire an V (7 octobre 1796) sur

____

res à *1790*, 1er fascicule [Inventaire des titres de l'hôpital Sainte-Catherine], p. xix et xx.)

Il n'a dû être vendu que très peu de ces propriétés comme biens nationaux, puisqu'elles se retrouvent presque toutes dans l'état de 1811. Actuellement encore, le domaine de l'Assistance publique comprend un certain nombre des immeubles de l'hôpital Sainte-Catherine, notamment : propriété rue Saint-Denis, 221, maisons rue de Buffault, rue du Faubourg-Montmartre, 44 et 46, rue de la Tour-d'Auvergne, terres à Roissy, à Wissous, etc. Ils figurent à l'état des propriétés de l'année 1899 pour un capital de plus de 10 millions. Nous devons y ajouter la propriété du *passage du Grand-Cerf*, rue Saint-Denis, 145, qui fut vendue en 1815 et rentra, en 1863, dans le patrimoine hospitalier par suite de la libéralité de Mme veuve Couverchel. Cet immeuble vaut plus d'un million.

1. Le couvent des Hospitalières de la Roquette s'étendait du nord au sud, depuis la rue des Amandiers (maintenant rue du Chemin-Vert) jusqu'à la rue des Murs-de-la-Roquette (actuellement, partie sud de la rue de la Folie-Regnault). La rue de la Roquette se terminait à l'entrée du couvent ; elle en longeait ensuite les murs à droite. C'est la rue actuelle des Murs-de-la-Roquette. Dans la direction de l'est, le couvent s'étendait jusqu'à la rue de la Folie-Regnault. Ce qui subsiste encore, dans le domaine hospitalier de cette propriété, après les ouvertures des rues et les ventes réalisées, représente une valeur vénale de plus de 4 millions.

2. Aujourd'hui, *pharmacie centrale des hôpitaux*, quai de la Tournelle. En 1670, Mme de Miramion avait installé dans cet immeuble l'œuvre des filles de Sainte-Geneviève, pour instruire les enfants, soigner les pauvres dans leurs logis et préparer les drogues et médicaments qui leur étaient nécessaires. Devenu bien national, cet hôtel servit d'abord de fabrique d'armes. C'est assez tardivement, par un décret du 10 février 1810, qu'il fut donné à l'Administration des hospices.

la *désignation des administrations centrales* des départements, n'étaient, comme nous l'avons vu, que *provisoires*, la concession définitive ne devant avoir lieu qu'en vertu d'une loi [1].

En vue de faciliter la préparation de cette loi, un arrêté du Gouvernement en date du 14 nivôse an XI (4 janvier 1803) prescrivit aux commissions administratives des hospices et, à leur défaut, aux maires et adjoints de *dresser l'état des biens nationaux* qui avaient été *attribués aux hospices civils* en remplacement de leurs biens aliénés [2].

Les états devaient être envoyés avant le 1er germinal suivant (22 mars 1803) au ministre de l'intérieur, sinon les établissements retardataires seraient déchus de tous droits, et la régie des domaines reprendrait possession des biens au nom de la République.

Les hospices de 55 départements satisfirent à cette prescription et fournirent les états demandés.

En conséquence, une loi du 8 ventôse an XII (28 février 1804) ordonna que les hospices (établissements d'humanité) de 32 départements *jouiraient définitivement*, et *comme propriétaires incommutables*, des biens nationaux dont ils étaient en *possession provisoire* [3].

L'Administration hospitalière de Paris n'avait pas été comprise parmi celles qui avaient bénéficié d'un *envoi en possession provisoire*; elle ne figura donc pas dans la liste des établissements favorisés d'une attribution définitive par application de la loi du 8 ventôse an XII. L'Administration centrale du département de la Seine avait, cependant, comme l'exigeait l'article 8 de la loi de vendémiaire an V, *désigné* des propriétés nationales en remplacement des biens vendus; mais jusqu'alors les hospices de Paris avaient été

---

1. Loi de vendémiaire an V, art. 8, § 1.

2. *Ibid.*

3. Pour permettre de se rendre compte des biens aliénés et des biens donnés en remplacement aux hospices de ces 32 départements, voici les totaux de la liste annexée à la loi :

BIENS ALIÉNÉS		BIENS ASSIGNÉS EN REMPLACEMENT dont les hospices ont la jouissance provisoire	
en revenus.	en capitaux.	en revenus.	en capitaux.
882 685,36	18 179 545,22	415 719,04	8 475 403,17

(*Bulletin des lois* n° 348, p. 525.)

Les biens attribués en dédommagement aux hospices de ces départements ne représentaient donc pas la moitié de la perte subie de chef.

moins heureux que beaucoup d'autres ; ils attendaient toujours une remise, ou tradition effective.

Le 28 ventôse suivant, un autre arrêté du Gouvernement prorogea jusqu'au 1er thermidor de la même année, pour les hospices qui n'avaient pas encore remis leurs états, le délai accordé par l'arrêté du 14 nivôse an XI. Faute d'en avoir effectué le dépôt dans le terme fixé, les hospices seraient censés avoir renoncé à tous droits, tant sur les biens dont ils jouissaient provisoirement que sur les biens simplement *désignés en remplacement*[1].

Les états devaient contenir[2] : 1° le montant, en revenu et en capitaux, des biens aliénés des hospices ; 2° le montant des biens et rentes dont ils avaient la jouissance provisoire ; 3° celui des biens et rentes qui avaient été *seulement désignés en remplacement*. D'autres renseignements étaient, en outre, exigés des hospices[3]. On voulait, enfin, qu'ils ne pussent « obtenir la propriété des biens et rentes *désignés en remplacement* qu'autant qu'ils produiraient des *certificats des directeurs de l'enregistrement* constatant que ces biens n'avaient été ni aliénés comme nationaux, ni compris dans la dotation d'aucun établissement public et qu'on n'avait point disposé des rentes par aliénation, affectation ou autrement ».

Le Conseil général des hospices de Paris satisfit à ces injonctions, afin d'obtenir l'envoi en possession des biens et rentes qui lui avaient été *désignés*, mais dont il n'avait toujours pas reçu la jouissance.

Il attendit encore pendant dix-huit mois.

Enfin, un décret du 1er jour complémentaire an XIII (18 septembre 1805) accorda aux hospices de Paris, en même temps qu'à d'autres administrations hospitalières, la *jouissance pour une année*, à compter du 23 septembre 1805, de *biens désignés*, compris dans des états spéciaux. Pendant le cours de l'an XIV (1805-1806), les hospices bénéficiaires devaient dresser de nouveau un état qui

---

1. *Bulletin des lois*, n° 355, p. 714.

2. Article 3 de l'arrêté du 28 ventôse an XII.

3. Les hospices devaient « faire connaître, par des états distincts, le montant de leurs anciens biens non aliénés, les legs et donations dont ils jouissaient en vertu d'autorisations du Gouvernement, les biens qui leur avaient été définitivement accordés en remplacement par la loi du 8 ventôse an XII, les sommes qui leur étaient assignées annuellement sur le produit des octrois municipaux ». (Arrêté du 28 ventôse an XII, art. 6.)

comprendrait, en détail, leurs pertes, leurs besoins et leurs dépenses, afin de pouvoir apprécier, en un rapport général, s'ils devaient être *maintenus par une loi* en possession définitive de tout ou partie de ces biens.

L'Administration des hospices de Paris put facilement justifier qu'à son égard la réparation n'avait pas été complète. Sans doute, elle avait reçu de l'État un riche patrimoine en propriétés nationales, provenant des congrégations hospitalières supprimées; mais les revenus de ces biens, auxquels correspondait une charge d'assistance beaucoup plus lourde qu'autrefois, ne compensaient pas la perte de ses droits de toute nature à jamais disparus: rentes sur l'État réduites des deux tiers, rentes sur particuliers supprimées, droits féodaux et autres abolis sans retour.

Le *9 novembre 1807* intervint la loi annoncée; elle concernait les hospices de 24 départements[1]. Son article 20 était ainsi conçu : « L'Hôtel-Dieu de Paris et l'Hôpital général de la même ville sont maintenus dans la possession définitive des biens qui leur ont été concédés provisoirement par décret du 18 septembre 1805 (1er jour complémentaire an XIII), jusqu'à concurrence d'un revenu de 30 206 fr., distraction faite de 4 212 fr. formant le revenu des biens qui ne se trouvent plus disponibles ou qui forment un double emploi[2]. »

Les nouveaux biens ainsi attribués définitivement à l'Administration des hospices de Paris comprenaient la pleine propriété de

---

1. M. de Ségur, rapporteur du projet de loi, s'était exprimé de la sorte au Corps législatif, dans la séance du 27 août 1807 (*Moniteur* de 1807, p. 942) : « Conformément aux ordres de l'Empereur, nous avons examiné avec le plus grand soin chacun des tableaux qui nous sont parvenus; éclairés par les avis des sous-préfets, des préfets, des administrateurs des domaines, nous vous présentons aujourd'hui un grand nombre de *concessions définitives* et conformes au tableau annexé au décret du 1er jour complémentaire an XIII, avec les modifications qu'un examen soigné y a fait appliquer; ces concessions sont justes, nécessaires et motivées; la plus grande partie des établissements qui les recevront seront loin encore de retrouver, par cet acte de justice, ce qui leur a été enlevé par la loi de l'an II. Nous avons été obligés de distraire de ces concessions les biens qui avaient été destinés primitivement pour eux, mais qui, depuis, ont été affectés à des dotations faites à d'autres établissements publics. » Les distractions dont il s'agit avaient eu lieu au profit des *fabriques*, rétablies par l'arrêté du 7 thermidor an XI dans la propriété de leurs biens non vendus, et des *émigrés*, en faveur de qui était intervenue, par un sénatus-consulte du 6 floréal an X, une amnistie générale suivie de la remise de leurs biens qui n'avaient été ni vendus ni affectés à des services publics. (Durieu et Roche, *loco cit.*, p. 246.)

2. Code administratif des hôpitaux civils de la ville de Paris, p. 59 et 60.

sept maisons et d'un terrain, la nue propriété de six terrains bâtis, plus deux étaux à la boucherie de Beauvais, et *vingt-neuf boutiques* situées dans les demi-lunes des piliers du *Pont-Neuf* [1]. Le Conseil général des hospices avait réclamé aussi, par l'intermédiaire du préfet de la Seine (l'administration centrale du département), le terre-plein du même pont, affecté en partie à un jardin et en partie couvert de constructions, plus les emplacements bâtis existant au-devant, à droite et à gauche de la Samaritaine. Le ministre des finances répondit par un refus catégorique [2].

---

1. Voici la liste des propriétés concédées, avec l'indication de leur provenance et de leur valeur vénale :

NATURE ET EMPLACEMENT.	ORIGINE.	VALEUR.
		francs.
Maison rue du Faubourg-Saint-Denis, 60.	Lazaristes.	4 000
Terrain de 101 toises rue des Petites-Écuries, 5.	Filles-Dieu.	4 040
Nue propriété d'un terrain bâti rue d'Angoulême, 9.	Ordre de Malte.	27 600
— — rue de la Tour, 3.	—	8 340
— — rue de Malte, 1.	—	8 820
— — r. Ménilmontant, 20.	—	18 960
— — rue de la Tour, 9.	—	4 500
Maison rue du Faubourg-du-Temple, 66.	André, émigré.	18 000
— rue Geoffroy-Langevin.	Leber, émigré.	3 500
— rue de la Vieille-Draperie, 13.	Ancien domaine royal.	18 800
— place Saint-Étienne, 3.	Abbaye Sainte-Geneviève.	3 000
— place et rue de Cambray, 16.	Ordre de Malte.	10 000
11 boutiques au Pont-Neuf	Académie de peinture.	176 700
8 — —	—	116 800
Nue propriété d'un terrain bâti rue de Ménilmontant.	Dupeyron, émigré.	60 000
2 étaux à la boucherie de Beauvais	Ancien domaine.	4 000
Maison rue de la Bûcherie	École de médecine.	22 000
	Total	484 220

La même loi du 9 septembre 1807 attribua, en outre, aux hospices une *rente* de 6 000 fr. au capital de 120 000 fr. due par la commune de Paris à l'État pour prix des bâtiments des Bernardins.

Et ce fut tout. En 1808, les immeubles ci-dessus rapportaient 22 995 fr. 60. En ajoutant à cette somme la rente de 6 000 fr., le revenu total était de 28 995 fr. 60, un peu inférieur, par conséquent, au revenu annoncé de 30 000 fr. Le législateur avait calculé le produit des immeubles au denier vingt de la valeur de 484 220 fr., ce qui donnait 24 211 fr. plus 6 000 fr., soit 30 211 fr. Remarquons que les hospices ne touchaient qu'une partie du revenu, puisque pour six des immeubles attribués, ils n'avaient qu'une *nue propriété*.

2. « Je vous observe, Monsieur, écrit le ministre, que les boutiques du Pont-Neuf, étant adhérentes à ce pont qui forme une voye publique, n'auraient pas dû être abandonnées aux hospices: cette circonstance les rend inaliénables.

« Le terre-plein du Pont-Neuf me paraît d'autant moins dans le cas d'être aban-

Dans l'examen des *restitutions opérées* et des *biens attribués* aux hospices de Paris, nous avons dû quitter la période révolutionnaire et nous avancer jusque dans les premières années de l'Empire.

Revenons maintenant en arrière, et plaçons-nous après vendémiaire an V, quand les biens non vendus des administrations de l'Hôtel-Dieu et de l'Hôpital général leur furent rendus, en même temps qu'on restituait à la nouvelle administration les nombreux biens immobiliers des corporations hospitalières supprimées.

Les hospices de Paris avaient vraiment alors, comme nous l'avons constaté, un beau patrimoine, que la loi du 26 prairial an IX (pour ne parler que des biens restitués) devait encore enrichir quelques années après.

§ 7. — MAUVAIS ÉTAT DES IMMEUBLES RESTITUÉS ET DES IMMEUBLES ATTRIBUÉS.

Mais, il faut le reconnaître, car toute médaille a son revers, les biens rendus se trouvaient dans un état lamentable et les finances des hôpitaux n'étaient pas alors reconstituées au point de permettre à l'Administration hospitalière d'effectuer toutes les dépenses de remise en état qui s'imposaient. On essaya pourtant de parer au plus urgent.

Dès que les restitutions furent opérées, de nombreux entrepreneurs furent mis à l'œuvre, mais il fut impossible à l'Administration hospitalière de les payer. Ils s'adressèrent, au nombre de cent douze, par voie de pétition, au Conseil des Cinq-Cents, en vue d'obtenir le paiement de leurs créances. La commission chargée d'examiner la requête fut assez embarrassée. Dans la séance du

---

donné aux hospices qu'il peut d'un instant à l'autre être rendu à son ancienne destination pour servir de promenade publique ou pour *l'érection d'un monument.* A l'égard des bâtiments qui existent au-devant de la Samaritaine, ils ont toujours été considérés comme faisant partie de ce bâtiment et comme étant nécessaires au service de la pompe.

« J'ajouterai que le directeur des domaines a déjà certifié la disponibilité de différents domaines nationaux d'une valeur capitale de 414 960 fr., demandés par les hospices en remplacement de leurs biens aliénés et que, si cette somme ne remplit pas le déficit qu'éprouvent les hospices, ils doivent trouver des ressources suffisantes dans les rentes et propriétés immobilières contestées, soustraites ou usurpées qui leur ont été abandonnées par la loi du 4 ventôse an IX et dans le produit des octrois... » (Lettre du 9 avril 1807.)

Conseil des Cinq-Cents du 12 prairial an VI (31 mai 1798), Saint-Horent, le rapporteur, déclara que cette affaire devait être renvoyée au Directoire exécutif, attendu que la commission s'était convaincue « que le crédit de cinq millions ouvert par la loi du 10 prairial an V, en faveur des hospices *de Paris*[1], n'était pas épuisé et que les loyers des maisons réparées par les pétitionnaires offraient encore une ressource pour l'acquit de leur créance ».

Saint-Horent ajouta, au nom de la commission, qu'il serait plus convenable d'affermer tous les biens des hôpitaux *à longues années*, avec charge des réparations et des contributions et que, de cette manière, leur revenu serait doublé[2].

Les 112 entrepreneurs finirent, sans doute, par obtenir le paiement de leurs mémoires; mais leur pétition au pouvoir législatif n'était pas de nature à donner beaucoup de crédit aux hospices. En outre, le projet de faire des baux à longue durée, en laissant aux preneurs tout le fardeau des réparations et des contributions, ne pouvait se réaliser qu'au fur et à mesure des offres, en admettant qu'il en vînt, c'est-à-dire très lentement.

Le résultat fut qu'en l'an IX, au dire de Frochot, préfet de la Seine, l'état des immeubles productifs de revenus était tout aussi mauvais. Frochot résume ainsi la situation des hospices de Paris :

« Par rapport aux *finances* : 6 000 000 de francs d'arriéré; dépense annuelle estimée à 7 000 000 de francs.

« Par rapport aux *biens* : une dégradation considérable dans leurs maisons et dans leurs fermes; des réparations urgentes dans les

---

1. Saint-Horent se trompait en disant que le crédit de cinq millions avait été ouvert en faveur des hospices *de Paris*. La loi du 10 prairial an V (29 mai 1797), qui fixait à 55 615 000 fr. les dépenses ordinaires du ministère de l'intérieur (*Bulletin des lois*, an V, n° 125), ouvrait en effet, sur cette somme, un crédit de 5 millions aux *hospices généraux* de France, et non à ceux de Paris seuls. Nous ignorons quelle fut la part attribuée aux hôpitaux de la capitale. Nous avons vu plus haut que, sur un crédit de 27 millions alloué peu auparavant aux hospices de France, Paris avait reçu d'abord 500 000 fr., puis un peu plus tard 300 000 fr. Ces allocations assez maigres étaient destinées aux dépenses des années V et VI.

2. Avant la Révolution, les propriétés productives de revenus des établissements hospitaliers n'étaient pas grevées d'impôts. La Révolution fit disparaître cette faveur. Les biens des hospices furent frappés des contributions ordinaires et même, depuis 1849, ils sont soumis à un impôt particulier, la *mainmorte*, qui atteint les biens productifs de revenus de tous les établissements publics.

Les grosses réparations aux immeubles des hospices de Paris et les impôts qui pesaient sur ces biens absorbaient annuellement, dans les années qui ont suivi la restitution, plus de la moitié du revenu. (Parturier, *loco cit.*, p. 239.)

meilleures; des réparations fortes dans les moins mauvaises et une reconstruction nécessaire dans un grand nombre; des pertes continuelles dans les loyers; des embarras et des lenteurs dans les recouvrements; des non-valeurs multipliées par le mauvais état des bâtiments[1]. »

1. Husson, *Étude sur les hôpitaux*, p. 521. — Cet état des biens est une des raisons, comme nous l'avons vu, pour lesquelles le Directoire proposa de nouveau, en l'an VII, l'aliénation de ce qui restait du patrimoine des hospices.

CHAPITRE II

LE DOMAINE IMMOBILIER PRODUCTIF SOUS LE PREMIER EMPIRE

§ 1er. — LE DOMAINE EN 1807.

Après 1807, il ne fut plus, sauf quelques exceptions, attribué de nouveaux biens aux hospices parisiens.

Plaçons-nous donc à cette époque et voyons quelles étaient alors l'importance et la composition du patrimoine hospitalier de Paris. Nous examinerons ensuite les mesures prises par Napoléon Ier à l'égard de ce domaine. Nous terminerons par l'étude de la gestion des biens.

Les *biens de ville* étaient au nombre de 770 produisant un revenu de 920 000 fr. en chiffres ronds ; les *biens ruraux* étaient au nombre de 156 : leur revenu s'élevait à 296 000 fr.

La composition des biens de ville était la suivante :

665 maisons ;

2 anciennes églises ;

3 anciens couvents ;

1 maison hospitalière ;

1 enclos (enclos de la Trinité comprenant 10 corps de bâtiment et un ancien cimetière) ;

5 maisons et marais ;

1 maison et jardin ;

2 maisons et terrain ;

1 boutique ;

1 loge ;

1 portion de loge ;

5 terrains et bâtiments ;

24 terrains ;

2 terrains et marais ;

1 marais et vigne ;

14 marais ;

1 jardin et clos ;

2 jardins ;

56 échoppes ;

4 étaux ;

1 bergerie et marais ;

1 bergerie et jardin ;

1 bergerie ;

1 jardin et salle ;

1 pièce de terre ;

regards d'eau à Belleville ;

plus la propriété des neuf seizièmes de la Halle au vin, et la jouissance de l'emplacement de 19 boutiques sur le Pont-Neuf.

Ces biens provenaient de l'Hôtel-Dieu, de l'Hôpital général, de la Charité, des Petites-Maisons, des Incurables-Femmes, de l'hôpital Sainte-Catherine, de l'hôpital du Saint-Esprit, des hôpitaux Saint-Gervais, de la Trinité, de la Maison des Cent-Filles, de Beaujon, de Cochin, des Hospitalières de la rue Mouffetard, des Hospitalières de la Roquette, de l'hôpital Saint-Antoine, du Domaine des Indigents, de celui des Enfants abandonnés, du cloître Saint-Jacques l'Hôpital [1].

Les biens ruraux comprenaient :

52 fermes ;

14 maisons ;

12 moulins ;

1 halle au blé ;

60 lots de terre ;

17 bois [2].

—————

156

Les *revenus* d'un grand nombre de fermes et de terres étaient perçus *en grains* ; il en a été ainsi jusqu'en 1840. Nous reviendrons sur ce point.

—————

[1]. « État général des propriétés urbaines appartenantes aux hôpitaux et hospices civils, aux indigents et aux enfants abandonnés de la ville de Paris. » (Cet état n'est pas daté ; il a dû être dressé en 1812, mais il indique une situation antérieure de plusieurs années à sa rédaction.)

[2]. Rapport fait au conseil général des hospices, par un de ses membres, sur l'état des hôpitaux, des hospices et des secours à domicile à Paris depuis le 1er janvier 1804 jusqu'au 1er janvier 1814, p. 271.

§ 2. — HISTORIQUE DE QUELQUES PROPRIÉTÉS.

Un historique des propriétés urbaines et rurales présenterait, sans doute, quelque intérêt ; mais cette étude sortirait des limites de notre cadre. Nous retiendrons cinq propriétés seulement qui nous paraissent mériter une mention spéciale : nous voulons parler de l'enclos de la Boule-Rouge, de la Halle au vin, de la ferme du Grand-Pressoir, de la ferme de Sainte-Anne et des grands moulins de Corbeil.

1° *Propriété provenant de Geoffroy et de sa femme Marie.* — En 1201, le sieur *Geoffroy*, cordonnier, ou couturier (*sutor* dans le texte), et *Marie*, sa femme, firent donation à l'Hôtel-Dieu de Paris de huit arpents de terre (environ 27 352ᵐ), situés au lieudit la Grange-Batelière, *extra muros*, à la porte Montmartre. Cette libéralité était faite à la charge par l'Hôtel-Dieu de payer une rente de huit livres aux sieur et dame de Meulan et de fournir aux donateurs pendant leur vie la nourriture et l'habillement.

Ces huit arpents, appelés autrefois le *marais des petits Porcherons*, sont devenus la propriété dont la partie située entre la rue Bergère et la rue Richer, et enclose de murs, a été connue longtemps sous le nom de *la Boule-Rouge*.

En vue de conserver cette vaste propriété dans son domaine et d'en augmenter la valeur, l'Hôtel-Dieu en fit l'objet, dans la seconde moitié du xviiiᵉ siècle, de baux à longue durée, la plupart conférés à vie.

Au commencement du premier Empire, l'ancien domaine du sieur Geoffroy et de sa femme Marie, couvert de maisons en majeure partie, comprenait les immeubles numérotés de 8 à 20, rue du Faubourg-Montmartre, les immeubles numéros impairs de la rue Bergère, jusqu'à la cité du même nom ; de l'autre côté de la rue, les numéros pairs de 18 à 26, puis tous les immeubles à la suite sur la rue de la Boule-Rouge (en partie aujourd'hui rue Montyon) et au delà jusqu'à la rue Richer, sur laquelle l'enclos comprenait les numéros 13 à 27 inclus[1].

---

1. Depuis, une nouvelle rue, la rue *Geoffroy-Marie*, du nom des deux bienfaiteurs de l'Hôtel-Dieu, a été ouverte obliquement sur l'ancien enclos de la Boule-Rouge, depuis l'angle formé par la rue du Faubourg-Montmartre et la rue Montyon jusqu'à la rue Richer, en face de la rue de Trévise.

De ce domaine considérable il ne reste aujourd'hui à l'Administration hospitalière qu'une propriété rue du Faubourg-Montmartre n° 8, et cité Bergère, 1 *bis*. Elle échappa à la vente grâce à un bail emphytéotique consenti par les administrateurs de l'Hôtel-Dieu, à la veille de la Révolution, en 1788, pour 99 années qui ont pris fin le 1er octobre 1887. Son revenu actuel est de 71 680 fr. ; sa valeur vénale, de plus d'un million et demi. Nous aurons à reparler plus loin de l'ancien domaine Geoffroy-Marie.

2° *Halle au vin*. — La *Halle au vin*, située au quai Saint-Bernard, à Paris, fut construite en vertu de lettres patentes du roi Louis XIV, du 20 janvier 1656, enregistrées au parlement le 21 août 1662, en vue d'*enchanteler* les vins qui jusqu'alors se vendaient dans des bateaux, sur la rivière, ce qui les exposait à des avaries. Les lettres patentes de 1656 conférèrent aux sieurs de Chamarande et du Buas, les promoteurs de cette création, qui durent acheter le terrain et construire caves, berceaux, celliers, hangars et maisons, le privilège de lever un droit de 10 sols sur chaque muid de vin déposé par les marchands dans la halle[1].

Les concessionnaires ayant éprouvé des difficultés et craignant de ne pouvoir, à eux seuls, mener à bien leur entreprise s'adressèrent à l'Hôpital général, à qui ils firent cession, le 2 août 1662, de la moitié de leur privilège, à la condition que le terrain serait acheté par moitié et les constructions édifiées à frais communs. Une transaction du 11 mars 1728 fixa la part des revenus attribués à l'Hôpital général aux *neuf seizièmes*, les co-associés jouissant des sept autres seizièmes.

Les fermiers généraux accordèrent aux marchands qui déposèrent leur vin dans la halle l'avantage de ne payer les droits d'entrée à Paris qu'à la sortie de cet établissement ; en d'autres termes, la halle aux vins devint une sorte d'entrepôt réel. Cette faveur et la situation avantageuse de la halle attirèrent les marchands. Le droit de 10 sols par muid rapporta bientôt un revenu considérable qui atteignit 80 000 fr.[2].

---

1. Voir *Le Domaine de la ville de Paris, dans le présent et dans le passé,* par A. des Cilleuls, p. 21.

2. Suivant les comptes de l'Hôpital général, la halle rapportait de 70 000 à 80 000 fr. par an, pendant les années 1786, 1787, 1788.

En 1789, les droits d'entrée furent supprimés. Les marchands de vin n'eurent plus alors le même intérêt à déposer leurs pièces de vin à la halle où leurs manipulations étaient l'objet d'une étroite surveillance. Aussi le revenu diminua-t-il aussitôt de moitié[1].

Au moment du rétablissement de l'octroi, en l'an VII, la commission des hospices ne put obtenir la faveur que lui avaient accordée les anciens fermiers généraux, qui ne percevaient les droits d'octroi qu'à la sortie de la halle, comme nous l'avons vu plus haut. Obligés de payer le montant des droits avant l'emmagasinage, les marchands préférèrent, pour éviter cette avance, laisser leur vin sur le port ou dans les entrepôts de Bercy. En conséquence, le produit de la halle subit d'année en année une diminution croissante. En l'an XII le revenu brut n'était plus que de 22 000 fr. ; mais les charges de contributions, réparations et appointements des employés restaient toujours les mêmes ; elles dépassaient 14 000 fr.

Inquiets de cette situation, l'Hôpital général et les héritiers de Talaru, successeurs médiats des concessionnaires primitifs, décidèrent conjointement de mettre en adjudication le bail principal de la halle au vin. L'adjudication fut prononcée le 21 brumaire an XIII (12 novembre 1804), moyennant une redevance de 44 000 fr. par an, tous les impôts et les réparations locatives incombant au premier. La durée du bail était de neuf années[2].

Ce bail fut bientôt résilié pour une cause que nous ignorons. Dans un *État des propriétés*, de 1811, il n'en est plus question ; mais nous voyons figurer la location par baux séparés de 3, 6 ou 9 ans des logements, chambres, maisons, caves, berceaux et celliers composant les dépendances de la halle au vin. Le revenu produit par ces locations s'élève, pour la part des hospices, à 7 732 fr. 42 c. A cette somme venait s'ajouter un revenu *variable* résultant des droits à percevoir à raison de l'entrepôt des vins et eaux-de-vie. Il ne figure dans les comptes des hospices que pour 3 753 fr. en 1808 ; puis il atteint par bonds successifs 17 843 fr. 78 c. en 1810 et 19 628 fr. 66 c. en 1813.

A cette époque la ville de Paris acheta la halle au vin moyennant

---

1. Il fut de 40 000 à 45 000 fr. par an.

2. Détails extraits du *Compte général des hôpitaux, hospices civils et secours à domicile de la ville de Paris*, de l'an XI, p. 375.

un capital qui s'éleva pour la part des hospices à 321 429 fr. L'affaire fut excellente... pour la ville de Paris. En attendant le paiement de cette somme, l'administration municipale servit aux hospices un intérêt annuel de 16 071 fr. 40 c. qui figura longtemps dans les comptes sous le nom de *redevance en remplacement de la halle au vin*[1].

3° *Ferme du Grand-Pressoir*. — La ferme du Grand-Pressoir était située près de Paris, au delà de la porte Gibard, appelée plus tard porte Saint-Michel, sur le chemin du château de Vauvert, appartenant aux Chartreux. Cette ferme a eu pour origine la donation faite, au mois d'avril 1265, à l'Hôtel-Dieu, par Pétronille « Vinetaria », veuve de Guillaume le Vigneron, « Vinetarius », d'un pressoir et de six arpents de vignes, pour la fondation et l'entretien d'une chapelle. Un peu plus tard, en 1297, Pétronille, veuve de Nicolas Giron, ajouta à la libéralité primitive un arpent et demi de vignes[2].

Depuis cette époque, la contenance de la ferme du Pressoir fut considérablement augmentée par de nouvelles donations et par des acquisitions que fit l'Hôtel-Dieu.

En 1529, la ferme ne comprenait pas moins de 249 arpents et demi de terres labourables.

Au fur et à mesure que Paris se développait, la ferme du Pressoir diminuait parce qu'une partie de ses terres étaient annexées à la ville, perdaient, par suite, le caractère de terres de culture, et, devenues terrains à bâtir, étaient louées dans ce but, séparément, par l'Hôtel-Dieu, ou vendues.

C'est le 19 juin 1613 que commence le démembrement de la ferme du Grand-Pressoir. La reine régente Marie de Médicis « ayant acquis l'hostel de Luxembourg, elle auroit désiré, pour l'augmentation et embellissement de ses jardins et accommodation des bastiments qu'elle avait intention de faire construire audict lieu, et pour l'ornement et décoration de la ville, acquérir la ferme appartenant audict Hostel-Dieu qui était joignant et contiguë le parc dudict hostel de Luxembourg, avec l'enclos et dépendances d'icelle[3] ».

---

1. Aux *comptes* de l'année 1835, l'administration hospitalière se plaignait de ce que la somme de 321 429 fr. représentant la valeur des neuf seizièmes de l'ancienne halle au vin n'était pas encore payée.

2. Brièle, *Inventaire des archives hospitalières antérieures à 1790*. Hôtel-Dieu, t. I, p. 141 et 142.

3. Brièle, *loco cit.*, p. 146.

Marie de Médicis dépêcha, en conséquence, auprès des administrateurs de l'Hôtel-Dieu plusieurs hauts personnages pour obtenir la cession du domaine hospitalier.

Les administrateurs de l'Hôtel-Dieu accueillirent froidement les délégués de la reine. Ils représentèrent que leur ferme était, à cause de sa proximité de la ville, un de leurs biens les plus précieux et que, dans les moments de la plus grande détresse, ils avaient tout fait pour la conserver.

Sur quoi « ladite dame reine ayant communiqué avec son conseil trouva pour beaucoup de considérations qu'elle ne se pouvait passer de ladicte ferme, clos et deppendances d'icelle, sans délaisser du tout son dict desseing, qui lui serait du déplaisir ».

A la suite d'instances réitérées de Marie de Médicis, « les dicts sieurs gouverneurs et administrateurs, pour satisfaire à l'intention de Sa Majesté à laquelle ils doibvent toute sorte d'honneur, service et obéyssance, et de la piété de laquelle ils espèrent que ledict Hostel-Dieu et les pauvres peuvent attendre du bienfaictz à l'advenir », consentirent à lui céder : 1° les bâtiments et enclos du Grand-Pressoir contenant environ 7 arpents et demi ; 2° 25 arpents de terres labourables à prendre dans une pièce de 50 arpents et demi appelée le Boulevart, faisant partie des dépendances de la ferme et située derrière les Chartreux, au Mont-Parnasse[1], plus divers droits de censives et de lods et ventes, le tout moyennant le prix de 50 000 livres tournois.

Plus tard, en 1634, 1640 et 1648, l'Hôtel-Dieu vendit aux administrateurs de l'*hôpital des Incurables*[2], par trois contrats, 45 arpents de terre de la même ferme, tant pour construire les bâtiments de cet hôpital que pour former un domaine au nouvel établissement.

Cinq ans après, le 1er avril 1653, l'Hôtel-Dieu détacha encore de la ferme du Grand-Pressoir le fief de Galande, pour l'échanger contre des rentes.

L'Hôtel-Dieu fit d'autres ventes qui vinrent diminuer la superficie

---

1. Nous reparlerons plus loin de ces terres du Mont-Parnasse qui ont été scindées en deux par la formation du boulevard extérieur Montparnasse, aujourd'hui boulevard Edgar-Quinet. La reine avait acheté 25 arpents dans le but de les échanger contre des terres qu'elle voulait se faire céder dans le périmètre du palais projeté.

2. Aujourd'hui hôpital Laënnec. Cet établissement fut édifié de 1635 à 1649. Voir l'*Assistance publique* en 1900, p. 445.

de ce domaine. Parmi les terrains ainsi aliénés, plusieurs ont été employés dans les remparts de la ville, d'autres ont été compris dans la création de la place de la Concorde, d'autres ont été pris par les anciens et les nouveaux boulevards intérieurs et extérieurs.

Le reste de cette ferme, après toutes les aliénations dont il s'agit, a été divisé en deux lots dont l'un a été réuni en 1790 à la ferme de Sainte-Anne et l'autre, loué par baux séparés.

Dans le courant du xixᵉ siècle ces terres ont été en majeure partie aliénées.

Il en reste encore quelques lots dans le 14ᵉ arrondissement[1].

4° *Ferme de Sainte-Anne.* — La ferme de Sainte-Anne a été construite sur des pièces de terres situées au territoire de Saint-Jean de Latran, lieudit Pique-Oûes ou Longue-Avoine. Le territoire de Saint-Jean de Latran devint plus tard le Petit-Gentilly. C'est maintenant le quartier de la Santé, dans le 14ᵉ arrondissement.

Les terres de cette ferme avaient une contenance totale de 24 arpents 47 perches 65 centièmes, ou 8 hectares 36 ares 76 centiares.

La majeure partie du domaine, soit 21 arpents et demi, provenait d'un échange fait par l'Hôtel-Dieu avec la reine Anne, mère de Louis XIV, dans des circonstances qui méritent d'être indiquées.

Il existait, au xviiᵉ siècle, au faubourg Saint-Marcel, dans Paris, un hôpital destiné aux malades atteints d'affections contagieuses, appelé *hôpital de la Santé.* Le déplacement de cet hôpital parut indispensable à la royauté, pour différentes raisons que nous trouvons ainsi exposées dans des lettres patentes de Louis XIV, données au mois de mai 1651 : « Ledit hôpital Saint-Marcel, quoique accru et augmenté de bâtiments des deniers dudit Hôtel-Dieu, quand l'occasion l'a requis, par les soins desdits administrateurs, se trouvant, néanmoins, aujourd'hui *trop petit* et *incommode* pour recevoir et loger tous les malades de contagion qui peuvent y arriver des faubourgs circonvoisins, même de celui de Saint-Germain qui est beaucoup plus peuplé qu'il n'était ci-devant, et outre cela, étant *à présent enclos au milieu de plusieurs maisons bâties depuis quelques années et de beaucoup de monastères*, entre lesquels l'*abbaye du Val-de-Grâce où notre très honorée dame et mère va souvent faire*

---

[1]. Terrains rue Delambre, rue de Montparnasse et boulevard Edgar-Quinet.

ses dévotions, est tellement joignant à icelui qu'en temps de peste, le mauvais air s'y portant, la personne de notre dite dame et reine qui nous est très chère, serait en danger[1]. »

Pour prévenir un si grand malheur, les administrateurs de l'Hôtel-Dieu furent chargés de rechercher non loin de là un lieu propre et d'assez grande étendue. Leur avis fut de transporter l'établissement en une pièce de terre « commode à cet effet, située entre le chemin dit des Prêtres et le chemin bas d'Arcueil, hors la vue du grand chemin d'Orléans[2] sise au terroir de Saint-Jean de Latran, dit Pique-Ouès, ou autrement Longue-Avoine.

Cette pièce de terre fut acquise le 7 juillet 1651 par la reine Anne, qui la délaissa à l'Hôtel-Dieu, par voie d'échange avec les bâtiments et terrains de l'hôpital de la Santé. Le nouvel établissement, auquel la reine voulut qu'on donnât le nom de *Sainte-Anne*, fut bâti des deniers donnés par la reine-mère, comme soulte de l'échange.

Les bâtiments de l'hôpital Sainte-Anne furent terminés en 1662.

Cet établissement hospitalier fut augmenté de différents morceaux de terrains dont l'Hôtel-Dieu fit l'acquisition postérieurement à l'échange primitif. Les terres achetées ne furent pas entièrement comprises dans la clôture de l'hôpital ; il en resta un certain nombre de parcelles, qui, à raison de l'irrégularité de leur configuration, demeurèrent en dehors des murs d'enceinte.

L'hôpital Sainte-Anne servit longtemps de lieu de convalescence pour les malades de l'Hôtel-Dieu. Un arrêt du Conseil du 22 juin 1787 le choisit pour un des quatre hôpitaux destinés à remplacer l'Hôtel-Dieu.

Ce dernier établissement était, en effet, devenu beaucoup trop petit. Construit pour 1 200 lits seulement, il comptait de 2 000 à 3 000 malades par jour, souvent même de 4 000 à 5 000. On était obligé d'y coucher trois ou quatre malades par lit[3]. En outre, cet hôpital, entouré de rues étroites et de murs élevés, ne pouvait être

---

1. Recueil des règlements de l'Hôtel-Dieu, t. I. (Archives de l'administration de l'Assistance publique.)

2. Aujourd'hui rue du Faubourg-Saint-Jacques et rue de la Tombe-Issoire. L'avenue d'Orléans actuelle fut ouverte en 1787.

3. « Nous y avons vu très fréquemment des lits qui en contenaient 3 et 4, nous en avons compté 5 et 6 dans plusieurs. » *Mémoire sur la nécessité de transférer et reconstruire l'Hôtel-Dieu de Paris,* 1785. Recueil des règlements de l'Hôtel-Dieu, t. IV, p. 487. (Archives de l'Assistance publique.)

aéré que par des jours rares et inégalement espacés. Les conditions d'hygiène dans lesquelles il se trouvait étaient déplorables. Le peuple avait fini par le prendre en aversion [1].

En exécution de l'arrêt du 22 juin 1787, on commença à démolir les bâtiments de l'hôpital Sainte-Anne et des dispositions étaient prises en vue de la reconstruction de cet établissement sur un plan plus vaste et mieux conçu, quand les événements politiques vinrent tout arrêter. On fut obligé de vendre les matériaux de la démolition pour payer les ouvriers qui l'avaient faite.

Depuis l'année 1790 jusqu'en 1820, les parties subsistantes de cet ancien hôpital furent converties en un corps de ferme auquel on réunit les terres de Gentilly et de Montrouge que l'Hôtel-Dieu avait acquises pour l'accroissement de son patrimoine immobilier et celles qui avaient été précédemment distraites de la ferme du Grand-Pressoir.

En 1820, l'administration des hospices, en vue de retirer un revenu plus élevé de la ferme de Sainte-Anne, divisa son exploitation en dix lots. Ce domaine rural avait alors, y compris l'enclos et l'emplacement des bâtiments de la ferme, une superficie de 26 hectares 96 ares 65 centiares. Quant aux bâtiments proprement dits, ils furent occupés par les aliénés convalescents de l'hospice de Bicêtre qui exploitèrent en même temps plusieurs pièces de terre situées dans le voisinage.

A la date du 30 juillet 1863, un décret impérial déclara d'utilité publique la création à Paris d'un *asile départemental clinique* pour le traitement des *maladies mentales* et prescrivit qu'il serait établi sur les terrains et dépendances de la ferme de Sainte-Anne [2].

Un jugement du 6 octobre suivant prononça l'expropriation de

1. « Ces faits ne sont que trop propres à expliquer et justifier même l'idée générale que le peuple s'est formée de l'Hôtel-Dieu. Lorsqu'il l'envisage comme un lieu de secours et de consolation, la nécessité de s'y réfugier passe, à ses yeux, pour le plus grand de tous les maux. » (*Ibid.*)

2. Une difficulté s'éleva entre l'administration charitable et la ville de Paris qui se prétendit propriétaire du sol de l'avenue faisant communiquer la propriété avec l'ancien boulevard extérieur de Paris et dont la superficie était de 2 798^m,25. Malgré un avis du comité consultatif des hospices, contraire aux prétentions de la ville de Paris, les hospices ne reçurent aucune indemnité pour cette parcelle de terrain. L'avenue dont il s'agit est devenue la rue Ferrus. L'administration de l'Assistance publique est restée propriétaire près de Sainte-Anne d'un terrain de 4 801^m,80, situé entre la rue Dareau et la rue Cabanis ; il est actuellement loué en deux lots, moyennant un loyer total de 6 340 fr.

146 807m,07 des terres de l'ancienne ferme, plus de 30 408m,17 d'autres pièces de terres appartenant à divers propriétaires.

L'acte de cession par les hospices au département de la Seine, des biens expropriés, fut signé le 15 octobre 1863. L'indemnité fut fixée par voie d'expertise amiable à la somme de 2 320 774 fr. 85 c.

5° *Grands moulins de Corbeil.* — Suivant arrêté du Conseil du roi du 21 mars 1769 suivi de lettres patentes du mois d'avril suivant, enregistrées au parlement le 20 août 1770, Louis XV concéda à l'Hôpital général, à perpétuité, deux propriétés situées à *Corbeil*, sur chacune des deux rives de la rivière d'Essonne, à son embouchure dans la Seine. La première de ces propriétés, appelée *la manufacture de Buffles*, comprenait des moulins, bâtiments, terrains, cours d'eau, etc.; la seconde, nommée *le Moulin du roi*, se composait, en dehors du moulin, de l'emplacement du vieux château de Corbeil, de cours, vieux édifices et terrains.

Ces biens avaient été engagés[1] antérieurement par la royauté au profit de M. le duc de Villeroy; ce dernier avait, depuis, concédé, à charge d'un *service de rentes*, la manufacture de Buffles à des particuliers qui l'avaient eux-mêmes rétrocédée au roi.

La concession de Louis XV à l'Hôpital général n'était pas gratuite. L'établissement concessionnaire avait à payer au duc de Villeroy, tant qu'il serait engagiste et plus tard, au roi, deux rentes, l'une de 1 010, l'autre de 1 800 livres, plus une indemnité de 1 200 livres au fermier du duc de Villeroy et un capital de 50 000 livres aux propriétaires intéressés dans la manufacture de Buffles.

Moins de quinze ans après, deux autres arrêts du Conseil, l'un du 29 avril 1783, l'autre du 5 avril 1785, concédèrent au même établissement à titre d'accensement[2] plusieurs terrains situés à Corbeil, sur la place des Récollets, moyennant des cens de 6 et 3 deniers par toise carrée, avec stipulations de lods et ventes[3] à chaque mutation.

---

1. Les *engagements* étaient des aliénations du domaine de la couronne à deniers comptants, pour nécessité de guerre, avec *faculté de rachat perpétuel*. Ils constituaient une exception au principe, formulé par une ordonnance de 1566, de l'inaliénabilité du domaine royal.

2. L'accensement était la concession d'une terre roturière, appelée *censive*, moyennant une redevance modique, le cens, dont le caractère était surtout recognitif du domaine éminent.

3. Les *lods et ventes* étaient les droits payés en cas de mutation entre vifs des terres roturières.

C'est en vue d'assurer son service de boulangerie que l'Hôpital général avait réalisé ces acquisitions. Les bâtiments étaient en très mauvais état ; il fallut les démolir et en édifier de nouveaux. La reconstruction des moulins sur chacune des rives de l'Essonne entraîna une dépense de 3oo ooo livres. L'Hôpital général affecta, en outre, une somme de 66 5oo livres à la création d'une *halle* sur les terrains de la place des Récollets.

Pendant quelque temps, les moulins de Corbeil fabriquèrent, avec des grains provenant des fermes hospitalières et avec des grains achetés dans le commerce, la farine destinée au service des hôpitaux. Elle était expédiée par bateaux et emmagasinée dans les bâtiments de la place Scipion où se faisait le pain des hôpitaux comme maintenant encore [1]. Puis l'administration des hospices estima qu'elle aurait avantage à ne plus moudre et à se procurer directement la farine auprès de grands minotiers. Les moulins de Corbeil furent alors loués à des particuliers. En 18o9, les moulins étaient affermés en deux lots, à raison de 12 ooo francs de loyer annuel pour l'un et de 14 ooo francs pour l'autre.

Quant à la halle, elle fut exploitée d'abord comme marché ; mais les redevances payées à titre de droits de place ne rapportèrent que des revenus bien faibles qui ne dépassèrent jamais 4oo francs et allèrent en décroissant, jusqu'en 1812 où ils s'élevèrent seulement à 188 fr. 1o. Cette somme ne suffisait pas, loin de là, à payer le concierge, les contributions et les frais d'entretien de l'immeuble. En 1813, le Conseil général des hospices mit le bail de la halle aux enchères ; l'adjudication fut prononcée moyennant un loyer annuel de 3oo francs, plus la charge des contributions et des réparations d'entretien.

Les moulins de Corbeil restèrent une quarantaine d'années dans

---

1. L'hôtel de la place Scipion provient de Scipion Sardini, le banquier de Marie de Médicis. La cour est encore décorée de terres cuites de Della Robbia. Cet hôtel a été réuni à l'Hôpital général par un édit d'avril 1656.

Grâce à ses ressources, l'Hôpital général avait pu se constituer d'importantes réserves de céréales et, par suite, n'avait rien à craindre de la hausse des grains. On a même pu dire qu'il était devenu le régulateur du marché des céréales de Paris. Pendant la Révolution, les fermiers, à raison notamment de l'insécurité des routes, cessèrent d'acquitter régulièrement leurs fermages en grains ; en outre, les revenus très réduits de l'Hôpital général ne lui permirent plus de renouveler ses réserves de céréales, qui s'épuisèrent. C'est une des raisons, sans doute, pour lesquelles les moulins furent affermés.

le domaine productif de revenus ; les derniers locataires furent les frères Darblay, dont le loyer s'élevait, en 1838, à 22 489 francs. A cette époque la halle était vacante, malgré les efforts faits pour la louer. Le 18 décembre 1838, en exécution d'une ordonnance royale du 16 octobre précédent, les moulins et la halle furent mis en vente en un seul lot, sur une mise à prix de 430 000 francs. L'adjudication fut prononcée au profit de Mme la vicomtesse de Noailles [1].

§ 3. — Aliénation de la généralité du domaine productif situé dans Paris.

Examinons maintenant les mesures prises par le premier Empire à l'égard des biens des hospices.

Aussitôt après sa création, le Conseil général des hospices de Paris avait reconnu la nécessité de se débarrasser, au moyen de ventes, de propriétés *urbaines* dont la caducité aurait entraîné des travaux de grosses réparations d'une importance hors de proportion avec l'augmentation de revenus qu'on aurait pu en retirer dans la suite. Peu disposé en faveur de la conservation d'un patrimoine immobilier, à raison de l'état défectueux des propriétés hospitalières prises dans leur ensemble, le Conseil général avait des tendances à une mesure plus radicale encore et penchait vers une aliénation des biens fonciers qui n'étaient pas strictement nécessaires au développement futur des services hospitaliers. L'opinion opposée trouva un défenseur éloquent et convaincu en M. Benjamin Delessert qui fit, sur

---

1. Une loi du 14 mars 1799 ne maintenait la propriété incommutable des engagements consentis depuis 1566 qu'à la condition par les engagistes de payer le quart de la valeur des biens ; sinon il fallait délaisser. Les engagements étaient, en effet, considérés alors comme ayant été consentis à vil prix.

En 1829, l'Administration de l'enregistrement et du domaine voulut faire application de cette loi aux hospices civils de Paris, pour le domaine de Corbeil, et leur fit sommation de payer le quart ou de délaisser ; et, en outre, de payer les arrérages des cinq dernières années des deux rentes de 1 010 et de 1 800 francs. L'Administration des hospices soutint qu'elle était protégée par une des exceptions prévues à l'article 5 de la loi. Le Comité consultatif émit un avis dans ce sens le 9 janvier 1830. Le fisc maintint néanmoins sa prétention, mais fut débouté par un jugement du tribunal de Corbeil du 17 juillet 1833, confirmé par arrêt de la Cour royale de Paris, du 21 mars 1834. (*Gazette des Tribunaux* du 2 avril 1834.) L'Administration de l'enregistrement ne voulant pas se tenir pour battue se pourvut en cassation. Un arrêt de cette Cour, du 10 juin 1835, rejeta son pourvoi. (*Recueil des avis du Comité consultatif*, second volume, du 9 mai 1829 au 28 décembre 1831, p. 87.)

ce point et à plusieurs reprises, des remarques très justes au Corps législatif. « A Paris, dit-il, les immeubles sont destinés à acquérir une plus-value certaine, tandis que les capitaux placés sont sujets à des conversions ou à une diminution constante qu'éprouve le loyer de l'argent... » Il ajoutait encore que « les capitaux sont une tentation constante pour une administration destinée à satisfaire des besoins si nombreux et si variés et que la facilité de leur aliénation n'a d'égale que la presque impossibilité de les reconstituer[1] ».

Cette théorie ne prévalut pas.

Un *décret* du Corps législatif *du 24 pluviôse an XII* (14 février 1804), proclamé loi de la République par Bonaparte premier Consul le 4 ventôse suivant (24 février), autorisa la commission administrative des hospices de Paris à vendre aux enchères les *maisons urbaines* (art. 1). Le Conseil général devait présenter successivement l'état des immeubles qui seraient vendus les premiers (art. 2).

En même temps qu'il faisait autoriser, par le pouvoir législatif, les hospices à vendre leurs biens immeubles, Bonaparte se préoccupait d'assurer le service du Mont-de-Piété. A cet effet, l'article 3 du décret ci-dessus disposait que le prix provenant des maisons aliénées serait *versé à la Caisse du Mont-de-Piété de Paris* et employé en prêt à intérêt à cet établissement, ou en achat de rentes sur l'État.

Mais, au moment de procéder aux ventes, devaient apparaître des difficultés qui, à l'origine, n'avaient pas été soupçonnées.

Un certain nombre de biens d'hospices étaient *grevés de rentes perpétuelles ou viagères au profit de particuliers.* Du jour où l'État avait opéré la restitution de ces biens, il s'était déchargé, pour l'avenir, du paiement des rentes et les hospices en avaient repris toute la charge[2].

A l'annonce des ventes, les crédi-rentiers s'empressèrent d'inscrire l'hypothèque générale qu'ils avaient sur les immeubles hospitaliers, en garantie de leur droit. Au mois de fructidor an XIII, un avis du Conseil d'État approuvé par l'Empereur déclara que les créanciers avaient hypothèque *uniquement sur les propriétés de l'hospice engagé* envers eux, et non sur l'universalité des biens

---

1. Notes manuscrites de M. Mauger, archiviste.
2. Loi du 16 vendémiaire an V, art. 12.

de l'administration hospitalière formée par la réunion de tous les hospices, autrefois indépendants. De la sorte, rien n'empêchait d'aliéner, comme libres et franches de toute inscription, les maisons des établissements qui n'avaient pas contracté de dettes. C'est ce que fit savoir Frochot, conseiller d'État, préfet de la Seine, à l'administrateur de la division du domaine, en même temps qu'il avisait ce dernier de la volonté manifestée par le ministre de voir activer l'accomplissement des formalités de vente.

La raison de cette hâte était donnée par le préfet dans ces termes : « Vous savez, Monsieur, qu'un décret impérial a ordonné que *les actions du Mont-de-Piété seraient remboursées sans délai.* Il importe donc de presser les *ventes qui doivent fournir* à l'Administration *les moyens d'effectuer ce remboursement.* »

Ainsi donc, en insistant pour une prompte aliénation du domaine hospitalier, Napoléon se proposait, alors, un double but : débarrasser les hospices de la gestion d'immeubles délabrés et plus ou moins improductifs, faciliter le fonctionnement d'un autre grand service public.

La restriction des hypothèques aux immeubles des seuls hospices engagés ne faisait pas disparaître entièrement la difficulté de vendre ; elle en diminuait simplement l'étendue d'application, et cette difficulté devait se représenter entière, le jour où l'on voudrait commencer l'aliénation des biens appartenant aux hospices grevés des hypothèques. Nous verrons plus loin à quelle mesure recourut Napoléon pour lever l'obstacle.

D'autres soucis préoccupèrent les hospices. Ceux-ci étaient propriétaires de leurs biens à la suite de *donations,* de *legs* ou d'*acquisitions à titre onéreux.* Dans les deux premiers cas, les actes de libéralité obligeaient l'établissement gratifié à entretenir des fondations, à faire des distributions à des pauvres honteux, à fournir des dots de mariage à des filles indigentes, etc. Plusieurs de ces actes obligeaient les hospices à conserver les propriétés données ou léguées pour le service des fondations ; et même, dans quelques actes avait été insérée une clause formelle interdisant à l'hospice de vendre, à moins de remploi en immeubles ou en rente. D'autres fondateurs, enfin, allant plus loin, avaient réservé à leur famille le droit de rentrer dans la propriété donnée ou léguée, au cas où on la ferait servir à un usage étranger à sa destination.

Quant aux immeubles acquis, par les hospices à titre onéreux, quelques-uns provenaient de l'emploi de deniers de fondations et de remboursements de rentes ayant également une fondation pour origine [1].

Le danger semblait d'autant moins imaginaire que plusieurs lois et arrêtés et plus récemment un décret impérial avaient rétabli les fondateurs et leurs héritiers dans l'exercice de leurs droits. Déjà quelques-uns s'étaient fait connaître et le nombre devait, sans doute, en augmenter peu à peu. « Ne pouvait-on pas craindre, si, conformément au décret, on procédait à la *vente des maisons pour en verser le prix à la caisse du Mont-de-Piété*, de trouver des personnes qui, ne voyant pas dans ce dépôt un gage aussi assuré de leurs droits que dans la propriété qui leur était affectée, croiraient pouvoir raisonnablement s'y opposer [2] ? »

Ces observations montrent qu'à la réflexion, l'Administration hospitalière avait envisagé d'un œil beaucoup moins favorable l'aliénation de ses immeubles et qu'elle regrettait de s'être engagée dans une voie où elle risquait, peut-être, de perdre le capital produit par les ventes. Le Mont-de-Piété servirait-il exactement les intérêts des sommes versées dans sa caisse ? Rembourserait-il jamais ?

Inquiète, et non sans raison, l'Administration des hospices essaya de revenir en arrière et d'éviter les ventes décrétées, en indiquant deux moyens destinés à augmenter ses revenus tout en conservant ses immeubles : l'exécution de *travaux de grosses réparations* et la concession de *baux de longue durée*. « Si la vente des propriétés des hospices a paru d'abord nécessaire, c'est qu'on a représenté que plusieurs maisons étaient inhabitées et que, l'Administration n'en

---

1. « On voit les *religieux de la Charité* annoncer par des actes, en suite de ceux qui leur transmettent une propriété, que les deniers qui vont servir au paiement du prix de telle ou telle maison leur proviennent, savoir : tant de la fondation faite par un fondateur qu'ils désignent, tant du remboursement d'une rente qui avait été léguée par une autre, et ainsi de suite, jusqu'à concurrence du prix. » (*Observations sur la vente des maisons, présentées par l'administrateur de la division du domaine des Hospices* [manuscrit].)

2. *Observations sur la vente des maisons*. On trouve encore dans ces observations l'expression d'une autre crainte : « Si on peut vendre librement les propriétés grevées de fondation, ne s'expose-t-on pas à priver les hôpitaux des dons que les personnes charitables pourraient faire en leur faveur ? Qui voudra donner si, en fondant un service quelconque, on n'a pas la certitude que l'objet qu'on y aura affecté sera toujours dans la main de l'administration pour ordonner l'emploi du revenu conformément à la volonté du donateur ? »

tirant aucun revenu, il était plus utile de les aliéner. Mais pourquoi ces maisons sont-elles inhabitables ? En se reportant au temps où le domaine qui en avait la jouissance recevait les revenus sans faire de réparations, on comprendra facilement que de vieilles maisons, qu'on a négligé d'entretenir pendant quelques années, se soient trouvées presque inhabitables. Quand les hospices en sont rentrés en possession, leurs revenus étaient alors de beaucoup diminués par la vente qu'on avait faite de leurs domaines les plus précieux et par la suspension du paiement ou la réduction des rentes considérables qu'ils avaient sur l'État et dont on n'a pu même jusqu'ici obtenir la liquidation. Il n'était donc pas possible à des administrateurs, quelque zélés qu'ils fussent, de distraire des autres parties de l'administration des fonds suffisants pour les réparations de la totalité des propriétés des hospices... Tant qu'on n'affectera pas à cette partie des fonds plus considérables que ceux qu'on accorde maintenant, on ne pourra jamais parvenir à une réparation totale : cinquante mille francs de plus pendant quelques années pourraient peut-être suffire pour obtenir ce résultat, et on s'en trouverait ensuite bien dédommagé par la diminution assurée des frais d'entretien. Mais il faudrait qu'on ne fût pas astreint aux formalités détaillées, dans les instructions données par le ministre sur les dispositions du décret impérial du 18 brumaire an XIV[1].

. « Il est encore un autre moyen, en conservant ces propriétés, de les rendre plus profitables, c'est d'exécuter l'arrêté des Consuls, du 7 germinal an IX, qui accorde aux administrateurs d'hospices la faculté de faire des *baux à long terme*. Cette ressource est précieuse si l'on considère que des terrains, sur lesquels existaient des

---

[1]. Le décret du 18 brumaire an XIV ne permettait de faire, soit au dehors, soit dans l'intérieur des bâtiments hospitaliers, aucune *construction à neuf ni reconstruction de bâtiments*, qu'après une autorisation du ministre de l'Intérieur pour les dépenses excédant 1 000 fr. et de l'Empereur lui-même pour celles qui excéderaient 10 000 fr. Pour obtenir l'autorisation, il fallait une délibération de l'hospice, un mémoire des travaux à exécuter et des moyens de pourvoir à la dépense, des plans et devis, le vœu du conseil municipal, celui du sous-préfet, l'avis du préfet. Les travaux devaient être mis en adjudication et celle-ci n'était définitive qu'après ratification par le préfet ou le sous-préfet. Les *réparations ordinaires et réputées locatives et de simple entretien* devaient également faire l'objet d'une adjudication après avoir été autorisées par délibération des administrateurs réunis en assemblée générale et approuvées par le préfet ou le sous-préfet. Exception était faite pour les réparations n'excédant pas 1 000 fr., mais il fallait néanmoins l'approbation du préfet et du sous-préfet au delà de 300 fr.

bâtiments qu'on a été obligé de démolir, restent vagues faute de pouvoir y faire des reconstructions, que beaucoup de bâtiments, élevés par des locataires à vie sur des terrains qui leur avaient été concédés et dont les hospices sont rentrés en possession, ne peuvent être mis en location parce qu'ils exigent, ou des réparations, ou des reconstructions dont les dépenses seraient considérables.

« Un locataire à long bail se chargera de toutes ces dépenses ; il fera les constructions ou réparations d'après les devis des architectes des hospices et paiera une redevance franche et quitte de toutes charges. Quelque modique qu'elle soit, elle sera un revenu certain ; et par le soin qu'on mettra à faire visiter tous les ans, par l'architecte, la propriété louée à ce titre, on sera sûr de la retrouver, à la fin du bail, en pleine valeur. Jusqu'à cette époque, on n'aura pas d'impositions à payer, point de réparations à faire ; et puisqu'on ne peut reconstruire, ou assez réparer pour jouir de la totalité des bénéfices, au moins on en obtiendra un qui ne sera grevé d'aucune charge. »

Ce langage était raisonnable. S'il avait été écouté, le patrimoine immobilier urbain des hospices eût été sauvé. Quelle somme énorme représenteraient aujourd'hui ces biens situés pour la plupart dans les quartiers de Paris où la propriété immobilière a acquis une valeur considérable, dix fois supérieure à celle qu'elle avait il y a un siècle !

Mais Napoléon n'était pas homme à revenir, sans motifs décisifs, sur une mesure qui servait ses combinaisons administratives. La mesure prise fut donc maintenue, sans que le Gouvernement se préoccupât des réclamations possibles de la part des héritiers des fondateurs. La plupart des fondations remontaient, du reste, à plusieurs siècles ; beaucoup de familles s'étaient éteintes. Il ne semble pas que les complications redoutées de ce côté se soient effectivement produites.

Le 18 mai 1806, le 12 décembre suivant, le 13 novembre 1807, le 24 mars 1809, de nouveaux décrets furent rendus, en conformité de celui du 24 pluviôse an XII. L'état joint au décret du 24 mars 1809 renfermait une liste de 69 maisons à aliéner.

Aussitôt les ventes commencèrent.

L'administrateur chargé du domaine hospitalier essaya alors de soustraire quelques immeubles aux adjudications dont ils devaient être l'objet, en proposant pour l'un d'eux une location par *bail emphytéotique*, pour d'autres, une *suspension de la vente*, pour d'autres, enfin, un *changement d'affectation*. Il s'attira la réprimande suivante que lui adressa Frochot, préfet de la Seine : « Je dois remarquer d'abord que, lorsqu'une vente a été sollicitée par le Conseil et ordonnée par un décret, il faut, pour la suspendre, des motifs très puissants ; qu'il y a même rarement lieu de le faire, à moins qu'on n'y soit forcé par des *circonstances décisives* survenues depuis la demande de l'Administration et qu'il était impossible de prévoir lorsqu'elle a été formée ; qu'autrement ce serait accuser, en quelque sorte, ou les agents du Conseil d'avoir fait des rapports inexacts ou le Conseil des hôpitaux, moi-même et le Conseil d'État, d'avoir cru trop facilement à leurs rapports [1]. »

Les ventes commencées continuèrent : en 1809, on aliéna *22 maisons* ; on en vendit *12* en 1810.

Le 24 février 1811, un nouveau décret prescrivit aux hospices de *mettre en vente l'ensemble des propriétés qu'ils possédaient à Paris* et dont la valeur était évaluée à 18 millions de francs [2].

En ordonnant cette mesure radicale, Napoléon n'agissait plus, cette fois, dans l'intérêt du Mont-de-Piété, mais dans celui de l'embellissement et du crédit de la ville de Paris, capitale de son empire [3]. Il était convaincu que les acquéreurs démoliraient, pour la plupart, ces immeubles délabrés et construiraient à la place de belles maisons. Napoléon voulait également procurer à la ville de Paris des ressources pour payer ses dettes et faire les expropriations destinées à transformer la capitale.

« Sur le produit de cette vente, dit le décret, ils (les hospices) emploieront les neuf premiers millions à acheter les HALLES ET MARCHÉS DE PARIS détaillés dans l'état ci-joint n° 6, et dont le revenu est évalué à 450 000 fr. [4].

---

1. Lettre à M. Fesquet, administrateur de la 3e division (domaine), en date du 30 juin 1809.

2. Décret du 24 février 1811, chap. III, art. 3.

3. « Napoléon aimait beaucoup sa capitale et se plaisait à l'embellir. » (Gaston Cadoux, *Les Finances de la ville de Paris de 1798 à 1900*, p. 21. Berger-Levrault et Cie, 1900.)

4. La liste des halles et marchés qui devaient être cédés aux hospices était la suivante, avec l'indication des revenus de chacun en regard :

Ile Louviers . . . . 45 000 fr.
Marché aux fleurs 5 000
 — des Jacobins 50 000

A reporter . . . . . . 100 000 fr.

« Les fonds actuellement disponibles dans la caisse des hospices seront *versés* sur-le-champ dans la *caisse de l'extraordinaire de la ville de Paris,* et la vente des maisons sera poussée de manière que les paiements des hospices à la ville puissent s'élever en 1811 à 4 millions et en 1812 à 5 millions, total 9 millions. »

En remplaçant les immeubles aliénés jusqu'à concurrence de 9 millions par les *halles et marchés,* qui devaient passer du domaine de la ville de Paris dans celui des hospices, Napoléon évaluait à près du double l'accroissement des revenus dont cette opération devait faire bénéficier le domaine hospitalier. Si le produit net des halles et marchés était véritablement de 450 000 fr., et s'ils étaient *tous* sans exception ni réserve *abandonnés en pleine propriété* aux hospices, le placement des 9 millions se trouvait fait au taux rémunérateur de 5 p. 100. Ce placement offrait, de plus, l'avantage d'une sécurité que la rente sur l'État était loin de présenter à cette époque. En réalité, les espérances que l'application du décret avait pu faire concevoir aux hospices ne se réalisèrent pas, comme nous le verrons.

Napoléon n'avait rien spécifié relativement à l'emploi du prix des aliénations pour les neuf derniers millions. Il se contenta de demander qu'on lui rendît compte de cet emploi au mois de janvier suivant.

Mais la difficulté que nous avons signalée plus haut et qui avait été restreinte, par suite de l'avis du Conseil d'État de fructidor an XIII, aux seuls biens des hospices grevés de rentes perpétuelles et viagères, se retrouvait entière : elle provenait des hypothèques inscrites des crédi-rentiers, qui grevaient les immeubles de plusieurs

Report	100 000 fr.
Marché du Temple	65 000
— du Légat	8 000
Halle aux veaux	30 000
Marché de la place d'Aval	32 000
— Saint-Germain	25 000
— Saint-Jean	20 000
— des Innocents	45 000
Halle aux cuirs	15 000
Marché à la volaille	35 000
Supplément du marché Saint-Germain	30 000
Marché de la place Maubert	20 000
— Saint-Martin	25 000
Total	450 000 fr.

établissements hospitaliers[1]. Si les immeubles hypothéqués étaient vendus, les acquéreurs devaient, pour les rendre libres, remplir les formalités de purge ; ils étaient exposés, en ce cas, à la revente sur surenchère du dixième de la part des crédi-rentiers ; ou, s'ils négligeaient de purger, les biens acquis par eux restaient frappés du droit de suite au profit des créanciers. Dans les deux cas, ils risquaient d'être dépossédés. Il y avait donc là une source de complication et une cause certaine de dépréciation des biens à vendre. On était exposé à ne trouver que fort peu d'acquéreurs.

On leva cette difficulté par un décret du 27 février, qui offrit aux créanciers des hospices le choix entre le remboursement du capital de leurs rentes perpétuelles sur le prix des ventes, le transfert de leurs hypothèques sur les biens ruraux considérés comme ayant une valeur trois fois supérieure au montant des dettes de tout genre des hospices, ou bien enfin, l'inscription de leurs rentes sur le registre des rentes dues par les hôpitaux[2]. Dans ces conditions, les maisons urbaines devaient être vendues *franches et quittes de toutes charges, privilèges et hypothèques*[3].

Le décret se terminait par une disposition ainsi conçue : « Les maisons des hospices seront mises en vente de manière qu'il y en ait d'aliénées, en 1811, pour cinq millions de francs, pour pareille somme en 1812, pour pareille somme en 1813, et le surplus en 1814[4]. »

Le Conseil général des hospices dut s'exécuter. En 1811, *94* propriétés furent *aliénées* moyennant un capital de 2 114 289 fr.

Troublée par l'appréhension des conséquences financières que pouvait entraîner, dans l'avenir, cette liquidation, au profit de la ville de Paris, du patrimoine immobilier des hospices, l'Administration charitable prit successivement, aux dates des 18 décembre 1811 et 15 janvier 1812, trois arrêtés sollicitant l'exception de la vente : 1° pour quelques *propriétés* particulières jugées *convenables aux établissements hospitaliers* ; 2° pour les *maisons bonnes, non sujettes à réparations* ; 3° pour celles qui étaient *affectées aux établissements*

---

1. Voir page 53.
2. Art. 2 du décret. Pour faciliter le transfert des hypothèques sur les biens ruraux, les inscriptions ne devaient donner lieu qu'au paiement du droit simple d'*un franc*, sans préjudice des droits du conservateur (art. 4).
3. Art. 1er.
4. Art 5.

de charité ou annexées à des hospices ; 4° pour les *terrains, marais et emplacements* où les bâtiments n'étaient que l'accessoire.

Par deux dépêches des 16 et 20 janvier 1812, le préfet de la Seine demanda au Conseil général de rapporter ses arrêtés. Le Conseil céda, mais non sur tous les points. Le 4 mars 1812, il rapporta ses trois arrêtés, mais sous les réserves suivantes : « Seront exceptés des ventes les terrains et marais appartenant aux hospices, par les raisons précédemment déduites [1], et la *suspension des baux de cette nature de biens sera levée.*

« Quant aux *maisons qui avoisinent les hôpitaux et hospices* et peuvent être appropriées à leur service, agrandissement ou développement, la vente en sera suspendue [2]. »

La *concession des marchés* promise en échange du montant des ventes versé dans la caisse municipale pouvait se faire attendre encore longtemps. Le Conseil général voulut, par le même arrêté du 4 mars 1812, prendre ses précautions de ce côté. « Les versements des prix de vente en capitaux seront faits par la caisse des hospices à celle de la ville, à la charge d'en payer les intérêts aux hospices sur le pied de *cinq pour cent, sans retenue,* à compter du jour du versement, jusqu'au remplacement qui en sera fait par la *concession des propriétés promises* en échange par les décrets.

---

1. « Considérant que, dans l'esprit et dans les termes mêmes de la loi, les terrains et les marais appartenant aux hospices ne sont point compris dans les objets à vendre et doivent en être exceptés, parce qu'ils n'entraînent ni non-valeurs, ni frais d'entretien et de réparations et qu'en outre ils sont susceptibles de grandes améliorations par les embellissements et les monuments qui pourraient décorer les quartiers qu'ils occupent. »

2. Le Conseil général des hospices voulait en outre conserver un certain nombre d'immeubles en les affectant au *service des bureaux de bienfaisance.*

« Considérant, dit l'arrêté, quant aux bureaux de bienfaisance, que, si la population générale a déterminé l'arrondissement de chaque municipalité, *il faut d'autres calculs basés sur la masse et la répartition de la population indigente* pour fixer *le nombre et l'emplacement* des bureaux de bienfaisance... qu'il faut connaître celles des maisons appartenant aux hospices qui pourraient être appropriées à cette destination,

« Arrête :.....

« ... Art. 8. La 4° division chargera l'architecte et les inspecteurs de faire, d'après les données établies dans le considérant du présent arrêté, un plan linéaire des dispositions indispensables pour chaque bureau de bienfaisance. Elle disposera, de son côté, un état de la population des indigents constatant leur nombre et leur répartition, pour pouvoir déterminer les emplacements à choisir.

« Ces deux travaux préliminaires faits, l'architecte et les inspecteurs désigneront celles des maisons appartenant aux hospices qui pourront être appropriées à chaque bureau de bienfaisance, avec ou sans changements, et les dépenses auxquelles les changements donneront lieu. »

« Les intérêts du prix de vente restant dus par les acquéreurs continueront d'appartenir à la caisse des hospices jusqu'au remboursement des capitaux par lesdits acquéreurs. »

Le préfet de la Seine ne méconnut pas la valeur des raisons qui poussaient le Conseil général à faire des efforts pour conserver au moins certaines catégories de ses propriétés; mais il hésita à donner à l'arrêté du Conseil général du 4 mars 1812 une approbation pure et simple, qui aurait été en contradiction avec le décret du 24 février 1811.

Le 30 avril suivant, il prit un arrêté ainsi conçu : « Art. 1er. *La question de savoir si les marais et terrains sur lesquels il n'a pas été élevé de constructions doivent être exceptés des ventes ordonnées par les décrets des 24 et 27 février 1811 sera soumise à Son Excellence le Ministre de l'Intérieur* et, jusqu'à la décision à intervenir, *il continuera d'être sursis à la location par bail* des biens de cette nature. — Art. 2. *La vente des maisons qui avoisinent les hôpitaux et hospices est provisoirement ajournée,* à la charge par l'Administration de faire dresser, d'ici au 1er octobre prochain, un *état* indicatif de la situation de ces maisons, de leur revenu, de leur valeur capitale présumée et des motifs qui peuvent les faire regarder comme nécessaires au développement ou à l'agrandissement des hôpitaux et hospices. — Art. 3. Cet *état* sera adressé avec notre avis au Ministre de l'Intérieur, et *Son Excellence sera suppliée de solliciter un décret impérial prononçant la mise en réserve définitive* de celles de ces maisons qui seront reconnues être indispensables au service. — Art. 4. Il en sera usé de même à l'égard du travail prescrit par l'article 8 de la délibération du conseil relativement à la formation des établissements de secours à domicile[1]. — Art. 5. Les dispositions de la délibération du 4 mars dernier qui ne sont point contraires à celles du présent arrêté seront exécutées sans délai. »

Les décisions impatiemment attendues de l'autorité supérieure ne furent pas aussi favorables que les hospices l'auraient désiré. Le 1er août 1812, le Ministre de l'Intérieur, Montalivet, adressa au préfet de la Seine une lettre dont voici les principaux passages: « C'est à juste titre que vous avez interprété les décrets en ce sens qu'ils ordonnent la *vente de toutes les propriétés urbaines* des hospices.

---

1. Voir page 61, note 2.

« *Il n'y a nullement lieu de retenir et conserver les marais et terrains* sur lesquels aucune construction n'a été faite. Ces biens doivent être mis à l'enchère et contribuer, avec les maisons, à former les sommes nécessaires pour la suite des opérations prescrites par Sa Majesté. S'il y a des *exceptions* à proposer, c'est seulement *à l'égard des maisons qui avoisinent les hospices* ou hôpitaux et de celles qui seraient *susceptibles d'être affectées au service des bureaux de bienfaisance. La vente de ces biens peut,* ainsi que vous l'avez pensé, *être provisoirement ajournée,* mais à la charge par l'Administration de faire dresser d'ici au mois d'octobre prochain un état, etc.

« Quant au travail projeté pour une nouvelle organisation des bureaux de charité, j'attendrai qu'il soit dressé et que vous me le soumettiez avec votre avis... J'autorise enfin l'exécution des articles de cette délibération qui ne contrarient pas les dispositions de la présente. »

Le *post-scriptum* de la lettre mérite d'être cité, car il est éminemment instructif: « *P.-S.* — Vous connaissez, M^r le Comte, notre situation financière pour les *travaux ordonnés par* Sa Majesté, et vous sentez qu'*il est plus que jamais indispensable de donner la plus grande activité à la vente des propriétés urbaines, afin de nous procurer les rentrées dont nous avons si grand besoin*[1]. »

En 1812, le nombre des *propriétés vendues* s'éleva à *131,* et le *prix* total atteignit *4 892 780 fr.* Le Conseil général fit alors de nouvelles tentatives pour obtenir l'interruption des ventes[2]. Ce fut peine perdue, Napoléon trouvant, au contraire, les aliénations insuffisantes. Un *décret du 22 mars 1813* exigea que les ventes réalisées à la fin de cette année atteignissent un chiffre de quinze millions cinq cent mille francs, y compris les ventes pour neuf millions imposées par le décret du 24 février 1811[3]. La différence entre les

---

1. L'État vint en aide à la ville de Paris, dans l'exécution des grands travaux, par un prêt de 8 millions et par des secours et subventions ; mais cette assistance était insuffisante : il fallait bien d'autres ressources. Les travaux commencés furent le déblaiement des quais et des places, la construction de halles et de marchés, a restauration des églises, la création du canal de l'Ourcq, etc. Voir G. Cadoux, *Les Finances de la ville de Paris de 1798 à 1900,* p. 19.

2. *Rapport fait au Conseil général des hospices civils de la ville de Paris, 1804 à 1814,* p. 285.

3. Le Conseil général eut l'intention de protester contre le nouveau décret : la réclamation du Conseil général eût été facile à appuyer, et sur la nature de ces biens et sur l'utilité dont peuvent et doivent être les maisons qui restent, au moins pour les établissements de l'administration et pour ceux même de la ville de Paris. (*Rapport,* p. 285.)

neuf premiers millions et les 15 500 000 fr. de biens que les hospices étaient désormais tenus d'aliéner, soit 6 500 000 fr., devait être, comme le prix des ventes antérieures, *versée dans la caisse municipale.*

Il fallait fournir aux hospices une *garantie du paiement des intérêts et du remboursement de ce capital.* Le décret de 1813 la leur donna, dans les termes suivants : « Un revenu annuel de 325 000 francs, hypothéqué sur le produit à percevoir à la *Halle aux vins,* est cédé aux hospices de notre bonne ville de Paris, en échange du nouveau capital de 6 500 000 fr. à provenir de la nouvelle vente ordonnée par cet article[1]. »

Le décret prescrivait, ensuite, de presser les ventes des immeubles de manière que les paiements des hospices à la ville de Paris pussent s'élever en 1813 à 5 300 000 fr., en 1814 à 1 200 000 fr. (art. 12).

Parmi les maisons, celles qui étaient louées par *baux à vie et de longue durée* n'étaient guère susceptibles d'être convenablement vendues, à cause de leur faible revenu et du temps très éloigné où l'acquéreur pourrait en avoir la libre disposition. Le 7 avril 1813, le Conseil général, malgré l'insuccès de ses précédentes tentatives, prit un arrêté dont l'article 1er était conçu dans ces termes : « Monsieur le Préfet est invité à solliciter la suspension de la vente des maisons urbaines tenues à titre d'emphytéoses ou de baux à vie, jusqu'aux époques où les hospices rentreront en possession de ces immeubles, ou au moins jusqu'à l'épuisement des maisons louées par baux à termes[2]. »

En 1813, *on vendit* encore *99 maisons* pour un prix de *3 139 429 fr. 50 c.*

L'exécution de cette mesure radicale d'aliénation de l'universalité

---

1. La halle aux vins venait d'être acquise par la ville de Paris.

2. Les hospices ne s'abusaient pas sur les résultats de leur invitation au préfet. L'article 2 de l'arrêté s'exprimait de la sorte : « *Si les besoins de l'État sollicitent une mesure plus prompte,* et d'après la notification qui en sera faite au Conseil, il sera procédé, suivant les formes ordinaires, aux estimations de ces maisons. »

« Les estimations auront pour base libellée : 1º le produit actuel, en y comprenant la charge, imposée aux locataires, des impositions et des réparations ; 2º l'existence ou l'obligation des constructions ou améliorations faites ou à faire ; 3º l'âge des usufruitiers ou le terme des emphytéoses. Le tout, sauf à déduire l'appréciation de la jouissance fixe ou présumée, pour les locataires, de la part des améliorations seulement. (Art. 3.) »

du patrimoine immobilier productif de revenus devait bientôt se ra-
lentir très sensiblement; de sorte qu'en fait, les maisons louées par
baux à longue durée ou à vie se trouvèrent sauvées pour la plupart.

L'Empire touchait à sa fin. Au mois de janvier 1814, la France
était envahie et, le 6 avril suivant, Napoléon abdiquait. Malgré les
circonstances fort peu favorables, on *vendit encore 13 propriétés* en
1814, pour une somme de *299 475 fr.*

Et 1815, *on en vendit* seulement 7 pour *302 200 fr.*

Il ne faut pas croire, toutefois, qu'à partir de cette époque l'aliénation des propriétés hospitalières, pour la satisfaction de besoins
autres que ceux des hospices eux-mêmes, cessa complètement. Nous
verrons, en effet, que la Restauration essaya de suivre, sur ce point,
la voie dans laquelle s'était engagé l'Empire.

A raison même de la quantité d'immeubles qui furent offerts aux
acheteurs de 1809 à 1814, les aliénations s'effectuèrent dans les conditions les plus désavantageuses. Un gros syndicat de spéculateurs
s'était formé, dès la Révolution, pour acheter les biens nationaux
et les biens hospitaliers mis en vente. Le représentant principal de
cette association, que nous trouvons partout qualifiée de *bande
noire*, le sieur Morel, propriétaire, demeurant 18, rue du Marché-
des-Jacobins, fut adjudicataire de 220 des immeubles aliénés par
les hospices.

Parmi les maisons vendues, un grand nombre étaient situées
dans des quartiers où la propriété devait bénéficier d'une rapide
plus-value [1]. Si donc les ventes avaient été réduites dans la limite

---

1. Il fut vendu notamment :

Rue Montmartre	6 maisons.
Rue du Faubourg-Montmartre (principalement plusieurs lots du domaine provenant de Geoffroy et Marie)	13 —
Rue Saint-Denis (entre autres le Passage du Grand-Cerf, vendu 30 000 fr. le 13 janvier 1815)	30 —
Rue Greneta	14 —
Rue du Faubourg-Saint-Antoine	11 —
Rue du Bac	12 —
Rue Jacob	7 —
Rue des Saints-Pères	3 —
Rue de Sèvres	6 —
Rue du Regard	5 —
Rue Taranne (aujourd'hui boulevard Saint-Germain, entre la place Saint-Germain-des-Prés et la rue des Saints-Pères)	5 —
Rue de Vaugirard	5 —
Rue de la Bûcherie	6 —

strictement nécessaire, et si le prix en eût été affecté à des travaux de grosses réparations dans les immeubles conservés, la fortune immobilière des hospices aurait décuplé dans le cours du xixe siècle [1].

§ 4. — VERSEMENT DU PRODUIT DES VENTES DANS LA CAISSE DE LA VILLE DE PARIS.

Nous avons vu plus haut que les décrets de 1811 et de 1813 obligeaient l'administration des hospices à remettre à la ville de Paris le prix des immeubles aliénés.

Le 31 décembre 1813, les sommes recouvrées sur les acquéreurs et versées dans la caisse municipale s'élevaient à 10 857 420 fr. [2]. Au fur et à mesure que de nouvelles ventes étaient effectuées, le prix continuait d'en être remis presque en entier à la ville de Paris.

Au 31 décembre 1818, le nombre des propriétés vendues était de 482; elles avaient produit un capital de 12 775 390 fr. 78 c. sur lequel la caisse municipale reçut 12 830 577 fr. 83 c. Les versements faits à la ville de Paris ne dépassèrent pas cette somme.

§ 5. — CESSION AUX HOSPICES DE HALLES ET DE MARCHÉS EN ÉCHANGE DES SOMMES VERSÉES DANS LA CAISSE MUNICIPALE.

Pour indemniser les hospices des neuf premiers millions qu'ils avaient remis à l'administration municipale, celle-ci devait, comme nous l'avons vu, d'après le décret du 24 février 1811, leur céder la

---

1. Ce qu'il y eut de plus fâcheux dans les aliénations faites en exécution du décret du premier Empire, c'est que, malgré les protestations du Conseil général, les ventes furent effectuées sans tenir compte du développement futur des services hospitaliers.

C'est ainsi que quatre maisons situées rue Neuve-Notre-Dame, nos 1, 13, 17 et 21, ont été vendues, en 1813, pour un prix de 31 000 fr. Elles ont été rachetées en 1825 et en 1838, de compte à demi avec la ville de Paris, pour l'élargissement de la voie publique et l'agrandissement de l'Hôtel-Dieu, moyennant la somme de 103 400 fr., soit plus de trois fois le produit de la vente. C'est ainsi encore qu'en 1800, une propriété et en 1813 deux autres, situées à l'angle des rues Jacob et des Saint-Pères, contiguës à l'hôpital de la Charité, furent vendues moyennant un prix total de 110 500 fr. En 1859 et en 1861, on fut obligé de les racheter pour l'agrandissement de la Charité; on les paya 513 280 fr., plus les frais, c'est-à-dire près de cinq fois ce qu'on les avait vendues « pour venir en aide aux finances municipales ». (Voir le *Compte moral et administratif* de 1860, p. cxi.)

2. Rapport fait au Conseil général des hospices (1804 à 1814), p. 270.

pleine propriété de halles et marchés au nombre de 15 dont le revenu était évalué à 450 000 fr. Un arrêté préfectoral du 10 mai 1813, confirmé par décision ministérielle du 17 du même mois, mit les hospices en possession non de tous les marchés détaillés dans la liste annexée au décret de 1811, mais seulement des halles et marchés suivants : halle *aux veaux*, marchés *du Temple*, *des Innocents*, *du Légat*, *de la volaille*, marché *aux fleurs*, marché *aux charbons* ou marché *d'Aval*, marché *des Jacobins* ou Saint-Honoré, marché *de l'île Louviers*.

1° *Insuffisance du revenu des marchés cédés.* — L'évaluation de 450 000 fr. donnée aux revenus des halles et marchés qui devaient être livrés aux hospices était probablement exacte ; mais les neuf marchés énumérés ci-dessus, dont la cession provisoire avait seule été faite par l'arrêté préfectoral du 10 mai 1813, ne rapportèrent pas, en 1813, plus de 313 888 fr. ; et ce revenu, loin d'aller en augmentant, subit dans la suite une certaine décroissance. Encore, ne s'agissait-il pas d'un revenu net. Il fallut en déduire les frais de perception et d'entretien[1]. Depuis vingt ans les marchés n'avaient pas reçu de réparations ; leurs toitures menaçaient de s'effondrer. Le produit des premières années fut absorbé, en grande partie, par les travaux de réfection indispensables[2].

Les intérêts de l'administration des pauvres étaient donc complètement sacrifiés à ceux de la ville de Paris. Le Conseil général des hospices protesta avec énergie contre cet état de choses, d'autant plus que les revenus de la halle aux vins alloués aux hospices par le décret de 1813[3], en échange des nouveaux millions qui devaient être versés à l'administration municipale, ne leur avaient pas été cédés ; ils ne le furent, du reste, jamais. De sorte que, pour un versement total de 12 330 575 fr. effectué à la caisse municipale, les hospices ne recevaient de la ville de Paris, par la perception du produit des marchés, qu'une indemnité annuelle de moins de 300 000 fr., c'est-à-dire un intérêt de 2 fr. 40 c. au lieu de l'intérêt

---

1. En 1831, le revenu brut était de 304 390 fr. Les frais de perception et d'entretien s'élevaient à 30 000 fr. Le revenu net ne dépassait donc pas 274,390 fr. (Sommier des revenus de l'exercice 1831.)

2. Notes manuscrites de M. Mauger, archiviste de l'Administration.

3. Voir page 64.

de 5 p. 100, taux normal pour cette époque et qui avait été promis aux hospices par les décrets de 1811 et de 1813.

2° *Nomination d'une commission mixte.* — Le Conseil général des hospices réclama avec tant d'insistance qu'il finit par obtenir la nomination d'une *commission mixte* composée de plusieurs de ses membres et d'un nombre égal de conseillers municipaux. Cette commission devait examiner les difficultés pendantes entre les deux administrations et proposer des solutions. Elle élabora un projet de règlement de la question relative aux biens hospitaliers vendus et dont le prix avait été versé à la ville de Paris. Il fut approuvé par le préfet et le Conseil général. Il porte en substance « que les propriétés immobilières faisant partie du domaine des hospices qui ont été vendues à divers ou cédées à la ville, pour motifs d'utilité publique, seront remplacées jusqu'à concurrence par la *cession définitive* que fait la ville aux hospices des *terrains et bâtiments* composant les *marchés* et que cette cession sera effectuée dès qu'elle deviendra possible; que le prix de chaque marché à céder définitivement est fixé par l'accumulation de vingt fois le terme moyen de son produit, pendant les cinq années qui précèdent la cession, sous la déduction de 1/20ᵉ de ce produit pour frais de perception et d'entretien; qu'enfin, il sera pourvu par la ville, à partir du 1ᵉʳ janvier 1819, au paiement des intérêts des capitaux versés dans la caisse municipale, au moyen d'une allocation indépendante du crédit sur l'octroi[1] ».

Le Conseil général des hospices obtenait, enfin, gain de cause. On trouve, dans le *Compte moral et administratif* de l'année 1819[2], un écho de la satisfaction qu'il en éprouva : « Voilà donc une affaire importante, ancienne, difficile, *définitivement* réglée, et par le résultat de laquelle vous rentrez dans toutes vos avances. »

Le Conseil général des hospices se hâtait un peu trop de triompher : la désillusion devait bientôt arriver.

3° *Retards apportés dans la cession définitive des marchés déjà livrés et dans la cession provisoire de nouveaux marchés.* — En

---

1. Résumé des comptes moraux et administratifs des hôpitaux et hospices de la ville de Paris, pour l'année 1819.

2. Résumé des comptes moraux et administratifs de 1819, p. 7.

1820, la cession définitive des marchés dont l'Administration hospitalière avait la cession provisoire n'était pas encore réalisée, malgré l'engagement pris, et la cession provisoire de quatre marchés nouvellement ouverts: les marchés *Saint-Germain*, *Saint-Martin*, *des Blancs-Manteaux* et *aux chevaux*, n'était pas non plus effectuée, bien qu'elle eût été promise.

Le Conseil général n'avait cependant pas perdu confiance. Si rien n'est fait, cela « tient plutôt, dit-il, aux affaires générales dont les administrations sont occupées qu'à une intention défavorable ou, même, qu'à aucune négligence[1] ».

En 1821, l'Administration des hospices attend toujours. La cession des quatre nouveaux marchés semble imminente[2].

En 1822, le Conseil général des hospices éprouve une grave déception. Au moment où la *concession provisoire* des quatre marchés va être accomplie, les bureaux du ministère de l'intérieur y font opposition. Mais le Conseil général des hospices ne désespère toujours pas : « Nous sommes fondés à espérer que les motifs d'opposition vont disparaître et que cette concession promise par les décrets qui ont ordonné la vente des maisons urbaines sera enfin réalisée dans le cours de l'année actuelle. Il paraît qu'elle ne tient plus qu'à la communication de renseignements nombreux et compliqués ; et votre bureau du domaine est au moment d'en fournir l'ensemble et les détails[3]. »

Le bureau du domaine des hospices eut beau fournir tous les renseignements demandés par le ministère, la cession provisoire des quatre nouveaux marchés n'eut jamais lieu.

Mais, du moins, les hospices furent-ils plus heureux en ce qui concerne la cession définitive des marchés déjà livrés ? Il est à croire que l'adhésion donnée par la ville de Paris au projet de règlement présenté par la commission mixte dont nous parlons plus haut n'avait pas été sans réserves, ou plutôt que des entraves émanèrent aussitôt du ministère de l'intérieur.

Toujours est-il que, dans sa séance du 29 mars 1829, le Conseil général des hospices déclara de nouveau adhérer aux mesures indi-

---

1. Résumé des comptes moraux et administratifs de 1820, p. 10.
2. *Ibid.* 1821, p. 7.
3. *Ibid.* 1822, p. 4.

quées par les commissaires, proposa de les arrêter définitivement et formula en seize articles un projet de convention que le préfet était invité à soumettre d'abord à l'assentiment du conseil municipal, puis à l'homologation du ministre de l'intérieur.

Ce projet renfermait, quant à la cession définitive des marchés, quelques modifications aux propositions originaires de la commission mixte. C'est ainsi que le prix de chaque marché restait fixé par l'accumulation de vingt fois son revenu brut, mais sous déduction des trois vingtièmes de ce produit, pour frais de perception et d'entretien et non plus, comme dans le projet primitif, du vingtième seulement (art. 10). L'Administration des hospices s'engageait à conserver et entretenir les marchés, à ne rien changer au tarif en cours, à ne faire aucune innovation dans la distribution et dans la destination des bâtiments et des emplacements, à moins d'une autorisation du ministre de l'intérieur, sur l'avis des deux préfets (art. 11)[1].

Les administrations hospitalière et municipale semblent avoir été à ce moment parfaitement d'accord pour réaliser cette cession définitive depuis si longtemps promise. Mais l'opposition du ministère de l'intérieur fut irréductible. Le ministre considérait, et peut-être n'avait-il pas tort, que les marchés, constituant un service public, soumis à une réglementation spéciale, la propriété ne devait pas en être aliénée, même au profit des hospices, et malgré toutes les réserves insérées dans le contrat de vente.

Il est à remarquer, toutefois, que le ministre ne tenait aucun compte du décret du 24 février 1811, qui avait prescrit l'achat des halles et marchés comme mode de remploi du prix des immeubles hospitaliers aliénés. Ce décret devenait donc lettre morte.

4° Nature juridique de la possession des marchés livrés aux hospices. — L'Administration des hospices ne pouvant obtenir la cession définitive des marchés, il restait à expliquer la nature et les conditions de la possession dont elle jouissait. On considéra cette possession comme une *antichrèse* ou nantissement immobilier, et on en appliqua les règles. Les hospices eurent le droit de percevoir les revenus des marchés, à charge de les imputer annuellement sur les

---

1. Minutes des délibérations du Conseil général des hospices, aux archives de l'Administration de l'assistance publique.

intérêts à 5 p. 100 du capital de 12 330 000 fr. versé à la ville de
Paris. Si les intérêts de ce capital étaient supérieurs au produit des
marchés, ce qui était le cas, la ville de Paris devait verser la différence aux hospices ; ce qui eut lieu. Le Conseil général des hospices,
sans rien abdiquer de son droit à l'acquisition définitive des marchés, rendit compte, suivant une expression plusieurs fois répétée,
de clerc à maître, de son administration et réclama chaque année
à la ville de Paris les intérêts complémentaires[1].

5° *Rétrocession par les hospices à la ville de Paris des marchés
livrés.* — En 1840, le conseil municipal réclama la rétrocession des
marchés. Contrairement à l'opinion de Dupin l'aîné, un de ses
membres, le Conseil général des hospices se montra défavorable à
cette proposition. Elle fut renouvelée en 1842. La ville de Paris offrit
de servir aux hospices une rente de 616 528 fr. 89 c. représentant
l'intérêt à 5 p. 100 du capital de 12 330 577 fr. 83 c. qui avait été
versé dans la caisse municipale. L'Administration des hospices devait,
pendant trente ans, capitaliser le dixième de cette somme, c'est-à-
dire 61 652 fr. La ville de Paris s'obligeait à rembourser le capital
à l'expiration des trente années, en 1872.

Cette fois, le Conseil général des hospices accepta, et, le 23 novembre 1842, le traité fut signé. Une ordonnance royale l'approuva
le 23 septembre 1843. Le 26 décembre suivant, le Conseil général
effectua la restitution des marchés à l'administration municipale.

La ville de Paris versa régulièrement la rente de 616 256 fr. 45 c.
Mais en 1865, comme il fallait d'importantes ressources pour la reconstruction de l'Hôtel-Dieu, une loi du 12 juillet autorisa la ville
de Paris à opérer le remboursement anticipé du capital, ce qui eut
lieu en 1866. Toutefois, l'administration municipale ne versa dans
la caisse hospitalière qu'un solde de 30 656 fr. 14 c. Le reste fut
employé directement par la ville à payer, pour le compte de l'Assis-

---

1. Dans un état des propriétés et revenus de l'Administration des hospices, portant la date du 20 janvier 1832, nous trouvons (p. 83) le renseignement suivant,
pour l'exercice 1831 :

Art. 2. — Intérêts complémentaires dus par la ville.

Le prix des capitaux versés à la caisse municipale comme provenant des maisons
vendues est de 12 330 577 fr. 83 c., dont l'intérêt à 5 p. 100 est de. . 616 528^f,89^c
Le produit *net* du marché est de. . . . . 274 390 »

Reste dû par la ville . . . . 342 138^f,89^c

tance publique, les indemnités d'expropriation des immeubles situés dans le périmètre du nouvel établissement [1].

§ 6. — IMMEUBLES CÉDÉS A LA VILLE DE PARIS POUR CAUSE D'UTILITÉ PUBLIQUE.

En dehors des ventes immobilières faites au profit des particuliers, plusieurs propriétés furent, sous le premier Empire, cédées à la ville de Paris pour cause d'utilité publique. Celle-ci ne paya pas immédiatement le prix de tous les immeubles acquis par elle et dont elle avait pris possession ; et le règlement des intérêts provoqua des difficultés qui vinrent s'ajouter à celles qu'avait occasionnées le versement dans la caisse municipale du prix des immeubles vendus aux enchères.

Voici, du reste, la liste des biens cédés, avec l'indication de leur provenance, de l'affectation qu'ils devaient recevoir et de leur prix :

DATE de la cession.	DATE du paiement du solde.	PROVENANCE.	SITUATION.	AFFECTATION.	MONTANT du prix.
10 mars 1807 . .	»	Incurables.	Rue de Sèvres (terrain de 3ᵐ89)	Création de la fontaine égyptienne.	Concession de 12 lignes ou 27¾ d'eau
24 mars 1809 . .	1ᵉʳ août 1809.	St-Esprit.	Rue des Postes.	Percement de la rue d'Ulm.	9 505,00 [1]
8 juillet 1812. .	2 sept. 1812	Incurables.	Rue Férou, 12.	Formation du séminaire St-Sulpice.	24 000 » [2]
27 avril 1813 . .	27 juin 1837.	St-Gervais.	Rue des Amandiers-Popincourt	Abattoirs de Ménilmontant.	34 304,10
17 mai 1813. . .	29 juin 1837.	Incurables.	Hôtel de Châtillon, rue du Bac, 132.	Noviciat des sœurs de charité.	260 000 »
19 mai 1813. . .	27 juin 1837.	St-Gervais.	Rue Vieille-du-Temple.	Marché des Blancs-Manteaux.	120 000 »
29 mai 1813. . .	26 sept. 1835.	Incurables.	Rue des Prouvaires.	Grande halle.	17 000 »
7 août 1813 . .	29 janv. 1814.	Les Cent-Filles.	2 loges à la foire St-Germain, 40 à 44.	Création du marché St-Germain	2 684,40

1. Ce prix a été reversé dans la caisse municipale en même temps que celui des immeubles vendus aux enchères.
2. Prix reversé dans la caisse municipale.

1. *Budget* des recettes et dépenses de 1806, p. xxv, 24 et 25. — Compte financier de 1806, p. 47.

§ 7. — Gestion des immeubles urbains.

Examinons maintenant la gestion des propriétés urbaines sous le premier Empire.

Les deux objets principaux de la gestion des propriétés immobilières sont : *les locations* qui en assurent et en fixent le produit, *les travaux* qui tendent à les conserver et à les améliorer.

La gestion des immeubles urbains ne fut pas négligée par le Conseil général des hospices ; mais elle fut entravée surtout par les ventes dont l'approche toujours imminente n'autorisait les hospices à consentir des locations que de courte durée, souvent même simplement précaires et, par suite, à vil prix.

1° *Locations.* — Le décret des 5-11 février 1791 *interdisait* aux établissements publics ecclésiastiques ou laïques, auxquels l'administration de leurs biens avait été laissée provisoirement, *de faire des baux pour une durée excédant neuf années,* à peine de nullité [1].

Cette législation était trop restrictive. Un locataire qui n'est pas assuré d'une assez longue jouissance se résigne difficilement à effectuer dans l'immeuble qu'il détient, en vue d'en tirer un parti avantageux, des travaux d'aménagement et d'amélioration, dont la dépense ne peut être amortie que par une possession prolongée. Sa jouissance étant limitée et incomplète, il ne paie jamais qu'un loyer peu élevé.

Le décret de 1791 subit plusieurs changements. Il fut modifié, notamment par l'article 15 de la loi du 7 messidor an VII (25 juin 1799) qui permit d'*affermer,* par *baux à longues années ou à vie* et *aux enchères,* les maisons non affectées à l'exploitation des biens ruraux. Les ventes empêchèrent les hospices de Paris de profiter des dispositions de cette loi. Les baux consentis sous le premier Empire furent de neuf ans, ou de trois, six ou neuf ans à la volonté réciproque des parties. Certains immeubles dont les baux expiraient furent reloués précairement, jusqu'à la vente. Les baux à vie et les baux emphythéotiques qui existaient alors remontaient tous à une époque antérieure à la Révolution.

Les locations étaient consenties par *adjudication publique.* Le

---

1. *Bulletin des lois,* vol. II, p. 916.

Conseil général des hospices s'était astreint à suivre ce mode de procéder par un arrêté du 20 fructidor an XI (7 septembre 1803), article 17[1]. Un *décret du 12 août 1807*, article 1er, vint l'imposer dans les termes suivants : « A compter de la publication du présent décret, *les baux à ferme* des hospices et autres établissements publics de bienfaisance ou d'instruction publique, pour la durée ordinaire, seront faits *aux enchères* par-devant un *notaire* qui sera *désigné par le préfet du département...* »

L'expression *baux à ferme* doit être prise dans un sens général comprenant aussi bien les baux de propriétés urbaines que les baux de propriétés rurales[2].

La formalité de l'adjudication publique, opposée à la location amiable, présente des avantages incontestables : elle prémunit les administrateurs contre les sollicitations, contre les complaisances coupables, contre l'insuffisance du montant des évaluations. Mais, par contre, ses inconvénients sont graves : l'adjudicataire est un inconnu, souvent peu solvable ; c'est un homme qui, entraîné par le feu des enchères, a fait monter le prix du loyer à un taux excessif qu'il sera bientôt hors d'état de payer. L'adjudication occasionne des lenteurs qui ne peuvent convenir aux personnes soucieuses de ne pas demeurer indéfiniment dans l'incertitude.

La location amiable permet le choix du locataire ; elle aboutit plus promptement, puisqu'elle évite la publicité, par affiches et insertions, qui précède l'adjudication publique ; elle attire davantage les offres et contribue ainsi à diminuer le nombre des biens vacants et la durée de l'inoccupation.

En même temps qu'il prescrivait l'adjudication, le décret de 1807 disposait, dans son article 5, qu'elle ne serait *définitive qu'après approbation du préfet* du département. Cet excès de précautions était plus nuisible que profitable aux hospices et devait écarter bien des enchérisseurs, même sérieux[3].

---

1. Code administratif des hôpitaux civils, hospices et secours à domicile de la ville de Paris, t. 1, p. 120.

2. C'est dans le même sens général que le mot *affermé* avait été pris, quelques années plus tôt, par la loi du 7 messidor an VII (art. 15). « Les maisons *non affectées à l'exploitation des biens ruraux* pourront être *affermées* par baux à longues années ou à vie... » Cette disposition du décret du 12 août 1807 n'a pas cessé d'être en vigueur.

3. Les formalités requises pour pouvoir *résilier* ou pour *modérer le prix des baux* étaient également très compliquées. Elles étaient les mêmes que pour con-

En dehors des frais ordinaires de passation du contrat : timbre, enregistrement, honoraires, l'adjudicataire avait à payer aux hospices des frais d'affiches, de vidange, d'arpentage, de plans figurés, d'états de lieux, l'aumône et le centime le franc. Ces charges étaient assez lourdes ; le montant n'en était pas toujours le même ; il en résultait des surprises et des réclamations. Un arrêté du Conseil général des hospices, du 31 août 1808, article 1er, remplaça l'ensemble de ces frais spéciaux par un droit fixe et *annuel* de 3 p. 100 ajouté au prix du bail [1].

Si les formalités, les lenteurs et les frais éloignaient trop souvent les gens honorables des séances d'adjudications, par contre, ils n'effrayaient pas certains individus peu scrupuleux, qui s'étaient groupés en association, écartaient les rares enchérisseurs sérieux qui pouvaient se présenter et se rendaient adjudicataires à très bon compte. On fut obligé, sous la Restauration, pour assurer la liberté des enchères et relever les prix des adjudications, de prendre des mesures destinées à exclure cette *bande noire*. Nous en reparlerons un peu plus loin [2].

Il n'est pas sans intérêt de faire connaître le produit annuel des immeubles urbains pendant cette période. L'état que nous en donnons montre la décroissance brusque et rapide des revenus, à partir de l'année 1811, époque où étaient commencées les ventes des immeubles effectivement loués et productifs.

Loyers des immeubles urbains en 1804. . . . . . 925 250f,24c
— 1805. . . . . . 950 367 ,13
— 1806. . . . . . 1,256 458 ,90

---

céder à bail à longues années les biens ruraux appartenant aux hospices. Il fallait : 1° une délibération de la commission administrative des hospices (à Paris le Conseil général) ; 2° une information *de commodo et incommodo* ; 3° l'avis du conseil municipal ; 4° l'avis du sous-préfet de l'arrondissement ; 5° l'avis du préfet ; 6° un rapport du ministre de l'intérieur au gouvernement ; 7° un avis du Conseil d'État ; 8° un décret (arrêté spécial du gouvernement). — Arrêtés du gouvernement du 28 mars 1801 (7 germinal an IX), articles 1, 2, 3, et du 14 ventôse an XI (5 mars 1803), article 1er.

Un avis du Conseil d'État, du 12 décembre 1806, déclare qu'il est de la plus haute importance de maintenir l'exécution des baux passés aux enchères publiques, qu'un contrat ainsi passé ne peut, sous aucun prétexte, si ce n'est cependant le cas d'événements de force majeure ou d'accidents imprévus, dont le résultat serait la ruine du fermier, être susceptible de résolution, et que c'est sur la foi de pareils contrats que reposent en grande partie les revenus des établissements publics. (Code administratif des hôpitaux, t. I, p. 143, note 1.)

1. Cet arrêté n'a jamais été rapporté ; en fait, le droit de 3 p. 100 n'est plus perçu.

2. Voir le *Résumé des comptes moraux et administratifs des hôpitaux et hospices de Paris*, pour l'année 1815, p. 66 ; année 1816, p. 114.

Loyers des immeubles urbains en 1807. . . . . 969 273^f,82^c
—   1808. . . . . 947 224 ,62
—   1809. . . . . 940 706 ,76
—   1810. . . . . 952 742 ,24
—   1811. . . . . 887 016 ,58
—   1812. . . . . 682 268 ,71
—   1813. . . . . 445 604 ,16
—   1814. . . . . 339 866 ,41

En 1815 le montant des loyers tomba à 300 208 fr. 70 c. ; il descendit plus bas encore et atteignit son minimum en 1817 : 249 270 fr. 71 c.

Les maisons aliénées sous le premier Empire, et qui étaient louées au moment de la vente, rapportaient un revenu brut de 645 862 fr. et un revenu net d'environ 485 000 fr. [1]

La suppression de ce revenu fut compensée, pour les 12 millions 330 577 fr. 83 c. qui furent versés, sur le montant des ventes, dans la caisse municipale, par le produit des marchés et par des versements complémentaires annuels, produit et versements calculés au taux de 5 p. 100 net [2]. Les hospices reçurent donc, comme indemnité, de la ville de Paris, 616 528 fr. 89 c. par an. Il semble qu'au point de vue du revenu, l'opération ait été fructueuse, puisque les 485 000 fr. produits par les maisons vendues furent remplacés par un revenu majoré de près de 130 000 fr. Nous verrons, quand nous poursuivrons notre étude sous la Restauration, qu'il n'en fut rien, loin de là.

2° *Travaux*. — Nous savons dans quel état de délabrement se trouvaient les immeubles au commencement de l'Empire. Pour les restaurer il fallait prélever, pendant un certain nombre d'années, des sommes importantes sur le budget hospitalier. Les lourds sacrifices que le Conseil général des hospices devait s'imposer à cet effet expliquent pourquoi il se montra, dans le principe, favorable à l'aliénation de la majeure partie du domaine urbain.

Il nous a paru intéressant de rechercher combien il avait fallu dépenser, chaque année, en travaux de réparations. *Les comptes des recettes et dépenses* ne sont pas, sur ce point, suffisamment expli-

---

1. Nous avons obtenu ce revenu net en déduisant un quart du revenu brut.
2. Voir plus haut, page 71.

cites. Sous la rubrique générale *constructions et réparations*, nous trouvons, pour les immeubles productifs de revenus, des chiffres élevés qui sont les suivants :

Année 1806 . . . . 185 853ᶠ,93ᶜ
— 1807 . . . . 168 544 ,94
— 1808 . . . . 170 715 ,71
— 1809 . . . . 159 192 ,62
— 1810 . . . . 158 703 ,60

Les comptes des années 1811, 1812 et 1813 n'ont pas été imprimés et le travail manuscrit n'existe probablement plus.

En 1814, après les nombreuses aliénations consenties, les constructions et réparations ne figurent plus aux comptes que pour une somme de 34 807 fr. 28 c.

Le service, qui était chargé de diriger l'exécution des travaux de toute nature, comprenait, à l'origine, un architecte, six inspecteurs, deux vérificateurs. La vente des immeubles fit réduire à trois, vers la fin de l'Empire, le nombre des inspecteurs.

§ 8. — LE DOMAINE PRODUCTIF RURAL SOUS LE PREMIER EMPIRE.

Voyons, maintenant, quelles ont été la ligne de conduite de Napoléon Iᵉʳ et celle du Conseil général des hospices à l'égard des *propriétés rurales*. Nous savons qu'en 1806 ces dernières formaient 156 lots. Ajoutons qu'elles couvraient une superficie de 6 784 hectares 23 ares 46 centiares. et produisaient un revenu annuel de 317 629 fr. 57 c. Elles étaient, pour la plupart, groupées, comme actuellement du reste, dans les départements les plus rapprochés de Paris.

A aucun moment, Napoléon Iᵉʳ ne paraît s'être soucié des biens ruraux des hospices. Nous avons exposé, en effet, que les deux buts poursuivis par l'Empereur, lorsqu'il faisait vendre les immeubles urbains et ordonnait d'en verser le prix dans la caisse de l'administration municipale, étaient l'embellissement de sa capitale et le maintien du crédit de la ville de Paris. La vente des biens ruraux pouvait contribuer à assurer le second de ces deux objets, mais non l'autre, qui passait au premier plan des préoccupations impériales. Il est probable aussi que, sur ce point, Napoléon aurait rencontré une certaine résistance de la part du Conseil général des hospices.

Autant, en effet, ce Conseil avait mis d'empressement au début à aliéner des immeubles urbains trop délabrés pour pouvoir être utilement réparés avec les ressources insuffisantes dont il disposait, autant il était favorable au maintien intégral du patrimoine rural hospitalier. Cette préférence s'explique par plusieurs raisons : la gestion des propriétés rurales, notamment des lots de terre, est infiniment plus simple que celle des biens de ville, car ces biens sont, pour la plupart, exempts de frais de réparations; les pièces de terre avoisinant les murs de Paris sont appelées à bénéficier d'un accroissement de valeur considérable, puisqu'elles deviennent peu à peu des terrains à bâtir; en thèse générale, les revenus des biens ruraux doivent augmenter d'une façon périodique et, pour ainsi dire, indéfinie; enfin, cette nature de biens présente un dernier avantage, particulier aux hospices : par les *redevances en grains* imposées aux fermiers, les produits des biens ruraux sont appropriés aux besoins des établissements hospitaliers; ils préviennent ou diminuent les sacrifices qu'impose le renchérissement des blés, durant les années de cherté ou de disette.

Cette dernière considération, sur laquelle les agents des hospices insistaient spécialement, déterminait l'Administration à consentir des baux avec redevances en grains, plutôt que des fermages en argent. Elle avait alors une importance réelle qu'elle n'a plus aujourd'hui, où les disettes ne sont guère à redouter. Les fermages perçus en grains ont rendu aux hospices de Paris les plus grands services pendant les guerres du premier Empire.

A l'*État des propriétés* de 1811, le nombre des locations rurales *en argent* est de 62, représentant un revenu total de 51 807 fr. 68 c. [1]; le nombre des locations avec redevance *en grains* est de 70, comprenant, en dehors de lots de terre, toutes les fermes, à l'exception de quatre. La valeur, estimée en argent, de ces locations en grains variait annuellement avec le cours des blés. En 1814, elle figure

---

1. A ce chiffre, il faut ajouter 136 fr. 30 c. pour les terres du domaine des *indigents*. Dans la somme de 51 807 fr. 68 c., les moulins, bâtiments et halle au blé de Corbeil figurent pour une somme de 26 617 fr.

dans le *Résumé des comptes moraux et administratifs* pour une somme de 250 992 fr. 24 c. ; en 1815, pour 404 652 fr. 16 c., bien que le nombre et l'importance des fermages en grains n'aient pas augmenté. Cette même année 1815, les fermages en argent n'atteignent qu'une somme de 52 244 fr. 65 c. [1].

La faveur dont jouissaient les biens ruraux explique pourquoi, sous l'Empire, il ne fut pas vendu un lopin de terre. Bien plus, il est certain que, si les hospices n'avaient pas été obligés de verser dans les caisses de la ville de Paris le prix des propriétés urbaines aliénées, le Conseil général aurait insisté pour que le remploi de ce prix eût lieu en propriétés rurales.

En 1815, le nombre des biens ruraux a passé, uniquement par suite d'échanges, du chiffre de 156 à celui de 166, en augmentation de 10 unités; et la superficie s'est élevée à 7 040 hectares 76 ares 84 centiares, contre 6 784 hectares 23 ares 46 centiares en 1806 [2].

Le Conseil général des hospices manifesta l'intérêt qu'il portait aux biens ruraux, dès sa création. Par un arrêté du 23 avril 1802, il fit choix d'un agent inspecteur en vue de mettre fin à un état de choses qui, en se perpétuant, aurait amené peu à peu, sinon l'anéantissement complet, du moins une réduction très appréciable du patrimoine rural hospitalier [3].

Pastoret s'exprime ainsi, sur ce point, dans son *Rapport au Conseil général des hospices*, publié en 1816 [4] : « Le Conseil général « avait rendu, dès le mois d'avril 1802, un arrêté portant qu'il se- « rait nommé un COMMIS VOYAGEUR chargé de faire des tournées « habituelles dans les départements où sont situés les biens ruraux « appartenant aux hospices et faisant partie de son administration. « Il fut nommé, en effet, presque aussitôt, et se transporta dans

---

1. Voici le produit des fermages, en argent et en grains, depuis 1805 : *1805*, 292 493 fr. 70 c. ; *1806*, 312 317 fr. 29 c. ; *1807*, 304 279 fr. 34 c. ; *1808*, 288 605 fr. 39 c. ; *1809*, 287 516 fr. 80 c. ; *1810*, 355 723 fr. 27 c. ; *1811*, 448 303 fr. 09 c. ; *1812*, 422 227 fr. 49 c. ; *1813*, 330 615 fr. 15 c. ; *1814*, 303 607 fr. 09 c.

2. Les hospices ont acquis par échanges 12 lots de terre contre 2 qu'ils ont cédés.

3. Code administratif des hôpitaux, t. 1, p. 150.

4. *Rapport fait au Conseil général des hospices, par un de ses membres, sur l'état des hôpitaux, des hospices et des secours à domicile à Paris, depuis le 1er janvier 1804, jusqu'au 1er janvier 1814*, p. 289.

« tous les lieux où l'appelait la mission qu'on venait de lui confier.
« Le rapport de 1803 annonçait déjà le succès de ses premiers
« soins. La surveillance que les gardes devaient exercer dans les
« bois avait été rétablie; des arpentages avaient fait reconnaître des
« usurpations sur les terres affermées et on avait provoqué la res-
« titution des portions prises sur la propriété des établissements
« hospitaliers; on avait suivi auprès des fermiers les plantations
« qu'ils étaient tenus de faire, et qu'ils avaient négligées. Un avan-
« tage qu'on se promettait encore de la nomination d'un *commis*
« *voyageur*, était de voir diminuer les réparations annuelles qui
« s'accroissaient et tombaient à la charge des hospices, par la né-
« gligence des fermiers à faire celles dont ils étaient tenus. Cet
« avantage s'est réalisé; un ordre meilleur a été l'effet nécessaire
« d'une surveillance perpétuelle et d'une inspection plus attentive.
« Un autre arrêté du Conseil général, du 6 avril 1803, a autorisé
« le *commis voyageur* à ordonner toutes les réparations au-dessous
« de 100 fr. ; pour les dépenses plus élevées, il a besoin d'une au-
« torisation expresse [1]. »

Si, après la création du poste de commis-voyageur (aujourd'hui
inspecteur des biens ruraux), les fermiers ont exécuté avec plus de
diligence et de soins les réparations à leur charge, il serait inexact
de croire qu'à partir de ce moment l'état matériel des corps de
bâtiments devint tout à fait prospère. La règle suivie à cette
époque était, en effet, de ne laisser aux fermiers que les travaux
de réparations locatives. Les hospices devaient effectuer eux-
mêmes tous les autres travaux. Mais, comme les crédits affectés à
cette destination n'étaient pas en proportion avec l'importance des
gros travaux indispensables, les bâtiments continuèrent à se déla-
brer peu à peu [2]. Il en résulta de graves conséquences que nous

---

1. Dans le cours de ses tournées et de son voyage, le commis-voyageur devait entretenir la correspondance nécessaire pour donner les renseignements qui lui seraient
demandés ; au retour de ses voyages et de ses tournées, il devait faire, à la commission, un rapport de ce qu'il aurait vu et observé (arrêté du 23 avril 1802, art. 3).

Le traitement du commis-voyageur était fixé à 2 000 fr. par année pour sa personne, et 1 000 fr. pour l'entretien d'un cheval qui devait lui appartenir. Cette dernière somme n'était payable que s'il avait actuellement un cheval; elle était diminuée à proportion des jours pendant lesquels il n'avait point de cheval (même
arrêté, art. 5).

2. Les hospices dépensaient cependant, dans les fermes, sous le premier Empire,
une somme, relativement élevée pour l'époque, de 40 000 fr. en moyenne par an.

exposerons plus loin et dont l'Administration hospitalière subit aujourd'hui les effets.

Le système consistant à laisser les travaux autres que ceux de réparations locatives à la charge du propriétaire se justifie parfaitement de lui-même. Ce dernier a seul un intérêt à assurer la durée indéfinie de l'immeuble, seul il fera effectivement les travaux nécessaires,... si les ressources de son budget le lui permettent.

A l'époque que nous étudions, cette règle s'imposait, à raison de la courte durée des baux. Nous avons vu qu'un *décret des 5-11 février 1791 interdisait* aux établissements publics *les baux de plus de neuf années*, que ce décret avait été abrogé par une *loi du 7 messidor an VII*, qui avait autorisé *les baux à longues années ou à vie*, mais *en exceptant les maisons affectées à l'exploitation des biens ruraux*[1].

Un *arrêté des Consuls du 7 germinal an IX* vint permettre aux hospices de donner à bail leurs *propriétés rurales* pour de *longues années*, mais il fallait, en ce cas, des formalités compliquées et nombreuses, et *un arrêté spécial des Consuls*, ce qui constituait une gêne aboutissant, en fait, à une véritable prohibition[2].

Tels étaient les textes auxquels l'Administration charitable était tenue de se conformer, dans la gestion de ses biens ruraux.

Une pareille législation était mauvaise; elle nuisait à la bonne culture des terres et empêchait qu'on ne tirât de celles-ci tout le revenu qu'elles étaient susceptibles de produire. La longue durée des baux peut seule déterminer les cultivateurs à effectuer, avec la certitude d'en recueillir les fruits, les travaux et les avances d'argent parfois considérables qu'exigent les progrès de l'agriculture. L'expérience démontre que les fermiers préfèrent toujours les baux de dix-huit ans au moins au baux de neuf années, même en payant un loyer sensiblement plus élevé[3].

Les biens ruraux étaient loués par *adjudication publique*, comme

---

1. *Bulletin des lois*, vol. 14, n° 3112.

2. *Bulletin des lois*, vol. 17, p. 8. Voir p. 74, note 3, les formalités requises.

3. Cette constatation fut faite par un ancien inspecteur des biens ruraux des hospices, Prévost, dans un très intéressant *Exposé de la gestion du domaine rural affermé des hospices de Paris*, de 1827 à 1851, travail sur lequel nous aurons l'occasion de revenir plus d'une fois.

les biens de ville, conformément à l'arrêté du Conseil général des hospices du 7 septembre 1803 et au décret du 12 août 1807. Nous renvoyons, sur ce point, aux développements donnés plus haut [1].

Les résiliations ne pouvaient avoir lieu, ainsi que les *modérations* du prix des baux, qu'en remplissant les formalités multiples et longues prescrites par l'arrêté du 28 mars 1801 (7 germinal an IX) sur les baux à longues années, conformément à l'arrêté du gouvernement du 5 mars 1803 (14 ventôse an XI), article 1er [2].

---

1. Voir page 74.
2. Voir page 74, note 3.

CHAPITRE III

LE DOMAINE PRODUCTIF DE REVENUS SOUS LA RESTAURATION

§ 1er. — Nouvelles mesures d'aliénation des propriétés urbaines.

Lors de l'avènement de Louis XVIII, le nombre des propriétés urbaines des hospices avait subi une diminution considérable. Il avait passé de 768, chiffre de l'année 1806, à 358, chiffre que nous trouvons dans l'état de situation de 1815.

Le gouvernement nouveau n'abandonna pas, à l'égard des biens hospitaliers urbains, la règle de conduite suivie par Napoléon Ier. Les propriétés qui subsistaient encore constituaient une ressource dont il était possible de tirer parti pour venir en aide à la ville de Paris ruinée par l'invasion[1].

Une *ordonnance royale du 29 août 1816*, visant la loi du 14 février 1804 et les décrets des 24 et 27 février 1811, prescrivit d'aliéner un certain nombre de propriétés énumérées dans un état spécial, en vue de payer les créanciers de la ville de Paris « à raison des travaux faits pour la construction des *abattoirs*, des *marchés* et de *l'entrepôt général des vins* ». Cette ordonnance ne reçut pas d'application.

De son côté, le Conseil Général des hospices n'était pas en principe défavorable à toute aliénation, pourvu que les ventes fussent faites avec discernement et en temps opportun. Non pas qu'il voulût sacrifier l'intérêt hospitalier à celui de l'administration municipale ; mais il lui fallait des ressources, pour rembourser les rentes dont étaient grevés les hospices ; il tenait aussi à se débarrasser des maisons délabrées, subsistant encore dans le patrimoine charitable,

---

1. Les finances de la ville de Paris étaient, à cette époque, dans une situation très critique. L'invasion avait coûté à la capitale une somme totale de 50 283 583 fr. 53 c. sur laquelle l'État remboursa 5 499 864 fr. 68 c. « laissant définitivement à la charge du budget de la capitale une dépense de 44 783 718 fr. 95 c.

« Le jour de l'entrée des alliés dans Paris, le 30 mars 1814, la caisse municipale contenait 100 000 fr., et, dès le lendemain, le gouverneur nommé par les souverains, le général russe Sacken, en exigea 50 000 pour les besoins de sa maison. » Gaston Cadoux, *Les finances de la ville de Paris, de 1798 à 1900*, p. 19.

et qui ne pouvaient être qu'une charge financière. Il n'était, du reste, nullement disposé à continuer, comme par le passé, le versement du produit disponible des ventes dans la caisse municipale.

Pour éviter que les aliénations eussent lieu dans les conditions déplorables où elles avaient été effectuées sous l'Empire, le Conseil Général des hospices suivit alors les règles que voici : conserver les biens (maisons et terrains) contigus aux établissements hospitaliers et qui pouvaient être utiles à leur agrandissement ou à leur isolement[1], conserver également ceux dont la valeur pouvait encore s'accroître, soit par le seul effet du temps, soit sous l'influence d'une bonne gestion, aliéner les autres dans des circonstances favorables et en procédant à la vente par des moyens permettant d'en obtenir un bon prix.

Auparavant, les mises en vente avaient eu lieu sans observer aucune des précautions requises pour atteindre un prix élevé. Dès l'année 1816, le préfet de la Seine décida, sur l'initiative du Conseil Général, que l'adjudication ne serait plus, désormais, tentée qu'après un *engagement, préalablement pris* par un soumissionnaire solvable, *de porter une enchère* sur une mise à prix avantageuse, acceptée par l'administration hospitalière[2].

Bientôt après, la royauté, mieux instruite, sans doute, des abus commis lors des ventes en masse faites sous le premier Empire, vint, par une *ordonnance du 29 août 1817*, remettre en vigueur les dispositions de la loi du 24 pluviôse an XII, en décidant qu'aucune des propriétés des hospices de Paris ne pourrait être aliénée à l'avenir que sur la *proposition du Conseil Général de cette administration.*

Dans le cours de l'année *1816*, le nombre des maisons urbaines vendues atteignit le chiffre de 24, qui produisit un capital de 785 160 fr. En *1817*, on ne vendit plus que 12 maisons, dont le prix s'éleva à 428 905 fr.[3]. A partir de ce moment, la situation devient plus normale.

---

1. Dans un état des propriétés de 1820, nous trouvons, sur ce point, l'indication suivante :
  Maisons réservées à cause de leur contiguïté avec des hôpitaux
  ou d'autres services. . . . . 115.

2. C'est encore la règle suivie aujourd'hui par l'administration générale de l'Assistance publique.

3. Cette même année 1817, 16 propriétés urbaines productives de revenus furent désaffectées et rattachées à des services hospitaliers.

Les ventes continuent, néanmoins, mais moins nombreuses et plus espacées. Elles ont encore une raison d'être. En 1819, les hospices de Paris restaient devoir 42 351 fr. de *rentes*, soit :

A divers particuliers, 19 549 fr. ;

A des hospices ou autres établissements publics, 22 802 fr.

Le Conseil Général était très désireux de rembourser les *rentes dues à des particuliers*. Il prit, en conséquence, à la date du 17 mars 1819, un arrêté prescrivant la mise en vente d'un nombre suffisant de maisons urbaines pour amortir les rentes dont il s'agit, afin « d'éviter l'embarras minutieux du paiement de rentes dues aux particuliers et dont les successions divisaient les parts à l'infini [1] ». On y voyait aussi un avantage réel pour les revenus.

Les maisons urbaines vendues de 1820 à 1830 furent au nombre de 19 seulement [2].

Maintien dans le patrimoine hospitalier des immeubles loués par baux à longue durée ou à vie. — Le désastre des al͏ ͏ations faites sous l'Empire et au début de la Restauration aurait été plus grand encore, si un certain nombre d'immeubles n'avaient échappé aux ventes grâce aux baux à longue durée dont ils étaient l'objet à cette époque. Il était alors, en effet, d'usage courant pour les hospices de Paris de consentir des *baux de 40 ou 50 ans*, et même des *baux emphytéotiques de 99 ans* ; les hospices faisaient aussi des *baux à vie.* Ces concessions présentent pour les personnes morales dont les ressources sont restreintes et dont la durée d'existence est illimitée, de très précieux avantages. Non seulement les travaux de toute nature concernant l'immeuble loué de la sorte sont à la charge et aux frais du preneur ; mais encore, le contrat oblige généralement ce dernier à édifier, dans un délai déterminé, des constructions d'une certaine importance qui augmentent la valeur de la propriété. Assuré d'une jouissance prolongée, le locataire entretient les bâtiments avec soin. Il est, du reste, tenu, par une clause spéciale de son bail, de fournir des garanties sérieuses (caution, hypothèque, antichrèse, dépôt de fonds ou de valeurs) pour la restitution des

---

1. *Résumé des comptes moraux et administratifs pour l'année 1819* (août 1820).

2. D'après un *état des propriétés* de 1820, le nombre des propriétés urbaines à vendre était alors de 34.

lieux en bon état, à l'expiration de sa concession [1]. A cette époque, l'établissement bailleur bénéficie de la plus-value considérable acquise par son immeuble.

Dans un *État général des propriétés urbaines*, de l'année 1818 [2], nous trouvons 31 baux à longue durée et 51 à vie. Ils se répartissent ainsi :

		Baux à longue durée.	Baux à vie.
Propriétés urbaines de l'Hôtel-Dieu.		3	26
—	de l'Hôpital général	2	»
—	de l'Hôtel-Dieu et Hôpital général réunis.	4	»
—	de la Charité.	»	2
—	des Petites-Maisons.	1	»
—	des Incurables femmes	4	22
—	de Sainte-Catherine.	13	»
—	de Saint-Gervais	3	1
—	de l'hôpital Beaujon	1	»
		31	51
	Total.	82	

1. Avant la rédaction de notre Code civil, dans les coutumes de Paris et d'Orléans, tous les actes notariés comportaient une hypothèque générale sur tous les biens présents et à venir de ceux qui s'obligeaient par ces actes. La force hypothécaire était alors une conséquence de la force exécutoire. Il en résultait que, de plein droit, et sans qu'il fût besoin d'une clause particulière dans le contrat, pourvu que ce dernier fût passé devant un notaire, les biens du locataire se trouvaient grevés d'une hypothèque garantissant l'exécution de toutes ses obligations. Les baux à longue durée des hospices, consentis avant le Code civil, ont bénéficié de cet avantage jusqu'à leur expiration, par l'effet du principe de la non-rétroactivité des lois. Une application de cette théorie de l'ancien droit a eu lieu, notamment à l'égard d'une propriété hospitalière située rue du Faubourg-Montmartre, 8, dont le bail pour 99 ans avait été consenti par l'Hôtel-Dieu en 1788. A l'expiration de ce bail, en 1887, l'administration de l'Assistance publique a eu l'occasion de réclamer la remise en état de l'immeuble et a invoqué, sur les biens du dernier titulaire, l'hypothèque générale résultant de l'acte notarié.

2. *État général des propriétés urbaines appartenantes aux hôpitaux et hospices civils, aux indigents et aux enfants abandonnés de la ville de Paris.*

3. Parmi ces trois propriétés figure l'immeuble rue du Faubourg-Montmartre, 8, loué à Poulletier de Périgny, par bail de 99 ans, à compter du 1er octobre 1788, moyennant un loyer annuel de 1 896 fr. 28 c. Cet immeuble produit actuellement un revenu de près de 72 000 fr.

4. Ces baux comprenaient 12 propriétés rue de Buffault, de 2 à 24, louées pour 99 ans, à Samson-Nicolas Lenoir, à partir du 1er octobre 1775, moyennant un loyer de 1 996 fr. 12 c. Une partie de ces immeubles a été démolie lors de l'ouverture de la rue La Fayette. Ceux qui subsistent, formant 6 propriétés, produisent actuellement près de 80 000 fr. de revenus nets.

La dernière des 13 propriétés de l'hôpital de Sainte-Catherine louées par baux

Des propriétés dont on ne peut modifier les conditions et la nature de la jouissance pendant 40, 50, 60 ou 80 ans peut-être, et qui sont louées moyennant un loyer généralement très faible, à raison des obligations de construire et de réparer imposées au preneur, ne sont guère susceptibles de provoquer les offres de qui que ce soit, en dehors de celles de l'occupant lui-même. La tentative d'adjudication publique d'immeubles loués de cette manière serait un acte d'administration déplorable, car la concurrence serait nulle, ou ne pourrait être stimulée que par une mise à prix infime. Ajoutons que, par cette vente, l'établissement propriétaire perdrait tout le bénéfice qu'il devait retirer de la longue durée du bail.

Ces considérations ont été assez puissantes pour sauvegarder, pendant un certain temps, la plupart des 82 propriétés hospitalières mentionnées plus haut.

§ 2. — IMMEUBLES CÉDÉS A LA VILLE DE PARIS OU AU DÉPARTEMENT DE LA SEINE, POUR CAUSE D'UTILITÉ PUBLIQUE.

Sous la Restauration, plusieurs immeubles urbains sortirent du patrimoine hospitalier par aliénation au profit de la ville de Paris et du département de la Seine, en vue de la création ou du développement de services publics.

En voici le tableau :

TABLEAU.

de longue durée était un terrain rue de la Tour-d'Auvergne, loué pour 99 ans. Le loyer était de 220 fr. 65. Ce terrain est aujourd'hui une propriété située rue de la Tour-d'Auvergne, 31, 33, rue Milton, 33 et 35, 36 à 42 et cité Fénelon. Elle est louée pour bail de 40 ans devant expirer le 1er juillet 1920, moyennant un loyer annuel de 40 200 fr. avec obligation de construire. A l'expiration de ce bail le revenu sera au moins quintuplé.

DATE de la cession.	PROVENANCE.	NATURE et situation de la propriété.	DESTINATION.	MONTANT du prix.
				fr. c.
28 mai 1819 . .	Incurables.	Hôtel de Lorge, rue de Sèvres, 95.	Noviciat des Lazaristes.	100 000 »
24 octobre 1821.	Enfant-Jésus.	Maison, rue du Faub. Saint-Martin, 165.	Noviciat des Frères des écoles chrétiennes.	131 340 68
30 janvier 1822.	Saint-Gervais.	Portion de terrain dépendant d'une maison, rue des Rosiers, 34.	Formation du Marché des Blancs - Manteaux.	6 300 »
22 nov. 1823 . .	Incurables.	Maison rue du Bac, 130.	Noviciat des Sœurs de charité.	35 986 66
10 nov. 1824 . .	Hôtel-Dieu.	Terrain rue des Récollets, 28.	Établissement du canal Saint-Martin.	9 996 80
Id.	Id.	Terrain rue des Vinaigriers.	Id.	31 141 20
Id.	Id.	Terrain r. de Ménilmontant.	Id.	17 045 25
Id.	Ordre de Malte.	Terrain rue de Ménilmontant, 21.	Id.	13 230 »
17 avril 1826 . .	Saint-Esprit.	Maisons Place de l'Hôtel-de-Ville et rue des Vieilles-Garnisons, 12, 14, 15 et 16.	Agrandissement de l'Hôtel de Ville.	115 585 »
30 déc. 1828 . .	Incurable	Maison rue Féron, 18.	Agrandissement du séminaire de Saint-Sulpice.	97 000 »

En outre, quelques parcelles de terrains furent cédées à la ville de Paris pour l'élargissement de voies publiques. Nous les laisserons de côté, à raison de leur peu d'importance.

§ 3. — ACQUISITIONS D'IMMEUBLES URBAINS A TITRE ONÉREUX ET A TITRE GRATUIT.

La diminution du patrimoine urbain par suite de ventes ne fut pas atténuée sensiblement sous la Restauration par des *acquisitions* faites *à titre onéreux* ou *à titre gratuit*.

Il ne fut acquis, à titre onéreux, dans Paris, que deux terrains, l'un *boulevard de l'Hôpital*, près du marché aux chevaux, pour agrandir un terrain que les hospices possédaient déjà à cet endroit[1], l'autre *rue de la Tonnellerie*, 34, pour le service des *marchés créés* dont nous parlerons plus loin[2].

---

1. Contrat du 26 août 1825. Le prix fut de 30 814 fr.
2. P. 157. Contrat du 26 août 1820. Le prix fut de 2 000 fr.

En dehors de ces deux acquisitions, plusieurs autres furent réalisées en vue de l'extension à donner aux *écoles* et *asiles* qui étaient, à cette époque, dans les attributions des administrations charitables et faisaient partie du service des secours. En 1837, les écoles primaires gratuites devinrent un service municipal. Les hospices consentirent alors à la ville de Paris la location de leurs bâtiments scolaires. A partir de ce moment, ces derniers furent donc productifs de revenus. Nous reviendrons bientôt sur ce sujet.

Voici la liste des immeubles acquis par l'administration hospitalière sous la Restauration, pour les *écoles et asiles de charité*.

SITUATION.	NATURE de l'immeuble.	DATE de l'acquisition.	MONTANT du prix.	AFFECTATION.
			fr.	
Rue de Fleurus et rue Jean-Bart [1]. .	Terrain.	9 avril 1824.	32 000	Éc. chrétiennes.
Passage St-Roch. .	Maison.	6 août 1824.	32 300	Éc. de jeunes filles.
Rue Saint-Louis-en-l'Ile, 73	Maison.	3 septemb. 1824.	60 000	École de frères.
Rue d'Argenteuil 37 *bis* et passage Saint-Roch, 34. .	Maison.	4 mars 1825.	165 000	Id.
Rue du Vert-Bois, 9 et 11, rue Ferdinand-Berthoud et rue Montgolfier [2].	Maison et terrain.	19 mai 1827.	131 350	Id.
Rue des Récollets, 13 et 15 [3].	Terrain.	5 janvier 1828.	66 300	Ecole de frères et asile.
Rue Saint-Dominique, 56	Maison.	7 mars 1829.	1 866. non compris diverses charges relatives aux écoles.	École de frères.
Rue Saint-Dominique, 47 [4].	Id.	19 mars 1830.	30 000	Ecoles et asile.

1. Cette propriété figure encore dans le domaine hospitalier avec la même affectation.
2. Id.
3. Id.
4. Cette propriété a été désaffectée. Elle est maintenant en partie louée à un particulier; c'est le n° 109 *bis* actuel de la rue Saint-Dominique.

Parmi les *libéralités immobilières* faites à l'administration des hospices les unes profitaient aux besoins généraux des établissements hospitaliers, les autres avaient pour objet la création de fondations spéciales, à revenus distincts.

Sous la Restauration, deux immeubles furent légués aux hospices de Paris, sans charge de fondation particulière.

1° Maison *rue Basfroi, 12*, legs v^e Denis (1815), évaluée 13 400 fr. ;

2° Maison en nue propriété *rue Marivaux, 27*, legs Bonnemain (1822), évaluée 22 000 fr.

Nous nous occuperons plus loin des *libéralités avec charge de fondation*. L'importance de quelques-unes fut considérable.

§ 4. — GESTION DES MAISONS DANS PARIS ET DES TERRAINS URBAINS ET SUBURBAINS.

1° *Exécution de travaux. — Augmentation de revenus.* — A partir du moment où prirent fin les aliénations systématiques des immeubles composant le patrimoine urbain, il devenait urgent d'effectuer des travaux de toute nature dans les maisons qui avaient échappé à la vente.

Pendant le cours de l'année *1815*, on n'avait dépensé dans les maisons locatives, en travaux d'entretien ou autres, que la somme dérisoire de 4 050 fr. L'entretien des *marchés cédés* par la ville de Paris [1] avait absorbé 17 941 fr. 48 c.

En 1816, on effectua dans 52 maisons urbaines, en travaux de réparations, une dépense de 27 670 fr. 03 c. On ne consacra aux *marchés cédés*, cette année-là, qu'une somme de 2 227 fr. 58, en vue d'achever leur remise en état.

En 1817, quand la tourmente qui avait emporté la majeure partie des propriétés urbaines se fut apaisée et que le Conseil Général des hospices eut recouvré la plénitude de son droit d'administration [2], une somme indispensable de 52 448 fr. 92 c. fut dépensée dans 55 maisons productives de revenus, en travaux d'entretien et de restauration. *En 1818*, la dépense s'éleva à 57 089 fr. 43 c. dont 30 000 fr. en travaux d'entretien et 27 089 fr. 43 c. en restaurations [3].

Un *état des propriétés* de l'année 1820 résume ainsi, à l'égard des maisons urbaines, l'œuvre achevée à cette époque et celle que l'administration hospitalière avait encore à accomplir :

Maisons remises en état, 68 ;

Maisons où des réparations sont commencées, 37 ;

Maisons à réparer dans un bref délai, 28.

---

1. Voir plus haut, la question des marchés, chapitre II, § 5.
2. Voir l'ordonnance du 29 août 1817, citée au § 1.
3. *Résumé des comptes moraux et administratifs* des années 1815 et suivantes.

En 1819, les hospices firent dans leur domaine urbain les travaux d'entretien et de remise en état les plus considérables qu'ils eussent effectués jusqu'à ce jour. La dépense monta à 86 949 fr. 54 c.

Pendant les années qui suivirent, jusqu'à la fin de la Restauration, la dépense annuelle moyenne de travaux dans les maisons urbaines fut de 57 137 fr. 60 c.

Les effets de l'amélioration des immeubles urbains se manifestèrent immédiatement. Dans l'intervalle écoulé entre les années 1815 et 1820, le revenu annuel ne diminua que de 29 321 fr. 90 c. [1], malgré la vente ou la désaffectation de 67 propriétés locatives.

De 1820 à 1830, 19 autres propriétés urbaines productives de revenus furent encore aliénées ; et, cependant, le revenu, après avoir encore légèrement fléchi en 1821 et 1822, se releva graduellement, jusqu'à atteindre 343 359 fr. 03 c. en 1829, dépassant ainsi de 43 150 fr. 33 c. le revenu de l'année 1815 [2]. Cette augmentation sera bien plus accentuée encore, sous le régime suivant.

2° Exclusion des enchérisseurs banaux. — *Les comptes moraux* nous donnent une seconde raison de cette augmentation de revenus : l'exclusion des enchérisseurs banaux connus sous le nom de *bande noire* [3]. Dans son *Rapport au Conseil Général des hospices*, Pastoret s'exprime ainsi à ce sujet : « Des associations d'enchérisseurs n'avaient pas craint d'appliquer leurs honteuses spéculations aux biens mêmes destinés à fournir aux besoins des pauvres. » Pastoret ajoute que la présence des hommes qui composaient ces associations écartait les adjudicataires naturels [4]. Le moyen employé pour exclure la *bande noire* des adjudications consista probablement, pour les locations, comme on l'avait fait pour les ventes [5], à provoquer, de la part d'une personne solvable, l'engagement de porter une première enchère à un prix aussi rapproché que possible de la valeur locative de l'immeuble. Depuis lors, ce procédé n'a plus cessé d'être en vigueur.

------

1. 300 203 fr. 70 c. en 1815, 270 886 fr. 80 c. en 1820.
2. Dans ces chiffres, nous ne comprenons pas le produit des marchés *cédés* et des marchés créés par les hospices eux-mêmes.
3. Résumé des comptes moraux de 1815, p. 60, de 1816, p. 114.
4. *Loc. cit.*, p. 288.
5. En ce qui concerne les ventes, voir au § 1.

Un acte de très habile administration vint, dès l'année 1816, procurer aux hospices une nouvelle et importante source de revenus annuels : nous voulons parler des *marchés créés*.

3° Création de marchés par l'administration hospitalière. — Les marchés de la ville de Paris comprenaient, en dehors des bâtiments, des espaces étendus, libres de toutes constructions. Dans les marchés qui n'avaient pas été cédés à l'administration des hospices, principalement au centre de la capitale, la spéculation privée s'était emparée de ces emplacements et les avait, paraît-il, couverts « de parasols hideux qui embarrassaient la circulation sur le point de Paris le plus fréquenté et créaient un danger pour les passants, les acheteurs et même les marchands. La location de ces parasols faisait tomber annuellement 150 000 fr. dans la bourse de quelques particuliers qui n'avaient d'autre droit que leur usurpation, et cela sans que la ville de Paris, propriétaire du sol, eût la moindre part à cet énorme produit [1]. »

Toutes les tentatives faites pour mettre fin à cet abus avaient été vaines, lorsque l'administration hospitalière eut l'idée d'établir sur ces points des abris pour les vendeurs et de percevoir pour son compte, sans être tenue du paiement d'aucune redevance, le bénéfice des locations consenties.

Cette idée fut accueillie favorablement par l'administration municipale et par la préfecture de police. Le gouvernement, de son côté, n'y fit aucune opposition.

Le 27 novembre 1816, fut rendue une ordonnance royale ainsi conçue : « En attendant que la ville de Paris puisse réaliser la construction projetée de la *grande halle*, l'administration des hospices est autorisée à construire des abris provisoires sur les carreaux de la halle aux poissons et de la halle à la viande, et sur les terrains acquis par la ville entre les rues des Prouvaires, des Deux-Écus et du Four. »

En exécution de cette ordonnance, le Conseil Général des hospices procéda sans retard à la construction des abris autorisés. En 1819, furent livrés au commerce : 1° La halle à la viande et à la triperie et

---

1. État des propriétés et revenus de l'administration des hôpitaux, hospices civils et secours à domicile de la ville de Paris (20 janvier 1834), p. 85.

le parc aux charrettes (*marché des Prouvaires*) ; 2° le *marché à la verdure*. En 1822 et 1823, on ouvrit successivement le *marché aux poissons*, le *marché aux beurres et aux œufs* et le *marché aux oignons*.

L'administration hospitalière créait, en même temps, un *marché aux charbons*, sur un terrain qui lui appartenait, *rue des Récollets :* il fut livré au commerce en 1819 [1].

Les frais auxquels donnèrent lieu les travaux de construction de ces divers marchés s'élevèrent à la somme de 648 000 fr. Mais cette dépense n'eut rien d'exagéré, et l'opération fut des plus fructueuses. A peine ouverts, ces marchés, qui figurèrent dans les budgets et comptes sous le nom de *marchés créés*, par opposition aux *marchés cédés* dont nous avons exposé plus haut la genèse, produisirent un revenu annuel net supérieur à 250 000 fr.

La concession gracieuse faite par la ville de Paris, d'emplacements dont elle ne tirait, du reste, aucun parti, fut pour les hospices une demi-compensation des déboires qu'ils éprouvèrent dans l'abandon *provisoire*, à leur profit, des marchés *cédés* en échange de leurs biens vendus.

Pour n'avoir plus à revenir sur ce point, disons que le traité du 23 décembre 1842, qui restituait à la ville de Paris les marchés *cédés*, renfermait une clause d'après laquelle la remise par les hospices des 5 marchés *créés* sur les terrains municipaux aurait lieu au fur et à mesure des besoins que la municipalité en aurait pour la continuation de la rue Rambuteau ou pour l'édification de tout ou partie des bâtiments qui devaient composer les futures *halles centrales*. Jusque-là, les hospices devaient continuer à les gérer et à en percevoir les revenus [2].

Les marchés *créés* avaient disparu au commencement du second Empire.

---

1. Ce terrain n'a pas cessé d'appartenir aux hospices de Paris; il mesure actuellement 3 349^m,45 de superficie ; il est occupé, pour la presque totalité, par la ville de Paris, moyennant un loyer nominal de 5 fr. par an. Il est affecté à un asile de nuit et à des étuves municipales.

2. Le plus important des marchés créés était celui des *Prouvaires* (viande, triperie et parc aux charrettes) dont le produit qui, pendant longtemps, s'était élevé à environ 109 000 fr., a atteint, en 1850, 127 580 fr. 85 c., par l'effet d'un nouveau tarif auquel avait donné lieu, pour la série des bouchers, la vente quotidienne substituée à l'ancienne vente bi-hebdomadaire (mercredi et samedi). *Mémoire au conseil de surveillance* de février 1851.

4° *Mise en valeur des terrains par des percements de rues et la concession de baux de longue durée.* — Après la chute de l'Empire, le rétablissement de la paix avait amené peu à peu une reprise générale des affaires commerciales et industrielles. Il en résulta, notamment, un accroissement rapide et considérable de la valeur des terrains non bâtis situés dans Paris et à proximité des barrières, *intra* et *extra muros*.

Les hospices étaient propriétaires d'un grand nombre de terrains nus. Ceux qui étaient situés EXTRA MUROS, à peu de distance du mur d'enceinte, étaient répartis inégalement sur les deux rives de la Seine. Les terrains de la *rive gauche* se trouvaient sur le territoire des communes d'*Ivry*, de *Gentilly*, de *Montrouge* et de *Vaugirard* ; ils mesuraient dans leur ensemble 29 hectares 49 ares 30 centiares. Ceux de la *rive droite* étaient à *Ménilmontant*, à la *Chapelle-Saint-Denis* et à *Belleville* ; leur superficie totale n'excédait pas 5 hectares 49 ares 44 centiares.

Près des barrières, mais INTRA MUROS, l'administration hospitalière possédait sur les deux rives plusieurs grandes masses de terrains couvrant 33 hectares 36 ares 75 centiares. Celles de la *rive gauche* étaient situées : 1° près de la Salpêtrière et du marché aux chevaux ; le lot le plus important à cet endroit était le *pré de l'hôpital* ; 2° entre les barrières de Montparnasse et du Maine ; 3° entre les rues de Vaugirard et des Fourneaux.

Les masses de terrains de la *rive droite* étaient : 1° l'ancien *enclos des hospitalières de la Roquette* ; 2° un *groupe près de la barrière de l'Étoile*[1] ; 3° un autre *groupe autour de l'hôpital Saint-Louis* ; 4° un vaste *terrain rue Popincourt.*

Dans l'intérieur de Paris, les grandes masses étaient au nombre de trois : deux sur la rive gauche, une sur la rive droite. L'emplacement de la première était entre les *rues des Vieilles-Tuileries* (aujourd'hui rue du Cherche-Midi), *du Regard* et *de Vaugirard* ; elle couvrait une surface de 20 110 mètres : la seconde, contiguë à l'ancien hospice des ménages, était au coin des rues du Bac et de Sèvres[2] ; la dernière était *rue Saint-Denis*, en face la rue du Ponceau.

Les terrains voisins des barrières, EXTRA MUROS, étaient devenus,

---

1. Cette masse de terrains mesurait 13 747 mètres : elle était située au chemin de ronde, entre les barrières de l'Étoile et du Roule.

2. Emplacement actuel d'une partie des magasins du Bon-Marché.

par suite du développement de la population, terrains propres à bâtir. Ceux qui appartenaient aux hospices étaient loués comme terres de culture, à des taux bien au-dessous de la valeur réelle qu'ils avaient progressivement acquise. En 1818, l'administration hospitalière chercha à en tirer un meilleur parti au moyen de baux à longue durée. Cette opération présentait plusieurs difficultés ; il fallait, pour la réaliser, résilier les baux en cours et indemniser les locataires, ce qui n'était possible qu'avec le consentement de ces derniers ; il fallait aussi morceler les terres par des lotissements, y tracer des rues et en effectuer la viabilité, travaux qui devaient entraîner de grosses dépenses.

Le Conseil Général ne fut pas arrêté par ces empêchements qui n'étaient d'ailleurs pas insurmontables. La prise de possession des terrains loués serait ajournée, au besoin, jusqu'à l'expiration des baux. Quant aux frais d'ouverture des rues, ils pouvaient être répartis sur plusieurs exercices. L'essentiel était de faire profiter aussitôt que possible le domaine hospitalier de l'heureuse transformation opérée dans la condition des terrains.

Un arrangement favorable fut conclu avec le locataire d'un important lot des *terres d'Ivry ;* il rendit à l'administration des hospices la disposition de ces biens. Puis, au fur et à mesure des offres qui leur furent adressées, les hospices s'empressèrent d'accomplir les formalités prescrites par l'arrêté du 7 germinal an IX [1] et consentirent des baux de 27, 30 ou 40 ans, partout où il leur fut possible de le faire sans procéder à l'ouverture de rues. On agit de même à l'égard des *terres de Montrouge* et *de Vaugirard,* lors de l'expiration de plusieurs baux de culture, et l'on obtint en peu d'années les résultats suivants : 1 hectare 42 ares 33 centiares de terres à *Ivry,* qui rapportaient antérieurement 248 fr. 40, produisirent alors un revenu de 2 831 fr. 94 net d'impôts ; à *Montrouge,* 1 hectare 45 ares 05 centiares rapportèrent 2 883 fr. 82, au lieu du revenu ancien de 255 fr. 61 ; à *Vaugirard,* un terrain de 6 ares 49 centiares rapportait 11 fr. 41, il fut loué 234 fr. 84.

Ce nouveau mode de location eut donc pour effet de décupler le revenu et au delà. Un pareil résultat était des plus encourageants.

----

1. On négligea, cependant, l'enquête de *commodo et incommodo* et l'avis du conseil municipal. Voir page 74, note 3 et page 81.

Mais les baux à longue durée n'étaient susceptibles d'être généralisés, pour un grand nombre de terrains restants, qu'à la condition d'*ouvrir les rues* destinées à rendre les lotissements possibles. Cette opération devint, dès lors, l'objet de l'un des soins du Conseil Général.

Sous la Restauration, plusieurs projets de formation de rues furent seulement préparés par l'administration des hospices. L'autorisation ne fut donnée et l'exécution du travail n'eut lieu que sous le gouvernement de Juillet.

D'autres projets furent autorisés avant la révolution de 1830, mais ne furent réalisés que postérieurement. Un seul percement et une conversion d'impasse en rue furent exécutés sous la Restauration.

Sur la *rive gauche*, EXTRA MUROS, l'administration hospitalière *prépara*, vers l'année 1828 : 1° le projet de création de deux rues et d'une place dans une grande masse de terrains de 18 arpents environ (62 140 mètres) *entre la route d'Orléans et la chaussée du Maine* [1] ; 2° le projet de percement d'une rue partant de la barrière d'Enfer, traversant une pièce de 8 arpents (27 352 mètres) et aboutissant à la chaussée du Maine, en longeant le mur du nouveau cimetière [2] ; 3° le projet de mise en valeur d'une *grande pièce de terre, à droite en remontant la chaussée du Maine*.

INTRA MUROS, dans la même région, le Conseil Général *mit à l'étude* l'ouverture de rues à travers un *vaste terrain à droite de la rue Montparnasse*, entre le boulevard et la barrière [3].

Le 14 janvier 1829, une ordonnance royale approuva un traité conclu avec plusieurs propriétaires voisins du *pré de l'hôpital* [4] pour la création de rues, par voie d'échanges, au milieu de ce vaste terrain.

Sur la *rive droite*, EXTRA MUROS, l'administration hospitalière voulut mettre en valeur un *terrain* de grande étendue qu'elle pos-

---

1. Cette opération fut retardée par la difficulté d'acquérir une bande de terre étroite (ancienne voie privée) qui traversait tout le terrain.

2. Ce fut la *rue du Champ-d'Asile* devenue depuis la *rue Froidevaux*.

3. Une seule de ces voies projetées fut ouverte, ce fut la *rue Delambre* (créée en 1840).

4. Ancien hôpital général, aujourd'hui *la Salpêtrière*.

sédait *à la Chapelle-Saint-Denis*, en façade sur la grande rue de ce village et joignant au fond d'autres terrains aboutissant au chemin des Poissonniers.

En 1826, elle fit une convention avec le propriétaire de ces autres terrains en vue de la création d'une *voie nouvelle, de la rue de la Chapelle au chemin des Poissonniers*. Le 9 août 1826, une ordonnance royale autorisa l'ouverture de cette rue et le redressement du chemin des Poissonniers. Les travaux furent adjugés le 10 juillet 1830 ; mais les événements politiques vinrent en suspendre l'exécution [1].

Dans l'enceinte de Paris, le Conseil Général des hospices eut à s'occuper, sur la RIVE DROITE, des terrains avoisinant l'hôpital Saint-Louis. L'établissement du canal Saint-Martin était venu donner aux marais des hospices, situés en avant de l'hôpital, des façades importantes sur le quai du canal, voie spacieuse et fréquentée. L'administration hospitalière jugea le moment venu de régulariser les abords de l'hôpital et d'utiliser, par des percements de rues, les marais environnants. La réalisation de ces projets devait être concertée avec plusieurs propriétaires riverains. Quatre opérations devaient être effectuées ; elles comprenaient : le *prolongement de la rue Bichat* jusqu'à l'entrée de l'hôpital ; 2° l'ouverture d'une *avenue au-devant de cet établissement* [2] ; 3° la conversion en rue de *l'ancienne impasse Saint-Louis* [3] ; 4° la création d'une *voie nouvelle de la rue Saint-Maur à la rue Bichat*.

Les deux premières opérations ne furent autorisées et exécutées que sous le gouvernement de Juillet. La conversion en rue de l'ancienne impasse Saint-Louis fut autorisée par une ordonnance royale du 6 décembre 1827 ; elle donna lieu, à la date du 29 septembre 1828, à une convention avec les propriétaires riverains, mais seulement pour la *partie de l'impasse comprise entre le quai et la rue Bichat*, car les travaux ne pouvaient être faits, entre les rues Bichat et Saint-Maur, sans porter atteinte à l'enceinte de l'hôpital et aux dépendances du pavillon Gabrielle. Le Conseil Général des hospices

---

1. Cette voie nouvelle fut la *rue Doudeauville*. Sa création nécessita des remblais qui, dans la majeure partie, n'eurent pas moins de 10 à 12 mètres de hauteur.
2. Aujourd'hui *avenue Richerand*.
3. Aujourd'hui *rue Alibert*.

approuva la convention par délibération du 1er octobre 1828, et la rue, ainsi restreinte dans sa longueur, fut ouverte sans aucuns frais pour l'administration hospitalière [1].

La création d'une rue nouvelle de 13 mètres de largeur entre les rues Bichat et Saint-Maur fut l'objet, à la date du 29 novembre 1825, d'une convention entre M. Corbeau, propriétaire d'une partie des terrains que devait traverser la voie, la commune de la Chapelle et l'administration des hospices de Paris. Le Conseil Général des hospices approuva ce traité le 7 décembre 1825. Un traité supplémentaire motivé par un changement de direction de la rue, ayant été signé le 27 février 1826, fut ratifié par le Conseil Général le 1er mars suivant. Le 27 septembre 1826, une ordonnance royale autorisa l'ensemble de l'opération. Sur le refus de l'entrepreneur de la Ville de se charger des travaux, M. Corbeau les exécuta lui-même. La part qu'eut à supporter l'administration hospitalière dans la dépense fut de 3 984 fr. 48 [2]. Le pavage fut reçu par la ville de Paris, à partir du 1er janvier 1830. Cette voie nouvelle est la *rue Corbeau.*

Ce qui avait décidé l'administration hospitalière à donner à bail pour de longues années les *terrains situés près des murs,* à l'intérieur et à l'extérieur, c'est la conviction que cette opération serait plus facilement réalisable que l'aliénation et qu'elle serait, en tout cas, plus avantageuse. Dans un rapport présenté, vers la fin de la Restauration [3], au Conseil Général par l'administrateur chargé des domaines, nous lisons : « Établir des guinguettes, des chantiers, des ateliers, peut-être quelques usines, telles sont les applications

---

1. Depuis cette époque, on eut l'idée de modifier le tracé de prolongement de la rue, de manière à assurer les convenances de l'hôpital et à laisser intact le pavillon Gabrielle. Les travaux furent exécutés sous le règne de Louis-Philippe (partie de la rue Alibert actuelle et de la rue Claude-Vellefaux, entre les rues Bichat et Saint-Maur).

2. Les frais d'ouverture de rues étaient alors beaucoup moins élevés qu'aujourd'hui, à Paris. Ils ne comprenaient, en dehors des travaux de nivellement, que le pavage de la chaussée, l'établissement de trottoirs et la pose de quelques quinquets. Maintenant la dépense est considérable ; elle comprend, en outre, la création d'égouts et l'établissement de candélabres et de canalisations pour l'éclairage au gaz.

3. Ce rapport non daté est ainsi intitulé : *Rapport au Conseil Général sur cette question : De quelle manière doit-il être disposé, pour le plus grand avantage de l'Administration, des terrains vagues et propres à bâtir qu'elle possède hors des murs et dans l'enceinte de la ville.*

dont les terrains de l'enceinte sont susceptibles, et notre expérience nous a prouvé que non seulement la plupart de ceux qui se livrent à ce genre de spéculation n'auraient pas les moyens nécessaires pour pourvoir à la fois à l'achat du terrain et à la dépense des constructions qu'ils veulent y ériger, mais que, le plus souvent, bien que la jouissance du terrain ne les grève que d'une redevance annuelle, ils ne peuvent achever ces constructions qu'avec des deniers d'emprunt.

« Il est donc certain que si l'on mettait en vente ces terrains, au lieu de les louer, on ne pourrait espérer aucune concurrence et l'on n'obtiendrait que des prix fort inférieurs au capital que représentent les redevances stipulées. »

Un autre motif écartait toute idée de mise en vente immédiate, c'était la plus-value que devaient acquérir ces terrains par le développement normal de la population. « Ainsi donc, dit le rapport que nous venons de citer, lors même que l'on serait certain d'obtenir par la vente un prix égal ou même supérieur à celui que représenteraient les redevances de baux, ce serait une grande faute de la part de l'Administration d'aliéner aujourd'hui des biens susceptibles dans l'avenir d'un nouvel accroissement de valeur, et de priver les pauvres de l'avantage considérable que la conservation de ces propriétés doit leur assurer[1]. »

Cette considération s'opposait à ce que l'administration hospitalière consentît des baux de trop longue durée, pour ses *terrains voisins des barrières;* 3o ou 4o années paraissant être « l'espace de temps pendant lequel un quartier nouveau acquiert ordinairement à Paris tout son développement et toute sa valeur ».

Quant aux terrains plus rapprochés du centre et qui avaient atteint toute leur valeur, il était préférable d'en provoquer la vente aussitôt après le percement et le pavage des rues projetées. On devait, toutefois, éviter avec le plus grand soin de vendre les terrains de cette catégorie contigus aux hôpitaux, notamment ceux des rues du Bac et de Sèvres situés au long de l'hospice des Ménages.

---

1. « A l'époque où l'Administration a loué par bail emphytéotique à M. Lefoullon et à plusieurs autres particuliers les marais de l'Hôtel-Dieu qui étaient situés dans la *chaussée d'Antin* et qui n'étaient entourés, à cette époque, que par des masures habitées par des maraîchers ou des nourrisseurs, on aurait regardé comme très avantageux d'obtenir 2oo ooo ou 3oo ooo fr. de ces terrains dont les redevances ne s'élevaient ensemble qu'à 3 ooo ou 4 ooo fr. *Ils valent aujourd'hui plus de 3 millions.* » Rapport au Conseil Général. Voir p. 98, note 3.

« L'Administration a eu malheureusement trop d'occasions de regretter les aliénations, faites en 1812, de propriétés contiguës aux hôpitaux, pour qu'elle retombe dans la même faute aujourd'hui qu'elle n'y est pas forcée [1]. »

En conformité de ces idées sur la gestion des terrains, le Conseil Général des hospices provoqua deux ordonnances royales pour l'autoriser à donner à bail pour 40 ans : 1° les terrains d'une superficie de 2 915^m,50 situés entre l'hospice des Ménages et la rue du Bac ; 2° les terrains vagues et propres à bâtir dans Paris et au dehors, auprès des barrières de cette ville, et présentant une superficie, les premiers de 44 hectares, les seconds de 30 hectares environ.

Ces deux ordonnances furent rendues l'une et l'autre à la date du 13 juin 1827. Elles intervinrent malheureusement trop tard. La spéculation sur les terrains, si active quelques années auparavant, avait alors sensiblement diminué. Les locations espérées ne purent être réalisées qu'en partie, lentement et péniblement. La longueur et la complication des formalités sont trop souvent l'écueil sur lequel viennent se briser les efforts des administrateurs les plus habiles.

§ 5. — LES BIENS RURAUX.

Sous la Restauration, les sentiments que professait le Conseil Général des hospices à l'égard des biens ruraux sont restés les mêmes. Il considère cette nature de biens comme la meilleure que puisse posséder une administration hospitalière [2]. Aussi a-t-il pour règle de les conserver dans le patrimoine dont il a la gestion.

1° *Mouvement des biens ruraux sous la Restauration.* — A la fin de l'Empire, le nombre de ces propriétés était, comme nous l'avons vu, de 166, couvrant une superficie de 7 040 hectares 76 ares 84 centiares.

---

1. Rapport au Conseil Général. Voir p. 98, note 3.

2. L'ordonnance royale relative aux terrains de la rue du Bac s'exprimait ainsi dans son article 2 : « L'Administration pourra stipuler que le prix des loyers sera payé, à sa volonté, en *grains* ou en argent ; » La seconde ordonnance, concernant les terrains des barrières, obligeait les hospices à rappeler dans le cahier des charges la condition de n'élever, en dehors des murs, aucune construction dans le rayon de 98 mètres environ (50 toises) de l'enceinte, conformément à l'ordonnance du bureau des finances du 10 janvier 1789 et au décret du 11 janvier 1808.

En 1830, il existe dans le domaine des hospices de Paris 167 propriétés rurales ; leur superficie est de 7 041 hectares 92 ares 26 centiares. Ainsi donc le nombre et l'importance des biens ruraux se retrouvent à la fin de la Restauration à peu près les mêmes qu'à son début. La composition de ce patrimoine (fermes, maisons, lots de terre, bois, etc.) est également restée ce qu'elle était en 1815 [1].

2° *Durée des locations et nature des redevances.* — A l'égard des terres de culture, des maisons, et même de la presque totalité des fermes, la règle antérieurement suivie, quant à la durée des locations, n'a pas varié ; le Conseil Général, conformément à la législation trop étroite que nous avons fait connaître plus haut, ne consent que des baux de 9 années. Deux ou trois fermes seulement sont louées par baux de 12 ou de 15 ans avec autorisation du pouvoir central, ainsi que le prescrivait l'arrêté des consuls du 7 germinal an IX [2]. Nous avons signalé les inconvénients résultant de cette trop courte durée des baux [3].

Les terres et fermes continuent à être louées principalement avec *redevances en grains.* Ce mode de location, dont les effets avaient été si heureux sous l'Empire, reste donc très en faveur.

Le compte moral de 1820 constate la tendance à le généraliser dans les nouveaux baux, par substitution au fermage en argent [4].

3° *Travaux aux bâtiments.* — L'entretien des bâtiments existant sur les fonds ruraux n'est pas négligé, et un crédit annuel de 30 000 fr. est affecté à cette destination. Mais, l'abandon dans lequel les fermes étaient restées pendant la Révolution avait causé, dans les œuvres vives d'un certain nombre de constructions, des dégradations telles que plusieurs devaient être ou réédifiées, ou définitivement rasées, et que, dans beaucoup d'autres, des travaux de grosses réparations étaient nécessaires.

---

1. De 1815 à 1830, le mouvement des propriétés rurales a été le suivant :
    7 ont été aliénées par vente ;
    4 ont été aliénées par échange ;
    3 ont été achetées ;
    2 ont été acquises par libéralités ;
    7 ont été acquises par échange.
2. Ferme de l'Hôtel-Dieu au Bellay, louée pour 15 ans, de Bercagny, à Chars, louée pour 12 ans, des Incurables, à Mitry, louée pour 12 ans également.
3. Voir chapitre II, § 8.
4. Résumé du compte moral et administratif de 1820, p. 11.

Pourtant, il ne semble pas que ce mauvais état matériel ait frappé de suite le Conseil Général des hospices. Au *compte moral* de 1820, nous lisons que les bâtiments existant sur les fonds ruraux sont au nombre de 88 et qu'en général leur état est bon[1]. Puis vient la statistique suivante :

Bâtiments dans lesquels il y a à faire des travaux de rétablissement de murs ou portions de bâtiments 14
Bâtiments qui exigent des réparations ordinaires. 48
Réparations de toits 11
Bâtiments à détruire 5
Bâtiments loués par baux emphytéotiques (travaux de toute nature à la charge du locataire) 10
____
88

Et le compte moral ajoute que « le crédit ordinaire de 30 000 fr. paraît devoir suffire ».

Le Conseil Général montrait trop d'optimisme. Les bâtiments n'étaient pas dans un état aussi satisfaisant qu'il le supposait, et le crédit de 30 000 fr. était loin de suffire pour assurer leur conservation. Nous en avons la preuve dans ce fait qu'en 1827 les dépenses pour *travaux d'entretien* s'élèvent à 40 005 fr. 24 c., en 1828, à 41 642 fr. 57 c., en 1829, à 34 692 fr. 88 c., en 1830, à 34 947 fr. 97 c.

En même temps, des *travaux extraordinaires* étaient entrepris dans plusieurs propriétés rurales. De 1827 à 1830, ces travaux ont entraîné une dépense totale de 120 507 fr. 87 c.[2].

Et, pendant cinq ans encore, sous la monarchie de Juillet, ces travaux extraordinaires ont été continués, absorbant une nouvelle dépense de 70 187 fr. 70 c.[3].

L'effet de cet acte d'administration se produisit aussitôt.

De 1820 à 1826, la moyenne du revenu des propriétés rurales, d'après les baux, avait été de 348 074 fr. par an. Les travaux exécutés permirent de relouer plus cher les propriétés où ils avaient eu

1. *Résumé des comptes moraux et administratifs* de 1820, p. 205.
2. Les propriétés qui ont bénéficié de ces travaux sont : l'ancienne bergerie d'Aubervilliers devenue, alors, une raffinerie de sucre, les moulins de Corbeil, les trois fermes de Feux, de Gueux et de Poix, à Bouillancy, celles de Charmont, des Corbins à Montévrain, de Boisfranc, de Gouvert, etc.
3. Ces travaux ont été effectués à la maison de Courbevoie, à celle de Belleville, aux fermes de Pézarche, de Boisfranc, de Créteil et de Vert-le-Grand.

lieu. En 1830, le revenu atteint 468 112 fr. ; il monta à 485 138 fr. en 1831 [1].

Il faut rendre justice au Conseil Général d'avoir su, dès qu'il fut mieux informé du véritable état des bâtiments, faire les sacrifices d'argent que la situation imposait. Ces sacrifices n'ont pas été inutiles ; ils ont sauvé une grande partie des constructions édifiées sur les fonds ruraux, sans toutefois pouvoir éviter des *mesures d'aliénation et de suppression* trop nombreuses de *corps de ferme*.

4° *Vente de corps de fermes.* — En effet, dès cette époque, certains corps de ferme étaient dans un tel état de vétusté que les travaux de restauration qu'il eût fallu y entreprendre auraient donné lieu à des dépenses trop élevées pour les crédits dont pouvait disposer l'administration des hospices. C'est pourquoi on dut se résigner, tout en conservant les terres, à *vendre les bâtiments*. Vers la fin de la Restauration, les ventes commencèrent. Le 7 décembre 1828, on aliéna *aux Essarts* deux fermes avec leurs *accins* (cours, jardins et autres dépendances immédiates) : la *ferme de la Cordelière* [2] et celle de *Villouette* [3]. Le prix de vente fut de 9 000 fr. pour la première et de 9 030 fr. pour la seconde. La superficie totale aliénée fut de 4 hectares 73 ares 97 centiares.

L'année suivante fut vendue, moyennant un prix de 7 600 fr., la *ferme de la Charité*, à *Vinantes*.

Ces aliénations apparurent d'abord comme une opération des plus heureuses. Antérieurement, le montant total des fermages produit par les trois fermes dont il vient d'être parlé était de 4 010 fr. 32 c. [4] Après l'aliénation des corps de ferme, les terres qui en dépendaient furent relouées, par lots, 5 397 fr. 50 c. Les ventes procurèrent donc une augmentation annuelle de loyer de 1 387 fr. 01 c. Ce n'est pas tout. Le prix des trois ventes, placé en rente de 4 1/2 p. 100, donna un revenu de 1 154 fr. qui vint s'ajouter au bénéfice réa-

---

1. D'autres causes contribuèrent à cette augmentation de revenus, notamment un meilleur groupement des biens du domaine des Essarts et des plantations de bois. Voir p. 288.

2. Les terres de cette ferme furent réunies à la ferme du château des Essarts.

3. Les terres furent réunies à la ferme de Saint-Bon (domaine des Essarts).

4. Le revenu de ces fermes était perçu en grains. Le prix indiqué est une moyenne calculée d'après les mercuriales. La valeur estimative était, du reste, indiquée dans les baux.

lisé dans la relocation des terres. Ajoutons que les hospices n'eurent désormais plus à leur charge l'entretien de bâtiments. Cette charge étant évaluée au chiffre très modéré de 600 fr. par an, pour les trois fermes, l'avantage produit immédiatement par la vente fut de 3 141 fr. 23 c. par an.

Ces résultats frappèrent l'administration des hospices, et celle-ci envisagea désormais l'aliénation des corps de ferme en mauvais état non plus comme une nécessité à laquelle on se décide avec peine, mais comme un acte d'excellente administration, comme un moyen pratique d'augmenter les revenus des biens ruraux.

Les ventes continuèrent sous les régimes politiques qui suivirent, comme nous le verrons plus loin.

5° *Agents du service des biens ruraux.* — Nous avons mentionné la création, en 1802, sous le nom de commis voyageur, d'un *inspecteur des biens ruraux* [1]. Cet agent avait sous ses ordres 15 gardes chargés principalement de la surveillance des *bois*.

6° *Bois des hospices.* — Sous la Restauration, le nombre des *bois de l'administration des hospices, soumis au régime forestier,* est de 21. Jusqu'en 1818, ils mesuraient une superficie de 691 hectares 96 ares 53 centiares [2]. Ils étaient situés dans sept départements [3]. Le revenu moyen annuel produit par leurs coupes ordinaires s'est élevé, en calculant sur vingt années, de 1811 à 1830, à 20 740 fr. 06 c., et, en calculant sur les dix dernières années seulement, à 25 450 fr. 19 c.

En 1818, le Conseil Général des hospices, voulant améliorer le revenu produit par l'ensemble du *domaine des Essarts* [4], retira de

---

1. L'inspecteur recevait alors : comme appointements, 2 400 fr.;
Comme honoraires pour états des lieux des bâtiments et estimations diverses, 1 500 fr. environ ;
Comme frais de voyage, 2 310 fr.

2. C'est le chiffre qui nous paraît le plus exact, car les renseignements que nous possédons sur ce point sont contradictoires.

3. Les Ardennes, l'Eure, la Marne, l'Oise, la Seine, Seine-et-Marne, Seine-et-Oise.

4. Ce domaine situé dans la Marne s'étendait sur le territoire des communes de la Forestière, des Essarts, d'Escardes et de Saint-Bon. Il comprenait d'abord huit corps de ferme, puis six seulement, quand, en 1828, on eut vendu les bâtiments des fermes de la Cordelière et de Villouette.

Cette opération était complétée par un nouveau groupement des terres et des corps de ferme du domaine. Le résultat pécuniaire fut des plus avantageux. Voir *État des propriétés et revenus de l'Administration des hôpitaux,* p. 44 (manuscrit).

la culture les terres les plus mauvaises et, aux 357 hectares 34 ares
39 centiares de bois que comprenait alors ce domaine, ajouta
193 hectares 89 ares 41 centiares de plus par des plantations qui
furent effectuées pendant dix années consécutives. La dépense
s'éleva à 35 000 fr. environ.

A partir de cette époque, la superficie des bois des hospices,
soumis au régime forestier, fut de 885 hectares 85 ares 94 centiares [1].

En dehors de ces bois, d'autres, de peu d'importance chacun,
ayant dans leur ensemble une superficie de 17 hectares 98 ares
71 centiares, étaient compris dans la location des fermes ; mais il y
avait des tendances à distraire plusieurs de ces bois, dont l'annexion
aux fermes n'augmentait guère le prix de location de celles-ci, et à
les soumettre au régime forestier [2].

Mentionnons, enfin, les *arbres épars.* Ils étaient soumis, jusqu'en
1827, au régime forestier et ne rapportaient que des revenus peu
importants. Mais, le Code forestier promulgué le 31 juillet 1827
ayant rendu l'administration de ces arbres aux établissements propriétaires, les hospices de Paris, autorisés par le préfet de la Seine,
s'empressèrent de procéder chaque année à l'adjudication d'un certain nombre d'arbres parvenus à leur maturité. En quatre ans, de
1827 à 1830, les recettes provenant de ces coupes ont donné
134 025 fr. 33 c. L'administration hospitalière fit partout remplacer
les arbres abattus et ajouter successivement de nouvelles plantations
dans les lieux où elles étaient susceptibles de prospérer.

Pour ces plantations nouvelles, le Conseil Général voulait constituer une ressource spéciale, qui n'aurait pas été versée dans les revenus ordinaires et aurait été employée aux réparations extraordinaires des corps de ferme et, en général, à l'amélioration du domaine

---

1. *Le quart* des bois *réservé,* conformément à l'ordonnance royale de 1669, à la
loi du 29 septembre 1791, à l'ordonnance du 7 mars 1817 (art. 1 et 2) et plus tard
au Code forestier (art. 93), fut l'objet, sous la Restauration, de plusieurs *coupes
extraordinaires* qui eurent lieu en 1810 dans le bois de Guitry (Seine-Inférieure),
en 1816 dans le bois des Essarts (Marne), en 1822 dans le bois du Chesnois, au
Thour (Ardennes), en 1810 dans le bois de Champrosay (Seine-et-Oise). Ces coupes
extraordinaires provoquées par le dépérissement des arbres donnèrent un produit
total de 126 970 fr. 03 c. (État des propriétés et revenus [manuscrit], p. 40.)

2. En 1830, on attendait l'expiration des baux des fermes de Acez-Fosse-Martin
et de Bouillancy et ceux de la ferme de Morangis, pour soumettre les bois qui en
dépendaient au régime forestier.

rural[1]. Cette idée aurait été féconde si l'administration des hospices en avait poursuivi jusqu'à nos jours la réalisation.

7° *Location de la chasse.* — La location de la *chasse* ne figurait dans le revenu des biens ruraux que pour une somme insignifiante. Ce droit n'était concédé que dans deux bois seulement et produisait par an 223 fr. 51 c.

8° *Bornage des terres.* — Avant de quitter les biens ruraux, nous devons mentionner une mesure conservatoire des plus utiles qui fut prise par le Conseil Général des hospices et dont l'exécution fut commencée et poursuivie avec persévérance jusqu'à son achèvement complet; nous voulons parler du *bornage des terres.*

L'emplacement des biens composant le domaine rural n'était constaté, autrefois, que par de simples arpentages, avec ou sans plans, auxquels l'administration charitable faisait procéder dans chaque propriété, à des intervalles plus ou moins éloignés, et qui donnaient lieu à des dépenses périodiques assez considérables.

Quelques propriétés seulement étaient limitées par des bornes dont aucun document n'attestait l'existence.

Cet état de choses avait, par suite de la grande division de la plupart des fermes et lots de terre, donné lieu à des anticipations qu'il était nécessaire de faire disparaître et d'empêcher pour l'avenir.

Le Conseil Général des hospices décida qu'en vue de fixer d'une manière invariable les limites de chaque propriété, le bornage du domaine rural serait opéré contradictoirement avec les riverains et constaté par des procès-verbaux et des plans réguliers.

Ce travail fut entrepris dès l'année 1825 et confié à des géomètres locaux offrant les garanties désirables de capacité et de moralité[2].

Quelques bornages furent terminés sous la Restauration, notamment celui de la ferme de Gouvert, à Touquin (Seine-et-Marne), en 1828; celui de la ferme de Sainte-Anne, à Gentilly, en 1826; celui de la ferme d'Ève, dans l'Oise, en 1829.

---

1. État des propriétés et revenus de l'Administration des hôpitaux, p. 47.

2. *Exposé de la gestion du domaine rural affermé des hospices de Paris,* de 1827 à 1801, inclusivement, par M. Prévost, inspecteur des biens ruraux. (Manuscrit.)

Les frais d'exécution de ces bornages furent payés sur le produit des ventes d'arbres épars.

Le patrimoine immobilier dont nous avons étudié la composition jusqu'à présent est le *patrimoine propre* de l'administration hospitalière de Paris, c'est-à-dire des hôpitaux et hospices, des indigents (secours à domicile) et des enfants trouvés.

Sous la Restauration apparaît le domaine *immobilier* des *fondations* spéciales ayant un *revenu distinct*.

§ 6. — Domaine des fondations.

La première de ces fondations est celle de Mme veuve Leprince, faite par actes de donation de janvier 1818 et de mars 1824, en faveur des pauvres vieillards infirmes des deux sexes du quartier du Gros-Caillou, et en exécution des instructions bienfaisantes de M. Leprince, son défunt mari.

Les biens de la *fondation* Vve *Leprince* comprenaient trois rentes sur l'État 5 p. 100, montant à 8550 fr., une créance de 9 000 fr., enfin, une maison sise à Paris, *rue de Grenelle-Saint-Honoré, 45*, ancienne propriété des hospices, vendue en 1812, par application des décrets de Napoléon Ier [1].

Avec les ressources de cette fondation, l'administration hospitalière créa à Paris, rue Saint-Dominique, 109, au Gros-Caillou, un hospice de vieillards qui fut ouvert le 1er janvier 1826.

En 1821, M. *Te'mon*, ancien chef de division au ministère de l'intérieur, mourut, après avoir institué, par testament olographe, les hospices de Paris ses légataires universels. Une de ses dispositions testamentaires témoigne des sentiments que lui avait inspirés la situation matérielle très digne d'intérêt d'un certain nombre d'employés de son administration. « Ayant été plus de vingt ans au

---

1. La rue de Grenelle-Saint-Honoré est devenue la *rue Jean-Jacques-Rousseau*. L'immeuble provenant de Mme veuve Leprince porte aujourd'hui le n° 35 de cette rue. Après avoir été occupé longtemps dans son entier par les *Francs-Maçons du rite écossais*, il a été loué en 1886, pour dix-huit ans, à la ville de Paris, moyennant un loyer annuel de 10 000 fr., en vue de l'installation d'une succursale de la *Bourse du Travail*. Telle est encore son affectation.

ministère de l'intérieur, j'ai été à portée de voir que beaucoup de mes collaborateurs pouvaient à peine, sur leurs traitements, pourvoir à leurs besoins et à ceux de leur famille..... En conséquence, *je fonde une dot* annuelle pour une fille nubile d'un employé de ce ministère qui voudra profiter du bénéfice de cette donation. Cette dot de six mille francs sera payée, comme les autres legs, sur mes revenus ; on pourra même la porter à neuf mille francs, s'il y a des fonds suffisants et si la demoiselle épouse un employé du même ministère [1]. »

M. Telmon laissait, en dehors des valeurs mobilières, deux immeubles, l'un urbain et l'autre rural. Le premier consistait en une maison située à Paris, rue Saint-Maur-Saint-Germain (aujourd'hui rue de l'Abbé-Grégoire [2]). Le second était une ferme de 36 hectares 98 ares 49 centiares, située au Plessis-Sauvin [3].

La plus importante des fondations ayant un domaine immobilier distinct qui aient été créées sous la Restauration, est la *fondation Brézin*.

M. *Brézin*, ancien ouvrier fondeur mécanicien, décédé à Paris le 20 janvier 1828, légua toute sa fortune à l'administration hospitalière de Paris pour fonder un hospice sous le nom d'*hospice de la Reconnaissance*, en faveur des pauvres ouvriers âgés de 60 ans et particulièrement de ceux qui pendant leur vie avaient été employés dans les forges, fonderies et états à gros marteaux.

M. Brézin laissait à Paris seize propriétés dont les revenus annuels s'élevaient, au moment de sa mort, à 67 501 fr. 14 c. Il laissait, en outre, 42 propriétés rurales (fermes, terres labourables, prairies, maisons, jardins, bois, etc.), situées dans les départements de l'Aisne, de l'Orne, de Seine-et-Marne et de Seine-et-Oise), mesurant

---

1. Le testament continuait ainsi : « Le choix de la demoiselle à doter se fera de la manière suivante : chaque année, les chefs de bureau du ministère de l'intérieur se réuniront sous la présidence alternative d'un chef de division et présenteront trois sujets sur lesquels le Conseil Général des hospices civils de Paris choisira. Ainsi, chaque année une fille d'employé sera dotée s'il y a des fonds. Dans le cas où ils manqueraient, on renverra à l'année suivante. Si une année aucune présentation n'était faite, le Conseil Général est prié de diviser en trois la dot de six mille francs et de marier trois filles dont il aura le choix ; je désire seulement qu'il porte ses choix sur des filles reconnues vertueuses, et dans la classe moyenne. »

2. Partie comprise entre la rue du Cherche-Midi et la rue de Sèvres. Cette propriété fut vendue 79 200 fr. le 20 décembre 1836.

3. Vendue 40 050 fr. le 16 décembre 1833.

ensemble une superficie de 554 hectares 20 ares 43 centiares, produisant en argent et en nature (fermage en grains) 25 774 fr. 3o. Parmi elles figurait le domaine du Petit-Létang, à Garches, maison de campagne de M. Brézin, sur l'emplacement duquel fut élevé l'hospice de la Reconnaissance.

L'administration de ce vaste domaine n'appartint, pour la presque totalité des biens qui le composaient, que fort peu de temps aux hospices de Paris. Il fallait de grandes ressources pour construire et meubler l'hospice Brézin et en assurer le fonctionnement. De 1831 à 1835, tous les immeubles situés dans Paris furent vendus, ainsi que la plupart des propriétés rurales. On ne conserva, sous le gouvernement de Juillet, que quelques biens faciles à gérer, situés dans les départements de l'Aisne et de Seine-et-Oise[1]. Presque tous font encore aujourd'hui partie du patrimoine de la fondation Brézin.

Pour ne rien omettre d'essentiel, en ce qui concerne le patrimoine immobilier de fondation, nous devons consacrer quelques lignes aux biens de la *fondation Lambrechts* qui, dans l'ordre chronologique, précèdent ceux de la fondation Brézin, mais dont la possession et l'administration par les hospices ne devaient être que provisoires.

Le comte *Lambrechts*, ancien ministre de la justice, décédé le 3 avril 1823, légua aux hospices de Paris plusieurs immeubles situés tous en Belgique, à l'exception d'une maison à Paris, 18, rue du Cherche-Midi, *à charge de les vendre* et d'en employer le prix au soulagement des pauvres de religion protestante. Il léguait en même temps, avec cette affectation, quatre inscriptions de rentes sur l'État français donnant alors un revenu de 5 287 fr. L'aliénation des biens situés en Belgique (3 fermes, 3 pièces de terre, 2 prairies et un bois) n'eut lieu qu'en 1835, les circonstances n'ayant pas permis de les aliéner plus tôt. Les hospices n'avaient que la nue propriété de la maison de Paris. Elle fut vendue à l'extinction de

---

[1]. Ferme du Montcelets, à Champcueil; bois soumis au régime forestier, également à Champcueil; pièce de terre à Montceaux; ferme de la Loge-Panier, à Montreuil-aux-Lions (Aisne); lot de terres à Ormoy; vaste clos, servant actuellement de haras, à Vaucresson; terrain planté en bois, dit clos de Brétigny, situé aussi à Vaucresson; terres labourables à Sèvres.

l'usufruit, en 1843. C'est à cette époque que l'on acheta la propriété de Courbevoie où fut installé l'*asile Lambrechts*[1].

---

1. La période de la Restauration a été riche en grandes fondations au profit des pauvres de Paris. C'est à cette époque que remonte la *fondation Montyon*. Nous croyons utile d'en dire quelques mots, à cause de l'intérêt qu'elle présente et bien qu'elle n'ait augmenté directement le patrimoine des hospices d'aucun immeuble.

Robert Auget, baron de *Montyon*, naquit en 1733 et mourut en 1820. De son vivant, il fit plusieurs fondations. En 1780, *Prix d'utilité* à l'Académie des sciences. En 1782, *Prix de vertu* à l'Académie française. Même année, *deuxième prix d'utilité* à l'Académie française. Même année encore, *Prix à l'ouvrage ou à l'expérience qui rendrait les opérations mécaniques moins malsaines* (à l'Académie des sciences). En 1783, *Prix de simplification des arts mécaniques*. Même année 1783, *deuxième prix de vertu* à l'Académie française. En 1787, *Prix de médecine* à l'Académie de médecine.

Toutes ces fondations furent abandonnées durant la période révolutionnaire et pendant le premier Empire. Montyon les rétablit lui-même, sur frais nouveaux, en 1819. La même année, il donna 65 000 fr. aux divers arrondissements de Paris pour les pauvres.

Par son testament en date du 12 novembre 1819, M. de Montyon institua légataire universelle sa nièce et filleule, Mlle Robertine de Balivière, à charge par elle d'exécuter un grand nombre de legs particuliers, notamment un legs de *10 000 fr.* à chacun des hospices des départements de Paris, pour être distribués en gratifications ou secours à donner aux pauvres qui sortiront des hospices et qui auront le plus besoin de secours.

Tous les legs particuliers devaient être doublés, triplés, ou même quadruplés, si l'état des biens le permettait, sans que la valeur réservée comme minimum du legs universel (60 000 fr.) pût en être atteinte. Ils devaient être *accrus et multipliés indéterminément* tant que le permettrait la réserve pour le legs universel. Le testateur donnait de cette dernière disposition la raison suivante :

« *L'incertitude du montant des biens dans lesquels je puis rentrer et dont j'ai été dépouillé pour cause d'émigration ne m'offre point un montant fixe de ma fortune.* » Cette explication inquiéta, sans doute, les représentants de Mlle de Balivière qui était mineure. Ils ne voulurent pas se charger de la liquidation et transigèrent. La part de leur pupille fut fixée à 500 000 fr. une fois donnés. Une valeur de 6 302 422 fr. 95 c. échut aux hôpitaux de Paris et à l'Institut de France ; ils partagèrent proportionnellement aux legs particuliers dont ils étaient titulaires (6/8 pour les hôpitaux, 1/8 pour l'Académie française, 1/8 pour l'Académie des sciences).

Le testament prescrivait l'emploi des biens en rentes sur l'État, à 5 p. 100.

(*Note communiquée par M. Guimbaud.*)

En exécution de cette clause, les biens immobiliers furent vendus. On excepta, toutefois, de l'aliénation *deux pièces de bois* (les bois de Montgrésy et Cressonnaux) mesurant ensemble 15 hectares 38 ares 31 centiares, situées sur les communes de *Bussy-Saint-Georges* et de *Jossigny*, canton de Lagny (Seine-et-Marne). Elles furent attribuées aux deux Académies. Mais les hospices de Paris en firent l'acquisition par actes des 13 et 19 mars 1828, moyennant un prix de 41 000 fr. Ces deux bois, qui figurèrent aux *États de propriétés* des hospices sous le nom de *Bois Montyon*, furent échangés en 1849 avec M. de Rothschild, contre deux autres pièces de bois situées dans le même département, d'une superficie de 39 hectares 50 ares 50 centiares. Les bois Montyon étaient évalués alors 43 032 fr. 04 c. Les bois reçus en échange valaient 86 072 fr. 68 c. (*Comptes des recettes et dépenses du budget de l'exercice 1849, p. 70.*)

CHAPITRE IV

LE DOMAINE PRODUCTIF DE REVENUS SOUS LA MONARCHIE DE JUILLET

§ 1ᵉʳ. — ATTAQUES CONTRE LA GESTION DES HOSPICES. — RÉPONSES JUSTIFICATIVES. — ALIÉNATION DE PROPRIÉTÉS. — EMPLOI DES PRIX EN RENTES SUR L'ÉTAT AVEC CAPITALISATION DU DIXIÈME DES ARRÉRAGES.

Dans les premières années de la monarchie de Juillet, la situation financière des hospices était mauvaise. Ils se trouvaient réduits à la nécessité qu'ils n'avaient pas encore éprouvée « *même dans les années les plus calamiteuses* » depuis la Révolution, de faire face avec des capitaux aux dépenses annuelles ordinaires. L'extension donnée aux services hospitaliers n'avait pas été compensée par une augmentation de ressources correspondante.

En 1832, le préfet de la Seine, à qui l'administration des hospices avait présenté un projet de budget en déficit, estima que le meilleur moyen de procurer les revenus qui manquaient était d'aliéner le patrimoine immobilier productif et de faire un remploi du prix en acquisition de rentes sur l'État français.

Le préfet formula, en conséquence, les propositions suivantes :

1° *Vendre* tout ou partie des *propriétés urbaines* pour en placer le prix en rentes, opération qui augmenterait de 2 p. 100 le revenu, soit 150 000 fr. ;

2° *Vendre* à plus forte raison *les biens ruraux* dont le produit n'est, ordinairement, que de 2 1/2 p. 100 de leur valeur foncière. Les propriétés de cette nature possédées par les hospices présentent une superficie de 1 804ʰ 06ᵃ 87ᶜ ; leur rapport est de 406 090 fr. On ferait plus que doubler cette somme en vendant les biens ruraux et en faisant un *placement en rentes* du prix d'aliénation ;

3° *Vendre les bois* que les hospices administrent eux-mêmes, ou qu'ils laissent gérer par l'administration forestière ;

4° *Rendre* au domaine utile, soit par des *locations*, soit par des *ventes*, les vastes terrains qui dépendent de plusieurs établissements et dont la conservation n'est nécessaire ni aux malades, ni aux infirmes.

Les moyens indiqués par le préfet de la Seine pour rétablir l'équilibre budgétaire émurent vivement le *Conseil Général des hospices*, qui *considérait comme néfaste la suppression du patrimoine immobilier*. Ce qui lui fut le plus pénible, ce fut la proposition relative aux *biens ruraux*. Pour la première fois il voyait critiquer, malmener, ce domaine rural objet de toutes ses préférences, dont le maintien et le développement lui semblaient indispensables à l'entretien régulier des établissements hospitaliers ; pour la première fois on lui demandait de le vendre comme insuffisamment productif, avant même de vendre le patrimoine immobilier *urbain*.

Dans sa note en réponse aux propositions préfectorales, l'administration des hospices rappela d'abord le décret de confiscation du 23 messidor an II, puis la vente à vil prix des biens des hospices, la ruine qui en fut le résultat, la suspension des ventes, le 9 fructidor an III, par la Convention elle-même, le nouveau projet de confiscation et de vente formé par le Directoire, la discussion nourrie à laquelle donna lieu l'examen de ce projet au Conseil des Anciens et au Conseil des Cinq-Cents, le rejet de la proposition du Gouvernement ; plus tard, la loi du 24 pluviôse an XII, l'extension abusive qu'elle reçut et qui eut pour résultat d'enrichir les acquéreurs et de ruiner les hôpitaux.

Passant ensuite à la *question de droit*, l'administration hospitalière soutint que la conversion en rentes du patrimoine immobilier était une question de la plus haute gravité qui devait être décidée, non comme une simple mesure d'administration, à l'occasion d'un budget, mais après une discussion solennelle et par une *loi spéciale*.

La substitution de la rente sur l'État au domaine immobilier n'était-elle pas une mesure dangereuse ? Oui, déclara le Conseil Général, dans sa réponse. Les hospices n'auraient désormais qu'*un seul débiteur ;* ils n'auraient aussi qu'*un seul revenu* qui, dans aucun cas, ne serait susceptible d'accroissement futur et qui, au contraire, indépendamment des chances de réduction et même de suppression qu'il peut présenter, tendrait toujours à s'atténuer, par l'effet inévitable de la dépréciation progressive du signe monétaire.

Il n'en est pas de même des propriétés immobilières et surtout des *biens ruraux*. Les revenus produits par cette nature de biens s'accroissent, pour ainsi dire, indéfiniment avec le temps ; ils présentent, en outre, une diversité qui n'a pas cessé de fournir aux hospices des ressources pour assurer leur service dans les circonstances les plus difficiles : en 1814, notamment, pendant et *malgré l'invasion*, en 1816 et en 1817, *malgré la disette*.

Le Conseil Général voulut, en même temps, se justifier de l'*accusation* implicite de *mauvaise gestion* contenue dans les propositions préfectorales. Doit-on le juger sans avoir pris connaissance de ses actes, et sans se douter de ce qu'il a fait depuis trente ans pour l'amélioration des revenus hospitaliers ? Toutes les questions soulevées par le préfet ont été, à maintes reprises, discutées dans le sein du Conseil : les mesures d'aliénation d'immeubles ont été prises par lui dans ce qu'elles avaient de pratique et de conciliable avec le véritable intérêt de la ville et des hôpitaux. Le Conseil va persévérer dans cette voie avec prudence et discernement.

Sans doute, le préfet de la Seine était convaincu que la conversion en rentes du domaine immobilier augmenterait les revenus hospitaliers, que cette mesure était conforme à l'intérêt des hospices ; mais il est évident aussi que le nouveau système d'administration préconisé par le préfet : *un seul débiteur, l'*ÉTAT, *une seule nature de biens, la* RENTE, dissimulait un autre but, très avouable du reste : *soutenir la rente*, c'est-à-dire le crédit de l'État.

Le Conseil Général résista énergiquement et le projet dont il s'agit ne reçut pas alors de suite[1] ; mais, il ne devait pas être abandonné définitivement. La presse s'en empara, un an après : et, nous verrons plus loin qu'il fut repris par le second Empire pour échouer de nouveau, à cause de l'opposition qu'il rencontra chez le directeur et dans le conseil de surveillance de l'administration de l'Assistance publique.

Le 8 décembre 1833, le *National* publia, sous la rubrique *Réforme administrative*, un article de fond, dans lequel il attaquait notamment la gestion des immeubles urbains et ruraux appartenant aux hospices de Paris. « Indépendamment de 150 maisons et d'une

---

1. Il fallait, du reste, des ressources immédiates pour rétablir l'équilibre du budget. Or, le projet du préfet de la Seine ne pouvait avoir aucun effet sensible pendant l'exercice 1833.

grande quantité de terrains situés dans Paris, cette administration, disait l'auteur de l'article, possède environ 18 000 arpents de terre répartis dans plus de cent communes des départements de la Seine, de l'Oise, de la Marne, de Seine-et-Oise, de Seine-et-Marne, de la Seine-Inférieure, etc. ; les *fermages* de la plupart des propriétés rurales sont *payables en nature* (ils ne se paient guère plus ainsi que dans la Basse-Bretagne, dans les Landes, dans les pays les plus arriérés et les plus pauvres). Les terrains dans Paris sont quasi abandonnés ; les maisons, mal soignées, souvent délabrées, sont louées de manière à ne pas produire la moitié du revenu de leur valeur. On estime que le loyer des propriétés rurales des hospices ne produit pas 2 p. 100 par an, en moyenne ; le revenu de leurs propriétés urbaines rend tout au plus 3 p. 100. Les frais d'administration viennent ensuite grever ces recettes. En vendant ces immeubles, et en en convertissant le produit en rentes sur l'État, les hospices doubleraient inévitablement leurs revenus. Cette mesure aurait, en outre, pour effet, d'une part, de diminuer la somme des rentes flottantes, et, d'autre part, de rendre à la circulation des propriétés qui, dans les mains des particuliers, seraient plus productives. »

Cet extrait d'un numéro du *National* de 1833 prouve que les critiques contre la gestion du domaine des hospices de Paris ne datent pas d'hier. Mais, à cette époque, où la presse était loin d'avoir pris le développement numérique qu'elle a aujourd'hui, un article d'un journal sérieux comme le *National* était un événement de nature à produire une certaine impression dans le pays. Aussi, le service du domaine hospitalier crut-il devoir se justifier, en répondant point par point à chacune des articulations du journal.

Cette réponse est intéressante, elle renferme des renseignements précis sur l'état des propriétés rurales à cette époque ; nous y trouvons un plaidoyer documenté en faveur des biens ruraux et des fermages en grains ; nous y constatons aussi, par contre, le peu de goût que manifestait l'administration hospitalière pour les biens de ville à l'avenir desquels elle persistait à ne pas croire, tandis qu'elle avait une confiance absolue dans l'augmentation progressive de la valeur vénale et du revenu des fermes et des terres ; l'administration se défend, enfin, d'avoir des idées préconçues en faveur de la conservation des biens et montre l'initiative prise, le système de gestion suivi et l'œuvre accompli par le Conseil Général depuis sa création en ce qui concerne les immeubles hospitaliers productifs de revenus.

Le document en question peut être ainsi résumé :

Biens ruraux. — Les propriétés rurales sont situées dans onze départements. En 1831, elles couvrent 6 052ʰ 59ᵃ,17ᶜ. Le revenu qu'elles ont produit, dans le cours de cette année 1831, est de 450 965 fr. 74 c., composé de la manière suivante :

1° En grains appréciables en argent, d'après le prix le plus élevé du marché de Paris la veille de Noël et la veille de Pâques, époques du paiement des fermages : 16 407ʰ,29ᵗ, représentant la somme de 397 470ᶠ 35ᶜ

2° Produit du jardin de la Vieillesse hommes . . . 6 583 10

3° Locations en argent. 46 912 29

Total 450 965ᶠ 74ᶜ

Ce qui donne un revenu moyen, par hectare, de 75 fr.

Ces biens ont suivi, dans les mains de l'administration, l'accroissement de revenu propre aux immeubles de même nature.

Les baux passés de 1730 à 1740 pour les principales fermes des hospices en portaient alors le produit total à 49 605 fr. 18 c.

Les mêmes fermes rapportent aujourd'hui, en ne calculant l'hectolitre de blé qu'à 20 fr., 221 212 fr. 82 c.

C'est-à-dire quatre fois et demie le revenu qu'elles produisaient il y a un siècle.

En voici le tableau.

TABLEAU.

	Date du bail ancien.	Date du bail nouveau.	Montant des fermages d'après les baux anciens.		d'après les baux nouveaux.		Quotient du fermage nouveau divisé par l'ancien.
Eure-et-Loir.							
Ferme des Brosses à In-treville....	4 mai 1728	25 mars 1825	1 400	»	9 220	»	Près de 7 fois.
— à Outreville...	11 mai 1734	24 mars 1826	1 500	»	5 140	»	3 fois et plus.
Oise.							
Ferme à Eve.....	10 mars 1721	30 mars 1832	2 110	»	7 354	»	3 fois et plus.
— à Ognes.....	8 mai 1724	2 mai 1828	1 050	»	4 863	70	Plus de 4 fois.
— à Saint-Waast...	10 juin 1738	18 juin 1830	475	»	1 800	»	Près de 4 fois.
Seine.							
Ferme à Créteil.....	19 mai 1733	23 avril 1830	3 000	»	16 620	»	Plus de 5 fois.
Seine-et-Marne.							
Ferme à Brie-Comte-Ro-bert......	19 avril 1735	24 mars 1826	1 112	»	7 140	»	6 fois et plus.
— à Charmentray..	11 janv. 1727	10 mai 1833	2 500	»	14 420	»	5 fois et plus.
— à Compans...	16 nov. 1734	23 avril 1830	3 000	»	7 350	»	2 fois et plus.
— à Saint-Gobert..	6 déc. 1732	24 mars 1828	4 000	»	19 540	»	Plus de 4 fois.
— du Saint-Esprit, à Saint-Mesmes.	5 juill. 1731	19 fév. 1825	810	»	4 053	»	5 fois.
— de l'Hôtel-Dieu, à Saint-Mesmes.	9 fév. 1725	20 juill. 1827	810	»	5 191	»	6 fois et plus.
— de Mitry.	8 janv. 1727	15 juin 1822	1 350	»	6 000	»	4 fois et plus.
— de la Charité, à Vinantes....	20 nov. 1726	2 mai 1828	700	»	2 400	»	Près de 4 fois.
— de l'Hôtel-Dieu, à Vinantes...	17 déc. 1734	24 mars 1826	1 333	»	5 230	»	Id.
Seine-et-Oise.							
Ferme du Bellay....	18 mai 1734	11 nov. 1823	3 606	»	12 750	»	3 fois et plus.
— de Bercagny...	18 avril 1738	22 janv. 1830	1 600	»	6 320	»	Près de 4 fois.
— de Blanchefouace.	15 juill. 1733	25 mars 1825	1 637	»	8 200	»	5 fois et plus.
— de Boisfranc...	4 fév. 1726	6 avril 1827	1 500	»	5 262	»	4 fois et plus.
— de Champrosay.	23 avril 1738	2 mai 1828	800	»	5 400	»	6 fois et plus.
— de Charmont..	18 mars 1738	6 avril 1827	1 150	»	5 150	»	4 fois et plus.
— de Gonesse...	12 août 1735	24 mars 1826	2 545	»	13 184	»	5 fois et plus.
— de Grigny....	23 déc. 1732	26 mars 1824	700	»	4 400	»	6 fois.
— de Marly-la-Ville.	2 déc. 1738	30 mars 1832	2 750	»	10 820	»	3 fois et plus.
— de Massy...	4 avril 1724	30 mars 1832	2 000	»	11 536	»	5 fois et plus.
— de Morangis...	21 mai 1726	23 avril 1830	1 800	»	7 651	87	4 fois et plus.
— du Petit-Plessis	21 janv. 1728	24 mars 1826	217	18	1 182	53	5 fois et plus.
— du Tillay....	30 janv. 1739	16 janv. 1829	1 650	»	5 200	»	3 fois et plus.
— des Botheaux à Vert-le-Grand.	11 janv. 1728	1er mai 1829	1 000	»	3 522	»	3 fois et plus.
— des Noues à Vert-le-Grand ...	14 nov. 1732	6 avril 1829	1 500	»	4 712	72	3 fois.
Totaux.............			49 605	18	221 212	82	4 fois et plus.

BAUX ANCIENS CONSENTIS DE 1755 A 1764.

	Date du bail ancien.	Date du bail nouveau.	Montant des fermages d'après les baux anciens.		d'après les baux nouveaux.		Quotient du fermage nouveau divisé par l'ancien.
Oise.							
Ferme de Feux, à Bouil-lancy......	28 nov. 1755	24 mars 1826 / 6 avril 1827					
— de Gueux, *id.*..			9 944	84	29 460	»	Près de 3 fois.
— de Poix, *id.*...	1er déc. 1756	20 juill. 1827 / 6 avril 1827					
— de Fosse-Martin, *id.*.......							
Marne.							
Domaine des Essarts..	19 janv. 1764	11 mars 1827	4 688	»	18 380	»	Près de 4 fois.

« La stipulation du fermage en grains appréciables en argent, quoique fort ancienne, n'est pas aussi absurde qu'on pourrait le croire de la part d'une administration qui est chargée d'alimenter chaque jour les 15 000 à 16 000 individus admis dans les hôpitaux et hospices et de pourvoir aux secours en pain qui sont distribués entre les indigents inscrits aux bureaux de bienfaisance.

« La consommation est, chaque année, d'environ 22 000 sacs de farine.

« La dépense a été, pour la plus calamiteuse des quatorze années qui se sont écoulées avant 1830, de 2 625 943ᶠ 20ᶜ

« Pour la plus favorable, de. 1 029 649 68

« Différence sur la fourniture d'une année entre le taux le plus élevé et le taux le plus bas. 1 596 293ᶠ 52ᵗ

« Or, les *fermages en grains appréciables en argent* augmentant ou diminuant, suivant que le prix du blé s'élève ou s'abaisse, offrent toujours une ressource qui se proportionne aux variations de la dépense en pain ; et l'on conçoit que si l'administration des hospices, au lieu de n'avoir que 400 000 fr. de produit moyen en grain, avait le triple de cette somme en même nature de fermages, elle posséderait la meilleure de toutes les réserves ; *elle n'aurait jamais à demander à la ville de Paris des suppléments extraordinaires* pour couvrir dans les années de cherté l'excédent de la dépense en pain. »

Biens de ville. — 1° *Maisons.* — Les propriétés urbaines ne sont susceptibles d'accroissement de valeur que dans certaines circonstances, pendant un temps assez court : quand elles sont bâties, elles deviennent trop promptement plus onéreuses que profitables. Elles doivent être vendues, mais en temps opportun avec les précautions destinées à empêcher qu'elles ne soient aliénées au-dessous de leur véritable prix.

Dès 1803, le Conseil Général a provoqué la vente des maisons urbaines : il n'a pas cessé, jusqu'en 1830, de réaliser des aliénations.

Depuis le 1ᵉʳ janvier 1830, le Conseil a provoqué la mise en vente des diverses propriétés tant *rurales* qu'urbaines évaluées ensemble 3 762 803 fr. Il vient de provoquer de nouveau la mise en adjudication de six autres propriétés.

---

1. Ces résultats sont justifiés par les mercuriales délivrées par la préfecture de police.

« Ce serait, au surplus, une erreur de croire qu'il soit facile de doubler, en les vendant, le revenu des maisons urbaines. Toutes celles qui ont été mises en vente sur une mise à prix combinée d'après la valeur foncière et la valeur locative n'ont point été adjugées ; il nous a fallu baisser les mises à prix à vingt fois le montant du revenu net pour trouver acquéreur. »

Les maisons qui ont été conservées, jusqu'à présent, sont entretenues avec autant de soin que le permettent les fonds consacrés aux réparations ; ce qui le prouve, c'est que de 1814 à 1831, leur produit s'est accru de plus de 100 p. 100.

2° *Terrains*. — De tous les terrains que l'administration possède dans Paris, il n'y en a qu'un très petit nombre qui soient absolument vacants[1]. Sur ce point, elle n'est pas plus heureuse que les propriétaires particuliers ; mais elle se dédommage par des locations avantageuses qui décuplent l'ancien produit des terrains.

Les théories soutenues par les hospices de Paris dans la réponse qui précède se concevaient à l'époque où elles étaient émises. Rien alors ne permettait de douter du développement continu et normal de la valeur des biens ruraux ; les fermages en grains étaient une assurance contre la cherté des temps de disette ; les propriétés situées dans Paris ne semblaient susceptibles d'aucune plus-value appréciable. Et cependant, les faits devaient bientôt venir démontrer la fausseté de prévisions fondées, dans le passé, sur des données en apparence très sûres, ce qui prouve combien, en matière économique et d'administration, il convient de se garder des idées absolues et d'éviter de juger l'avenir d'après la situation présente. La vérité d'aujourd'hui sera souvent une erreur demain. Le revenu des fermages, dont l'augmentation avait été si considérable de 1740 à 1830, a diminué peu à peu vers la fin du xixe siècle, et son taux n'est guère aujourd'hui supérieur à celui qu'il avait atteint dans les premières années de la monarchie de juillet[2]. Le *paiement des fermages en grains* qu'il ne faut pas confondre avec le *métayage*[3], a

1. Grande partie de l'enclos de Saint-Lazare, de Tivoli, de la ville de François Ier.

2. Nous retrouverons plus loin cette comparaison du revenu des fermages au moment présent avec ce revenu à différentes époques depuis la Révolution.

3. Dans le *fermage en nature* appréciable en argent, il est dû une quantité fixe, toujours la même, des produits du sol, ou bien la somme d'argent nécessaire à

cessé très vite d'être pratiqué par les hospices eux-mêmes. Ce système, qu'ils défendaient encore avec tant d'ardeur en 1833, était définitivement abandonné moins de treize ans après, ainsi que nous le verrons. Un pareil mode de fermage suppose l'éventualité de grands écarts dans le prix du blé, d'une année à l'autre ; il avait sa raison d'être à une époque où ces écarts étaient parfois très sensibles et où le fléau de la disette était toujours menaçant [1]. Le merveilleux perfectionnement des moyens de transport, la création des machines agricoles, l'affectation à la culture des céréales d'immenses plaines de l'Amérique du Nord et de l'Australie, la découverte des engrais chimiques, l'extension des relations commerciales entre les peuples, ont fait disparaître toute crainte de cherté excessive du blé, ont fait baisser les prix des céréales et provoqué en même temps ces crises agraires qui ont diminué la valeur vénale et locative des biens ruraux.

Quant aux immeubles situés dans Paris, on ne prévoyait pas, en 1830, les travaux considérables d'embellissement de la capitale commencés sous le second Empire et continués méthodiquement sous la troisième République, l'afflux d'une population en grande partie aisée ou riche provoqué tant par la création des chemins de fer que

---

l'acquisition de ces produits d'après les cours au moment de l'échéance du terme. Dans le *métayage*, il n'y a pas redevance d'une quantité fixe, mais partage en nature de la récolte entre le fermier et le propriétaire, dans une proportion déterminée. Le produit pour chacun varie annuellement d'après l'abondance ou la stérilité des récoltes.

1. Les prix des mercuriales, pour l'appréciation des fermages en grains des hospices, ont été les suivants, de 1814 à 1830 :

Années 1814	16f 165	par hectolitre de blé.
1815	26 50	—
1816	39 19	—
1817	32 99	—
1818	19 33	—
1819	17 33	—
1820	22 33	—
1821	16 16	—
1822	19 33	—
1823	16 16	—
1824	17 08	—
1825	18 41	—
1826	19 83	—
1827	22 83	—
1828	31 665	—
1829	23 83	—
1830	22 33	—

par la splendeur de la ville et, comme conséquences, l'élévation
du prix des loyers, l'énorme plus-value des maisons et des terrains
à bâtir.

C'est l'insuffisance des ressources de l'administration hospitalière
qui avait provoqué, en 1832, les propositions préfectorales tendant
à l'aliénation de tout ou partie des propriétés *urbaines* et à l'emploi
du prix de vente en achat de rentes sur l'État.

Pendant les années suivantes, la situation financière des hospices
ne s'améliora pas sensiblement. A chaque discussion du projet de
budget hospitalier, le conseil municipal fit des observations sur la
nécessité d'activer les ventes d'immeubles *urbains*. En 1837, à l'occasion de la discussion sur le budget de 1838, *le conseil municipal,*
convaincu que le Conseil Général des hospices mettait peu de bonne
volonté à lui donner satisfaction, *émit le vœu formel que l'administration hospitalière prît des mesures pour hâter les aliénations.*

Le Conseil Général ne méritait, cependant, aucun reproche. Il demandait les autorisations de vendre et mettait en adjudication les
propriétés *urbaines*, et même *des biens ruraux*, mais sans précipitation, en observant les réserves que commandaient les principes
d'une bonne gestion. « L'administration, lisons-nous dans le *compte
de 1837* [1], continue de vendre, au fur et à mesure de l'expiration des
baux et quand les circonstances le permettent, les maisons urbaines,
les terrains à bâtir, les propriétés hors Paris, isolées ou éloignées,
ou ne composant pas d'exploitation rurale proprement dite. »

En 1830, 1831 et 1832, aucune aliénation d'immeubles dans Paris
n'avait eu lieu. Mais, à partir de 1833, à la suite des propositions du
préfet et de l'article du *National*, les ventes, momentanément suspendues, avaient été reprises.

Les hospices avaient aliéné, par adjudication publique :

En 1833, 5 propriétés *urbaines* ayant produit   97 975 fr. ;
    1834, 5   —   —   711 950
    1835, 6   —   —   166 101
    1836, 4   —   —   159 075
    1837, 2   —   —   87 388

Le patrimoine urbain avait été diminué, en outre, par des ventes

---

1. Compte des recettes et des dépenses de l'exercice 1837, p. XXXIII.

amiables consenties à la ville de Paris et au département de la Seine. C'est ainsi que l'administration municipale effectuait chaque année un certain nombre d'emprises sur les terrains hospitaliers pour l'élargissement de ses voies. La ville et le département profitaient aussi du choix que leur offraient les propriétés des hospices. Ils réalisaient, de temps en temps, l'acquisition d'un de ces immeubles pour y installer de nouveaux services ou établissements publics[1].

Nous trouvons enfin une dernière cause de diminution des biens de ville dans les annexions assez fréquentes de maisons et de terrains aux établissements hospitaliers, pour leur agrandissement.

L'impulsion qu'en 1837 le conseil municipal voulut donner aux ventes des immeubles dans Paris n'était pas chose aussi facile à accomplir qu'on le supposait à l'Hôtel de ville. Il fallait éviter de retomber dans les errements du premier Empire. On devait tenir compte également de ce fait que plusieurs propriétés étaient l'objet de baux à vie ou emphytéotiques qui ne permettaient guère des ventes avantageuses. Il fallait, enfin, envisager l'avenir : la rente acquise avec les prix de vente n'augmenterait jamais, tandis qu'insensiblement s'affaiblirait la valeur de l'argent.

Le Conseil Général des hospices voulut prouver qu'il était composé d'hommes de bonne volonté. Dans sa séance du 9 mai 1838, il demanda la nomination d'une COMMISSION MIXTE prise dans le sein des deux conseils, pour examiner :

1° Quelles seraient les *propriétés urbaines susceptibles d'être actuellement vendues* ;

2° Quel serait le *montant de la réserve à faire sur les rentes achetées* avec le produit des ventes d'immeubles, pour couvrir les chances de *réduction* et la *dépréciation du signe monétaire* ;

---

1. Nous avons cité, sous le régime précédent, dix acquisitions réalisées par la ville et le département. Ajoutons les suivantes, faites sous le gouvernement de Juillet :

19 février 1835, terrain boulevard de l'Hôpital, acquis pour le *marché aux chevaux*, 27 987 fr. ;

27 décembre 1837, ancien noviciat des sœurs de la Charité, rue du Vieux-Colombier, 15, acquis pour le *casernement des sapeurs-pompiers*, 216 300 fr. ;

26 mai 1839, ancien couvent de la Miséricorde, rue Mouffetard, 61 à 77, acquis pour le *casernement de la gendarmerie*, 154 366 fr.

En fait, la prise de possession de plusieurs de ces propriétés par la ville de Paris avait eu lieu longtemps avant le contrat d'acquisition.

3° Quelles seraient les mesures à prendre afin d'arriver au *rachat des baux à vie ou emphytéotiques* des propriétés dont il importait d'avoir la libre disposition.

Cette commission fut nommée par arrêté du comte de Rambuteau, préfet de la Seine, le 19 mai 1838. Elle comprenait trois membres du conseil municipal, trois membres du Conseil Général des hospices, plus un membre de la commission administrative hospitalière.

Les réunions de la commission eurent lieu dans la salle des hospices, à l'Hôtel de ville.

Nous ignorons si l'entente parvint à se faire dans la commission sur les trois points soumis à ses délibérations. Les travaux des commissions n'aboutissent pas toujours. Quoi qu'il en soit, aucun accord ne semble être intervenu sur le *moyen de corriger les inconvénients de l'emploi en rentes*. En effet, en 1841, à l'occasion de la vente d'une vaste propriété, rue de la Chaussée-d'Antin, 45, l'administration hospitalière avait proposé de *prélever sur le montant du prix* de la vente une somme égale au *dixième de ce prix*, pour l'employer immédiatement en rentes sur l'État, avec cette mention : *arrérages à capitaliser pour un temps indéterminé*. Les arrérages devaient être encaissés à un article spécial de la section du budget consacrée aux *capitaux*. Le montant du premier semestre échu devait être employé en achat de rentes. On obtenait ainsi deux rentes, celle qui avait été primitivement acquise et la nouvelle rente achetée avec les arrérages de la première. Les arrérages réunis du semestre suivant de ces deux rentes devaient être placés pour en donner une troisième et ainsi de suite, indéfiniment.

Les conclusions du conseil municipal ne furent pas favorables à cette façon de procéder ; mais une ordonnance royale du 14 février 1842 agréa les propositions du Conseil Général des hospices en les modifiant heureusement. Elle prescrivit, en effet, de capitaliser, chaque année, non le produit du dixième de l'aliénation, mais le dixième des arrérages [1].

Depuis cette époque, la capitalisation du dixième des arrérages

---

1. En transmettant au préfet de la Seine une ampliation de cette ordonnance, le ministre de l'intérieur s'exprima de la manière suivante sur ce point, dans sa lettre d'envoi : *J'ai dû.... m'en tenir à l'excellent système de la capitalisation admis par lui (le Conseil Général des hospices) en principe général, et, par conséquent, faire prescrire par l'ordonnance la capitalisation du dixième des arrérages de toutes les rentes à acheter.*

est régulièrement ordonnée lors de chaque placement en rentes du prix des immeubles hospitaliers aliénés [1].

En poussant l'administration hospitalière à vendre ses propriétés urbaines, le conseil municipal ne se préoccupait pas seulement de ménager les finances de la ville de Paris, en diminuant la subvention aux hospices au fur et à mesure qu'augmenteraient les revenus, par suite du remploi en rente des biens vendus. Son but était également de faciliter l'embellissement de la capitale. C'était déjà, comme nous l'avons vu, une des fins que s'était proposées Napoléon Ier par son décret du 24 février 1811 [2].

L'administration des hospices était propriétaire d'un vaste domaine dont nous avons fait plus haut l'historique [3], situé au faubourg Montmartre, provenant du cordonnier Geoffroy et de sa femme Marie. La partie de ce domaine située entre la rue Bergère et la rue Richer portait le nom d'*enclos de la Boule-Rouge*. Le reste formait un pâté d'immeubles limité au sud et à l'est par la cité Bergère (qui fait, comme on le sait, un retour à angle droit), à l'ouest par la rue du Faubourg-Montmartre, au nord par la rue Bergère.

Une portion importante de la propriété dont il s'agit avait été vendue, comme tant d'autres, à des prix infimes, sous le premier Empire [4]. Sous la Restauration, en 1828, une maison en avait été éga-

---

1. En fait, on procède toujours comme l'avait proposé le Conseil Général des hospices : *On capitalise le dixième du prix de la vente;* ce qui n'est pas sans constituer un gros danger, comme nous le verrons, quand nous examinerons, sous le second Empire, la circulaire du général Espinasse.

2. Voir p. 58.

3. Voir p. 42.

4. Voici la liste des portions vendues sous le premier Empire :

	Prix.
7 juillet 1809, propriété rue Bergère, 17	30 600
3 avril 1812, propriété rue Bergère, 18, 20	120 100
23 octobre 1812, propriété rue Bergère, 22.	78 600
23 octobre 1812, propriété rue du Faubourg-Montmartre, 14, et rue Bergère, 28	31 000
13 novembre 1812, propriété rue Bergère, 24.	40 100
27 novembre 1812, propriété rue du Faubourg-Montmartre, 10.	167 100
14 mai 1812, trois lots de l'*enclos de la Boule-Rouge.*	61 500
21 mai 1813, propriété rue du Faubourg-Montmartre, 16, et rue Bergère, 20	138 600
28 mai 1813, quatre lots de la *Boule-Rouge*	77 600
4 juin 1813, trois lots de la *Boule-Rouge*	48 250

Le reste du domaine avait échappé aux ventes, grâce aux baux à vie qui avaient été consentis par les administrateurs de l'Hôtel-Dieu, vers l'année 1776. L'immeuble rue du Faubourg-Montmartre, 8, ne fut jamais vendu à cause du bail emphytéotique dont il fut l'objet en 1788,

lement aliénée [1]. En dehors de l'immeuble, rue du Faubourg-Montmartre, 8, qui appartient encore à l'administration hospitalière, les hospices ne possédaient plus, à l'avènement de Louis-Philippe, que les terrains et bâtiments de l'*enclos de la Boule-Rouge* qui avaient échappé aux ventes du premier Empire. C'était encore un domaine considérable.

Il comprenait des terrains et d'assez nombreux bâtiments peu élevés et la plupart en mauvais état. Au moment où Paris se développait de ce côté, on estima qu'il y avait un intérêt général à vendre tout cet enclos pour opérer une transformation du quartier.

Les membres de la *commission mixte* du conseil municipal et du Conseil Général des hospices tombèrent probablement d'accord sur l'utilité que présenterait pour l'administration hospitalière, comme pour la ville de Paris, l'aliénation du *domaine entier* donné aux hospices par Geoffroy et Marie. Le 21 août 1838, une parcelle, en partie construite, mesurant 1 540^m,94, située rue du Faubourg-Montmartre, 12, et cité Bergère, 21 et 23, fut vendue en un lot, au prix de 550 100 fr. Un an après, le 21 août 1839, une ordonnance royale autorisa la mise en adjudication de tout ce qui restait des terrains et bâtiments de l'enclos. La superficie subsistant encore dans le patrimoine hospitalier couvrait 11 545^m,06. On réserva une maison située rue de la Boule-Rouge, 4, élevée sur un terrain de 227^m,15 de superficie [2], et on fit du surplus un seul lot qui fut présenté aux enchères le 11 février 1840, à la chambre des notaires, sur une mise à prix de 3 100 000 fr. Il existait un bail à vie au profit d'une personne âgée de 69 ans et quelques baux ordinaires de courte durée. Le revenu brut de la propriété était de 98 664 fr. 56 c. [3].

La tentative d'adjudication échoua. Peu de temps après, le 22 septembre suivant, la vente fut prononcée moyennant un prix de 3 075 600 fr. [4].

---

1. Vente de la maison rue de la Boule-Rouge, 4, faite le 23 septembre 1828, pour 40 000 fr.

2. Cet immeuble réservé fut vendu, le 18 avril 1843, 103 800 fr.

3. Une maison, rue du Faubourg-Montmartre, 18, rapportait, à elle seule, 39 397 fr. 50 c. Les contributions à la charge des hospices n'étaient que de 4 998 fr. 50 c. pour l'enclos tout entier.

4. La nouvelle mise à prix avait été de 3 038 000 fr., ce qui donnait 263 fr. 25 c. par mètre, ou 1 000 fr. par toise. Il faut ajouter au montant de la vente une somme de 24 673 fr. 37 c. pour prix de matériaux de vieux bâtiments qui durent être démolis rue de la Boule-Rouge, 5 et 7, et rue Richer, 19 (adjudication du 23 mai 1840).

Ce fut la plus importante des aliénations faites à Paris, par les hospices, de 1830 à 1844 inclus.

Voici, du reste, le tableau des ventes de propriétés *urbaines* (maisons et terrains) consenties par adjudication publique ou à l'amiable, depuis l'année 1838, époque où fut nommée la *commission mixte* jusqu'en 1844 :

Année 1838, 6 propriétés vendues pour 666 035 fr. ;
— 1839, 1 propriété vendue pour 69 200 fr. ;
— 1840, 5 propriétés vendues pour 3 625 724 fr. 37 c.[1] ;
— 1841, 2 propriétés vendues pour 132 500 fr. ;
— 1842, 7 propriétés vendues pour 243 300 fr. ;
— 1843, 1 propriété vendue pour 103 800 fr. ;
— 1844, néant.

§ 2. — ENQUÊTE DU GOUVERNEMENT SUR LES BIENS DE MAINMORTE. CRÉATION D'UN IMPÔT SPÉCIAL.

Le déficit du budget hospitalier, l'intérêt des finances et de l'embellissement de la ville de Paris avaient, comme nous venons de le voir, attiré de nouveau l'attention sur le domaine productif des hospices et provoqué une reprise des aliénations.

Après la grosse opération de vente du domaine de la *Boule-Rouge*, effectuée surtout en vue de donner satisfaction aux exigences municipales, le conseil général des hospices pouvait espérer jouir d'une tranquillité relative dans l'administration du patrimoine hospitalier. Il n'en fut rien.

C'est le pouvoir central qui, cette fois, devait apparaître pour réclamer des renseignements sur un état de choses de nature, semblait-il, à porter atteinte aux intérêts généraux du pays : nous voulons parler de l'accroissement de la *mainmorte*.

Le 27 octobre 1845, le secrétaire d'État, ministre de l'intérieur, fit parvenir à tous les préfets une circulaire débutant ainsi : « La

---

1. Ce prix comprend, notamment, en dehors du produit de la vente de la Boule-Rouge, le prix d'un terrain place de l'Hôpital, rue Poliveau et rue de la Gare, vendu à l'amiable à la *Compagnie du chemin de fer d'Orléans, pour la création de sa gare,* moyennant 426 751 fr. L'ordonnance royale autorisant la vente est du 22 janvier 1840, mais l'acte ne fut signé que le 3 mars 1842.

commission du budget des recettes, pour l'exercice 1846, a porté son attention sur le développement que prennent chaque jour les biens de *mainmorte,* et elle a exprimé le désir que M. le ministre des finances se mît en mesure de faire dresser, avant la session prochaine, « un état par département indiquant pour les divers éta- « blissements de mainmorte, de quelque nature qu'ils soient, *la va- « leur des biens immeubles* qu'ils possèdent, en distinguant les biens « destinés au service de ces établissements de ceux qui produisent « des revenus..... Je vous prie donc de vouloir bien recueillir et me « transmettre des renseignements exacts et détaillés sur la *nature,* « la *contenance* et la *valeur* des biens immeubles..... »

L'administration hospitalière s'empressa d'obtempérer aux instructions ministérielles. Les architectes et l'inspecteur des biens ruraux se mirent sans retard à l'œuvre, en vue de compléter les mesurages existants et de faire l'estimation de tous les biens. Ils eurent à fournir un travail considérable.

Dans la crainte qu'à la suite de l'enquête, le gouvernement ne prescrivît l'aliénation de toutes les propriétés productives de revenus, l'administration des hospices adopta, dans la répartition des biens de cette catégorie, une division destinée à sauver ceux dont la vente aurait été inopportune à cause de baux de longue durée et ceux qui étaient réservés, soit pour l'agrandissement des établissements hospitaliers existants, soit pour l'installation de nouveaux services.

Voici le résumé de l'état qui fut envoyé au ministre, en ce qui concerne le domaine productif.

TABLEAU.

	MONTANT des loyers annuels.	CONTENANCE.	ESTIMATION de la valeur vénale.	TAUX du revenu p. 100.
	fr. c.	m. c.	fr.	fr. c.

1° Nombre de propriétés urbaines.

	MONTANT des loyers annuels.	CONTENANCE.	ESTIMATION de la valeur vénale.	TAUX du revenu p. 100.
34 propriétés contiguës à des hôpitaux, hospices, établissements généraux ou de secours. . . .	100 661,84	74 625,03	3 003 983	3,33
27 propriétés réservées pour des services publics	47 869,14	2 442,91	1 081 500	4,43
24 baux emphytéotiques et à vie, nues propriétés.	66 354,85	66 169,69	10 436 600	0,64
37 grandes masses de propriétés à vendre, après l'expiration des baux et le percement des rues nécessaires pour les mettre en valeur	84 731,55	164 326,26	2 902 200	2,92
29 propriétés mises en vente . . .	46 646,24	131 438,11	3 232 779	1,44
7 fondations.	9 295,75	1 526,11	140 550	6,61
156 Total	355 559,37	440 538,11	20 797 612	1,71

2° Nombre de propriétés rurales.

	MONTANT des loyers annuels.	CONTENANCE.	ESTIMATION de la valeur vénale.	TAUX du revenu p. 100.
151 propriétés affermées.	421 389,31	57 010 796	16 317 270	2,58
7 fondations.	17 892,19	3 837 105	688 260	2,60
22 Lois non affermés	47 635,45	9 517 511	1 344 520	3,54
180 Total.	486 916,95	70 365 412	18 350 050	2,65

Récapitulation.

	MONTANT des loyers annuels.	CONTENANCE.	ESTIMATION de la valeur vénale.	TAUX du revenu p. 100.
156 propriétés urbaines	355 559,37	440 538,11	20 797 612	»
180 propriétés rurales	486 916,95	70 435 413 »	18 350 050	»
336 Total général. .	842 476,32	70 875 951,11	39 147 662	»

Pour avoir l'état général de toutes les propriétés *productives de revenus*, il convient d'ajouter à cet état les locaux loués à la ville de Paris pour écoles, asiles et ouvroirs, et qui faisaient partie d'un groupe de bâtiments comprenant, en dehors de ces locaux scolaires, des constructions affectées à la distribution des secours.

Les immeubles en question figuraient dans l'état, avec les hôpitaux, hospices et établissements généraux, sous la rubrique : *Propriétés affectées à un service public.*

Les bâtiments loués pour écoles, ouvroirs et asiles produisaient alors un revenu annuel de 83 231 fr. [1].

On remarquera le taux en apparence faible du revenu des immeubles productifs. Nous en fournirons l'explication un peu plus loin, quand nous examinerons la gestion proprement dite.

L'enquête prescrite par le gouvernement de Juillet sur la nature et l'importance des biens immobiliers appartenant, en France, aux établissements publics aboutit, non pas à des mesures d'aliénation des propriétés productives pour les faire rentrer dans la circulation privée, mais à la création d'un *nouvel impôt*. La loi du 20 février 1849 [2] vint frapper, en effet, d'une contribution spéciale tous les biens productifs de revenus des personnes de mainmorte : départements, communes, hospices, séminaires, fabriques, congrégations religieuses, consistoires, établissements de charité, bureaux de bienfaisance, sociétés anonymes et tous autres établissements pu-

---

1. Voici, à titre de document, la partie de l'état des biens des hospices concernant les *propriétés affectées à un service public.*

	MONTANT du loyer.	CONTENANCE.	ESTIMATION de la valeur.	TAUX du revenu p. 100.
	fr.	m. c.	fr.	fr. c.
37 hôpitaux, hospices et établissements généraux.	»	1 390 809,34	54 165 400	»
38 maisons de secours, écoles, asiles et ouvroirs.	83 231 »	26 699,04	4 102 800	2,31
75 Total.	83 231 »	1 417 508,38	58 268 200	»

Récapitulation générale de tous les biens des hospices de Paris au 1er janvier 1849 :

	MONTANT du loyer.	CONTENANCE.	ESTIMATION de la valeur.	TAUX du revenu p. 100.
75 propriétés affectées à un service public	83 231 »	1 417 508,38	58 268 200	»
156 propriétés urbaines productives de revenus.	335 559,37	440 538,11	20 797 612	1,71
180 propriétés rurales productives de revenus.	486 916,95	70 365 412 »	18 350 050	2,65
411 Total.	925 707,32	72 223 458,49	97 415 862	»

Nous consacrerons plus loin un paragraphe spécial aux locations consenties par les hospices à la ville de Paris pour ses *écoles.*

2. Loi relative à l'application de l'impôt des mutations aux biens de mainmorte.

blics légalement autorisés. L'impôt fut calculé à raison de 62 centimes et demi par franc, en sus du principal de l'impôt foncier (art. 1er) [1].

§ 3. — Nouvelles critiques de la gestion immobilière. — Continuation des ventes urbaines. — La chambre des notaires est substituée a la préfecture pour les adjudications.

Bien que les inconvénients de la mainmorte eussent été très atténués par l'établissement de cette contribution destinée surtout à tenir lieu des droits de mutation par décès, inapplicables aux personnes morales dont la durée d'existence est indéfinie, le Gouvernement n'en persistait pas moins dans ses principes : il restait opposé à la possession par les hospices d'immeubles à revenus et saisissait toutes les occasions de manifester à ce sujet sa manière de voir.

Le 11 mai 1847, le ministre de l'intérieur, à qui le conseil général des hospices de Paris avait demandé l'approbation de non-valeurs et de sommes indûment mises en recouvrement, fit notamment l'observation suivante :... « Il y a toujours un certain nombre de non-valeurs sur les loyers de maisons et de parcelles de terre, et les poursuites occasionnent encore des frais assez considérables qui retombent à la charge des hospices. On ne peut donc qu'engager l'administration charitable à persévérer dans la voie dans laquelle elle est entrée et qui consiste à vendre toutes les maisons et parcelles de terrains isolés, en ne conservant que les grandes masses susceptibles d'augmentation, ou les maisons attenant aux établissements et dont l'emplacement pourrait devenir ultérieurement nécessaire pour leur agrandissement. »

Il y avait là un procès de tendance, car les non-valeurs représentaient un chiffre infime. Elles s'élevaient, sur une somme de 356 202 fr. 88 c. mise en recouvrement pour loyers dans Paris, en 1846, à 732 fr. 18 c. seulement. Sur 41 058 fr. 82 c. de fermages en

---

1. Le taux de cette contribution a été porté à 70 centimes par franc par la loi du 30 mars 1872. Il n'a pas été modifié, en ce qui concerne la propriété non bâtie; mais la loi du 13 juillet 1903 l'a élevé à 1 fr. 125 en sus du principal de la contribution foncière, pour les propriétés bâties. A ces taux il faut ajouter les décimes auxquels sont soumis les droits d'enregistrement et qui s'élèvent actuellement à 2 décimes et demi. C'est un doublement de l'impôt foncier.

argent, les non-valeurs étaient de 178 fr. 57 c. Il n'y avait pas de non-valeurs sur les fermages en grains [1].

Ainsi constamment stimulée, l'administration charitable continuait de vendre, mais sans précipitation, quand le moment lui semblait propice, des propriétés urbaines et même des biens ruraux. L'opération la plus importante, réalisée de 1845 à 1848, fut la *vente du terrain, rue de la Chaussée-d'Antin, 45*.

Ce terrain, sur lequel avaient été édifiées des constructions légères, faisait partie d'une propriété de l'Hôtel-Dieu appelée *domaine des Grands-Porcherons*, située à l'ancien marais des Porcherons et s'étendant jusqu'à la rue Saint-Lazare [2]. Le terrain en question cou-

---

1. Ces sommes ont été admises en non-valeurs par arrêté du conseil général, approuvé par décision du ministre de l'intérieur du 18 novembre 1847. Les *restes à recouvrer* des exercices 1846 et antérieurs étaient alors de 10 015 fr. 99 c. pour les loyers dans Paris et de 1 762 fr. 93 c. pour les fermages en argent. Il ne restait dû sur une somme de 448 699 fr. 45 c. mise en recouvrement pour fermages en *grains* que 339 fr. 94 c. (*Compte des recettes et des dépenses de l'exercice 1847*, p. 9.)

2. L'ancien village, ou marais des Porcherons, s'étendait au delà des grands boulevards actuels, depuis le faubourg Montmartre dans la direction de l'ouest jusqu'à la Ville-l'Évêque et au faubourg Saint-Honoré. Il y avait les *Petits-Porcherons* (faubourg Montmartre) et les *Grands-Porcherons* (chaussée d'Antin et rue Saint-Lazare). La rue centrale de ce village était la rue des Porcherons, devenue, depuis la rue Saint-Lazare et la rue de Châteaudun qui la prolonge.

Les terres du village des Porcherons étaient cultivées en jardins maraîchers. Au xviiie siècle, ce village était traversé par un grand égout découvert occupant l'emplacement qui est devenu depuis la rue de Provence. Cet égout était bordé, à droite et à gauche, par des tas de fumiers déposés par les jardiniers.

Malgré ces conditions peu attrayantes pour les gens à l'odorat délicat, le village des Porcherons était très fréquenté : c'était, au xviiie siècle, un lieu de rendez-vous et de plaisir. Là aussi avaient lieu, le plus fréquemment, les duels.

La propriété de l'Hôtel-Dieu commençait sur la rue de la Chaussée-d'Antin en descendant à gauche, au marais des Révérends pères Mathurins, un peu au-dessus de la rue de Provence actuelle ; elle couvrait tout l'emplacement qui s'étendait jusqu'à la rue Saint-Lazare. Sur cette dernière rue (primitivement rue des Porcherons, puis rue de la Petite-Pologne), elle avait une façade de plus de 120 mètres. A la suite se trouvaient le château et le marais du Coq. Il existe aujourd'hui, à cet endroit, une voie amorcée qui porte le nom d'avenue du Coq.

L'importance du marais de l'Hôtel-Dieu avait fait donner à la rue, qualifiée maintenant de Chaussée-d'Antin, le nom de rue de l'Hôtel-Dieu. Cette voie prit plus tard, avant de porter son nom actuel, le nom de Chaussée-Gaillon, puis de rue de la Croix-Mont-Blanc, pour la distinguer de la rue de la Croix-Blanche (aujourd'hui rue Blanche), située à la suite, au delà de la rue Saint-Lazare.

Le domaine de l'Hôtel-Dieu à cet emplacement s'était formé par des donations successives, dont la plus ancienne date de 1201 (Haois, ou Avole la Chanevacière, donation en pure et perpétuelle aumône pour le repos de son âme. Lettres patentes, sous le scel de l'évêque de Paris). [Archives de l'administration de l'Assistance publique, layette 75, liasse 429.]

Un peu avant la Révolution (actes passés de 1769 à 1773), la propriété en question avait fait l'objet de six baux à vie sur trois têtes chacun. Par acte du 1er octobre

vrait une superficie de 4 424 mètres ; il avait une issue sur la rue
Joubert ; sa forme était celle d'un parallélogramme long.

En 1767, l'Hôtel-Dieu avait loué ce terrain par bail à vie sur trois
têtes, moyennant une redevance annuelle de 400 livres (395 fr. 06 c.)
qui avait été réduite à 316 fr. 08 c. par la retenue du cinquième. Le
16 mai 1840, à la suite du décès de Mme Sandrier (ou Cendrier),
veuve Brunet, les hospices reprirent la possession de leur propriété ;
mais ils furent obligés d'entretenir deux sous-baux s'appliquant à
la presque totalité de l'immeuble et qui avaient été consentis moyennant 9 399 fr. de loyer annuel, pour neuf ans finissant le 1er janvier
1842.

Vers la fin de la jouissance, l'administration charitable reçut des
propositions de prise en location par bail à longues années. Le conseil municipal insista pour l'aliénation. Il présumait que l'intérêt de
l'acquéreur serait de prolonger la rue de la Victoire à travers le
terrain, par une ligne oblique allant rejoindre la rue Joubert, opération de voirie qui contribuerait au développement du quartier.
Le conseil général des hospices accéda à la proposition du conseil
municipal. Le terrain fut présenté aux enchères sur une mise à prix

---

1775, la partie de la propriété, depuis le n° 47 actuel jusqu'à la rue Saint-Lazare,
et, au long de cette dernière voie, jusqu'au château du Cocq, d'une superficie de
3 arpents environ (12 109 mètres), fut donnée à bail emphytéotique pour 99 années
devant expirer le 1er octobre 1874, aux sieur et dame Lefoullon, après résiliation
de baux à vie, moyennant un loyer annuel de 3 600 livres, réduit depuis, à la suite
de ventes, à 2 844 fr. 44 c. En conformité de leur bail, les emphytéotes édifièrent
des constructions qui furent estimées plus tard 600 000 fr. Les 9 messidor an IV et
6 fructidor an III, l'État vendit les parcelles portant les n°^s 53 et 55 actuels.
Après la restitution de leurs biens subsistants, les hospices aliénèrent, le 5 juin
1851, le n° 51 actuel, pour un prix de 50 000 fr. qui devait être capitalisé pendant
la durée du bail. La propriété fut alors réduite à une superficie de 8 757^m,50.
Le 29 mars 1867, lors de la création de la place de la Trinité, le ville de Paris acquit
toute la façade sur la rue Saint-Lazare pour 2 460 000 fr. que l'on capitalisa jusqu'en 1874, date de l'expiration du bail Lefoullon. La superficie restante fut alors
de 3 951^m,32 ; le loyer annuel fut réduit à 1 418 fr. 52 c. Les hospices de Paris ne
possèdent plus, de cette vaste propriété, que les n°^s 47 et 49 actuels avec retour à
angle droit rue Saint-Lazare, 81 et 83. En 1875, la partie de la propriété rue Saint-
Lazare, 81, fut vendue, avec réserve d'un passage pour accéder au fond, moyennant
355 100 fr., à M. Hubert Debrousse qui éleva, à cet endroit, une riche maison de
rapport. Le fils de M. Debrousse laissa, quand il mourut, le 4 novembre 1899, cette
maison avec ses autres biens à l'Assistance publique, qu'il institua sa légataire universelle, pour agrandir l'hospice fondé par sa sœur, la baronne Alquier. — En 1900,
l'ouverture de la rue Mogador vint couper en deux tronçons le n° 49 de la rue de
la Chaussée-d'Antin. L'Assistance publique reçut une indemnité de 10 000 fr. Ce qui
reste aujourd'hui de la propriété, tant sur la rue Mogador que sur la rue de la
Chaussée-d'Antin, rapporte aux hospices plus de 88 000 fr. La maison provenant de
M. Debrousse, rue Saint-Lazare, 81, produit un revenu de 80 000 fr.

de 1 251 547 fr. Ce chiffre était trop élevé : l'adjudication ne fut pas prononcée. Une nouvelle tentative faite en 1846 sur une mise à prix de 852 131 fr. eut plus de succès. L'adjudication eut lieu moyennant un prix de 921 000 fr. Les acquéreurs s'empressèrent d'ouvrir la voie désirée par le conseil municipal [1].

Pendant les trois dernières années de la monarchie de Juillet, les hospices vendirent, aux enchères, parmi leurs immeubles urbains :

En 1845, deux propriétés pour une somme de 83 040 fr. ;

En 1846, une propriété pour une somme de 921 000 fr. [2] ;

En 1847, néant [3].

Le conseil général des hospices s'efforçait de vendre aux prix les plus élevés possible. Afin d'atteindre ce résultat, il recourait à une large *publicité* destinée à attirer les enchérisseurs : insertions dans les journaux, placards à profusion, distribution d'affiches aux notaires, aux avoués, aux propriétaires voisins des immeubles mis en vente, aux architectes, entrepreneurs et principaux marchands du quartier [4]...

Ce moyen ne suffisait pas. Le système usité pour l'aliénation, c'est-à-dire l'*adjudication publique à la préfecture de la Seine*, présentait des vices graves qui, d'année en année, devenaient plus apparents.

La loi du 24 pluviôse an XII (14 février 1804), qui avait autorisé la vente aux enchères des maisons urbaines appartenant aux hospices de Paris, prescrivait d'effectuer les aliénations devant le préfet, avec les formalités usitées pour la vente des domaines nationaux. Tant qu'une grande quantité d'immeubles fut mise en vente par les hospices, l'audience des criées de la préfecture fut fréquentée par

---

1. « Cette nouvelle rue ne laisse pas d'ajouter à l'embellissement de ce quartier déjà si favorisé par l'importance des constructions qui s'élèvent sur l'emplacement d'anciens jardins ou chantiers qui disparaissent ainsi chaque jour de notre aspect. » (*Compte moral et administratif* de 1846, p. xxxv.)

2. Nous ne tenons compte que du domaine propre des hospices et non des immeubles provenant des fondations. En 1846, on a vendu une maison de la fondation Brézin, rue d'Enfer, 101, 103, pour 38 387 fr. 50 c.

3. On vendit, en 1847, les matériaux de deux maisons démolies pour 6 750 fr. Pendant le cours de cette même année 1847, les hospices cédèrent à la ville de Paris un immeuble, rue Saint-Hippolyte, 15-17, pour école, moyennant 86 673 fr. 60 c.

4. Rapport fait au conseil général dans la séance du 8 juin 1836 par le membre de la commission administrative chargé du domaine.

un public assez nombreux ; mais, lorsque les ventes se réduisirent
à quelques unités par an, il n'y eut plus, à la préfecture, les jours
de séance d'adjudication, qu'un très petit nombre d'amateurs sérieux, à côté desquels apparaissaient ces spéculateurs connus sous
le nom de *bande noire* qui épiaient l'occasion d'arracher aux premiers un pot-de-vin, en les menaçant de leur concurrence [1]. Vers
la fin de la Restauration, les ventes à la préfecture ne se faisaient
plus qu'en présence de douze à quinze personnes.

Ensuite, les particuliers ayant la faculté d'enchérir eux-mêmes,
s'entendaient parfois, entre eux, en présence même du bureau, sans
qu'il fût possible de s'y opposer et d'intenter des poursuites correc-
tionnelles, faute de preuves matérielles, contre les auteurs de ces
entraves apportées à la liberté des enchères [2].

Ces inconvénients n'étaient pas compensés par la modicité des
frais. Depuis 1827, les droits d'enregistrement étaient les mêmes
pour les ventes à la préfecture que pour les ventes à la Chambre
des notaires. Il n'y avait qu'une différence : à la préfecture, l'adjudicataire n'avait pas à payer les honoraires de 1 fr. 75 p. 100 que le
tarif de la Chambre des notaires allouait au notaire du vendeur et à
celui de l'acheteur dans la proportion de 1 fr. 25 c. pour le premier
et de 0 fr. 50 c. pour le second.

Une circonstance vint démontrer l'avantage incontestable des
adjudications prononcées à la Chambre des notaires.

L'administration charitable avait recueilli, comme nous l'avons
vu, en 1828, de M. Brézin, notamment seize maisons situées dans
Paris. Quand il s'agit de les aliéner, la question se souleva de savoir
si la loi du 24 pluviôse an XII, qui avait prescrit de vendre les biens
hospitaliers *urbains* à la préfecture, s'appliquait aux propriétés en-

---

1. Rapport au conseil général, du 8 juin 1836.

2. L'article 412 du Code pénal contient une sanction contre les agissements des
bandes noires et les ententes frauduleuses des enchérisseurs; mais il est d'une
application difficile. Il punit d'un emprisonnement de 15 jours à 3 mois et d'une
amende de 100 fr. à 5 000 fr. ceux qui, par voies de fait, violences ou menaces en-
travent ou troublent la liberté des enchères et des soumissions et ceux qui, par dons
ou promesses, écartent les enchérisseurs.

En 1826, le conseil général des hospices avait essayé de remédier à ces abus en
recourant au système des *enchères descendantes*. On doublait la mise à prix et on
l'abaissait jusqu'à ce que quelqu'un prononçât les mots : *Je prends*. Si ce procédé
eut l'avantage d'écarter la *bande noire*, il eut l'inconvénient de troubler les véritables amateurs en leur enlevant la possibilité d'enchérir. Il fallut y renoncer et
revenir au mode des enchères *ascendantes*, le seul auquel le public fût accoutumé.

trées dans le domaine des hospices de Paris depuis cette époque.
Le conseil général estima, après quelques tâtonnements, que la loi
de l'an XII, étant une *loi d'exception*, ne pouvait produire d'effets
qu'à l'égard des immeubles existant dans le domaine des hospices
au moment de sa rédaction.

En conséquence, les immeubles urbains du legs Brézin furent
tous vendus à la Chambre des notaires, tandis que l'on continuait
de vendre à la préfecture les biens de l'ancien domaine. Qu'arriva-
t-il ? De 1831 à 1836, les immeubles vendus à la Chambre des notaires furent adjugés sur des enchères qui atteignirent 18,47 p. 100
des mises à prix. Les enchères portées à l'adjudication des biens
vendus à la préfecture, dans le même laps de temps, ne dépassaient
pas 3,66 p. 100.

L'expérience était concluante [1]. Le résultat obtenu s'explique aisément. A la Chambre des notaires, le public est nombreux, les
enchères sont portées par les notaires et non par les intéressés, ce
qui rend les accords frauduleux entre ces derniers presque impos-
sibles. Enfin, les notaires ont un intérêt personnel à amener des acquéreurs aux adjudications, puisqu'ils reçoivent des honoraires
proportionnels.

Il semblait donc indispensable de remplacer, pour la vente de
tous les biens des hospices, même des propriétés de leur ancien domaine, le procédé suranné et exceptionnel des enchères à la préfecture, par le mode de droit commun : l'adjudication à la Chambre
des notaires. Par l'intermédiaire du préfet, le conseil général sollicita du gouvernement la rédaction d'une ordonnance qui lui accor-
derait la faculté d'effectuer ce changement, quand il le jugerait
convenable. Le 22 mars 1837, le ministre de l'intérieur fit savoir au
comte de Rambuteau, préfet de la Seine, que, dans l'état de la législation et d'après la jurisprudence administrative, aucun acte du
gouvernement n'était nécessaire pour autoriser l'administration des

---

1. Voici une preuve plus certaine encore de l'avantage qu'avaient les hospices à
recourir à la Chambre des notaires. L'administration était propriétaire de trois maisons, rue de Ménilmontant, nos 8, 10 et 12. La première fut vendue à la préfecture
le 22 août 1835, sur une seule enchère de 100 fr. On s'aperçut alors que ces trois immeubles, entrés dans le domaine des hospices postérieurement à la loi du 24 pluviôse
an XII, étaient susceptibles d'être vendus à la Chambre des notaires. Les deux maisons restantes furent vendues à cette chambre. Le 8 décembre 1835, le n° 10 fut
adjugé avec 2 600 fr. d'enchères ; le 9 février 1836, on adjugea, avec 10 100 fr. d'enchères, le n° 12 (*Rapport fait au conseil général dans sa séance du 8 juin 1836.*)

hospices à changer le mode d'adjudication indiqué par la loi du 24 pluviôse an XII, et qu'il convenait de laisser les établissements de bienfaisance libres de choisir le mode qui leur semblerait le plus favorable [1].

A partir de cette époque, le système des ventes à la préfecture paraît avoir été complètement abandonné.

Dans les ventes devant le préfet, les acheteurs, nous l'avons vu, ne payaient pas d'honoraires. En donnant son importante clientèle à la Compagnie des notaires de Paris, le conseil général des hospices ne voulut pas que les frais jusqu'alors supportés par ses acquéreurs fussent augmentés d'une façon sensible. Il réclama à la Chambre des notaires une réduction sur le taux des honoraires antérieurement payés dans les ventes peu nombreuses des biens d'hospice faites jusqu'alors devant cette chambre. La Compagnie des notaires et le notaire de l'administration charitable bénéficiaient d'un avantage trop réel pour ne pas y consentir. Il fut convenu que les honoraires des *ventes* seraient réduits à *un franc p. 100* du prix, à partager par égales portions, entre le notaire de l'administration et celui de l'adjudicataire, en comprenant dans les honoraires la grosse et une expédition du contrat [2].

On voulut profiter de cette circonstance pour régler, *ne varietur,*

1. « Que veut, en effet, l'autorité chargée de la tutelle des établissements charitables ? C'est que toutes leurs transactions aient lieu de manière à garantir les intérêts des pauvres ; *elle prescrit* donc *d'employer la voie des enchères* pour la vente de leurs biens, *et même pour la passation des baux* de leurs propriétés, parce que la publicité et la concurrence présentent des garanties contre la fraude. Mais l'adjudication par forme administrative, comme celle par-devant notaire, donne également lieu à des enchères publiques et amène, par conséquent, la publicité et la concurrence désirées. Cela est si bien reconnu, que des lois, des décrets et des ordonnances ont indifféremment indiqué les deux modes d'adjudication, lorsqu'il s'est agi de vendre des biens appartenant à des établissements charitables. » (Lettre du ministre de l'intérieur du 22 mars 1837.)

2. Délibération du conseil général des hospices du 26 juillet 1837. Cette délibération fut prise à l'occasion de la réimpression du cahier des charges qui avait été dressé le 8 octobre 1833 pour la vente par-devant notaires des biens immeubles appartenant aux hospices. Le tarif des honoraires figurant dans ce cahier des charges de 1833 était de *un et un quart* pour cent du prix principal pour le notaire vendeur et de *un demi* pour cent pour le notaire de l'adjudicataire ; au total, un et trois quarts pour cent.

Dans sa séance du 27 janvier 1837, le conseil municipal avait émis un avis favorable à cette réduction. Sa délibération renferme le considérant que voici : « Considérant que l'administration, en donnant à la Compagnie des notaires un témoignage de sa confiance et de son intérêt, doit pourtant ne pas laisser à un règlement ultérieur variable la fixation des honoraires de ces ventes et, à raison de leur multiplicité, réduire dès à présent la quotité des honoraires du notaire de l'administration. »

les honoraires alloués dans les cas de *baux* présentés aux enchères et qui étaient adjugés à la Chambre des notaires, conformément au droit commun.

Dans sa séance du 27 janvier 1837, le Conseil municipal émit l'avis de fixer les honoraires à 2 fr. 50 p. 100 du loyer annuel à partager, par égales portions, entre le notaire de l'administration et celui de l'adjudicataire. A l'égard des baux dont le prix était inférieur à 1000 fr., la somme allouée devait être de 25 fr. à partager entre les deux notaires. Dans les honoraires devaient être comprises la grosse et une expédition du bail.

Le chiffre définitivement adopté fut celui de 2 fr. 40 p. 100 ou 24 p. 1000, à partager également entre les deux notaires, soit 12 fr. pour chacun. Le 29 juin 1842, en procédant au remplacement de son notaire, le conseil général prit un arrêté où nous lisons : « A l'égard des baux, les honoraires demeurent fixés à 12 fr. p. 1000 sur le prix d'une année de jouissance, sans que, dans aucun cas, les honoraires à allouer pour un bail puissent être moindres de 12 fr. [1]. »

Ces tarifs d'honoraires pour les ventes et pour les baux sont encore aujourd'hui en vigueur.

§ 4. — LES ALIÉNATIONS RURALES.

1° Ventes de certaines catégories de biens ruraux. — Ce n'était pas seulement les biens de ville que les pouvoirs publics voulaient faire vendre. Les biens ruraux, si longtemps épargnés, avaient, eux aussi, attiré l'attention, et si, comme on le prétendait, les propriétés urbaines étaient mal administrées, il n'y avait pas de raisons pour que les immeubles ruraux fussent bien gérés. Nous avons fait connaître plus haut les critiques formulées par le préfet de la Seine, en 1832, contre cette nature de biens jugés insuffisamment productifs [2] ; nous avons mentionné aussi les attaques du *National* contre le système suranné des fermages perçus en grains [3].

Il était bien difficile que le conseil général des hospices, malgré sa répugnance à vendre des propriétés qui lui semblaient consti-

---

1. Cette délibération fut approuvée par arrêté du préfet de la Seine en date du 26 août 1842.
2. Page 111.
3. Page 114.

tuer la dotation, le patrimoine indispensable d'une administration hospitalière, pût résister à ce mouvement d'opinion et conserver plus longtemps intact son domaine rural.

Il avait, du reste, lui-même, ainsi que nous l'avons vu, porté en 1828 et en 1829 une atteinte au principe d'intangibilité des immeubles ruraux, en décidant d'aliéner des corps de ferme en mauvais état et dont la restauration lui paraissait trop dispendieuse. Cette première exception devait être, sous la monarchie de Juillet, suivie de plusieurs autres, destinées principalement à donner, en partie, satisfaction aux exigences de l'autorité supérieure. Ainsi, l'administration hospitalière estima qu'il convenait d'aliéner les *propriétés* rurales *isolées ou éloignées* [1], afin de simplifier la gestion du domaine. Cette idée était sage, à une époque où les moyens de locomotion étaient encore très imparfaits, où le *commis voyageur* ou *inspecteur des biens ruraux* n'avait, dans maints endroits, comme mode de transport, que le cheval pour l'entretien duquel une somme de 1 000 fr. lui avait été primitivement allouée [2].

Dans les environs immédiats de Paris : à *Belleville*, à *Charonne* et, un peu plus loin : à *Meudon*, à *Saint-Germain-en-Laye*, à *Chatou*, se trouvaient des maisons avec jardins. C'étaient de *véritables propriétés urbaines*. On les vendit, comme on vendait celles de Paris, parce qu'on était convaincu qu'elles aussi, malgré leur bon état d'entretien actuel, n'avaient aucun avenir.

De même, le conseil général crut devoir procéder au lotissement et à la vente de plusieurs terrains situés dans la banlieue : à *La Chapelle*, à *Vaugirard* et à *Montrouge*, après y avoir ouvert des rues et fait les travaux de viabilité. Nous insisterons, dans quelques instants, sur cette opération.

D'autres causes, étrangères à l'initiative du conseil général des hospices, contribuèrent à la diminution du patrimoine rural : l'établissement des chemins de fer d'Orléans, du Nord, de l'Ouest, de Lyon (1838, 1839, 1843, 1847), la construction des fortifications de

---

1. En 1848, les hospices de Paris avaient vendu tous les biens qu'ils possédaient dans les Ardennes, dans l'Aube, l'Eure, Maine-et-Loire et la Seine-Inférieure.

2. En janvier 1822, un arrêté du conseil général des hospices porta de 2 000 fr. à 2 400 fr. le traitement du commis voyageur et substitua aux 1 000 fr. attribués pour l'entretien de son cheval, un abonnement pour frais de voyage, fixé à 1 800 fr. (*Code admin. des hôpitaux*, t. Ier, p. 159.)

Paris (1841), la création du cimetière du Sud ou Montparnasse (1838), qui fut formé à *Montrouge* en grande partie, sur un vaste terrain de 42 308 mètres, provenant de l'Hôtel-Dieu et de la Charité [1].

En 1830 et 1831, aucune vente de biens de l'*ancien domaine* rural ne fut effectuée. A partir de 1832, et pendant tout le cours de la monarchie de Juillet, il y eut, chaque année, plusieurs ventes. En voici le tableau complet, comprenant même les emprises de petites parcelles pour opérations de voirie :

Années.	Nombre des ventes.	Prix total.
1832	1	84 100f » [2]
1833	5	195 084 » [3]
1834	9	50 895 » [4]
1835	4	40 394 » [5]
1836	22	138 070,72 [6]
1837	3	18 053 » [7]
1838	10	678 019,47 [8]
1839	5	45 385,10 [9]
1840	5	33 781,51 [10]
1841	5	48 144,50 [11]

1. Ce terrain fut payé par la ville de Paris 57 578 fr. 97 c.

2. La vente faite en 1832 fut celle de la ferme de Fontenay-en-Brie, d'une contenance de 57ʰᵃ 33ᵃ 34ᶜᵃ.

3. On vendit notamment le domaine du Thour (Ardennes), une tuilerie à Bouillancy, une maison et un clos à Charonne.

4. Notamment, deux maisons à Belleville, maison et terres à Chatou, maison à Saint-Germain-en-Laye.

5. Notamment, lot de terres (gagnage) à Saint-Nabord (Aube), maison à Meudon.

6. Notamment, terrain à la Chapelle et terrain de 9 670 mètres, rue des Prés-Saint-Gervais, qui fut vendu à la commune de Belleville pour la création d'une place dénommée aujourd'hui *place des Fêtes*.

7. Jardin à Gonesse, terres à Montrouge et à Belleville.

8. Notamment, terres à la Chapelle, à Vaugirard (création du chemin de fer de l'Ouest), moulins et halle de Corbeil. Ces derniers ont été vendus 430 100 fr.
Le prix total de 678 019 fr. 47 c. ne comprend pas le produit de la vente, à la ville de Paris, des terrains de Montrouge cédés pour la création du cimetière du Sud.

9. Terres à Montrouge et à Gentilly, à Ivry, Évry, Grigny, Essonnes et Corbeil (chemin de fer d'Orléans).

10. Notamment, bâtiments et cour de la ferme de Massy.

11. Notamment, bâtiments de la ferme de Marly-la-Ville.

Années.	Nombre des ventes.	Prix total.
1842.	6	29 980[f],10 [1]
1843.	3	52 549 » [2]
1844.	6	25 462 ,15 [3]
1845.	10	66 856 ,27 [4]
1846.	4	32 578 » [5]
1847.	12	220 048 ,08 [6]

2° *Reprise de la vente des corps de ferme*. — C'est en 1840 que l'administration charitable reprit la *vente des corps de ferme* en mauvais état. Nous avons indiqué les raisons de ce procédé consistant à aliéner les bâtiments et à conserver les terres[7]. Nous avons vu que les premières opérations de cette nature, faites en 1828 et en 1829, avaient donné les résultats les plus séduisants.

Les ventes des corps de ferme qui furent consenties sous le gouvernement de Juillet ne parurent pas moins avantageuses. On vendit, dans cette période, les bâtiments des fermes de *Massy* (Seine-et-Oise), de *Marly-la-Ville*, de Paris, aux *Ormeaux* (Seine-et-Marne), de *Mitry* (Seine-et-Marne), des *Botheaux*, à *Vert-le-Grand*, de *Morangis* (Seine-et-Oise). On vendit, en même temps, les pailles et fumiers de plusieurs de ces fermes.

Le tableau suivant montre quelles ont été les conséquences financières immédiates produites par les aliénations.

---

1. Notamment, bâtiments de la ferme de Mitry, terres à Montrouge, pour les fortifications, terres à Corbeil et Essonnes, pour le chemin de fer d'Orléans.

2. Notamment, terrains à la Chapelle (ch. de fer du Nord).

3. Notamment, terrain à Neuilly vendu à l'État pour les fortifications, terrain à Vaugirard (chemin de fer de Versailles), lots de terre à Montrouge, rue Montyon (aujourd'hui rue Mouton-Duvernet).

4. Notamment, terrains à Vaugirard, terres à Vanves, pour les fortifications.

5. Terrains à la Chapelle et à Montrouge.

6. Notamment, bâtiments de la ferme des Botheaux à Vert-le-Grand (Seine-et-Oise), terres à Gentilly (création du chemin de fer de Sceaux), à Créteil et à Choisy-le-Roi (création du chemin de fer de Paris-Lyon); lots de terre à Montrouge (Chaussée-du-Maine); ferme du Plessis-Saint-Benoît, à Authon (Seine-et-Oise); superficie : 53[ha]84[a]20[ca]; prix de vente : 43 900 fr.
On vendit également, en 1847, les immeubles ruraux provenant de la succession dame Lencquesaing. L'administration charitable avait été autorisée à accepter cette succession jusqu'à concurrence d'une somme de 700 000 fr. Le prix de vente s'éleva à 987 841 fr., sur lesquels on versa aux hospices de Paris les 700 000 fr. qui lui revenaient.

7. Chapitre III, § 5, 4°, p. 103.

DÉSIGNATION des fermes de :	DATES des actes de vente.	SURFACE DES BATIMENTS et accins vendus.	CONTENANCE des terres non vendues.	PRIX de vente	PRIX DE FERMAGE		AVANTAGES ANNUELS produits par les ventes,			TOTAL de l'augmentation de revenu.
					Baux antérieurs à la vente des bâtiments.	Baux faits après la vente, sans les bâtiments.	Augmentation de fermage.	Revenu à 4 1/2 p. 100 du prix de la vente.	Diminution des dépenses annuelles par l'entretien des bâtiments.	
		h. a. c.	h. a. c.	fr.	fr. c.	fr. c.	fr. c.	fr. c.	fr.	fr. c.
Massy	23 juin 1840	19,49	109 22,28	19 000	12 177,69	14 665,14	2 487,45	855 »	300	3 642,45
Marly-la-Ville .	16 fév. 1841	1 57,31	127 53,36	30 592	11 697,56	14 730,04	3 032,48	1 376,64	600	5 009,12
Ormeaux . . .	4 mai 1841	2 12,83	76 37,38	10 500	2 184,64	2 184,64	»	472,50	600	1 072,50
Mitry	27 sept. 1842	1 78,05	50 35,11	16 750	5 407,50	5 429,13	21,63	753,75	450	1 225,38
Vert-le-Grand (ou des Belleau).	6 juin 1847	91,75	137 66,09	18 300	3 893,40	5 342,76	1 449,36	823,50	500	2 772,80
Morangis . . .	30 avril 1847	98,74	79 20,71	31 400	8 673,64	13 429,44	4 655,80	1 413 »	540	6 708,80

On comprend que ces résultats aient enthousiasmé les hospices. On conservait chaque domaine à peu près entier, on supprimait les frais d'entretien de mauvais bâtiments, et on jouissait désormais de deux revenus, l'un formé par les arrérages de la rente 4 1/2 p. 100 acquise avec le prix de la vente, l'autre provenant de la location des terres ; et ces deux revenus additionnés étaient très sensiblement supérieurs au produit de l'ancien fermage.

Mais rien n'est perpétuel, tout se transforme incessamment sur notre globe. Si le système ingénieux imaginé pour augmenter les revenus des biens ruraux, que nous venons de mentionner, était excellent à une époque de prospérité agricole, il pouvait entraîner de graves mécomptes aux jours de crise et aboutir à des conséquences bien imprévues. Actuellement, la relocation en détail des lots de terre provenant d'un domaine morcelé devient de plus en plus difficile. Les cultivateurs, qui pendant longtemps se sont fait une vive concurrence profitable aux intérêts hospitaliers, s'entendent entre eux maintenant et s'abstiennent de se rendre aux adjudications. C'est péniblement, avec des baisses sensibles de mises à prix, que les lots d'un certain nombre de terres appartenant à l'administration de l'Assistance publique parviennent à trouver preneur. Parfois, certains d'entre eux restent en friche ; parfois aussi, et trop souvent, des locataires deviennent insolvables.

La publicité faite lors du renouvellement des baux pour provoquer des offres ne peut intéresser que les gens du pays dont les habitations sont à proximité des terres à cultiver. L'administration est donc à leur merci.

Pour éviter des non-valeurs et la difficulté du renouvellement des baux, les hospices ont dû mettre en vente, après les avoir lotis, plusieurs de ces domaines ruraux dépouillés de leurs bâtiments. Depuis longtemps, celui de *Marly-la-Ville* a passé dans d'autres mains, celui de *Mitry* également. Les terres de l'ancienne ferme de Massy ont cessé récemment de figurer dans l'état des propriétés hospitalières.

Le conseil général des hospices eût été singulièrement surpris de ces résultats si éloignés de ses prévisions.

Si, au lieu de vendre les bâtiments, on les eût réparés même au prix d'assez lourds sacrifices pécuniaires, chaque bonne ferme avec ses terres aurait continué d'être facilement relouée, car les agriculteurs désireux d'exploiter une ferme, la recherchent, non seulement dans leur voisinage immédiat où elle ne se rencontre pas toujours, mais souvent aussi dans des régions assez loitaines où l'exploitation est demeurée rémunératrice. Dans ce cas, aucune coalition d'intérêts n'est à redouter. Les hospices auraient ainsi retrouvé dans les années de gêne agricole, grâce à la solvabilité de leurs fermiers et malgré la baisse du loyer des terres, la récompense des sacrifices faits aux bâtiments des fermes dans les temps plus heureux.

On peut faire observer, toutefois, et avec juste raison, que si plusieurs domaines ruraux des hospices sont rentrés dans la circulation privée, le produit des ventes a été employé en acquisition de rentes sur l'État dont les arrérages forment un revenu à peu près équivalent de celui des biens aliénés. La question est donc de savoir si la transformation en rentes d'un patrimoine immobilier rural appartenant à des hospices, dont la vie civile dure indéfiniment, est un mal ou un bien. Grave problème, difficile à résoudre, car nous ignorons et nous ne pouvons prévoir ce que sera dans l'avenir l'organisation politique et économique de notre France et des autres États européens. Nous étudierons plus loin cette question, à l'occasion de la circulaire du général Espinasse, sous le second Empire.

3° *Remploi du prix des propriétés rurales aliénées.* — Sous la monarchie de Juillet, quand les hospices commencèrent à demander l'autorisation de vendre les propriétés rurales isolées ou éloignées, ils se préoccupèrent de cette question de *remploi du prix des biens aliénés*. L'expérience du passé leur avait inspiré quelque défiance des placements en rente et, pour les raisons que avons fait connaître, ils persistaient à considérer les biens ruraux comme le mode idéal de propriétés d'une administration hospitalière.

Le 22 juillet 1835, le conseil général des hospices sollicita l'autorisation de vendre deux immeubles dans Paris, plus trois propriétés rurales[1]. Dans les considérants de son arrêté, le conseil déclara qu'il renouvelait la proposition antérieurement faite par lui de confier à une *commission mixte* composée de membres du conseil municipal et de l'administration hospitalière *l'examen du remploi des biens ruraux, soit en rente, soit en propriétés de même nature*. En attendant la décision à intervenir sur ce point, le produit des ventes rurales serait provisoirement déposé au Trésor.

L'ordonnance royale d'autorisation, qui intervint le 21 janvier 1836, ne tint aucun compte de ces *desiderata* et prescrivit, sans distinction, *l'emploi en acquisition de rentes sur l'État* du prix des aliénations aussi bien rurales qu'urbaines.

Néanmoins, le projet de nomination d'une commission mixte n'était pas abandonné.

Le 2 octobre 1835, le préfet de la Seine avait fait connaître à l'administration des hospices qu'il était disposé à nommer une commission pour l'examen du rapport rédigé par le conseil général en vue de démontrer les avantages d'un placement de capitaux en acquisition de propriétés rurales. Le 17 février 1836, le préfet réclama ce rapport qui ne lui était pas parvenu.

Que se passa-t-il après ? La commission mixte se réunit-elle ? Nous l'ignorons. Nous ignorons aussi ce que contenait le rapport des hospices dont nous n'avons pas retrouvé trace. Mais nous supposons que, pour démontrer plus victorieusement l'utilité d'un emploi en immeubles ruraux, ce document citait un exemple frappant qui sera de nouveau donné en 1848 et sous le second Empire, celui de la *ferme de Saint-Gobert*, arrondissement de Meaux.

En 1651, l'hôpital des incurables de Paris échangea 4 968 livres

---

1. Ces propriétés étaient : 1° une pièce de bois isolée sur le territoire de Monroux, près de Coulommiers ; 2° deux pièces de terre et un pré, sur le territoire des Ageux, près de Pont-Sainte-Maxence (Oise) ; 3° un lot de terres et de bois dépendant de la succession Brézin, à Bézu-le-Guéry, arrondissement de Château-Thierry.

de rentes sur particuliers contre la ferme de Saint-Gobert, d'une superficie de 438 arpents. Si l'hôpital eût conservé ses rentes, son revenu, dans le cas le plus favorable, aurait été encore, sous le règne de Louis-Philippe, de 4 968 fr.

Mais il aurait pu arriver ou qu'elles eussent péri, par suite de l'insolvabilité des débiteurs, ou qu'elles eussent été remboursées et que le produit en eût été placé en rentes sur l'État. Dans cette seconde hypothèse, si l'opération avait eu lieu avant 1720, les rentes acquises auraient subi la réduction de moitié à cette époque ; elles ne se seraient plus élevées qu'à 2 484 fr. En l'an VI, elles auraient subi une nouvelle réduction des deux tiers, et n'auraient plus été que de 828 fr.

Si nous examinons maintenant le revenu de la ferme de Saint-Gobert, nous faisons la constatation suivante : en 1651, au moment de l'échange, cette ferme rapportait 3 600 livres et deux muids de blé à payer à la décharge de l'hôpital de la Chartreuse et aux Célestins. Sous la monarchie de Juillet, le bail de 18 ans, consenti le 27 août 1835, imposait au fermier le paiement annuel de 824 hectolitres de blé, qui, au cours de 21 fr., correspondaient à un revenu en argent de 17 304 fr., près de cinq fois supérieur à celui que produisait la ferme au milieu du XVIIe siècle.

§ 5. — Les terrains des communes suburbaines.

Nous avons consacré, plus haut, quelques lignes aux terrains situés dans les communes suburbaines. Nous avons vu que la contiguïté de la capitale provoquait, principalement dans la partie de la banlieue avoisinant les barrières, un afflux de population. Les nombreuses pièces de terre appartenant aux hospices tout près de Paris devenaient rapidement des terrains à bâtir. En attendant qu'il en pût tirer un parti meilleur, le conseil général continuait à les louer pour la culture, mais se réservait le droit de reprendre à toute époque les parcelles dont il voudrait disposer, par ventes ou baux de longue durée, sans autre indemnité envers les fermiers qu'une réduction proportionnelle sur le prix de leurs fermages et que la valeur, à dire d'experts, de leurs semences et engrais.

L'administration charitable n'était pas hostile à la vente de ces terrains de la banlieue, quand l'occasion d'aliéner lui semblait favorable. Il n'y avait, en effet, pas de raison, puisque l'on vendait les terrains à bâtir situés dans l'enceinte de Paris, pour conserver systématiquement ceux qui, situés immédiatement en dehors de ses murs, avaient perdu leur caractère de biens ruraux et étaient devenus propres à recevoir des constructions bourgeoises, commerciales ou industrielles.

Il ne fallait cependant pas aliéner avec trop de précipitation. Le temps amenait avec lui un accroissement certain et continu de la valeur vénale de ces propriétés. La raison commandait d'attendre qu'elles eussent acquis toute leur valeur ; une bonne administration conseillait aussi d'effectuer, à cette époque, si l'importance de la superficie du terrain l'exigeait, les travaux de percement de rues susceptibles de faciliter la vente et de rendre plus considérable la plus-value escomptée.

Les hospices ne pouvaient pas toujours choisir, pour aliéner, le moment qu'ils jugeaient convenable. L'État, les communes suburbaines, la ville de Paris, achetaient, en vue de l'exécution de travaux d'intérêt général ou local, les terrains qui leur étaient nécessaires et contribuaient ainsi à diminuer et même à faire entièrement disparaître, dans certains endroits, le domaine hospitalier. Mais ces travaux publics : création de nouveaux services, développement des moyens de communication, établissement d'un autre mode de transport (les chemins de fer), construction des fortifications de Paris, etc., exerçaient une influence sur les parties non absorbées des terrains des hospices, en augmentant leur valeur dans une proportion parfois considérable.

L'administration charitable, nous le savons, possédait des lots de terres dans presque toutes les communes suburbaines : à *Belleville*, à *La Chapelle-Saint-Denis*, à *Gentilly*, *Ivry*, *Montrouge*, *Vanves* et *Vaugirard*. Parmi ces lots de terre, quelques-uns formaient de *grandes masses* auxquelles il nous paraît utile de consacrer quelques développements, en exposant les actes de dispositions dont ils ont été l'objet sous le gouvernement de Louis-Philippe.

Terres de Montrouge. — A Montrouge se trouvaient les trois groupes de terres les plus étendus.

Le premier groupe, celui de la *barrière Montparnasse*, s'étendait, originairement, depuis l'emplacement actuel de l'église Notre-

Dame des Champs, jusqu'à la route de la chaussée du Maine et même au delà. La moitié environ de ces terres provenait de la *ferme du Grand-Pressoir*, ancienne propriété de l'Hôtel-Dieu, dont nous avons fait plus haut l'historique [1]. C'était le reste de la pièce des 53, et plus tard des 25 arpents.

Cette pièce des 25 arpents avait été réduite assez sensiblement, d'abord par l'ouverture du boulevard intérieur, puis en 1785 par la création du boulevard extérieur Montparnasse (aujourd'hui boulevard Edgar-Quinet).

L'autre moitié, plus au sud, sur la chaussée du Maine, joignait immédiatement la première. Elle était à l'endroit qu'occupaient un ancien moulin de la Charité, dit *Moulin janséniste*, et les terres qui en dépendaient [2].

Ce domaine hospitalier était traversé par deux chemins : le *chemin de Vanves* à Paris et le *chemin de la Croix-du-Gord* ou des *Plantes*.

En 1824, la ville de Paris prit possession, pour la formation du cimetière du Sud, d'une superficie de 4ʰᵃ23ᵃ08ᶜᵃ des terres dont il s'agit. Cette acquisition ne fut régularisée que plus tard, par un contrat en due forme, du 28 mai 1838.

L'établissement du cimetière du Sud ou Montparnasse entraîna la suppression du chemin de Vanves, qui passait au milieu de l'emplacement choisi pour la nécropole et aboutissait à sa grande entrée, en face de la rue Huyghens actuelle [3].

En 1847, la ville de Paris acquit, par voie d'expropriation pour cause d'utilité publique, les parcelles nécessaires à l'agrandissement de son cimetière, du côté du boulevard extérieur d'Enfer (boulevard Raspail actuel). Elle engloba dans cette opération une pièce des hospices mesurant 85ᵃ47ᶜᵃ à gauche du chemin des Plantes, plus une parcelle de 1ʰᵃ40ᵃ27ᶜᵃ d'une vaste pièce située plus haut, près de la barrière d'Enfer, également à gauche et en façade sur le chemin des Plantes. Cette pièce faisait partie de la deuxième grande masse de terres dont nous allons parler.

---

1. Page 45.

2. Un reste de cet ancien moulin existe encore aujourd'hui : c'est une tour, dite *tour de la Charité*, située dans le cimetière Montparnasse. (Communication de M. Tesson, membre de la commission du vieux Paris.)

3. La rue de Vanves s'arrête maintenant au mur du cimetière, rue Froidevaux, ancienne rue du Champ-d'Asile.

L'agrandissement du cimetière amena la suppression du chemin des Plantes. Il y a une douzaine d'années, cette voie a été rétablie par la création d'une rue, la rue Émile-Richard, qui a séparé en deux le cimetière Montparnasse.

La ville de Paris acheta également, en 1847, la majeure partie de la parcelle subsistant, en dehors des barrières, de la pièce des 25 arpents; elle mesurait 11 397 mètres et se trouvait à droite de la porte principale du cimetière, en façade sur le boulevard[1].

Ces diverses aliénations furent réalisées par jugement d'expropriation en date du 6 novembre 1847[2].

La *deuxième masse* de terres était située à la *barrière d'Enfer* et sur la *route d'Orléans* ; elle dépendait originairement de la *ferme du Grand-Pressoir*, mais, en 1790, après la disparition de l'hôpital Sainte-Anne, elle avait été rattachée aux terres de l'exploitation de la ferme qui avait remplacé cet établissement hospitalier.

Elle comprenait primitivement 11 arpents 75 perches, soit 3^{ha}76^{a}09^{ca} environ.

Au XVIIIe siècle, plusieurs parcelles en avaient été distraites, une par la ville de Paris, en 1763, pour la formation de la *demi-lune d'Enfer* et des *boulevards d'Enfer et Saint-Jacques*, une autre en 1787 par le roi, pour la création du *chemin d'Orléans* (avenue d'Orléans actuelle); une troisième, également par le roi, le 28 mai 1788, pour l'établissement des *barrières* et des *boulevards extérieurs ;* d'autres ventes moins importantes avaient eu lieu. Sous la monarchie de Juillet, cette masse de terre était réduite à 5 arpents 67 perches, environ 1^{ha}93^{a}75^{ca}.

Le jugement d'expropriation mentionné ci-dessus, rendu le 6 novembre 1847, pour l'agrandissement du cimetière, réduisit ce domaine hospitalier à 1 arpent 61 perches 94 centièmes, environ 5 520 mètres.

Il en reste aujourd'hui, dans le patrimoine de l'Assistance publique, une superficie de 3 616^m,65 située place Denfert-Rochereau, rue Froidevaux (ancienne rue du Champ-d'Asile) et rue Daguerre.

---

1. La partie acquise par la ville de Paris mesurait 9 400 mètres. Le reste, entre le cimetière et la rue de la Gaîté, fut vendu en 3 lots à des particuliers en 1847 et 1848.

2. Il ne resta plus alors de la pièce des 25 arpents que la partie située dans Paris, entre le boulevard intérieur Montparnasse et le boulevard extérieur de ce nom, ou boulevard Edgar-Quinet.

C'est une propriété couverte de, constructions légères qui rapporte un revenu annuel de 7 500 fr.

La *troisième masse* de terres était située *entre la route d'Orléans et la chaussée du Maine*. La création de cette dernière voie en avait détaché une parcelle qui se trouva avoir deux façades, l'une sur la chaussée, l'autre sur le chemin des Plantes [1]. La masse de terre dont il s'agit provenait pour la majeure partie de la ferme du Grand-Pressoir et pour le reste d'une acquisition faite par les hospices, des héritiers Brocard, en 1824. A l'origine, sa superficie était de 21 arpents 89 perches 74 centièmes, ou 7ʰᵃ48ᵃ49ᶜᵃ. L'ouverture de la route d'Orléans en avait pris une parcelle d'environ 2 110 mètres. Quelques ventes à des particuliers eurent lieu plus tard, en 1827 et dix ans après, en 1837, puis en 1839. A cette date, la surface des terres restantes était encore de 19 arpents 25 perches 77 centièmes, ou 6ʰᵃ58ᵃ35ᶜᵃ [2].

Deux ordonnances royales, en date des 28 octobre 1838 et 8 mars 1839, autorisèrent les hospices de Paris à percer trois rues à travers cette propriété, qui avait acquis une grande valeur par suite du développement rapide de la commune de Montrouge. Les trois rues furent ouvertes en 1839 et 1840. Le conseil général des hospices leur donna les noms de trois grands bienfaiteurs des pauvres : *Brézin, Montyon* et *Boulard*. Les deux premières furent percées perpendiculairement à la route d'Orléans et s'étendirent jusqu'à la chaussée du Maine. La dernière coupa les rues Brézin et Montyon par une ligne transversale. La rue Montyon a été débaptisée depuis et est devenue la rue *Mouton-Duvernet* [3].

L'administration charitable recueillit bien vite le bénéfice de cette opération de voirie. Les terrains ainsi morcelés par des rues furent, en grande partie, lotis et vendus à dater de 1844 à des prix variant entre 10 fr. 35 c. et 50 fr. 20 c. le mètre [4].

---

1. Elle existe encore en partie dans le domaine hospitalier. Elle porte le n° 192 sur l'avenue du Maine, le n° 11 sur la rue des Plantes et le n° 3, sur la rue de la Sablière.

2. Ces terres ont été en partie fouillées, pour extraction de pierre, par l'entrepreneur qui a été chargé de construire les palais édifiés sur la place de la Concorde, en exécution d'un arrêt du Conseil du roi du 12 mai 1758.

3. Le nom de rue Montyon a été donné ensuite à une partie de la rue de la Boule-Rouge, ouverte dans Paris, sur une autre propriété des hospices.

4. De cette masse de terres située entre l'avenue d'Orléans et l'avenue du Maine il subsiste dans le domaine hospitalier un petit lot de 239ᵐ,04, avenue du Maine, 173, loué actuellement 1 500 fr. par bail de 9 ans.

Nous trouvons trace, au compte de 1845, de la satisfaction qu'éprouva le conseil général des prix élevés atteints à l'adjudication des premiers lots aliénés. « L'élévation des prix obtenus par plusieurs terrains situés à Paris, rue Montparnasse et rue Delambre, et à Montrouge, entre la route d'Orléans et la chaussée du Maine, terrains qui étaient autrefois livrés à la culture, tient notamment à ce que l'administration a opéré des percements de rues qui, en facilitant l'exploitation en détail, leur ont donné une grande valeur. C'est peut-être ici une occasion de faire remarquer quel intérêt a l'administration à savoir attendre, afin de vendre plus avantageusement. Les nombreux terrains qu'elle possède dans les environs de Paris peuvent avec le temps, les circonstances et une gestion bien entendue, prendre une grande valeur. Plusieurs de ces terrains qui, exploités par la culture, il y a 30 ou 40 ans, valaient alors 6 000 fr. l'hectare ou 60 centimes le mètre, se sont vendus à raison de 7, 10, 15, 25 et 40 fr. le mètre [1]. »

La masse de terrains dont nous nous occupons ne fut pas entièrement lotie. Deux îlots situés entre la rue Boulard, la rue Brézin, la chaussée du Maine et le chemin des Plantes, séparés l'un de l'autre par la rue Montyon, furent vendus en bloc moyennant un prix principal de 67 040 fr. à la commune de Montrouge, par deux contrats, des 6 décembre 1849 et 19 avril 1851. On y créa un marché, un square, la mairie de Montrouge, maintenant mairie du 14ᵉ arrondissement, un groupe scolaire et une justice de paix. La superficie était de 16 760 mètres. Le prix de vente fut calculé à raison de 4 fr. le mètre carré [2].

Terres de Vaugirard. — La rue de Vanves formait la limite entre les communes de Montrouge et de Vanves, d'un côté, et celle de Vaugirard, d'un autre. Les hospices de Paris étaient propriétaires à Vaugirard d'un certain nombre de pièces de terre très espacées, provenant de la *ferme du Grand-Pressoir*.

Un *groupe* important mesurant une superficie de 3ʰ31ᵃ24ᶜᵃ était

---

1. Compte des recettes et des dépenses de 1845, p. xxxvii.

2. Cet emplacement était primitivement traversé par un chemin dénommé chemin de la Croix-des-Sages. Il fut supprimé et le sol en devint propriété privée. Le 15 juillet 1834, les hospices achetèrent de Lemeunier la partie de cet ancien chemin qui traversait leur domaine, pour pouvoir le comprendre dans les opérations de ventes projetées.

situé entre la chaussée du Maine et le boulevard de la barrière du même nom (aujourd'hui boulevard de Vaugirard).

En 1838, lors de la création de la ligne du chemin de fer de Paris à Versailles, une superficie de 1ʰᵃ05ᵃ77ᶜᵃ de cette masse de terres fut absorbée pour l'établissement des ateliers de la compagnie d'exploitation de la ligne. Le contrat de cession fut signé le 15 mai 1838, moyennant un prix de 43 638 fr. 10 c.

La partie cédée au chemin de fer était traversée en biais par la rue du Moulin-de-Vaugirard. La création des ateliers de la compagnie du chemin de fer fit disparaître un tronçon de cette voie. Il fut rétabli plus tard par un changement de direction du côté du sud-est, à travers la partie subsistante du terrain des hospices[1]. La rue du Moulin-de-Vaugirard, maintenant scindée en deux sections, est devenue la rue Vandamme dans les parties nord et sud-est et la rue du Cotentin au sud.

Un autre lot de cette masse fut vendu, en 1845, à un particulier. Le reste ne devait pas tarder à être également aliéné[2].

Terrain de la Chapelle-Saint-Denis. — A la Chapelle-Saint-Denis, les hospices possédaient un terrain de 2ʰᵃ48ᵃ72ᶜᵃ provenant d'un legs Cosnard de Trémont, fait à l'Hôtel-Dieu en date du 9 décembre 1650.

En vue de mettre en valeur ce vaste terrain en façade sur la grande rue de la Chapelle, le conseil général des hospices s'entendit, comme nous l'avons vu plus haut[3], avec les propriétaires des terrains à la suite pour la création d'une rue de 15 mètres de largeur devant aboutir au chemin des Poissonniers. Les travaux d'ouverture et de pavage de cette voie nouvelle, à laquelle fut donné le nom de rue Doudeauville, furent exécutés entre 1830 et 1837, ainsi que nous le verrons plus loin. Les hospices durent abandonner à cet effet une superficie de 3 969 mètres.

---

1. C'est en 1856 que les hospices vendirent le sol nécessaire à cette opération de voirie.

2. Un peu plus loin, sur le territoire de la commune de Vanves, au lieu dit la Garenne, l'Hôtel-Dieu était propriétaire d'une pièce de terre, d'un seul tenant, mesurant 3ʰᵃ41ᵃ31ᶜᵃ, en façade sur le sentier des Mariniers, aujourd'hui rue Didot. Cette pièce fut coupée en deux tronçons d'inégale superficie, par le chemin de fer de ceinture. Sur le tronçon principal, de 27 721ᵐ,30, a été édifié l'hôpital Broussais. L'autre partie est restée dans le domaine productif de revenus.

3. Chapitre III, § 4, 4°, p. 97.

Le terrain restant fut aussitôt après loti et mis en vente. Les aliénations eurent lieu à des prix avantageux, variant entre 13 et 40 fr. le mètre. En 1843, la ligne du chemin de fer de l'Est prit une surface de 3 168 mètres qui fut cédée pour un prix de 47 520 fr. (14 fr. par mètre).

Sous la République de 1848, la propriété des hospices est réduite à 13 821 mètres.

Domaine de Belleville. — A *Belleville,* se trouvait, en 1830, un domaine mesurant dans son ensemble 1ʰᵃ33ᵃ20ᶜᵃ. Il comprenait une maison seule, une maison avec jardin, et un vaste terrain qui était devenu propre à recevoir des constructions. Ce domaine avait des façades sur la rue des Prés-Saint-Gervais, sur la rue Saint-Denis, aujourd'hui rue Compans et sur la rue de Beaune, maintenant rue des Fêtes. Il renfermait les sources alimentant l'hôpital Saint-Louis.

Le domaine dont il s'agit avait été acquis le 30 juin 1611, par l'Hôtel-Dieu, des religieux célestins. Les maisons et jardins furent aliénés en 1834. Quant au terrain, il fut vendu à la commune de Belleville le 13 mai 1836, pour l'établissement d'une place qui est maintenant la *place des Fêtes.*

Terres du Petit-Gentilly. — Au *Petit-Gentilly,* l'Hôtel-Dieu possédait les corps de bâtiments et les terres de la *ferme de Sainte-Anne,* mesurant une superficie de 8ʰᵃ27ᵃ57ᶜᵃ, sans y comprendre les terres de Gentilly et de Montrouge qui avaient été rattachées à l'exploitation de cette ferme, après la disparition de l'hôpital primitif. Nous avons fait plus haut l'historique de cet établissement[1]. Sous la monarchie de Juillet, il ne fut aliéné aucune terre de la ferme de Sainte-Anne.

§ 6. — La gestion des immeubles urbains.

Les ventes ne faisaient disparaître qu'une partie du patrimoine hospitalier. Le conseil général donnait, comme par le passé, tous ses soins à la bonne gestion du domaine urbain et rural conservé temporairement ou d'une façon définitive. Les corps de bâtiments continuaient en effet à entraîner des dépenses de grosses réparations

----

1. Page 47.

et d'entretien. De leur côté, les terrains situés dans Paris ou en dehors, mais à proximité des barrières, n'étaient susceptibles d'acquérir toute leur valeur vénale et locative que par l'exécution d'importants travaux de viabilité.

L'administration charitable géra très sagement. Elle témoigna, notamment en ce qui concerne les terrains, d'un esprit d'initiative et d'une activité dont les hospices de Paris recueillent encore aujourd'hui les fruits.

Étudions d'abord la *gestion des propriétés urbaines.*

Nous examinerons, dans ce paragraphe : 1° le mode de classement des propriétés urbaines ; 2° l'augmentation du revenu annuel avec ses causes ; 3° enfin, les locations à la ville de Paris pour ses écoles et ses asiles.

1° *Classement des propriétés urbaines.* — En 1830, comme du reste antérieurement, le conseil général répartissait, dans ses états des propriétés, les immeubles urbains en tenant essentiellement compte des idées d'aliénation ou de conservation de ces biens.

Dans un état de 1832, les propriétés urbaines sont groupées en *quatre catégories.*

La *première* comprend les propriétés qui sont *affectées à un service public :* bureaux de bienfaisance, maison de secours, asiles écoles de charité, mont-de-piété, etc. Ces biens sont, à peu près tous, improductifs de revenus [1]. Cette catégorie comprend, en outre, les *immeubles* productifs *contigus à des hôpitaux et hospices.* Aucun de ces biens ne devait être aliéné ; et c'est avec amertume que l'auteur d'une note placée en tête de l'état rappelle les ventes, faites sous le premier Empire, de maisons voisines de l'hôpital de la Charité et d'autres touchant à l'Hôtel-Dieu qu'il a fallu racheter depuis, non sans une grosse perte.

---

1. Seules rapportaient des revenus les propriétés suivantes :

1° Succursale du mont-de-piété, 22, rue des Petits-Augustins (rue Bonaparte). Cet immeuble a été vendu en 1895 à l'État pour l'établissement de l'*Académie de médecine.* Le loyer était de 5 772 fr. 44 c.

2° Partie de la Maison de Secours rue Beaujolais, louée sans bail 100 fr.

Partie de la Maison de Secours, cloître des Bernardins, 4, louée sans bail, 500 fr.

Partie de la Maison de Secours, rue du Faubourg-Montmartre, 64, louée à la fabrique de Notre-Dame de Lorette, sans bail, 161 fr. 60 c.

Immeuble rue de Verneuil, 13, occupé sans bail, par la mairie du 10ᵉ arrondissement, 5 160 fr.

La seconde catégorie a pour objet les propriétés faisant partie de *grandes masses de terrain*, au nombre de cinq, savoir :

A. — Le *pré de l'hôpital* contenant 22 arpents, c'est-à-dire plus de 75 000 mètres, situé à l'emplacement actuel de la gare d'Orléans, entre la Salpêtrière, la rue Poliveau et le quai de l'Hôpital (aujourd'hui quai d'Austerlitz)[1]. Ce domaine devait être percé de rues après l'expiration prochaine d'un bail à long terme. En 1832, le projet en question venait d'être homologué par ordonnance royale ;

B. — Un *terrain, barrière du Montparnasse*, mesurant 13 arpents, soit 44 450 mètres. Ce terrain devait également être mis en valeur par des percements de rues ;

C. — Un îlot compris *entre les rues des Vieilles-Tuileries*[2], *du Regard* et *de Vaugirard*, de 24 613 mètres, en partie loué par baux à longues années. Les hospices avaient projeté d'ouvrir, à cet emplacement, lors de l'expiration des baux, une rue qui, joignant les rues Saint-Placide et Notre-Dame-des-Champs, devait établir une communication directe du Pont-Royal au carrefour de l'Observatoire[3] ;

D. — La propriété dite *Enclos de la Boule-Rouge*, mesurant alors 18 280 mètres environ, au faubourg Montmartre, dont nous avons fait plus haut l'historique ;

E. — Enfin, *l'ancien enclos de la Roquette* provenant du couvent des Dames hospitalières. En 1829, et plus récemment, en 1834, les hospices avaient vendu au département deux lots de cette propriété. Sur l'un on devait construire une *prison modèle de femmes*[4]. Sur l'autre devait être édifiée la *maison de force*, en remplacement de la prison de Bicêtre[5]. « Les portions de cette propriété qui restent dans le domaine des hospices, dit la note insérée en tête de l'état des propriétés, comprennent 26 arpents environ (88 900 mètres),

---

1. C'est à travers ce terrain que fut ouvert en grande partie le boulevard actuel de l'Hôpital. Rappelons que la Salpêtrière est un établissement de l'ancien *Hôpital Général.*

2. Aujourd'hui rue du Cherche-Midi. Voir chapitre III, § 4, 4°, p. 97.

3. Cette voie a été ouverte. C'est maintenant la partie neuve de la rue Saint-Placide. Voir les développements au chapitre VI, *Les aliénations sous le second Empire.*

4. On renonça définitivement à cette idée et on affecta le terrain à la *Maison des jeunes détenus*, dite *Pet'te-Roquette.* Voir pour développements au chapitre VI.

5. La prison de la *Grande-Roquette* récemment démolie.

pour la plupart cultivés en marais, mais que le voisinage des deux prisons fera couvrir, en peu d'années, de constructions [1]. »

La *troisième catégorie* groupe les propriétés louées pour *baux à vie ou à longue durée*. Ces propriétés étaient évaluées, en 1832, à 16 millions ; il fallait attendre, pour les vendre, l'expiration des baux.

Enfin, la *quatrième catégorie* réunit les *propriétés isolées et disponibles*. L'administration hospitalière avait le projet de les vendre dans un délai assez rapproché.

Si nous laissons de côté les immeubles affectés à des services publics, nous constatons qu'en 1830 il existait *269* immeubles domaniaux productifs, que ce nombre est réduit en 1840 à *185*, par suite de ventes à des particuliers, à la ville de Paris et au département de la Seine, et aussi par des rattachements à des services hospitaliers ; enfin, qu'en 1848 il n'en subsiste plus, pour les mêmes causes, que *157*.

En dix-sept ans, les aliénations et désaffectations ont donc emporté plus des deux cinquièmes des biens domaniaux.

2° Augmentation du revenu annuel ; ses causes. — La diminution du revenu a-t-elle subi la même décroissance ? Non, bien loin de là. Au lieu de diminuer, les revenus ont au contraire augmenté d'une façon très appréciable.

En 1830, les 269 immeubles rapportent 335 818 fr. 16 c.

En 1840, les 185 immeubles produisent 384 048 fr. 01 c.

En 1848, les 157 immeubles restant produisent 384 306 fr. 68 c. [2].

L'accroissement, en 1848, est du septième du revenu de 1830.

Ces résultats peuvent surprendre. Comment expliquer une pareille progression du montant des loyers, assez considérable pour compenser et au delà la réduction du patrimoine immobilier ?

Les causes qui ont contribué à augmenter dans une telle proportion le revenu du domaine urbain sont multiples. Nous indiquerons les cinq principales.

---

1. Ces prévisions ne se sont pas réalisées. Les particuliers n'ont pas considéré la contiguïté de deux prisons comme très attrayante. La majeure partie de ce domaine figure encore dans le patrimoine hospitalier.

2. Notons toutefois que ce dernier chiffre est un peu supérieur à celui des années précédentes et des années qui suivent immédiatement.

A. — *Location de l'immeuble rue Saint-Denis, 311, 313.* — Nous rencontrons, en premier lieu, le changement de destination d'un immeuble rue Saint-Denis, 311, 313. Réservés à l'origine pour y être affectés au *bureau des nourrices*, le terrain et les bâtiments de cette propriété furent loués, en 1835, par bail de cinquante ans, moyennant 40 000 fr. de loyer annuel à la manufacture royale des glaces de Saint-Gobain[1].

B. — *Expiration de baux à longue durée ou à vie.* — En second lieu, plusieurs baux de propriétés louées pour de longues années ou à vie vinrent à expiration dans cette période[2]. Quelques-unes de ces propriétés furent, il est vrai, aliénées peu après la fin des baux et avant 1848. Mais, dans l'intervalle écoulé entre l'achèvement de la jouissance et la vente, le revenu se trouva beaucoup plus élevé qu'auparavant.

C. — *Travaux aux bâtiments.* — En troisième lieu, le conseil général des hospices eut toujours soin d'exécuter les travaux et de faire les dépenses susceptibles d'augmenter le revenu des biens. Il ne voulait pas laisser péricliter les immeubles contigus aux établissements hospitaliers, puisqu'ils devaient demeurer dans le patrimoine et rester productifs de revenus peut-être longtemps encore avant l'annexion à l'hôpital ou à l'hospice voisin. Il en était de même des propriétés qui devaient être aliénées. Les hospices

----

1. La manufacture de Saint-Gobain exécuta dans cette propriété pour 493 874 fr. de travaux de constructions. A la fin du bail, en 1881, les bâtiments édifiés devinrent la propriété de l'administration de l'Assistance publique. L'immeuble en question est loué maintenant à la ville de Paris, pour un groupe scolaire, moyennant un loyer de 111 000 fr.

2. Citons les baux à échéance fixe suivants :
Propriété rue du Bac, 123-129, bail de quinze ans expiré le 1er octobre 1832.
— rue Censier, 11, bail de dix-huit ans expiré le 1er juillet 1832.
— rue de Grenelle-Saint-Honoré, 45, vingt-cinq ans, expiré le 1er janvier 1839.
— rue des Vieilles-Tuileries, 21, trente-six ans, expiré le 1er juillet 1843.
Citons aussi les baux à vie qui suivent :
Propriété rue du Four-Saint-Germain, 17, bail expiré le 1er avril 1838 ;
— impasse Longue-Avoine, bail expiré le 20 avril 1839 ;
— rue du Faubourg-Montmartre, 12, bail expiré en 1838 ;
— rue de Provence, 50, bail expiré le 15 mai 1833 ;
— rue du Regard, 8, bail expiré le 21 avril 1845 ;
— rue des Rosiers, 34, bail expiré le 21 avril 1845 ;
— rue de Sèvres, 33, bail expiré le 21 avril 1845 ;
— rue de Vaugirard, 81-83-85, bail expiré le 1er janvier 1838,

avaient intérêt à les entretenir en bon état de toutes réparations pour mieux les vendre.

De 1830 à 1848, la moyenne annuelle des dépenses effectuées pour l'entretien des immeubles urbains fut de 56 987 fr. 09 c.

Non seulement le conseil général des hospices entretenait les immeubles, mais il y faisait, en outre, les créations et transformations de nature à produire des revenus ou à augmenter le montant des locations. Ainsi, en 1834, les hospices aménagèrent une boutique *boulevard Bonne-Nouvelle, 13*, sous la terrasse de la maison de secours rue de la Lune, 14, située en contre-haut. La dépense s'éleva à 23 745 fr. A peine achevée, cette boutique fut louée 3 605 fr. [1]. En 1835, six boutiques furent créées au boulevard Saint-Denis, dans les dépendances du bureau des nourrices ; la dépense s'éleva à 82 072 fr. 39 c. ; on loua ces boutiques 20 497 fr. par baux de neuf années. En 1843, un fonds spécial fut affecté à l'appropriation des boutiques du passage Saint-Roch dans les dépendances de la maison d'école située rue d'Argenteuil, en vue d'en augmenter le produit. L'attente des hospices ne fut pas déçue : l'ancien revenu était de 1 823 fr. ; le nouveau s'éleva à 2 647 fr. La dépense de 3 164 fr. qui fut effectuée constitua un placement à plus de 20 p. 100 [2].

D. — *Travaux de pavage et ouverture de rues.* — Le conseil général ne négligeait rien non plus pour augmenter la valeur des *terrains*. Il exécutait les travaux d'établissement ou de réfection du pavage des voies et dallage des trottoirs [3] ; *il ouvrait les rues* qui devaient faciliter l'exploitation des grandes surfaces. Ces travaux s'appliquaient principalement aux terrains situés dans Paris, non loin des barrières, et à ceux de la banlieue immédiate.

Nous avons vu que, sous la Restauration, le conseil général avait projeté la création de rues et en avait déjà ouvert plusieurs. Il continua méthodiquement cette œuvre, sous le gouvernement de Juillet.

En 1839 et 1840, il ouvrit des rues à travers la vaste *pièce de terre*

---

1. Cette boutique, boulevard Bonne-Nouvelle 13, existe encore. Elle vient d'être relouée par bail de dix-huit ans, moyennant un loyer annuel de 11 000 fr. pendant les neuf premières années et de 12 000 fr. pendant les neuf dernières.

2. Compte des recettes et dépenses de 1843, p. xxxiii.

3. En 1835, les hospices firent des travaux extraordinaires de pavage rue du Montparnasse, rue de Vaugirard et rue des Fourneaux.

située *entre la chaussée du Maine et la route d'Orléans.* Il créa, à la suite d'échanges, la *rue du Champ-d'Asile,* de la barrière d'Enfer à la chaussée du Maine, et acheva les percements de rues entrepris sous le régime précédent, pour la mise en valeur des *terrains avoisinant l'hôpital Saint-Louis.* A cet effet, il prolongea la *rue Bichat* jusqu'à l'entrée de l'hôpital et ouvrit une avenue au-devant de cet établissement.

Le conseil général avait voulu continuer la rue Bichat jusqu'à la rue Grange-aux-Belles ; mais au delà de l'entrée de l'hôpital il fallait traverser plusieurs propriétés particulières. On négocia des conventions qui n'aboutirent pas. Une décision ministérielle du 8 septembre 1835 autorisa, en attendant les ordonnances de grande voirie, l'exécution des travaux de pavage de la *rue Bichat prolongée jusqu'à l'entrée de l'hôpital.* Ce pavage fut fait en 1836 par les entrepreneurs de la ville de Paris ; la dépense s'éleva à 18 153 fr. 31 c. [1].

L'ouverture de l'*avenue de l'hôpital Saint-Louis* fut précédée de la création, sous la nouvelle voie, d'un égout couvert destiné au service de l'établissement. Par une délibération du 14 février 1838 le conseil général sollicita l'autorisation de faire exécuter le pavage par les entrepreneurs de la ville de Paris. Les travaux furent achevés en 1839 et donnèrent lieu à une dépense de 12 719 fr. 08 c. [2]. Cette voie porte aujourd'hui le nom d'*avenue Richerand.*

Nous avons vu [3] qu'une ordonnance royale du 9 août 1826 avait autorisé le conseil général des hospices à ouvrir, après entente avec un propriétaire contigu, une *nouvelle rue entre la grande rue de la Chapelle et le chemin des Poissonniers.* Les événements de 1830 retardèrent l'opération qui nécessitait, du reste, des remblais atteignant de 10 à 12 mètres de hauteur. A cette époque, le ralentissement des constructions dans Paris rendait insuffisantes les décharges de terres à effectuer pour la création de la voie. L'entrepreneur se trouva dans l'impossibilité de continuer son traité, et force fut d'ouvrir une décharge franche. En 1836, les remblais étaient suffisamment avancés pour qu'on exécutât les travaux de

---

1. Compte de 1836, p. 90, article 2.
2. Compte de 1839, p. 138, article 69.
3. Chapitre III, § 4, 4°, p. 97.

pavage. Ils furent terminés en 1837 ; la portion de la dépense à la charge des hospices s'éleva à 11 935 fr. 83 c. Cette nouvelle voie reçut le nom de *rue Doudeauville*.

La rue Doudeauville aboutissant au *chemin des Poissonniers*, les hospices avaient intérêt à ce que ce chemin fût praticable. Il ne l'était pas, il fallait redresser ses pentes et créer au milieu une chaussée de 6 mètres. Le conseil général, d'accord avec un propriétaire intéressé, effectua les travaux qu'avait autorisés une ordonnance royale du 9 août 1826. La commune de la Chapelle s'engagea à contribuer à la dépense jusqu'à concurrence d'une somme de 10 000 fr. Dès l'année 1831, les travaux étaient terminés. Les hospices eurent à supporter, pour leur part, une dépense de 9 729 fr. 08 c. [1].

En 1837, le conseil général fit ouvrir et paver, à travers le *pré de l'hôpital*, entre la Salpêtrière et la Seine, une rue de 15 mètres de largeur allant de la rue Poliveau à la rue Bellièvre. Cette voie prit le nom de *rue de la Gare*, à cause de la gare aux bateaux qui se trouvait un peu en amont. La dépense extraordinaire faite par les hospices pour l'ouverture de cette voie fut de 66 671 fr. 03 c. comprenant 37 615 fr. 19 c. pour les frais de pavage et de trottoirs, et 29 055 fr. 84 c. pour l'établissement d'un égout [2]. Les hospices ouvrirent également deux autres rues de 13 mètres de largeur perpendiculairement à la rue de la Gare, entre cette voie et le quai d'Austerlitz. On les dénomma *rue du Port* et *rue de la Pompe*. Ces trois voies ont depuis longtemps disparu, de même que la partie de la rue Poliveau où commençait la rue de la Gare entre la demilune de la Salpêtrière et le quai d'Austerlitz (primitivement quai de l'Hôpital) [3].

---

1. Compte de 1830, p. 30 ; compte de 1831, p. 28.

2. A cette somme, il faut ajouter 15 217 fr. 33 c. représentant : 1° la soulte résultant d'échanges de terrains ; 2° l'acquisition par voie d'échange d'une portion de terrain qui faisait saillie dans la rue de la Gare et avait été estimée 2 183 fr. 33 c. ; 3° les frais de pavage et d'établissement de trottoirs sur cette portion de terrain, après sa réunion à la voie publique. La charge totale des hospices s'éleva donc à 81 888 fr. 36 c.

3. En effet, quelques années après, le 9 septembre 1839, l'ancien *pré de l'hôpital* était acquis en partie par la Compagnie des chemins de fer d'Orléans, pour l'établissement de sa gare. Les terrains cédés par les hospices à la Compagnie d'Orléans mesuraient une superficie de 32 827 mètres, le prix s'en éleva à 420 751 fr. Parmi les obligations imposées par le contrat à la compagnie figuraient : 1° celle d'entretenir de toutes réparations et même de reconstruire au besoin la portion de

En 1840, les hospices ouvrirent la *rue Delambre* sur les terrains de la barrière Montparnasse. Avant l'établissement des murs d'enceinte, ces terrains, comme nous l'avons vu, faisaient partie de l'ancienne *ferme du Grand-Pressoir*. L'ouverture de la rue du Montparnasse les avait divisés en deux parties inégales. Le conseil général des hospices avait continué de les louer comme terres de culture quand, vers 1825, il chercha les moyens d'en augmenter la valeur et le revenu. La partie de droite, en remontant vers la barrière, avait une profondeur convenable pour être exploitée utilement par la création de lots en façade sur la rue. On fit des baux à long terme.

La partie de gauche, limitée par la rue du Montparnasse, le boulevard et le chemin de ronde présentait une trop grande masse pour une exploitation avantageuse de la portion centrale. Un percement de rues s'imposait. L'administration des hospices projeta l'ouverture de deux rues en diagonale. L'une devait passer uniquement sur le terrain hospitalier, l'autre devait traverser une maison particulière. Mais il fut impossible de s'entendre avec le propriétaire, et la première rue, allant du boulevard Montparnasse à la barrière, put seule être créée. En fait, la circulation s'était déjà établie dans cette direction. En 1836, les hospices obtinrent l'autorisation de faire les travaux de terrasse ; en 1838, ils obtinrent l'autorisation d'exécuter les travaux de pavage de la voie et de dallage des trottoirs. Les travaux furent exécutés en 1840 et entraînèrent une dépense de 42 172 fr. 25 c. En 1840, une ordonnance royale autorisa la dépense d'éclairage, qui s'éleva à 2 115 fr. Une autre ordonnance, du 2 novembre 1845, avait autorisé l'ouverture régulière de la rue et lui avait donné le nom de *rue Delambre* qui lui est resté [1].

l'égout de la Salpêtrière, dans la partie passant sous le terrain vendu ; 2° d'opérer à ses frais, dans le délai d'un an, l'ouverture de la rue de la Gare, d'un bout de la rue l'oliveau au boulevard de l'intérieur, et d'autre bout, de la rue Bellièvre au chemin de ronde. Sous le second Empire, en 1864, la compagnie d'Orléans acheta, moyennant 2 100 000 fr. pour l'agrandissement de sa gare, la partie restante (25 281^m,75) du pré de l'hôpital.

1. Plusieurs lots des terrains de la *rue Delambre* furent ensuite vendus par les hospices à des prix avantageux. Néanmoins, une grande partie des terrains demeura dans le patrimoine hospitalier. Les hospices y construisirent une école en 1865 et louèrent par lots la portion restante, entre la rue Delambre et le boulevard extérieur Montparnasse, actuellement *boulevard Edgar-Quinet*, en face du cimetière du sud. Ces locations consenties pour la plupart à des marbriers (un vaste lot de 7 293 mètres a été occupé longtemps par la Compagnie parisienne de tramways), produisent aujourd'hui un revenu annuel supérieur à 60 000 fr. L'école rapporte 21 720 fr.

Ainsi l'administration hospitalière employait chaque année, en réparations grosses ou d'entretien, en aménagements, appropriations, pavages, ouvertures de rues, comme dépenses ordinaires ou extraordinaires, des sommes importantes. Elle semait largement, sûre de récolter avec abondance, au jour de la vente ou de la location.

De 1830 à 1840, la moyenne annuelle des dépenses pour travaux ordinaires aux immeubles dans Paris, maisons et terrains, fut de 50 000 fr., somme relativement élevée pour l'époque. De 1840 à 1847 inclus, la moyenne est un peu plus faible, elle est de 52 000 fr. A cette somme venaient s'ajouter, assez fréquemment, en dehors des dépenses extraordinaires prélevées sur les capitaux, le montant de subventions allouées par la ville de Paris, notamment pour aider au pavage des rues existantes ou créées, dans la capitale et au delà des barrières.

E. — *Plus-values produites par le développement de la population.* — Ces causes de l'augmentation du revenu des propriétés urbaines ne sont pas les seules. L'accroissement de la population parisienne donnait une plus-value rapide aux terrains voisins de la périphérie. Utilisés jusqu'alors comme terres de cultures, ils commençaient à être recherchés par le commerce et l'industrie pour la création de chantiers, ateliers et magasins et pour la construction de logements d'ouvriers. Un grand terrain de 2 711 mètres appartenant aux hospices, à l'angle de la rue et du boulevard intérieur du Montparnasse, était, avant 1839, une terre de culture louée à raison de 150 fr. l'hectare. Il fut, en 1839, l'objet d'un bail de dix-huit, vingt-sept ans, moyennant un loyer annuel de 2 575 fr. 85 c., ce qui représente un revenu de 0 fr. 95 c. par mètre [1].

Enfin, presque chaque année le conseil général des hospices avait la satisfaction de pouvoir renouveler des baux avec augmentation de loyers [2].

Ces accroissements réguliers du revenu des biens de ville, fruit

----

1. Ce terrain a été vendu depuis. Il est occupé par la maison Belloir.

2. Nous prenons un peu au hasard le *compte des recettes et des dépenses* de 1840 ; nous y voyons que le montant des nouveaux baux de l'année s'est élevé à 47 766f,25c
que le prix des anciens baux était seulement de 36 912 95
de sorte que les renouvellements ont produit une augmentation de . 10 853f,30c
Cette constatation peut être faite également pour d'autres années dans notre période.

d'une bonne gestion, mais conséquence aussi du développement de Paris et de la dépréciation insensible de la valeur du signe monétaire, auraient dû inspirer à l'administration charitable plus de confiance dans l'avenir de cette nature de propriété. Il n'en fut rien pourtant, et le conseil général persista dans ses préférences exclusives pour les biens ruraux.

Malgré la progression constante du revenu des biens de ville, il ne semble pas que le taux en ait été suffisant, si nous nous reportons au tableau publié en 1846 et inséré plus haut.

Nous avons vu que les propriétés contiguës aux établissements hospitaliers produisaient un revenu de 3,33 p. 100;

Que les propriétés réservées pour un service public produisaient 4,43 p. 100 ;

Que les grandes masses de terrains donnaient un revenu de 2,92 p. 100 ;

Que les baux à longue durée et à vie rapportaient 0,64 p. 100 ;

Que les propriétés mises en vente rapportaient 1,44 p. 100.

Ces revenus paraissent très faibles, surtout pour l'époque. Mais, ce n'est pas à dire que les biens étaient mal administrés. Le revenu était aussi élevé qu'il était possible, étant donnée la précarité ou l'ancienneté des locations d'un grand nombre des propriétés urbaines.

Des notes placées comme observations dans le tableau, en marge du taux de chaque catégorie de biens, nous fournissent d'intéressantes explications sur ce point.

La plupart des propriétés de la première série (revenu moyen 3,33 p. 100) donnent un revenu de 5 p. 100, mais plusieurs sont louées soit précairement, comme terrains de culture, soit par baux emphytéotiques, et, par suite, pour des redevances inférieures au denier vingt de leur valeur vénale.

L'estimation des propriétés louées pour une longue durée ou à vie a été faite d'après la *valeur actuelle*, en tenant compte des constructions édifiées par les locataires. L'extrême faiblesse du montant des redevances par rapport à la valeur vénale provient surtout des baux de quatre-vingt-dix-neuf ans consentis à une époque éloignée par les anciennes administrations hospitalières.

A l'égard des grandes masses de terrains, leur valeur a été cal-

culée pour l'avenir, en tenant compte de l'ouverture de rues projetées. Or, les baux, à raison de ces projets, renferment des clauses
résolutoires qui diminuent le prix de la location, et, d'un autre côté,
la plupart de ces terrains ne peuvent être exploités, en attendant,
que comme terres de culture.

Enfin, les immeubles de la dernière classe ne sont l'objet que de
locations provisoires, moyennant des loyers bien au-dessous de la
valeur locative réelle.

Les biens des fondations, loués d'une façon normale, donnent un
revenu de 6,61 p. 100.

3° *Locations à la ville de Paris pour écoles et asiles.* — En 1838,
le domaine hospitalier bénéficia d'une nouvelle et importante source
de revenus. Jusqu'à la loi municipale du 18 juillet 1837, l'administration des hospices avait, dans ses attributions, la direction et
l'entretien des écoles primaires gratuites de la ville de Paris ; l'éducation des enfants était alors une forme de l'assistance. Aussi, ces
écoles étaient-elles appelées *écoles de charité.*

La loi de 1837 modifia cet état de choses et fit de l'enseignement
primaire une des obligations essentielles des communes (art. 30)[1].

Les écoles cessèrent donc d'être une charge hospitalière ; mais,
en fait, les hospices se trouvaient propriétaires d'un certain nombre
de locaux aménagés en vue de ce service.

Quelques-uns des immeubles scolaires avaient été acquis par dons
et par legs spécialement destinés aux écoles. Ils furent remis au domaine municipal, ainsi que les revenus dont jouissaient les hospices,
avec la même affectation.

Les autres immeubles scolaires avaient été achetés avec des deniers
hospitaliers ou distraits du domaine charitable pour servir à cette
catégorie d'établissements. En général, la maison de secours et
l'école ou l'asile étaient réunis dans un même groupe de bâtiments.

Puisque la ville de Paris succédait aux hospices dans la charge
de l'enseignement primaire, il était bien naturel qu'elle conservât,
du moins provisoirement, les locaux tout aménagés où l'enseignement avait été donné jusqu'alors. Si elle conservait les locaux, elle

----

[1]. Sont obligatoires les dépenses suivantes :

..... « 2° Les dépenses relatives à l'instruction publique, conformément aux
lois. »

devait en payer le loyer ; ce qui eut lieu d'un commun accord et sans qu'aucune durée eût été fixée à la location.

Pour déterminer la valeur locative des immeubles cédés en jouissance à la ville de Paris, les deux administrations, municipale et hospitalière, n'ayant pu s'entendre, recoururent à la compétence d'un tiers expert. Les conclusions de son rapport, en date du 19 février 1838, furent adoptées par les parties intéressées.

Le loyer des écoles existantes fut fixé à 89 725 fr. par an, à compter du 1er janvier 1838. Il fit l'objet d'un compte spécial au budget, sous la rubrique : *Indemnité payée par la ville pour les locaux que l'administration fournit aux écoles.*

A raison de l'origine de ses écoles primaires, et de ses rapports constants avec l'administration charitable pour les travaux de réparations, d'aménagements et d'agrandissement des constructions scolaires, la ville de Paris en vint, par la force des choses, à demander le concours des hospices, même pour la création d'écoles nouvelles. L'administration hospitalière y consentit, et fit construire sur plusieurs de ses terrains, avec ses propres capitaux, des bâtiments spécialement aménagés à usage scolaire, suivant un programme fourni par le service municipal de l'enseignement. Cette tradition s'est maintenue jusqu'à nos jours [1].

Le loyer de ces nouvelles écoles fut fixé en prenant 5 p. 100 de la valeur du terrain et 6 p. 100 du montant de la dépense occasionnée par l'édification des bâtiments.

La revision du taux des loyers annuels des écoles primitivement cédées à la ville de Paris et des écoles construites depuis devait donner lieu plus tard à des difficultés qui ne sont pas encore aujourd'hui aplanies.

§ 7. — LA GESTION DES BIENS RURAUX.

La gestion des biens ruraux des hospices profita, sous le règne de Louis-Philippe, de deux réformes, dont l'une fut la conséquence d'un changement heureux de législation, l'autre le résultat de transformations économiques qui amenèrent péniblement le conseil gé-

---

1. Les deux dernières écoles construites par l'administration de l'Assistance publique sur ses terrains sont celles de la *rue Saint-André-des-Arts* et du *boulevard Raspail*, près de la rue de Rennes (1901).

néral à proscrire ce qu'il avait, jusqu'alors, considéré comme essentiel à la bonne administration des hospices. Nous voulons parler, en premier lieu, de *l'augmentation de la durée des baux d'exploitations rurales*, en second lieu, *du remplacement du fermage payable en grains par le fermage en argent.*

1° *Augmentation de la durée des baux. Liberté de l'assolement.* — Les lois de la Révolution ne permettaient pas d'abord aux établissements publics de donner à bail leurs biens ruraux pour plus de neuf années. Puis vint l'arrêté du 7 germinal an IX, qui autorisa les baux à longue durée, mais avec l'approbation du gouvernement, ce qui aboutissait presque, en fait, à une prohibition[1].

Nous avons fait remarquer combien cette législation était nuisible aux progrès de l'agriculture. « Le fermier qui n'a en vue qu'une brève jouissance épuise la terre pour la rendre plus productive et s'abstient d'améliorations dont il ne devrait pas recueillir les fruits[2]. »

Les pouvoirs publics finirent par le reconnaître. Le 25 mai 1835 intervint une loi ainsi conçue : « Les communes, hospices et tous autres établissements publics pourront affermer leurs *biens ruraux* pour dix-huit années et au-dessous, sans autres formalités que celles prescrites pour les baux de neuf années. »

Cette loi n'a pas été modifiée : elle est encore aujourd'hui en vigueur.

En dehors de la durée des baux, une autre question méritait d'être examinée. Le cahier des charges pour l'adjudication des baux d'exploitations rurales obligeait, dans son article 1er, le preneur à fumer, labourer, ensemencer et cultiver les terres, tant près que de loin, par soles et saisons convenables, sans pouvoir en aucun temps le dessoler ni dessaisonner.

Autrefois, l'assolement était régulièrement triennal et comprenait l'alternance de blé, d'avoines et de jachères plus ou moins productives (trèfle, pommes de terre, betteraves, etc.). Mais, sous la monarchie de Juillet, une révolution commençait à s'opérer dans les pratiques et les méthodes agricoles, par suite de l'emploi des engrais chimiques permettant de remplacer avantageusement une partie du

---

1. Voir chapitre II, § 8.
2. Durieu et Roche, *loc. cit.*, t. I, p. 224.

fumier de ferme, ou de le compléter. Grâce à une meilleure fumure, les agriculteurs purent demander plus à la terre et modifier l'ancien assolement. L'interdiction de dessoler devenait, par suite, une gêne pour les fermiers, qui ne pouvaient pas tirer du sol les bénéfices que la liberté de l'assolement aurait pu leur procurer.

Toutefois, une restriction devait être apportée à la liberté laissée au fermier d'assoler à sa convenance. Pendant les trois dernières années du bail, le dessaisonnement doit être interdit, afin que le fermier entrant puisse toujours trouver les terres dans une situation normale et que le fermier sortant les restitue dans les soles ou saisons où il les a reçues.

L'administration charitable ne resta pas étrangère à l'examen de ces deux points : la durée des baux et la liberté de l'assolement.

Le *Compte des recettes et des dépenses* de l'année 1834 nous renseigne à cet égard : « L'administration a fait procéder à une enquête sur la question de savoir s'il y avait lieu d'adjuger plusieurs fermes des hospices par baux de dix-huit ans, avec liberté d'assolement pendant les quinze premières années.

« Ce mode de location, qui est recommandé par les meilleurs agronomes et qui vient d'être facilité et encouragé par la loi du 25 mai 1835 doit avoir pour résultat d'améliorer, non seulement le revenu, mais le fonds de la propriété [1]. »

Les enquêtes furent et devaient être favorables à la prolongation de la durée des baux. Peu de temps après, conformément à la loi du 25 mai 1835, dix fermes furent *louées pour dix-huit ans*. Une fut louée à un prix égal au prix ancien, sept furent louées à un prix supérieur, deux seulement, qui se trouvaient dans des conditions spéciales, furent louées à un prix inférieur à l'ancien [2].

En ce qui concerne l'assolement, le conseil général des hospices ne crut pas devoir accorder aux fermiers la liberté préconisée par les « meilleurs agronomes ». Et quand, en 1840, le cahier des charges fut remanié et rajeuni, la règle ancienne interdisant d'une façon absolue de dessoler et de dessaisonner fut maintenue comme par le passé.

____

1. P. XLIII.
2. Compte des recettes et des dépenses de 1835, p. XLIII.

2° *Suppression des fermages payables en nature.* — Nous ne reviendrons pas sur les critiques adressées au système des *fermages payables en nature*. Nous avons fait connaître la réponse des hospices, fondée sur la nécessité d'assurer avant tout, à des conditions de prix régulières, l'alimentation en pain des hospitalisés.

Les événements que nous avons mentionnés plus haut, et certaines difficultés matérielles d'évaluation, devaient bien vite avoir raison d'une résistance qu'aucune explication sérieuse n'aurait justifiée.

L'initiative de la réforme fut prise par le conseil municipal. Dans sa délibération sur le compte des hospices de l'année 1841, cette assemblée émit le vœu que l'administration hospitalière étudiât la question de savoir s'il y avait lieu de continuer l'amodiation de ses biens ruraux en grains, ou s'il ne serait pas plus avantageux de revenir à des locations en argent, comme le faisaient généralement les particuliers.

Le conseil général des hospices, « après avoir réuni les nombreux matériaux qui pouvaient le mettre à même de se prononcer dans une question aussi importante, après avoir examiné, avec une attention toute particulière, les motifs et considérations qui pouvaient être favorables ou défavorables à la stipulation du fermage en grains, a décidé par une délibération du 4 février 1846, approuvée par M. le préfet le 24 mai suivant, qu'à l'avenir le prix de tous les baux à ferme des hospices serait stipulé en argent[1] ».

Les considérants invoqués dans l'arrêté du 4 février 1846 pour supprimer les fermages en grains étaient au nombre de deux : 1° la *difficulté d'obtenir,* dans l'état actuel du commerce des céréales, *une appréciation sérieuse* et suivie *des grains* dont le prix servait de base à la liquidation en argent de fermages dus en nature par les fermiers des hospices ; 2° l'*augmentation probable du prix de fermage* devant résulter d'un mode de location beaucoup plus en faveur que la location en grains.

La même délibération accordait aux fermiers dont les baux avaient été consentis jusqu'alors avec stipulation de payement en grains, la faculté de se libérer en argent à raison de 21 fr. par chaque hectolitre de blé entrant dans le prix de leurs baux.

---

1. Compte des recettes et des dépenses de 1846, p. xxxviii.

A cet effet, une circulaire fut envoyée aux fermiers le 1ᵉʳ juillet 1846 ; elle leur conférait un droit d'option jusqu'au 1ᵉʳ septembre seulement. Trente-huit fermiers, dont les fermages étaient de 8 792ʰˡ,10ˡ, ce qui donnait, à 21 fr. l'hectolitre, 184 634 fr. 10 c., adhérèrent à la conversion ; vingt-sept, dont les fermages réunis étaient de 9 479ʰˡ,05ˡ, soit, à 21 fr. l'hectolitre, 198 955 fr. 15 c., refusèrent la transformation [1].

3° Revenus des biens ruraux. Travaux aux bâtiments. — Mouvement des propriétés rurales. — Nous devons nous occuper maintenant du revenu annuel des fermes et des terres. En 1832, le préfet avait invoqué l'insuffisance de ce revenu qui, disait-il, n'excédait pas 2 fr. 50 c. p. 100, pour demander la vente des biens ruraux et l'emploi du prix en rentes sur l'État. Il résulte du tableau envoyé, en 1846, au ministre de l'intérieur, que le revenu réel était peu supérieur à celui de 2 fr. 50 c. indiqué par le préfet : il ne dépassait pas, en effet, 2 fr. 58 c. p. 100.

La critique tirée de l'insuffisance de ce revenu semble donc avoir été fondée, à moins que l'évaluation donnée aux biens n'ait été exagérée, ce qui est peu probable. Et, ce revenu, faible pour l'époque, n'était pas net de toutes charges. Sans doute, les impôts fonciers et de mainmorte étaient à la charge des fermiers, mais les réparations incombaient, en grande partie, aux hospices. De 1827 à 1830, comme nous l'avons vu, la dépense annuelle, pour travaux ordinaires aux bâtiments, avait varié entre un minimum de 34 692 fr. et un maximum de 40 000 fr., sans compter 120 500 fr. de travaux extraordinaires effectués dans le même laps de temps [2].

Le conseil général des hospices se rendit compte de cette situation, qui paraissait fournir des arguments aux partisans de l'aliénation de tout le patrimoine immobilier rural. C'est dans le but de l'améliorer qu'il imagina de vendre les corps de ferme les plus dispendieux. C'est également, en partie, pour augmenter le revenu qu'il se résigna, un peu à son corps défendant, à supprimer le loyer percevable en grains.

L'administration charitable estima aussi qu'elle avait consacré beaucoup d'argent en réparations de toute nature aux bâtiments

---

1. Compte des recettes et dépenses de 1846, p. xxxviii.
2. Voir chapitre III, § 5, 4°.

conservés et qu'il était temps de diminuer les dépenses pour travaux ordinaires et extraordinaires.

Pendant les cinq premières années de la monarchie de Juillet, les sommes payées annuellement aux entrepreneurs à raison des travaux d'entretien descendirent de 34 947 fr. à 27 128 fr. Dans cet intervalle, les travaux extraordinaires s'élevèrent cependant encore à 70 187 fr. 70 c. Mais ce fut à peu près le dernier effort que l'on devait tenter, sous le règne de Louis-Philippe, pour assurer la restauration et la conservation du gros œuvre des bâtiments ruraux. On ne dépensa plus, en effet, dans la période écoulée entre 1835 et 1848, que 14 725 fr. en travaux extraordinaires [1].

Quant aux dépenses d'entretien, elles diminuèrent progressivement. De 25 768 fr. en 1836, elles tombèrent à 12 221 fr. en 1847, pour descendre bien plus bas encore sous la Révolution de 1848 et le second Empire.

Bien que le revenu des fermes et des terres paraisse avoir été relativement faible, sous la monarchie de Juillet, n'a-t-il pas néanmoins suivi cette marche ascendante qui entrait dans les prévisions des hospices ?

Pour répondre à cette question, il est indispensable de tenir compte du *mouvement des propriétés rurales*, c'est-à-dire des acquisitions et des ventes réalisées durant cette période.

Sous la Restauration et sous le règne de Louis-Philippe, les hospices firent l'acquisition de plusieurs pièces de terre. Le but que l'on se proposa, par ces achats, fut d'augmenter la valeur des fonds ruraux en faisant disparaître des enclaves, en créant des façades sur rues, en facilitant l'ouverture de voies nouvelles à travers certaines pièces destinées à être loties et vendues [2].

De 1815 à 1830, les *acquisitions* de biens ruraux destinés au domaine productif ont été au nombre de cinq; le prix s'en est élevé à 115 340 fr. [3]. Il ne fut effectué de *ventes* qu'à partir de 1822. Elles

---

1. On dépense 10 505 fr. en 1838, 2 619 fr. 83 c. en 1840, 1 600 fr. en 1840.

2. En 1833, des terres sises à Moussy, Bercagny et Chars furent acquises en payement de fermages dus par le vendeur.

3. L'acquisition la plus importante fut celle faite des héritiers Brocard, en 1824, pour compléter une pièce de 12 arpents, à la chaussée du Maine, et pouvoir la vendre par lots après ouverture de rues. Le prix fut de 54 000 fr. Cette acquisition permit de faire les rues Brézin, Montyon et Boulard.

atteignirent, en 1830, le chiffre de 82 310 fr. 20 c., en y comprenant les cessions faites à la ville de Paris [1].

Il convient d'ajouter à cette somme 9 979 fr. 60 c., valeur de terres situées à Gentilly, annexées en 1829 à l'hospice de la vieillesse, de sorte que le prix ou l'estimation du patrimoine rural aliéné ou désaffecté sous la Restauration fut seulement, au total, de 92 289 fr. 81 c., contre 115 340 fr. d'acquisitions, ce qui laissa, en faveur de l'augmentation de valeur du domaine rural, une différence de 23 020 fr. 29 c.

Dans ce mouvement des propriétés, nous négligeons les *échanges*, au nombre de dix, qui ne modifièrent que d'une façon insensible la contenance et les valeurs vénales et locatives des biens ruraux.

En résumé, les chiffres ci-dessus établissent que, sauf un léger excédent de valeur des biens acquis sur les biens vendus, *le patrimoine* hospitalier *rural se retrouve, à peu près, à la fin de la Restauration, ce qu'il était à son début.*

Sous ce régime politique, le revenu des propriétés rurales a été, chaque année, en moyenne, de 399 993 fr. [2].

Pendant les dix-sept années de la monarchie de Juillet, le nombre des acquisitions a été de douze ; mais leur importance n'a pas dé-, passé le chiffre de 91 495 fr. 14 c.

Il n'en a pas été de même des aliénations, ainsi que nous l'avons exposé plus haut. Le prix des ventes consenties à des particuliers s'éleva à 1 795 422f,68c

celui des ventes à la ville de Paris fut de . . . . . 58 024, 18 [3]

la valeur des terres cédées à un hospice fut de . . 3 840, » [4]

Au total 1 857 286f,86c

Des aliénations de cette importance devaient entraîner une notable diminution des revenus annuels. Et, cependant, la moyenne des fermages, qui était de 417 279 fr. 17 c. durant les trois premières

---

1. Les cessions à la ville de Paris eurent lieu pour l'ouverture du canal de l'Ourcq. Le prix payé fut de 19 221 fr. 95 c.

2. Nous sommes obligé de prendre une moyenne par suite des variations sensibles dans le cours des grains. Les différences de revenu, d'une année à l'autre, étaient parfois considérables. Le chiffre le plus élevé fut de 634 221 fr. 78 en 1816 ; le plus faible de 298 873 fr. 72 c. en 1819.

3. Création du cimetière du Sud.

4. Terres à Montrouge cédées à l'hospice La Rochefoucauld.

années du règne de Louis-Philippe, fut de 454 670 fr. 20 c. pendant les trois dernières.

Il est juste, toutefois, de faire remarquer que ce dernier chiffre ne représente pas la moyenne annuelle du produit des biens ruraux de 1830 à 1848. La moyenne, pendant les dix-sept années du règne, est de 385 374 fr. seulement, c'est-à-dire inférieure de près de 15 000 fr. au revenu moyen des biens ruraux sous le régime précédent. Cette différence de 15 000 fr. en moins est bien loin de représenter la suppression du revenu que rapportaient les biens aliénés, ce qui indique, de toute évidence, une sensible amélioration du produit des propriétés rurales. Nous en avons la preuve dans le compte des recettes et des dépenses, qui accuse d'assez nombreuses augmentations de revenus lors du renouvellement des baux [1].

§ 8. — LES BOIS.

Sous la Restauration, le nombre des bois des hospices soumis au régime forestier était de dix-neuf. Leur superficie totale semble avoir été d'environ 1 011^{ha}85^{a}60^{ca}. De 1818 à 1828, l'administration hospitalière fit planter aux Essarts, dans la Marne, 193^{ha}23^{a}80^{ca} de bois. Nous avons mentionné plus haut cette plantation.

Les bois des hospices étaient répartis sur sept départements ; le revenu moyen qu'ils produisirent pendant les dix dernières années de la Restauration fut de 25 450 fr. par an.

De 1830 à 1848, le nombre des bois augmenta très sensiblement, par suite de plantations nouvelles. En effet, on reprit et on continua pendant plus de dix ans les plantations commencées aux Essarts, sous le gouvernement précédent. Les terres de ce domaine étaient d'un faible produit, comme terres labourables ; mais elles étaient éminemment propres à la végétation des bois. On calcula que chaque arpent rapportait en culture 6 fr. et qu'il produisait 15 fr.

---

1. En 1847, les hospices renouvelèrent les baux de cinq fermes : fermes de Botheaux, de Compans, de Morangis, de Créteil, des Corbins à Montévrain, et le bail du clos de Vaucresson. Les corps de bâtiments des trois premières fermes avaient été supprimés. « Partout, les terres sans les bâtiments ont été louées plus cher qu'elles ne l'étaient auparavant avec les bâtiments. En définitive, les nouveaux baux auront procuré, soit en diminution de charges, soit en augmentation de revenus, une différence annuelle de plus de 18 705 fr. » *Compte des recettes et des dépenses* de 1847, p. xxxiii.

en bois. Les plantations nouvelles faites sous Louis-Philippe furent de 114^{ha} 14^a 68^{ca} qui, ajoutés aux plantations faites de 1818 à 1828 et aux bois existant antérieurement, donnèrent au domaine des Essarts une étendue de bois de 660^{ha} 62^a 79^{ca}.

En 1842, on planta également à la ferme des Noues, à Vert-le-Grand (Seine-et-Oise) 6^{ha} 20^a 70^{ca} de bois.

L'augmentation de la superficie boisée qui résulta de ces plantations fut réduite par les ventes et défrichements qui eurent lieu pendant cette période.

En 1833, les hospices vendirent, à cause de son éloignement, un domaine de 117^{ha} 74^a 17^{ca}, situé au Thour, dans les Ardennes, et aliénèrent, en même temps, moyennant 43 000 fr., un bois, le *bois du Chinois*, mesurant 16^{ha} 08^a 61^{ca}, qui dépendait de cette propriété. Trois ans après, en 1836, les hospices vendirent un autre bois, le *bois Camus*, de 2^{ha} 23^a 28^{ca}, situé à Mouroux, dans l'arrondissement de Coulommiers.

C'est en 1841 qu'eut lieu le premier défrichement, celui du *bois de Charmont*, près de Magny-en-Vexin, d'une superficie de 13^{ha} 21^a 86^{ca}. Les hospices réalisèrent cette opération pour se procurer une augmentation de revenu annuel. La vente rapporta 37 625 fr. Le produit moyen des coupes était évalué, par an, à 742 fr. Après la vente, le montant de la location du sol défriché et l'intérêt du prix à 4 fr. 50 c. p. 100 procurèrent un revenu de 2 603 fr. 09 c., en augmentation de 1 801 fr. 09 c. sur le revenu antérieur.

En 1844, on défricha également le *bois du Bellay* (Seine-et-Oise), d'une contenance de 23^{ha} 59^a 90^{ca}. Le prix de la vente des arbres fut de 40 796 fr. 75 c. Les coupes donnaient un produit moyen de 1 466 fr. par an. On rattacha le sol défriché à la ferme du Bellay moyennant une augmentation de loyer annuel de 2 184 fr. 64 c. La différence entre le revenu ancien du bois et le revenu nouveau des terres défrichées fut de 718 fr. 64 c. A cette somme s'ajouta l'intérêt du prix de la vente, soit 1 835 fr. 25 c. Le bénéfice annuel fut donc de 2 553 fr. 89 c. [1].

---

[1]. L'augmentation de revenu pour les deux opérations de défrichement doit être diminuée de l'intérêt du prix des réserves, celles-ci ayant disparu dans le défrichement. L'augmentation réelle de revenu fut de 1 360 fr. 22 c. pour Charmont et de 1 334 fr. 05 pour le Bellay.

A la suite de ces plantations, ventes et défrichements, la superficie des bois soumis au régime forestier s'éleva à 981ᵏ·26ᵃ85ᶜ·.

Le revenu moyen des coupes annuelles fut beaucoup plus élevé qu'il ne l'avait été sous la Restauration ; il passa de 25 450 fr. à 46 213 fr. C'est principalement à partir de l'année 1837 que l'accroissement du produit des coupes se manifesta. Il atteignit son maximum en 1839 où il monta à 94 278 fr. 45 c. [1].

Ce résultat est dû évidemment à une amélioration sensible dans le service des forêts.

En dehors des bois soumis au régime forestier, plusieurs bois et garennes étaient compris, à raison de leur peu d'importance, dans la location des fermes. Ils étaient situés à Bouillancy, dans l'Oise, à Montévrain, à Saint-Gobert, à Touquin (ferme de Gouvert, Seine-et-Marne), à Ormeaux et à Morangis (Seine-et-Oise).

A la fin de la Restauration et au commencement du gouvernement de Juillet, les hospices paraissaient disposés à soumettre plusieurs de ces bois au régime forestier [2]. Le projet dont nous parlons ne reçut aucune suite.

Enfin, il existait, en 1827, au moment de la promulgation du Code forestier, sur les terres du domaine rural hospitalier, une quantité considérable d'arbres épars. Nous avons vu que les hospices en avaient repris la gestion abandonnée antérieurement à l'administration des forêts et n'avaient eu qu'à se féliciter de ce changement [3]. En dix-sept ans, de 1831 à 1847 inclus, les arbres épars abattus, au nombre de 8 029, rapportèrent une somme de 117 271 fr. 30 c., soit, en moyenne, par année, 6 898 fr. 31 c.

Dans le même laps de temps, le conseil général des hospices remplaça lui-même, à ses frais, une partie des arbres abattus et fit remplacer le reste aux frais des adjudicataires des coupes, par des mises en charge ajoutées au prix de l'adjudication. En outre, les hospices augmentèrent le plus possible le nombre des arbres plantés. Si, en effet, on abattit, sous Louis-Philippe, 8 029 arbres, par contre, on en planta 20 888. La dépense de plantations supportée par l'administration des hospices fut de 24 278 fr. 50 c.

---

1. Le chiffre le plus élevé fut, ensuite, celui de 1845 : 88 972 fr. 57 c.
2. Voir chapitre III, § 5, 6°.
3. *Ibidem.*

On s'était proposé, comme nous l'avons vu, de constituer, par ces plantations d'arbres, une ressource destinée à l'amélioration du domaine rural [1]. Malheureusement, cette idée ne put être complètement réalisée et les hospices n'eurent pas la liberté de donner aux plantations d'arbres l'extension qu'ils désiraient, par suite de l'hostilité des fermiers. Ceux-ci faisaient montre, à l'égard des plantations, d'une répugnance qui allait croissant, à raison de l'élévation de leurs fermages. Leurs griefs n'étaient pas sans fondements. La présence de ces arbres causait aux récoltes, au moyen des racines et par les ombrages, un dommage parfois considérable. L'augmentation des plantations ne pouvait plus être effectuée sans nuire à la location des terres [2].

Droit de chasse. — Le *droit de chasse* sur les terres et dans les bois de l'administration des hospices, qui ne produisait sous la Restauration que la somme négligeable de 223 fr. 50 c., donne sous Louis-Philippe un revenu près de six fois plus élevé. Les chasses louées à cette époque sont au nombre de quatorze. En 1840, leur produit était de 1 228 fr. 64 c. [3].

Bornages. — Les bornages des fermes, des terres et des bois, commencés en 1825 et dont nous avons signalé plus haut la grande utilité [4], furent continués avec activité sous le gouvernement de Juillet.

Les hospices achevèrent le bornage des terres et de la ferme de Chars, en 1832 ; des terrains route d'Orléans et chaussée du Maine, en 1837 ; de la ferme et des terres de Champrosay, à Draveil, en 1840 ; des terres et fermes de Mitry, Champlan, Wissous, Charmentray, en 1841 ; Bonneuil, en 1842 ; des fermes des Brosses, à Intreville, de Loge-Panier, à Montreuil-aux-Lions [5], en 1843 ; des terres et fermes de Montévrain, Gentilly, Montrouge, Theuville, en 1845 ;

---

1. Voir chapitre III, § 5, 6°.

2. Exposé de la gestion du domaine rural affermé, de 1827 à 1861, par H. Prévost, inspecteur des biens ruraux (manuscrit).

De 1830 à 1848, il y eut un certain nombre de *coupes extraordinaires* par suite de dépérissement des arbres formant le *quart en réserve*. Les renseignements fournis par les comptes ne sont pas suffisamment précis pour que nous puissions donner des chiffres exacts.

3. État général des propriétés au 31 décembre 1840.

4. Voir chapitre III, § 6, 8°.

5. Dépendant de la fondation Brézin.

d'Avesnes, du Bellay, à Chars, d'Ws et de terrains dans les environs de Paris en 1846.

On continua à la même époque les bornages du domaine de Créteil, Bouillancy, Blanchefouace, Saint-Gobert à Barcy, Pezarches, Massy, Mesnil-Aubry, etc.

§ 9. — LES BIENS DES FONDATIONS.

Nous avons vu apparaître, à la fin de la Restauration, le *domaine propre des fondations hospitalières*[1]. Une des premières fondations à revenus immobiliers distincts, la *fondation Lambrechts*, avait des biens situés pour la presque totalité en Belgique ; ils furent vendus rapidement. Les aliénations eurent lieu de 1827 à 1835.

La *fondation Brézin* avait un patrimoine immobilier assez considérable ; il fut en grande partie vendu de 1831 à 1844. Les ventes urbaines (de 1831 à 1835) donnèrent un capital de .   1 039 093^f »

Le produit des ventes rurales (de 1831 à 1844) fut de. . . . .   312 013^f,92^c

Ensemble. . . . ,   1 351 106^f,92^c

En 1846, le produit des biens qui avaient été conservés de la fondation Brézin et qui étaient tous des biens ruraux, s'élevait à 20 307 fr. 89 c., correspondant à un capital de 831 520 fr. Le revenu était de 4 p. 100.

Il n'y eut pas d'autre fondation propriétaire de biens immobiliers de 1830 à 1848[2].

---

1. Chapitre III, § 6.

2. Nous laissons de côté la fondation Boulard, qui fut établie, en 1830, à Saint-Mandé, sur un terrain acquis des deniers de la succession. Pendant quelque temps on tira parti, moyennant un faible loyer, de terres non employées par l'hospice et comprises dans son périmètre. A l'état des propriétés de 1840, la superficie de ces terres figure pour 2 171 mètres ; le loyer est de 32 fr. 96 c.

CHAPITRE V

LE DOMAINE PRODUCTIF DE REVENUS SOUS LA DEUXIÈME RÉPUBLIQUE

Jusqu'en 1848, et depuis l'an IX, les hospices de Paris avaient eu à leur tête un *Conseil Général* chargé de la direction et une *commission administrative* investie du pouvoir exécutif.

Le 26 février 1848, intervint un arrêté de la mairie de Paris ainsi conçu : « Le citoyen Thierry, membre du conseil municipal, est chargé par le *gouvernement provisoire* de visiter les hôpitaux et de constituer, au nom du maire de Paris, les services qui y sont relatifs. Le citoyen Thierry est autorisé à s'adjoindre les citoyens Voillemier et Dumont. »

Ces trois nouveaux représentants des hospices prirent possession de leurs fonctions sous le titre de *délégués du gouvernement provisoire*. Par un arrêté du 28 février, inséré au *Moniteur* du lendemain, ils prononcèrent la *dissolution du Conseil Général des hospices* et le *maintien de la commission administrative*. Leur gestion dura jusqu'au 8 février 1849, époque où fut installé le *Directeur* institué en exécution de la *loi du 10 janvier 1849* sur l'organisation de l'Assistance publique à Paris[1].

Mentionnons simplement que cette loi encore en vigueur, s'inspirant de l'idée que la responsabilité répartie sur plusieurs têtes est inefficace, substitua à l'ancienne collégialité du Conseil Général un *Directeur* unique responsable, assisté d'un *Conseil de surveillance* appelé à lui donner des *avis*.

---

1. *Comptes des recettes et dépenses de 1848*, p. XLVII. — Les fonctions des délégués du gouvernement provisoire étaient gratuites. Le 21 octobre 1838, le représentant du peuple, préfet de la Seine, demanda au ministre de l'intérieur, sur l'initiative du citoyen Thierry, une indemnité de 6000 fr. au profit de ce dernier. Voici un passage de la requête : « Citoyen Ministre,..... M. Thierry voulant se consacrer tout entier à ses fonctions charitables et gratuites, a abandonné la clientèle qu'il s'était faite comme chirurgien. Non content de sacrifier ainsi sa principale ressource aux intérêts de l'Administration, il a dépensé chaque jour, en frais de tournée dans les divers établissements, des sommes qui s'élèvent aujourd'hui à un chiffre considérable, eu égard à sa position de fortune. »

§ 1ᵉʳ. — PROJET DE TRANSFORMATION DU DOMAINE HOSPITALIER EN DOMAINE EXCLUSIVEMENT FORESTIER.

A peine formé, le gouvernement de la deuxième République eut à se débattre dans de graves embarras financiers. Il fallait procurer au Trésor les ressources qui lui manquaient. Le gouvernement espéra en trouver la majeure partie dans l'aliénation des forêts de l'État.

Le 9 mars 1848, des décrets du gouvernement provisoire autorisèrent le ministre des finances à *vendre les bois du domaine de la couronne*, jusqu'à concurrence de 100 millions, et ceux du *domaine de l'État*, jusqu'à concurrence d'une égale somme.

Un peu plus tard, le gouvernement contracta envers la Banque de France un *emprunt de 150 millions*. Comme garantie, il transféra à cet établissement financier des rentes appartenant à la caisse d'amortissement, pour un capital de 75 millions. A l'égard des 75 autres millions, il fit la cession à la Banque d'une égale valeur de bois de l'État, avec faculté laissée à celle-ci de les vendre par adjudication et avec concurrence.

En même temps, le ministre des finances, M. Duclerc, fit rechercher avec soin parmi les forêts de l'État celles où il serait possible de procéder à des *coupes extraordinaires*, sans altérer le fonds. Les études faites établirent la possibilité de tirer de ces coupes 10 millions en 1848 et 15 millions en 1849[1].

L'aliénation de forêts nationales pour une somme de 200 millions, autorisée par le gouvernement provisoire, était une opération difficile et dangereuse au point de vue économique. On décida d'abord que la garantie en bois attribuée à la Banque de France jusqu'à concurrence de 75 millions serait imputée sur les 200 millions dont il s'agit. Il restait un disponible de 125 millions. Le ministre des finances fit dresser un état de parcelles dépeuplées qui, par leur situation et la nature du terrain pourraient être le plus rapidement et

---

[1]. Il ne suffisait pas de faire des coupes, il fallait vendre le bois. Les coupes faites en 1848 ne se vendaient pas. « J'ai espoir, disait le ministre des finances à l'Assemblée nationale, le 15 juin 1848, que le rétablissement du travail dans les usines et sur les lignes de chemins de fer facilitera beaucoup la vente et le payement de ces nouveaux produits de nos forêts. »

le plus fructueusement vendues ; mais cet état n'atteignit que la somme de 14 millions ; et il fallait vendre encore pour 111 millions de bois.

Abstraction faite de l'impossibilité d'aliéner avantageusement et dans un délai rapproché, à un moment de crise générale, une quantité de bois assez considérable pour procurer une somme aussi élevée, le gouvernement fut frappé par une considération non moins sérieuse : la *nécessité de ne pas faire disparaître les grandes masses forestières.*

On sait quelles influences les forêts exercent sur les conditions climatologiques. Les plantations agissent à la fois sur la terre et sur l'atmosphère. « Ainsi, certaines *essences d'arbres* sont *asséchantes :* elles absorbent l'excès d'humidité ; les plantations de pins de la Sologne ont assaini cette région. Les forêts *condensent la chaleur,* et, par le refroidissement de l'atmosphère ambiante, amènent une circulation atmosphérique éminemment salutaire. D'autre part, les surfaces boisées, en général, attirent l'eau que contient l'air et *influent sur la fréquence des pluies ;* la végétation forestière n'en retient qu'une faible partie, le surplus alimente les nappes aquifères souterraines : défricher les forêts, c'est donc indirectement diminuer la quantité d'eau qui se déverse sur les basses terres. En Espagne et en Autriche, des défrichements excessifs ont causé une sécheresse nuisible à la production agricole [1]. » Personne n'ignore, non plus, que la dénudation des pentes boisées est la cause la plus fréquente des inondations.

La vente des forêts de l'État devait entraîner nécessairement de vastes déboisements, car un grand nombre d'acquéreurs auraient trouvé plus de profit à cultiver les terres défrichées qu'à vendre le produit des coupes annuelles. Dans cette situation, le gouvernement de la deuxième République, pour se tirer d'embarras, s'adressa aux hospices. Ceux-ci possédaient des propriétés répandues sur toute la surface du sol. Dans des circonstances plus critiques encore, le 24 messidor an II de la première République, on avait réuni au domaine national tous les biens de ces établissements. Convenait-il de renouveler une confiscation dont les résultats avaient été aussi désastreux ? Instruit par l'expérience de 1793, le gouvernement de

---

1. Cauwès, *Précis du cours d'économie politique* (3ᵉ édit., t. I, nᵒ 330).

1848 se refusa à recourir à un pareil moyen. Il proposa d'*échanger les propriétés urbaines et surtout rurales des hospices contre une égale valeur de forêts de l'État.* Il fit remarquer que ces propriétés hospitalières étaient extrêmement divisées et d'une vente très facile, que les petits agriculteurs, ardents à l'acquisition de la terre, trouveraient de l'argent pour arrondir leur patrimoine [1].

L'Administration des hospices de Paris eut connaissance de ce projet. Elle s'en inquiéta, craignant que, sous le prétexte d'un échange, l'État ne dissimulât une nouvelle mainmise sur le patrimoine des pauvres. L'administrateur chargé du domaine hospitalier rédigea, en conséquence, à la date du 13 avril 1848, une note qui commençait par rappeler les mesures de confiscation et d'aliénation forcée prises dans le passé à l'égard des biens des hospices : la réunion au domaine national par la loi du 23 messidor an II, la situation lamentable dans laquelle tombèrent les établissements hospitaliers, l'interruption des ventes prescrite le 9 fructidor an III, la restitution des biens non vendus ordonnée par la loi du 16 vendémiaire an V, en même temps que le remplacement des immeubles aliénés en biens nationaux de même valeur, la perte définitivement subie par les hospices, évaluée à 2 476 018 fr. en capital et à 123 800 fr. en revenus [2], les décrets de l'an XII à 1813 qui firent vendre presque toutes les maisons urbaines, en vue d'acquitter les dettes de la ville de Paris, les conditions fâcheuses dans lesquelles eurent lieu les ventes, les rachats coûteux que l'on fut obligé d'effectuer en 1825 et 1830 pour dégager les abords de l'Hôtel-Dieu, etc.

Cette note mentionnait ensuite un rapport ministériel au roi, d'avril 1837, proposant l'aliénation de tous les biens immobiliers des hospices et l'emploi du prix en rentes 5 p. 100, avec réserve, chaque année, des 3/20 des rentes pour reconstituer en 93 ans un capital égal au capital primitif. Mais l'auteur de la note, tout en reconnaissant l'ingéniosité de ce système en dévoilait le côté faible : les rentes sur l'État, tantôt par suite de la mauvaise situation des

---

1. Exposé sur la situation financière du pays, présenté par M. Duclerc, ministre des finances, à l'Assemblée nationale, le 15 juin 1848.

2. D'après la note, les biens des hospices de Paris, aliénés en vertu de la loi du 23 messidor représentaient un capital de 3 080 137 fr. et un revenu de 154 006 fr. 90 c. Les biens donnés en remplacement n'avaient qu'une valeur, *en capital*, de 604 120 fr. et *en revenu* de 30 206 fr. D'où la perte des hospices a été de : 2 476 018 fr. EN CAPITAL et de 123 800 fr. 90 c. EN REVENU.

finances, tantôt par leur prospérité même, subissent toujours des réductions. En trois quarts de siècle, les réductions ont été des cinq sixièmes [1].

Puis, venait une comparaison des biens de ville et des biens ruraux : il fallait aliéner les premiers au fur et à mesure d'occasions favorables et conserver les seconds [2]. « Un travail de comparaison exécuté sur des données certaines, dues en partie à l'obligeance du ministère des finances, a démontré que les biens ruraux des hospices sont, en général, affermés aussi avantageusement que ceux des particuliers. »

L'administrateur du domaine abordait ensuite l'examen du projet d'échange imaginé par le gouvernement. « Si, au point de vue de l'intérêt général, afin de faciliter au profit de l'État et des particuliers les mutations de toute espèce, on reconnaît l'utilité de ne plus laisser des maisons, des fermes, des terres à l'état de mainmorte, le meilleur, le seul parti à prendre, serait, comme le gouvernement provisoire en annonce l'intention, de leur donner en remplacement des forêts de l'État *situées*, autant que possible, *dans le rayon d'approvisionnement de la capitale*, en ce qui concerne les hospices de Paris.

« Mais nous pensons en même temps que les biens à aliéner pour la réalisation de ce projet ne doivent pas être mis prochainement et simultanément en vente, si l'on ne veut, comme cela s'est fait en l'an II, et de 1807 à 1813, en avilir le prix et offrir à la spéculation et à l'intrigue une prime assurée et considérable.

« Notre avis serait donc :

« 1° De ne mettre en vente les propriétés à aliéner qu'au fur et à mesure de l'expiration des baux ;

« 2° De charger du soin de ces ventes les hospices propriétaires, qui auraient à rendre compte, chaque fois qu'on le jugerait à propos, du résultat des adjudications.

« Par ces moyens, on n'a pas à craindre la dépréciation que ne manquerait pas d'occasionner l'offre simultanée d'un grand nombre

---

1. La note citait comme exemple de revenus en terres comparés aux revenus en rentes, la ferme de Saint-Gobert dont nous avons parlé plus haut, chap. IV, § 4, 3°.

2. C'est toujours la théorie qui fut longtemps chère à l'administration des hospices de Paris, que les biens de ville n'ont aucun avenir, tandis que les biens ruraux sont appelés à une plus-value indéfinie.

de propriétés. Peut-être aussi, les particuliers, dont il faut ménager jusqu'aux préjugés, aimeront-ils mieux avoir affaire aux établissements propriétaires qu'à l'État faisant des ventes nationales. »

Cette combinaison très sage, consistant à ne vendre qu'à l'expiration des baux et au moment opportun, sans précipitation, devait paraître peu acceptable pour l'État, qui avait besoin de grosses sommes d'argent immédiatement.

Il n'y aurait peut-être pas là, dit l'administrateur du domaine, dans sa note, « un obstacle insurmontable à l'espacement des ventes. On essaierait, dans ce cas, de pourvoir aux convenances de l'État au moyen d'un *emprunt*, à la garantie et au remboursement duquel seraient affectés les bois actuels des hospices et ceux que l'État leur donnerait en remplacement des autres biens[1]. »

Mais ce moyen était-il vraiment pratique ? La situation politique et économique permettait-elle de réaliser un emprunt en dehors de celui qui était contracté avec la Banque de France ? Si cette solution avait été possible, le gouvernement aurait-il pensé à vendre ses forêts ?

« Au résumé, concluait la note, la réunion pure et simple des biens immobiliers des hospices au domaine de l'État, ou leur conversion en rentes même avec une réserve, serait la ruine plus ou moins complète, plus ou moins prochaine des établissements hospitaliers...; ce serait aussi tarir la source si précieuse des libéralités particulières. On donne continuellement aux hospices ; on donne rarement à l'État, excepté dans les circonstances qui exaltent le patriotisme des citoyens. La raison en est simple. L'homme que son penchant porte vers la bienfaisance adopte plus volontiers un éta-

---

1. « Nous demanderions aussi, comme *condition de l'échange en projet* que le contrat fût enregistré et transcrit gratuitement, afin de ne pas grever la caisse des pauvres d'un droit qui serait fort élevé, alors que ses ressources suffisent à peine aux nécessités les plus pressantes du moment.

« Cette concession serait d'autant plus juste que le *projet* est *conçu avant tout dans l'intérêt de l'État*, qui ne tarderait pas d'ailleurs à percevoir des droits considérables sur la vente des biens actuels des hospices et sur les mutations successives auxquelles il donnerait ouverture lorsqu'ils auraient passé entre les mains de particuliers.

« Enfin, sans porter atteinte aux attributions de l'administration des forêts telles qu'elles résultent du Code forestier, quant à la gestion des bois à céder aux hospices, il serait essentiel de convenir que les établissements propriétaires seraient appelés à prendre part à cette gestion par la présence de leurs agents aux opérations d'assiette, de martelage et d'estimation des coupes, d'évaluation et mise en charge des travaux, de récolement, etc. »

blissement spécial consacré à des infirmités qui ont frappé sa vue, ému son âme, qu'à l'État qui représente une infinité d'intérêts divers. En outre, il veut être rassuré sur la durée de son œuvre, et cette sécurité n'existe pour lui que dans une dotation distincte et à l'abri des événements. »

La conversion en forêts avec les conditions indiquées préserverait de nouveaux périls la fortune des pauvres et concilierait tous les intérêts.

Le 14 avril 1848, l'inspecteur des forêts nationales adressa au citoyen Thierry, délégué du gouvernement provisoire pour le service des hôpitaux de Paris, la proposition officielle d'échange de terres, prés, maisons, fermes et autres propriétés, contre des bois appartenant à l'État ou à l'ancienne liste civile et demanda de lui faire savoir dans un très bref délai quels seraient approximativement les domaines à échanger.

La réponse du citoyen Thierry fut conçue en termes dignes et élevés :

Citoyens,

L'État paraît décidé à échanger des forêts contre des biens ruraux appartenant aux établissements charitables.

L'administration des hôpitaux et hospices de Paris serait probablement disposée à faire un semblable échange, s'il est présenté dans des termes qui garantissent suffisamment les intérêts des pauvres et la solidité de son domaine productif.

Ce domaine, résultant de fondations et de libéralités de toutes sortes, constitue, en effet, une propriété particulière au profit des malheureux de la commune. C'est le patrimoine de la vieillesse et de l'enfance. Un instant attaqué en l'an II par le gouvernement républicain qui avait cru pouvoir le réunir à celui de l'État, en prenant à sa charge l'entretien de tous les services des secours, il a été presque aussitôt restitué, en vertu d'une loi de l'an V ; car l'État, qui avait tari une partie des ressources du domaine des pauvres, n'en avait pas moins toutes les dépenses à supporter et, dans son propre intérêt, il dut revenir sur la loi de l'an II ; mais il ne put rendre qu'une partie des biens qu'il avait pris, le reste ayant déjà été aliéné.

L'expérience du passé et la législation tout entière, depuis l'an V, font donc un devoir à l'administration de veiller scrupuleusement à la conservation de son domaine, à l'entretien duquel est attachée, d'ailleurs, l'existence de tous les établissements de bienfaisance de Paris.

Nous pourrions, après avoir reçu des forêts de l'État pour 15 ou 18 millions, aliéner les biens ruraux de l'administration qui représentent à peu près cette valeur ; mais il faudrait nous indiquer les forêts à céder aux hospices et la base des évaluations; il faudrait aussi qu'elles fussent choisies dans les environs du département de la Seine, qu'on laissât à l'administration, plus à même que tous autres d'en tirer un bon parti, le soin de vendre elle-même ses propriétés, sans trop précipiter les ventes, et sauf à en faire verser le produit, au fur et à mesure, dans la caisse de l'État.

Vous comprenez, d'ailleurs, citoyens, qu'il y aurait encore plus d'une question de détail à examiner, etc.

Salut et fraternité.

Le Délégué du Gouvernement provisoire pour le service
des hôpitaux et hospices civils,
THIERRY.

Dans un exposé sur la situation financière du pays fait le 15 juin 1848 à l'Assemblée nationale, M. Duclerc, ministre des finances, déclara que les projets d'échange avec les hospices s'élevaient à 25 millions, qu'il espérait atteindre dans peu de temps un chiffre plus élevé; et, il ajouta que ces projets d'échange seraient très prochainement soumis à l'Assemblée.

Nous ignorons si des échanges purent être définitivement conclus avec des hospices de province. Quant à l'administration des hospices de Paris, elle voulut, avant d'engager l'affaire plus à fond, procéder à un examen complet et serré du projet gouvernemental. Dans quelles conditions pourra se faire pratiquement l'échange, sans léser les intérêts des pauvres ni ceux de l'État? L'administration charitable de Paris répondit à cette question dans une note du 18 juillet 1848.

« Ce qu'il faut à l'État, c'est de *l'argent comptant*.

« Évidemment, l'opération se réduirait aux *biens ruraux* évalués 17 millions, puisque la vente des biens de ville susceptible d'être réalisée est au courant.

« L'État se bornerait-il, après avoir cédé des forêts aux hospices, à vendre lui-même nos biens ruraux; mais, la vente n'est possible qu'à mesure de l'expiration des baux, sous peine de vendre à vil prix[1].

« Demandera-t-il aux hospices de l'argent comptant en échange

---

1. « Pour obtenir des biens ruraux tout le parti possible, pour attirer aux ventes les amateurs de toutes les classes et surtout les petits cultivateurs, ouvriers des campagnes, que la propriété attache au sol sur lequel, pour prix de l'ordre et du travail, ils trouveront toujours le pain de la famille, il faut les morceler autant que possible, et, pour les morceler, il faut deux choses qui ont toujours réussi dans les ventes faites par les hospices eux-mêmes : attendre l'expiration successive des baux et donner du temps pour payer. » (Note du 18 juillet 1848.)

des forêts qu'il leur abandonnerait, sauf à ces établissements à vendre eux-mêmes leurs biens ruraux successivement, à mesure qu'ils deviendraient disponibles ?

« Mais comment les hospices trouveraient-ils 17 millions ? *Est-ce par un emprunt ? Est-ce en vendant des rentes sur l'État ?*

« Un *emprunt*, à travers tant d'autres emprunts que font aujourd'hui la ville de Paris et beaucoup d'autres villes, peut présenter des difficultés insurmontables.

« Quant à la *vente de rentes sur l'État*, il en résulterait une diminution considérable de revenu, dans un moment où déjà les ressources des hospices sont insuffisantes, puisque le revenu des forêts serait loin d'égaler celui des rentes sur l'État.

« Est-il permis d'espérer que l'État consentît à supporter la différence ? Nous ne le pensons pas.

« La conclusion est donc que, *dans les circonstances actuelles, l'opération ne paraît pas praticable*, parce qu'elle ne le serait que moyennant de grands sacrifices, soit de la part des hospices, soit de la part de l'État. »

La réalisation immédiate du projet de conversion en forêts du domaine hospitalier rural fut abandonnée ; mais le projet lui-même subsista et donna lieu, pendant les années suivantes, à un échange de vues entre l'administration forestière et l'administration des hospices de Paris.

A la fin d'août 1852, M. Blondel, alors inspecteur de l'administration de l'assistance publique, eut une entrevue avec son propre frère, qui était directeur général des forêts, et lui remit une note, en date du 20 août, formulant les conditions auxquelles les hospices de Paris consentiraient à traiter avec l'État.

L'emprunt hospitalier, impossible, peut-être, en 1848, semblait maintenant réalisable.

Les propositions de l'administration de l'assistance publique étaient les suivantes :

L'opération restreinte aux biens ruraux proprement dits, c'est-à-dire, en exceptant les terrains sous les murs de Paris qui sont déjà, ou deviendront avec le temps propres à bâtir, aurait une importance d'environ 15 millions.

L'Etat vendrait aux hospices des forêts situées dans le rayon d'approvisionnement de Paris et choisies dans l'ancien domaine de l'État, pour une somme de 15 millions, sur le pied de 4 p. 100 de revenu, net de tous frais, même de ceux du contrat d'acquisition, comme aussi de tous impôts, même de la taxe annuelle des biens de mainmorte [1].

L'administration hospitalière paiera comptant à l'État cette somme de 15 millions, au moyen d'un emprunt qu'elle fera à la Banque de France, sur dépôt de rentes.

Elle sera autorisée, pour s'acquitter de cet emprunt, à vendre ses biens ruraux affermés, sauf les terrains contigus à Paris, successivement, à mesure de l'expiration des baux, sur le pied de 3 p. 100 du revenu net.

L'entretien des deux frères montra la difficulté d'une entente. L'administration des forêts ne semble pas avoir été très désireuse de faire aboutir le projet. Elle fut arrêtée en partie par le taux de 4 p. 100 que réclamaient les hospices et qu'elle jugeait trop élevé.

De son côté l'administration hospitalière hésitait beaucoup. « Elle aura à examiner, déclara M. Blondel son représentant, si elle a intérêt à échanger des propriétés rurales, dont la gestion devient de plus en plus facile [2] et dont la valeur s'accroît régulièrement dans une proportion sensible, contre des bois dont l'avenir, au point de vue financier, est beaucoup plus incertain ; s'il est prudent à une administration d'avoir 15 millions de francs placés uniquement en forêts... Nos biens sont aujourd'hui disséminés sur un grand rayon ; il faudrait (pour les anéantir) une catastrophe générale et qui atteignît à la fois tous les pays où ils sont situés ; il n'y a point de solidarité entre leur position ; on peut en vendre, en conserver à volonté, profiter des bonnes occasions, chaque fois qu'il s'en présente ; mais les bois seront centralisés par grandes masses: des délits, des incendies peuvent être la conséquence d'une insurrection locale. — La découverte d'un gisement de mine, l'établissement de nouvelles voies de communication, peuvent amener en concurrence d'autres combustibles sur les lieux de production et changer

---

1. En d'autres termes, l'administration des forêts aurait donné aux hospices de Paris des forêts, jusqu'à concurrence d'un revenu de 600 000 fr. représentant à 4 p. 100 les intérêts de 15 millions.

2. M. Blondel fait allusion à la vente des corps de ferme qui se continuait et dont les résultats satisfaisaient toujours l'administration hospitalière.

tout à coup la valeur du fonds, comme le produit des coupes. — L'État ne vendra pas ses bois les mieux situés, et les mauvais seront dans des mains qui ne peuvent défricher et spéculer. — Cette nature d'immeuble est très peu productive, très peu progressante de valeur dans les circonstances favorables et peut, au contraire, dans de certaines hypothèses se trouver considérablement dépréciée. »

Bref, ni d'un côté ni de l'autre, on ne voulait aller de l'avant et reprendre les pourparlers officiels. Du reste, les circonstances politiques qui avaient engendré cet expédient budgétaire avaient disparu. Le projet fut définitivement abandonné.

§ 2. — LES ALIÉNATIONS URBAINES ET RURALES.

Sous la République de 1848, les idées de l'administration hospitalière quant à la conservation ou à la vente des immeubles sont restées les mêmes qu'antérieurement : *aliéner* au fur et à mesure des occasions favorables *les biens* situés *dans Paris*, à l'exception des propriétés affectées à un service public ou contiguës à des établissements ; *conserver les biens ruraux*, à l'exception des propriétés isolées, éloignées, ou d'un entretien coûteux ; *aliéner les terrains de la banlieue* qui ont acquis toute leur valeur et notamment *ceux des communes suburbaines* que l'on a lotis après ouverture de rues.

Peu de temps avant la Révolution du 24 février, deux ventes de terrains dans Paris furent consenties, dont l'une, celle d'un terrain de 140ᵐ,20, situé rue Montmartre, 10, atteignit le taux, probablement inconnu jusqu'alors, de 966 fr. 48 c. par mètre[1]. L'administration hospitalière céda, en outre, le 8 février 1848, à la ville de Paris, une maison rue des Prouvaires, 30, pour la construction des halles centrales[2].

Depuis la révolution de Février jusqu'au second Empire, il n'y eut que quatre ventes dans Paris par voie d'adjudication publique. Les circonstances ne permettaient guère, alors, de vendre avantageusement et l'administration des hospices restait fidèle au principe, suivi par elle, de n'aliéner qu'au moment opportun.

---

1. Le prix fut de 135 500 fr. ; l'adjudication eut lieu le 1ᵉʳ février 1848. L'autre vente fut celle d'une parcelle de terrain, rue Delambre et boulevard d'Enfer, vendue 17 500 fr. soit 35 fr. 20 c. par mètre.

2. Le prix fut de 42 000 fr.

Par contre, 24 ventes eurent lieu dans un intérêt d'utilité publique dont 17 en vue d'*élargissement* ou de consolidation *de rues*, 2 en vue de la *création des halles centrales*, 2 pour l'*ouverture de la rue de Lyon*, une pour la formation du boulevard Mazas (aujourd'hui boulevard Diderot), une pour création d'école, une enfin pour l'*établissement de la gare Montparnasse*.

Voici, du reste, le tableau d'ensemble des ventes dans Paris faites pendant cette période d'un peu moins de cinq années [1] :

Année 1848 (depuis le 24 février) . . . . 3 ventes, 40 505f 50c [2]
— 1849 (entière). . . . . 4 — 111 236 » [3]
— 1850 — . . . . 7 — 60 388 24 [4]
— 1851 (entière). . . . . 4 — 4 526 50 [5]
— 1852 (jusqu'au 2 décembre, date de la proclamation de l'Empire). . . . . 10 — 184 772 83 [6]

Dans cet intervalle, les ventes de biens ruraux furent plus nombreuses; mais elles portèrent presque exclusivement : 1° sur les terrains des communes suburbaines lotis, après ouverture de rues, sous le régime précédent et situés à *Montrouge*, à *Vaugirard*, à *la Chapelle-Saint-Denis;* 2° sur les terrains de la banlieue, deve-

---

1. Depuis le 1er janvier jusqu'au 24 février 1848, les ventes dans Paris furent au nombre de trois et le prix total s'éleva à 195 000 fr.

2. Ces trois ventes comprenaient : 1° une maison rue Saint-Honoré, 96, vendue par adjudication 45 100 fr. ; 2° 2 parcelles de terrain cédées pour élargissement de la voie publique.

3. Maison rue de la Roquette, 94, vendue par adjudication 42 200 fr. ; 2 terrains rue Traversière Saint-Antoine, l'un de 857m,85, l'autre de 523m,80 cédés à la ville de Paris moyennant 10 545 fr. (7 fr. et 8 fr. 67 c. du mètre) pour l'*ouverture de la rue de Lyon;* parcelle de 5 754 mètres d'une propriété composée de bâtiments et jardins situés boulevard Montparnasse, cédée par voie d'expropriation *pour créer la gare de l'Ouest et ouvrir une rue* longeant la gare entre le boulevard intérieur et le boulevard extérieur Montparnasse (aujourd'hui boulevard Edgar-Quinet). Ce fut la *rue du Départ.* Cette dernière vente eut lieu, moyennant un prix de 58491 fr. ou 10 fr. 35 c. du mètre.

4. 5 parcelles de terrain cédées ensemble 35 383 fr. 24 c. pour élargissements de voies publiques (rues de la Bûcherie, Saint-Maur, de la Santé); terrain exproprié rue de la Tonnellerie pour la formation des halles centrales (6 000 fr.) ; maison et terrain rue Bizet, 4, cédés à la ville pour le service de ses écoles (25 000 fr.).

5. 4 parcelles cédées pour l'élargissement de voies publiques (rue de la Vieille-Harengerie, rue Saint-Maur et chemin de ronde, barrière Montparnasse).

6. Élargissement des rues des Marmousets, de Charonne, Saint-Landry de la Colombe, de la Vieille-Harengerie, du Fer-à-Moulin. Vente à l'État des *cagnards* de l'Hôtel-Dieu pour consolider la voie publique. Formation du boulevard Mazas (terrain rue du Marais-Saint-Antoine), formation des Halles (maison rue du Marché-aux-Poirées).

nus propres à bâtir, à *Gentilly, Issy, Ivry* et *Vanves;* 3° sur les *corps de ferme avec leurs dépendances*, dont la vente fut méthodiquement reprise par la nouvelle administration de l'assistance publique [1].

En 1852, quatre ventes rurales eurent lieu dans un intérêt public.

Le nombre et le montant des ventes rurales furent les suivants [2] :

Année 1848 (depuis le 24 février)	9 ventes,	135 944f 50c	[3]
— 1849 (entière)	4 —	10 415 25	[4]
— 1850 —	7 —	155 421 02	[5]
— 1851 —	7 —	139 885 »	[6]
— 1852 (jusqu'au 2 décembre)	15 —	55 310 05	[7]

1. On vendit, sous la seconde République, 4 *corps de ferme* et une partie des bâtiments d'une cinquième ferme :

1° Ferme de l'Hôtel-Dieu à *Saint-Vaast* (Oise), le 11 mai 1849 ;

2° Ferme de l'Hôtel-Dieu à *Morangis* (Seine-et-Oise), le 14 avril 1850 ;

3° Ferme de l'Hôtel-Dieu à *Compans* (Seine-et-Marne), le 4 juin 1850 ;

4° Ferme de l'Hôtel-Dieu à *Ève* (Oise), le 26 novembre 1850 ;

5° Partie de la ferme des Botheaux à *Vert-le-Grand* (Seine-et-Oise), le 13 juin 1852.

Les avantages *annuels* que ces ventes produisirent à l'administration hospitalière, par augmentation de fermages, placement en rentes 4 1/2 p. 100 du prix de la vente, et suppression de dépenses d'entretien des bâtiments, furent, pour l'ensemble des quatre premières fermes, de 11 113 fr. 95 c.

2. *Avant la révolution de 1848*, aux dates des 1er et 22 février, on vendit 3 terrains à *Montrouge*, l'un rue de la Gaîté n° 1, les deux autres boulevard extérieur Montparnasse provenant, les uns et les autres, de la ferme du Grand-Pressoir, moyennant un prix total de 199 500 fr. ; soit, à raison de 278 fr. 57 c. du mètre pour le premier, et, pour les deux autres, respectivement, de 107 fr. 97 c. et de 118 fr. 24 c.

3. Un terrain à Vaugirard (rue de l'Ouest), 3 à Ivry, 1 à Gentilly, 1 à Vanves, 1 à Montrouge (angle de la chaussée du Maine et de la rue de la Gaîté), 2 à la Chapelle-Saint-Denis, nouvelle rue Doudeauville. Ces deux dernières ventes furent faites au taux de 18 fr. 02 c. et de 20 fr. 98 c. le mètre. Les aliénations de 1848 comprennent aussi une parcelle de terre à Charmentray, pour la création du canal de l'Ourcq.

4. Parcelles de terres à Marly et à Bouillancy, pour établissements de chemins ; terrain de 13 687 mètres à Vaugirard, cédé moyennant un prix de 74 977 fr. pour la *création de la gare extérieure Montparnasse; bâtiments* et accins *de la ferme de Saint-Vaast* (Oise) ; parcelle de terrain à Plaisance, commune de Vaugirard ; 1 échelle de colombier et 35 paires de pigeons à Intreville (ferme des Brosses), 1 échelle de colombier et 125 paires de pigeons, à la ferme de Blanchefouace.

5. 1 terrain à Ivry, 1 à Gentilly, *bâtiments de la ferme de Morangis*, 1 terrain à Plaisance, commune de Vaugirard ; *bâtiments de la ferme de Compans et de la ferme d'Ève* ; 1 terrain à Montrouge, chaussée du Maine (8 fr. 04 c. le mètre).

6. 3 terrains à la Chapelle-Saint-Denis, rue Doudeauville ; 2 terrains à Montrouge, chaussée du Maine ; 1 terrain de 3 665 mètres situé à Issy, provenant du legs Dumetz (1845), vendu 36 650 fr. à la commune, pour l'établissement de la mairie et des écoles.

7. 1 terrain à Issy, pour la création de la mairie et des écoles (legs Dumetz) ; 1 terrain à Champlan, pour la formation d'un cimetière ; 1 terrain à Ivry, pour la

§ 3. — LES ACQUISITIONS.

Pendant la durée de la deuxième République, *le domaine productif dans Paris* ne fut augmenté que d'une seule acquisition ; elle avait un caractère mixte, puisqu'il s'agissait d'un immeuble *rue Saint-Jacques, 250*, qui devait servir de maison de secours et d'école. L'achat eut lieu en commun avec la ville de Paris, qui paya, pour sa part, 45 000 fr., tandis que l'Assistance publique eut à payer 140 000 fr. [1]. Il n'y eut aucune autre acquisition urbaine, soit par dons ou legs, soit à prix d'argent.

En 1849, le *domaine rural* s'accrut d'une maison et d'un jardin mesurant une superficie de 15 379 mètres, à *Saint-Leu-Taverny*, en vertu d'un *legs* de M. *Vincent Saint-Hilaire* [2]. En 1850, une parcelle de terrain de 460 mètres fut acquise à *Marly-la-Ville*, pour conserver un accès sur un chemin rétréci. En 1851, on acheta aussi une parcelle de chemin supprimé, à *Silly-le-Long*, et une pièce de 4 275 mètres à *Gentilly*, pour la réunir à une terre dépendant de la ferme de Sainte-Anne. La même année, l'administration hospitalière fut obligée de reprendre *rue Doudeauville*, à La Chapelle, un terrain de 400 mètres vendu 6 800 fr. et non payé.

En 1852, une parcelle de chemin supprimé fut acquise à Vanves ; la même année, on acheta à Créteil une pièce de terre de 9 294 mètres pour augmenter la valeur des terres avoisinantes.

L'acquisition la plus importante réalisée dans cette période fut celle d'une *propriété* appartenant à M. *Serize*, ancien notaire, située à *Ivry* près Paris. L'achat en eut lieu par acte en date du 10 juin 1851 moyennant un prix de 340 210 fr., y compris les frais [3]. Cette somme fut payée, jusqu'à concurrence de 97 105 fr. 20 c., avec les

---

formation du chemin de fer de ceinture ; 1 terrain à Montrouge, pour la formation d'un chemin de grande communication ; — ventes à des particuliers de terrains et masses de pierres à Issy, Ivry, Marcoussis, Bouillancy, Gentilly, Montrouge et Bellay ; vente d'une maison à Courbevoie, vente d'une partie des bâtiments de la ferme des Botheaux.

1. Cette propriété devait remplacer une vieille maison rue Saint-Jacques 253-255, devenue inutile, comme trop étroite. En 1889, la maison ainsi désaffectée fut vendue 120 100 fr à la *Société philanthropique*.

2. Cette propriété fut vendue 29 000 fr. le 19 mai 1853 ; elle ne resta donc que peu d'années dans le domaine hospitalier.

3. Le prix, sans les frais, fut de 313 500 fr., ou 0 fr. 70 par mètre.

capitaux généraux de l'administration, et pour 243 094 fr. 80 c. avec des fonds provenant de deux libéralités faites par M. *Simonin-Lalleman*, horloger à Paris, pour fondations de lits aux incurables-hommes et aux incurables-femmes. Il avait été expressément convenu que les capitaux donnés en vue d'assurer les fondations seraient employés définitivement, non en rentes, mais en *acquisitions de terres sans bâtiments*[1], dont les revenus serviraient à l'entretien des lits fondés.

La propriété acquise de M. Serize mesurait une superficie de 412 063 mètres; elle se composait: 1° d'une grande pièce de terre coupée en deux parties dans toute sa longueur par la ligne du chemin de fer d'Orléans; 2° d'un clos contigu comprenant la majeure partie du parc de l'ancien château d'Ivry. Le *clos Serize* fut affecté, en 1869, à la création de l'hospice des *Incurables* actuel, ou hospice d'Ivry, quand l'hospice des *Incurables-femmes*, rue de Sèvres, à Paris, et celui des *Incurables-hommes*, rue du faubourg Saint-Martin et rue des Récollets, furent, l'un et l'autre désaffectés[2].

Le nouvel hospice d'Ivry fut ouvert pour les deux sexes.

La pièce de terre provenant de M. Serize, déduction faite du clos, est demeurée dans le domaine productif de revenus.

§ 4. — LA GESTION DES BIENS.

L'administration des hospices continuait, et cette tradition s'est maintenue assez régulièrement jusqu'à nos jours, à publier, tous les cinq ans, un état de ses propriétés urbaines et rurales. L'état publié en 1850 nous fournit sur le nombre, la nature, la superficie

---

1. Les deux libéralités de M. Simonin ont été faites pour création de 25 lits (15 lits de femmes et 10 d'hommes) aux dates du 2 septembre 1847 et 7 juillet 1849. Plus tard, en 1852 et 1853, 3 nouvelles fondations furent faites par ce bienfaiteur des pauvres. Le total de ses libéralités s'éleva à 336 000 fr. M. Simonin créa en tout 38 lits d'hospice; 24 lits furent créés aux Incurables-femmes (en souvenir de Mme Simonin née Lalleman Antoinette-Elisabeth, décédée le 10 juin 1845); 14 furent créés aux Incurables-hommes. La fondation d'un lit exigeait à cette époque un revenu de 400 fr. Le revenu réclamé maintenant en rentes 3 p. 100 est de 900 fr. au minimum.

En 1851, la propriété Serize rapportait 6 532 fr. 45 c.; cette somme était susceptible d'être portée à 8600 fr. lors du renouvellement des baux.

2. L'hospice des Incurables de la rue de Sèvres devint d'abord l'*hôpital temporaire*, puis l'*hôpital Laënnec*. Celui du faubourg Saint-Martin fut vendu à l'État en 1861 pour la création d'un hôpital militaire.

et le revenu des propriétés productives, d'intéressants renseignements que nous trouvons résumés au *Compte des recettes et dépenses* de cette année 1850 [1].

Nous apprenons ainsi qu'au 31 décembre 1850 *le domaine propre* [1] des hôpitaux et hospices comprenait :

55 immeubles, ou portions d'immeubles, loués à la ville de Paris pour écoles, ouvroirs ou asiles [2].

176 propriétés urbaines louées à des particuliers et se décomposant de la sorte :

77 maisons, parties de maisons, bâtiments et groupes de boutiques [3],

19 boutiques sur le Pont-Neuf,

14 grandes masses de propriétés bâties,

58 terrains non bâtis,

8 terrains en marais, avec ou sans maisons de maraîchers.

168 propriétés rurales groupées de la manière suivante :

13 maisons,

32 fermes,

56 pièces et marchés de terre, en comptant pour une unité les marchés qui ont été divisés,

42 propriétés considérées comme terrains à bâtir,

8 bois, aunaies, terrains plantés en quinconce, exploités directement ou loués par l'administration,

17 masses de bois soumises au régime forestier.

Les écoles, ouvroirs et asiles produisaient en 1850 un revenu annuel de. . . . . 83 353 fr. [4].

Le produit des propriétés urbaines s'élevait à. 368 934 fr. 78 c. [5].

Celui des propriétés rurales était de. . . . . 468 170 fr. 55 c. [6].

Au total. . . . . 837 105 fr. 33 c.

Les *biens de ville des fondations* étaient au nombre de *deux* et se

---

1. Pages 48 et suivantes.

2. Les écoles étaient généralement comprises dans un même groupe de bâtiments, avec les maisons de secours. Le nombre des écoles et maisons de secours réunies était de 37.

3. Y compris l'amphithéâtre de la Charité loué à l'Académie de médecine et la chapelle Beaujon louée à la fabrique de Saint-Philippe du Roule.

4. La superficie totale des maisons de secours et écoles était de 24 641^m,50.

5. Superficie : 402 134^m,30.

6. Superficie : 66 065 768 mètres.

composaient d'une boutique [1] (fondation Tournaire) et d'une maison (fondation Leprince).

Le revenu de ces biens était de 11 958 fr. 30 c. [2].

Les *biens ruraux* des *fondations* étaient au nombre de *huit* (fondations Boulard et Brézin) et comprenaient 2 fermes, 4 marchés de terre, un terrain (contigu à l'hospice Saint-Michel), un clos entouré de murs (clos de Vaucresson); le tout produisant un revenu de 19 163 fr. 71 c. [3].

Le compte des recettes et dépenses nous apprend également que, de 1807 à 1850 inclusivement, le produit des ventes réalisées s'est élevé à :

25 039 719 fr. 17 c. pour les biens dans Paris, et 3 444 665 88 fr. pour les biens ruraux.

Malgré le nombre considérable des aliénations consenties dans cet intervalle, le revenu, après avoir subi une dépression énorme au moment des ventes en masse du premier Empire, s'est relevé progressivement, bien que les aliénations et rattachements à des services hospitaliers aient encore été, pour l'ensemble des propriétés tant rurales qu'urbaines, de 115 sous la Restauration, de 149 sous le gouvernement de Juillet et de 34, de 1848 à 1850 inclus.

Le tableau suivant indique le montant du revenu, en 1807, avant les ventes, en 1810, et ensuite de dix ans en dix ans.

ANNÉES.	BIENS de ville.	ÉCOLES, asiles, ouvroirs.	BIENS ruraux.	COUPES ordinaires de bois.	TOTAL.
	fr. c.	fr. c.	fr. c.	fr. c.	fr. c.
1807	969 273 82[4]	»	304 279 34	3 388 »	1 276 941 10
1810	952 742 24	»	288 665 39	2 803 52	1 244 217 15
1820	270 896 80	»	376 497 35	10 512 90	657 897 05
1830	335 818 06	»	431 248 40	36 864 08	803 930 54
1840	384 048 61	86 102 50	320 711 41	22 295 41	813 217 93
1850	381 733 56	83 353 »	487 334 26[5]	37 409 25	989 827 07

1. Le surplus de l'immeuble, qui était situé rue des Écouffes n° 28, était occupé par des ménages pauvres du 7e arrondissement, en vertu de la fondation.

2. La superficie des biens de ville des fondations était de 470^m,00.

3. La superficie des biens ruraux des fondations était de 3 827 423 mètres.

4. En 1806, le revenu s'était élevé à 1 256 458 fr. 90 c.

5. Pour les propriétés louées en grains, le revenu est évalué au cours moyen de 1 fr. l'hectolitre.

Les causes principales du maintien du revenu sont, en dehors des locations à la ville de Paris pour ses écoles, quelques acquisitions nouvelles, à titre gratuit ou onéreux, des extinctions successives de baux à long terme, l'accroissement de la valeur locative des propriétés, l'exécution de travaux dans les maisons.

Parmi les biens de ville, les plus précieux, situés dans des quartiers de Paris appelés à un avenir de grande prospérité, étaient encore engagés dans des baux emphytéotiques. Nous citerons particulièrement les suivants :

	SUPERFICIE.	LOYER annuel.	DATE de l'expiration des baux.
	m. c.	fr. c.	
Plusieurs maisons, à l'angle de la rue de la Chaussée-d'Antin et de la rue Saint-Lazare.	8 757 50	2 844 44	1er octobre 1874.
Tout le côté droit de la rue de Buffault, nos 2 à 34	8 740 »	1 895 29	1er octobre 1874.
Terrains et bâtiments rue Saint-Denis, 311 à 313 (occupés par la manufacture des glaces).	6 467 97	40 000 »	1er janvier 1881.
Maison rue du Faubourg-Montmartre, 8 . .	1 204 20	1 895 28	1er octobre 1887.
Maison avec jardin, rue de Provence, 54 . .	1 700 43	2 351 »	15 mai 1932.

« C'est donc, dans les meilleurs quartiers de Paris, lisons-nous au compte de 1850, une quantité totale de 26 879^m,16 qui promet à l'administration de précieuses ressources, à la condition de ne les vendre qu'à l'expiration des baux, successivement et en temps opportun[1]. »

L'événement a dépassé les prévisions les plus favorables qu'avaient pu concevoir les hospices, en ce qui concerne la valeur locative et foncière que devaient acquérir ces propriétés par la suite[2].

____

1. Page 52.

2. La plupart des immeubles de la rue de Buffault ont disparu, par suite de l'ouverture de la rue Lafayette. Il ne reste à l'Assistance publique que ceux portant les nos 2 (et rue du Faubourg-Montmartre, 44, 46), 4, 6, 26, 34, 36 et rue Lamartine, 7 à 11. Il subsiste encore dans le patrimoine hospitalier, rue de la Chaussée-d'Antin et rue Saint-Lazare, 3 propriétés ; le reste a été en partie exproprié pour la création de la place de la Trinité et le prolongement de la rue Mogador, et en partie vendu à des particuliers. Le bail rue de Provence et rue de la Victoire dure encore ; cet immeuble est occupé par la Société générale. Déduction faite de cette dernière propriété, celles qui existent encore dans le patrimoine hospitalier rue de Buffault, rue de la Chaussée-d'Antin, rue Mogador, rue Saint-Denis, 311 et 313 (maintenant no 221), et rue du Faubourg Montmartre rapportent aujourd'hui un revenu annuel de 365 000 fr.

Influence de la révolution de 1848 sur les revenus. — Abstraction faite des biens loués par baux emphytéotiques, l'accroissement de la valeur locative des autres immeubles urbains et ruraux avait donc été continu. La révolution de 1848, par le trouble momentané qu'elle produisit dans les affaires, rendit les locations moins faciles et obligea l'administration hospitalière à concéder, sur l'année 1848, à un certain nombre de ses locataires *dans Paris*, des remises de loyers applicables pour la plupart à une période de six mois. Ces remises furent autorisées par décret du président de la République, en date du 6 novembre 1849. Les bénéficiaires furent au nombre de 36.

Les événements politiques et la crise économique n'exercèrent pas leur influence seulement sur les biens de ville; ils eurent une répercussion grave dans les campagnes. Les céréales et les autres produits de la terre subirent alors un avilissement de prix tel que le recouvrement des fermages devint réellement difficile [1].

Les fermiers, invoquant la persistance des bas prix, réclamèrent instamment des remises sur leurs loyers. La crise se prolongeait depuis plus de trois ans, et l'administration des hospices de Paris avait, jusque-là, refusé toute réduction. Mais, à raison de l'insistance apportée par ses fermiers, elle finit par se demander s'il ne serait pas juste, sans aller jusqu'à proposer à l'autorité supérieure une diminution annuelle et permanente dans les baux, de proposer quelques réductions sur une seule année, en faveur, non de tous les fermiers, mais seulement d'un certain nombre d'entre eux. Les hospices présumaient, en effet, que le bon marché des produits ne tarderait pas à être suivi de cours plus élevés.

---

1. On peut expliquer l'avilissement du prix des céréales en 1848 par une raréfaction dans la circulation des métaux précieux, par suite des événements politiques. Le pouvoir d'achat de la monnaie d'or et d'argent se trouvait augmenté, à raison même de la diminution du métal. « Cette augmentation de la valeur ou du pouvoir d'achat des métaux précieux correspondait évidemment à une *diminution de prix*, puisqu'il fallait un moindre poids d'or ou d'argent pour acquérir la même quantité de froment ou de toute autre céréale. A une époque où l'assolement triennal avec jachères était encore usité dans une grande partie de la France et où, par conséquent, le blé représentait la principale récolte du cultivateur, la source ordinaire de ses produits, il est certain qu'une diminution brusque du prix de vente devait provoquer une crise douloureuse. » Zolla. *Recherches sur les revenus et variations du prix des terres*, dans les *Annales agronomiques* (1887-1890). — Cette raison suppose que les cultivateurs ont continué, malgré la diminution des prix de vente, à supporter des frais généraux à peu près aussi élevés qu'auparavant; et, notamment, les salaires de la main-d'œuvre n'ont, sans doute, pas pu être réduits proportionnellement à l'augmentation du pouvoir d'achat de la monnaie.

Enquête sur la situation de l'agriculture. — Avant de prendre une décision à cet égard, l'administration hospitalière eut l'idée de procéder à une enquête auprès de 22 hospices de France dont la situation présentait quelque analogie avec ceux de Paris, soit à raison de leur importance, soit parce que leurs terres étaient situées dans le même rayon. En conséquence, une circulaire fut adressée aux présidents des commissions administratives de ces hospices. Elle renfermait les neuf questions qui suivent :

1° Avez-vous eu à supporter pour vos biens ruraux des résiliations amiables ou judiciaires ?

2° Avez-vous des terres qui soient restées sans locataires ?

3° Vos fermages sont-ils stipulés en une somme fixe d'argent ou en grains à livrer, soit en nature, soit en argent d'après le cours des mercuriales ?

4° Avez-vous consenti des remises sur les fermages ?

5° Ces remises ont-elles été faites à tous vos fermiers ou à quelques-uns d'entre eux ?

6° Ont-elles porté sur toutes les années du bail restant à courir ou seulement sur une ou plusieurs années et quelles sont ces années ?

7° Avez-vous distingué entre les fermages en grains et les fermages en argent ?

8° Quelle a été la proportion des remises comparativement aux fermages de l'une ou de l'autre espèce ?

9° Avez-vous rempli, pour les résiliations de baux et les remises de fermages, toutes les formalités prescrites par l'arrêté consulaire du 14 ventôse an XI ?

Les hospices consultés furent ceux d'Amiens, Arras, Beauvais, Bordeaux, Châlons-sur-Marne, Chartres, Corbeil, Coulommiers, Étampes, Gonesse, Lille, Lyon, Marseille, Meaux, Melun, Nantes, Orléans, Pontoise, Provins, Rouen, Senlis, Strasbourg.

Ils répondirent tous, avec plus ou moins de précision, sauf trois, ceux de Pontoise, Marseille et Provins.

A la première question : *Avez-vous eu à supporter des résiliations ?* 16 réponses sur 19 furent négatives. Des trois hospices qui répondirent affirmativement, les hospices de Meaux furent les plus éprouvés. Ils déclarèrent avoir eu à supporter cinq résiliations : 1° *une résiliation amiable approuvée* par décret du 26 septembre

1850 ; ce décret fut attendu plus de neuf mois, ce qui eut pour effet de laisser pendant une année improductives les terres, abandonnées par le fermier et que personne ne voulait reprendre au taux de l'ancien bail[1] ; 2° *une résiliation judiciaire* prononcée le 29 mai 1850, avec cette constatation pénible que les frais de l'instance se sont élevés à 200 fr. et que les hospices ont eu à les supporter ; 3° *trois résiliations* consenties *sans formalités,* en 1850, les fermiers ayant consenti à se désister de tous droits à la jouissance des terres. Les terres furent relouées à des prix extrêmement réduits.

L'hospice de Gonesse répondit qu'il avait eu à supporter *trois résiliations* amiables. L'hospice d'Étampes obtenait la résiliation du bail d'un fermier. Le loyer était trop élevé et le fermier était tombé en déconfiture.

A la deuxième question : *Avez-vous des terres qui soient restées sans locataires ?* 17 hospices répondirent *non* ; 2 répondirent *oui :* les hospices de Nantes et l'hospice de Coulommiers. Les premiers, faute de locataires pour leurs terres en prés et en oseraies, ont été dans la nécessité de les exploiter directement. Les seconds déclarèrent qu'un lot de terres peu important n'avait pu être loué par adjudication et qu'en attendant l'autorisation de vendre ils le faisaient cultiver par des manouvriers.

La troisième question : *Vos fermages sont-ils stipulés en argent ou en grains ?* présentait un intérêt particulier. Nous avons vu, en effet, quelle résistance prolongée avaient apportée les hospices de Paris à la suppression du fermage en nature[2]. Ce n'est que sur les instances du conseil municipal qu'ils y avaient renoncé, depuis quelques années seulement.

Sept hospices répondirent que leurs *fermages* étaient *perçus uniquement en argent,* ce sont ceux de Beauvais, Châlons-sur-Marne, Étampes, Gonesse, Melun, Nantes et Rouen. Ceux de Rouen avaient supprimé le fermage en grains depuis plus de vingt ans. Les hospices d'Étampes les avaient également supprimés, sans dire depuis quand.

---

1. Le fermage qui s'élevait à 450 fr. fut réduit à 230 fr. lors de l'adjudication qui eut lieu le 2 février 1851.

2. Voir notamment, chapitre IV, § 1 et § 7, 2°.

Sept hospices : ceux d'Amiens, Chartres, Coulommiers, Meaux, Orléans, Senlis et Strasbourg répondirent que leurs fermages étaient stipulés payables *partie en argent, partie en grains*. Toutefois, les hospices de Coulommiers les supprimaient, à chaque renouvellement de fermage [1].

Un hospice, celui de Corbeil, fit savoir que le prix de ses fermages était payable en argent, avec possibilité de conversion en grains, mais cette faculté de payement en grains n'avait jamais été exercée.

Enfin, les quatre derniers hospices ne firent aucune réponse à cette question. Il est supposable que leurs fermages étaient payables en argent.

La consultation démontra qu'il y avait plutôt une tendance générale vers la suppression du fermage en nature.

Nous grouperons les 4e, 5e et 6e questions : *Avez-vous consenti des remises sur les fermages ? Ont-elles été faites à tous vos fermiers ou à quelques-uns d'entre eux ? Ont-elles porté sur toutes les années du bail, ou seulement sur une ou plusieurs et lesquelles ?*

Dix-sept hospices sur dix-neuf déclarèrent *n'avoir consenti aucune remise*. Les hospices de Meaux firent savoir qu'un grand nombre de leurs fermiers avaient sollicité des réductions, mais que la commission administrative avait résisté jusqu'alors énergiquement. Sur l'objection faite par les intéressés que les hospices de Paris s'étaient montrés plus accommodants, le receveur des hospices de Meaux s'adressa à celui de Paris, qui lui fit connaître aussitôt le manque complet de fondement de cette allégation [2].

Deux hospices, ceux de Coulommiers et de Gonesse, avaient seuls été *contraints de consentir des remises*. Celui de Coulommiers n'en avait accordé qu'une, à un fermier dont le loyer était excessif. La réduction avait porté sur les années 1849 et 1850. Le fermier en sollicitait une nouvelle pour les trois années suivantes. La réduction

---

1. Les hospices de Meaux n'avaient que peu de fermages payables en grains ; ceux de Chartres avaient trois quarts en argent et un quart en grains.

2. La suite de la réponse des hospices de Meaux est intéressante, en ce qu'elle discute le principe de la réduction en droit et en fait. « Si des réclamations de ce genre étaient accueillies avec faveur, elles entraîneraient nécessairement à leur suite une foule de demandes semblables auxquelles il deviendrait impossible de répondre et qu'il serait d'autant plus difficile de repousser qu'elles s'appuieraient sur des antécédents créés par l'Administration. Cette voie ne serait-elle pas bien dangereuse, puisque *le respect dû aux contrats pourrait être ainsi continuellement remis en question ?*

avait été du sixième ; mais, à raison de son insuffisance, la commission administrative venait d'en accorder une nouvelle du tiers.

L'hospice de Gonesse avait consenti *à tous ses fermiers* une remise d'un cinquième, sur chacune des années 1849 et 1850.

En résumé, quelques hospices, ceux d'Amiens, d'Arras [1], de Chartres, de Lyon, de Rouen n'ont pas été éprouvés par la crise agricole ; leur situation est restée aussi bonne qu'auparavant. Deux autres qui n'ont pas eu non plus à se plaindre des événements : ceux de Châlons-sur-Marne et de Corbeil, expliquent leur condition favorable par l'exploitation très divisée de leurs biens ruraux.

La plupart des autres reconnaissent l'intensité de la crise. « S'il ne survient pas bientôt d'augmentation dans le prix des céréales, dit le président de la commission des hospices de Beauvais, il est à craindre que le fermier ne se trouve tout à fait dans l'impossibilité de satisfaire à ses engagements ; *l'agriculture est à bout de souffrances*. Je pense que les propriétaires seront obligés à faire des remises ou à consentir des diminutions sur le prix de baux passés antérieurement à 1848 ou dont le prix aura été reconnu excessif. »

La 7e et la 8e question concernaient la *distinction* qui avait pu être faite, en ce qui concernait les remises, *entre les baux en argent et les baux en grains* et la *proportion de ces remises comparativement* à l'une ou à l'autre espèce de fermage.

Aucun hospice n'eut à répondre à ces deux questions, les rares réductions consenties n'ayant porté que sur des baux perçus en argent.

---

et cela, dans l'intérêt seul du fermier auquel l'Administration des hospices ne pourrait jamais rien demander de plus que le prix fixé par son bail, quels que fussent les bénéfices qu'il pourrait faire par suite de l'élévation extraordinaire du prix des denrées, même pendant plusieurs années successives.

« Cependant, on ne peut disconvenir qu'il serait quelquefois utile et même nécessaire que, dans des cas très rares et des circonstances tout exceptionnelles, les administrations charitables usassent de plus de latitude que ne leur en laisse l'arrêté du 14 ventôse an XI... »

Les hospices de Lille trouvent également que des réductions constitueraient un précédent très dangereux, dont les effets rejailliraient au loin.

1. Les hospices d'Arras répondirent : « Nous apprécions la position pénible des cultivateurs lorsqu'ils n'ont pour ressource que l'écoulement de leurs récoltes en blés ; mais, dans nos contrées, les cultivateurs trouvent un *dédommagement dans la culture de la betterave et des graines oléagineuses*, dont le rendement est plus avantageux. »

La dernière question visait les *formalités* longues et compliquées *requises alors des hospices, en vertu de l'arrêté des consuls du 14 ventôse an XI*, pour consentir des résiliations et remises de loyers et fermages. Il fallait : une enquête, l'avis du conseil municipal, l'avis du préfet, l'avis du Conseil d'État, enfin un décret du président de la République, sur la proposition du ministre de l'intérieur.

Les complications et les lenteurs de ces formalités présentaient un inconvénient grave : l'abandon des terres par les fermiers devenus insolvables et l'impossibilité de relouer avant l'obtention d'un décret attendu quelquefois plus d'un an [1].

Nous avons reproduit plus haut (*réponse à la première question*) les doléances des hospices de Meaux sur ce point. Ces hospices et ceux de Coulommiers avaient cru devoir remplir toutes les formalités de l'arrêté consulaire. Celui de Gonesse répondit qu'il s'était conformé à toutes les prescriptions de l'arrêté de l'an XI pour les résiliations, mais que les propositions de remises de fermages avaient été soumises seulement à l'approbation préfectorale.

Cette législation de ventôse an XI, contraire aux intérêts hospitaliers, touchait, du reste, à sa fin. La loi du 7 août 1851, *sur les hospices et hôpitaux*, et le décret de déconcentration du 25 mars 1852 devaient l'abroger définitivement.

Il nous reste à donner quelques détails complémentaires sur la gestion des biens. Nous avons à nous demander si les événements politiques et la situation financière n'ont pas entravé la bonne administration des immeubles, en forçant les hospices à diminuer les crédits affectés à leur entretien et à renvoyer à des temps meilleurs les dépenses à faire dans l'intérêt de la conservation et de l'amélioration du patrimoine immobilier productif.

Il n'est pas inutile de savoir qu'en 1848 le budget hospitalier était en déficit, comme il l'avait déjà été précédemment plus d'une fois, et que l'administration des hospices fut obligée de réaliser à la Banque de France, pour ne pas laisser ses services en détresse, un *emprunt d'un million*, pour la garantie duquel elle donna en gage

---

1. Les hospices de Meaux déclarent que, dans les cas exceptionnels où des remises ou résiliations seraient nécessaires, les formalités compliquées de l'arrêté le ventôse occasionnent de longs retards qui pourraient être bien abrégés, *si l'autorité préfectorale avait le pouvoir de statuer* elle-même, sans autre intervention.

des titres de rente sur l'État [1]. Il faut savoir également qu'en 1849 un fléau qui avait fait sa dernière apparition en 1832, le *choléra*, vint de nouveau s'abattre sur Paris et aggraver, assez lourdement, cette année-là, les charges hospitalières.

L'administration des hospices estima que la gestion des immeubles productifs de revenus ne devait pas souffrir de la pénurie des ressources et que les crédits devaient être maintenus, sans réduction.

On avait dépensé, en moyenne, sous le régime précédent, en *travaux d'entretien* dans les *maisons urbaines*, 57 000 fr. environ par an. Pendant les quatre années de la seconde République, on dépensa, de ce chef, annuellement en moyenne 58 188 fr.

Dans les fermes, les dépenses faites pour travaux aux bâtiments avaient diminué progressivement, sous le gouvernement de Juillet, en même temps que s'accomplissaient les *ventes des corps de ferme* les plus délabrés. En 1830, le montant des travaux avait atteint près de 35 000 fr. (34 947 fr. 77 c.); en 1847, le compte des travaux de cette nature descendit à 11 276 fr. 95 c., somme bien faible pour assurer l'entretien des nombreux bâtiments qui subsistaient encore. Sous la deuxième République, la somme affectée aux travaux dans les fermes fut un peu relevée; la moyenne annuelle fut de 13 845 fr. 71 c.; et, comme nous l'avons vu un peu plus haut, quatre corps de ferme furent encore vendus dans cette période.

Sous le régime précédent, les hospices de Paris avaient fait *défricher* deux bois, ceux de Charmont et du Bellay (Seine-et-Oise), en vue d'augmenter le revenu du sol. En 1848, on procéda au défrichement du bois dit *le Bois-Franc*, près de Chars (Seine-et-Oise). Les arbres furent vendus 11 820 fr. L'intérêt de cette somme à 4 p. 100 donna un revenu de 472 fr. 80 c. Le sol, après défrichement, fut loué 636 fr. 35 c., ce qui porta le revenu total à 1 109 fr. 15 c. Le revenu net du bois n'était, auparavant, que de 359 fr. 45 c. Le bénéfice annuel réalisé par cette opération s'éleva, par conséquent, à 749 fr. 70 c.

---

1. L'administration des hospices se plaignait vivement de ce que, malgré le mauvais état de ses finances, le département de la Seine ne payait pas les sommes qu'il lui devait pour le service des enfants assistés et celui des aliénés. En 1850, la dette du département envers les hospices était de 2 673 784 fr. 60 c.; en 1851, elle s'élevait à 3 387 906 fr. 72 c. *Comptes des recettes et des dépenses de l'exercice 1850*, p. 82.

Par contre, on continua, partout où il était possible de le faire sans nuire à la culture, *la plantation d'arbres épars* « pour perpétuer dans le domaine un revenu extraordinaire qui permît de faire face à des dépenses imprévues ». Les frais de plantations s'élevèrent à 4 134 fr. 16 c. de l'année 1848 à l'année 1851 inclusivement.

Les hospices ne négligèrent pas, non plus, les *bornages* de leurs propriétés rurales ; ces bornages furent poursuivis sans discontinuer sous la deuxième République. On termina, notamment, durant cette période, le bornage de la limite est du *Bois-Franc*, à Chars (1849), le bornage de la *ferme du Tillay*, à Cléry (1849), celui de la *ferme d'Ormeaux*, canton de Rozoy (Seine-et-Marne) [1850], celui de la *ferme de Pézarches*, même canton (1850).

Les inconvénients produits par la complication des formalités et la centralisation à outrance avaient fini par émouvoir l'opinion. L'arrêté consulaire de ventôse an XI, pour les modérations de loyers et les résiliations de baux, l'arrêté du 7 germinal an IX pour les concessions de baux à longue durée, exigeaient l'*approbation du pouvoir central*.

La loi du 7 août 1851 voulut entrer avec prudence dans une voie de décentralisation destinée à faciliter « la prompte et bonne exécution des affaires, sans compromettre l'intérêt si précieux confié à l'Assistance publique »[1]. Elle décida, dans son article 8, que la commission des hôpitaux *réglerait définitivement* et sans approbation : 1° le *mode d'administration des biens et revenus des établissements hospitaliers*; 2° *les conditions des baux et fermes de ces biens lorsque leur durée n'excéderait pas 18 ans pour les biens ruraux et 9 pour les autres*[2].

Les *baux pour une durée supérieure à 9 ou 18 ans*, les *acquisitions, aliénations, échanges* de propriétés, leur *affectation* au service, devaient désormais suivre, quant aux autorisations, les mêmes règles que les délibérations du conseil municipal (art. 9 et 10). Sur ces divers points, les hospices étaient appelés à profiter des

---

1. Rapport de M. de Melun, *Moniteur* du 28 décembre 1850.
2. Cette disposition s'applique également aux *modérations* et aux *résiliations de baux*, en vertu de la règle : *Quæ jure contrahuntur, contrario jure pereunt.* Voir aussi la circulaire ministérielle du 6 mai 1852 (§ 44 du tableau A du décret du 25 mars 1852).

franchises qu'une nouvelle loi communale devait apporter dans un temps qu'on supposait prochain [1].

La loi du 7 août 1851, encore en vigueur, est applicable à l'administration de l'Assistance publique de Paris dans les dispositions qui précèdent, ces matières n'étant pas expressément réglées par la loi du 10 janvier 1849 [2].

Pendant la dictature de Louis-Napoléon Bonaparte qui suivit le coup d'État du 2 décembre 1851 et précéda d'un an la proclamation de l'Empire, intervint, le 25 mars 1852, le décret-loi sur la *décentralisation*, ou, plus exactement, sur la *déconcentration* administrative, destiné, par application du principe qu'on n'administre bien que de près, à substituer l'action prompte des autorités locales aux lentes formalités du pouvoir central.

Ce décret complétait, à l'égard des biens hospitaliers, l'heureuse réforme introduite par la loi du 7 août 1851. C'est au préfet, désormais, qu'appartient le droit de statuer sur toutes les affaires qui, jusqu'alors, exigeaient la décision du chef de l'État ou du ministre de l'intérieur; c'est lui qui autorise, par un arrêté, après avis du conseil municipal, les baux au-dessus de neuf ans des propriétés urbaines des hospices, et au-dessus de dix-huit ans, des biens ruraux; les acquisitions, aliénations, échanges des propriétés hospitalières et leur affectation au service.

Mais ses dispositions étaient inapplicables au département de la Seine et, par suite, à l'administration de l'Assistance publique de Paris (art. 7). Cette exclusion subsista jusqu'au décret du 9 janvier 1861, qui ramena au droit commun du décret de 1852 l'administration du département de la Seine, celle de la ville et des établissements de bienfaisance de Paris. Cette disposition aurait dû émaner des deux Chambres, puisque l'on n'était plus alors sous un régime dictatorial. Aussi la légalité du décret de 1861 a-t-elle été contestée. Quoi qu'il en soit, la loi municipale du 24 juillet 1867, encore en vigueur à Paris, a régularisé la situation, en déclarant le décret de 1852 applicable à l'administration de la capitale (art. 17).

----

1. Rapport de M. de Melun. Ce fut le décret du 25 mars 1852 qui dans tous ces cas substitua l'autorisation du préfet à celle du pouvoir central.

2. Lettre du ministre de l'intérieur du 19 décembre 1852.

CHAPITRE VI

LE DOMAINE PRODUCTIF DE REVENUS SOUS LE SECOND EMPIRE

Durant les premières années du second Empire, les questions politiques et de haute administration passèrent au premier plan des soins du nouveau gouvernement. L'attention du pouvoir central fut détournée des hospices et ceux-ci purent administrer leur patrimoine en toute quiétude, avec les facilités que la loi du 7 août 1851 et le décret de 1852 étaient venus leur procurer.

Mais, cette tranquillité ne pouvait durer longtemps. Le gouvernement impérial ne tarda pas à se préoccuper de l'amélioration des services administratifs, et, notamment, de la gestion si souvent critiquée des propriétés hospitalières. Il fallut s'attendre bientôt à ce que l'empire autoritaire prît de graves mesures en vue de remédier à l'incurie imaginaire ou réelle des hospices.

§ 1er. — ENQUÊTE SUR L'ÉTAT DES BIENS MOBILIERS ET IMMOBILIERS DES HOSPICES.

Le 1er mai 1857, le ministre de l'intérieur adressa aux préfets une circulaire débutant ainsi : « Monsieur le Préfet, l'administration des biens des hôpitaux, hospices et bureaux de bienfaisance, vous le savez, laisse beaucoup à désirer. La plupart des immeubles sont mal affermés, et ceux exploités directement ne rendent pas tout ce qu'ils seraient susceptibles de produire..... Un tel état de choses est profondément regrettable. Il n'y a guère de localités où, les secours publics, en temps ordinaire, soient au niveau des besoins réels, et dans presque tous, s'il survient des années de disette ou une grave épidémie, l'insuffisance des revenus et l'urgence des besoins amènent forcément à entasser les capitaux. Il est du devoir du gouvernement d'aviser, en présence d'une telle situation ; il lui importe de prescrire les mesures nécessaires pour que la fortune des pauvres soit administrée de façon à lui faire produire le plus haut revenu possible... »

La circulaire réclamait, en conséquence, des renseignements précis sur la nature et l'importance des ressources des établissements hospitaliers et de bienfaisance et notamment sur l'état des biens. On devait faire ressortir les avantages et les inconvénients de la gestion actuelle, les modifications à y apporter, le détail des biens à vendre de préférence, le prix susceptible d'être obtenu.

Deux tableaux étaient joints à la circulaire, l'un sur la situation financière, l'autre sur les biens immobiliers et mobiliers, indiquant, pour les premiers, la contenance, la valeur capitale, le revenu (terres labourables, vergers, jardins, vignes, prés, herbages, pâtures et terres vagues, bois, maisons, mines) et pour le second, les rentes sur l'État, les rentes sur particuliers, le capital et les intérêts des fonds placés au Trésor.

Voici le tableau qui fut envoyé au ministre, par le préfet de la Seine, pour l'administration de l'Assistance publique de Paris.

TABLEAU.

Biens immobiliers.

TERRES LABOURABLES.			BOIS.			MAISONS.			IMMEUBLES DE TOUTE NATURE RÉUNIS.		
Con-tenance.	Revenu.	Valeur capitale.	Con-tenance.	Revenu.	Valeur capitale.	Con-tenance.	Revenu.	Valeur capitale.	Con-tenance.	Revenu.	Valeur capitale.
m.	fr. c.	fr.	m.	fr.	fr.	m.	fr. c.	fr. c.	m.	fr. c.	fr. c.
60 666 230	476 661,65	16 774 676	9 387 517	41 509	1 348 160	413 828,65	403 345,33	23 001 278,15	111 636 612	921 515,98	41 124 114,15

Biens mobiliers.

RENTES SUR L'ÉTAT.		RENTES SUR PARTICULIERS.		FONDS PLACÉS AU TRÉSOR.		BIENS MOBILIERS de toute nature réunis.		BIENS DES DEUX SORTES (mobiliers et immobiliers réunis.)	
Arrérages.	Capital.	Arrérages.	Capital.	Arrérages.	Capital.	Revenu.	Valeur capitale.	Revenu.	Valeur capitale.
fr. c.	fr. c.	fr. c.	fr. c.	fr. c.	fr. c.	fr. c.	fr. c.	fr. c.	fr. c.
1 846 243,45	45 510 002,82	1 556,81	31 136,20	41 168,62	1 659 220,86	1 888 962,88	43 200 359,88	2 810 484,86	84 327 474,03

Les hospices de Paris joignirent à ce tableau, suivant la demande de la circulaire, un état des propriétés urbaines et rurales. Les immeubles urbains étaient divisés en six sections : la première comprenait les propriétés contiguës à des services hospitaliers et réservées pour leur agrandissement, la seconde comprenait trois propriétés affectées à un service public [1] et, par suite, non susceptibles d'aliénation ; la troisième, les baux emphytéotiques et à vie et les nues propriétés ; la quatrième les grandes masses de propriétés pouvant être mises en vente après le percement des rues nécessaires pour leur mise en valeur ; la cinquième, les propriétés à l'égard desquelles il existait des autorisations de vente et dont l'aliénation se faisait successivement, ainsi que d'autres immeubles susceptibles d'être mis en vente aussitôt les autorisations intervenues ; la sixième, enfin, comprenait trois immeubles dont les revenus avaient une destination spéciale, aux termes des actes de fondation.

Une lettre explicative accompagnait l'envoi de ces états.

§ 2. — PROJET DE REMPLACEMENT DES COMMISSIONS ADMINISTRATIVES PAR DES DIRECTEURS SALARIÉS.

Les renseignements sur la fortune mobilière et immobilière des hospices de France, envoyés par les préfets au ministre de l'intérieur, furent portés au Conseil d'État à l'appui d'un *projet de loi* autorisant le gouvernement à remplacer les commissions administratives des hôpitaux et hospices et des bureaux de bienfaisance, *lorsqu'il le jugerait nécessaire*, dans l'intérêt de ces établissements, par des *directeurs salariés* [2]. Les commissions ou le directeur pouvaient être mis en demeure d'aliéner les biens immobiliers, quand le gouvernement croirait cette vente utile. En cas de refus, l'*aliénation pouvait être autorisée d'office*.

La substitution de *directeurs salariés* aux commissions administratives ne faisait que consacrer l'extension, au gré du gouverne-

---

1. *Rue Bonaparte, 14* (succursale du *mont-de-piété*, aujourd'hui *Académie de médecine*). — *Rue Dupuytren, 7* (maison louée au ministère de l'intérieur pour une école gratuite de dessin). — *Enclos de la Roquette*, derrière la prison des jeunes détenus (magasins du mont-de-piété).

2. Voir la brochure de A. Cochin, *De la Conversion des rentes des biens hospitaliers*, p. 8.

ment, du principe appliqué à l'assistance publique de Paris par la
loi du 10 janvier 1849 et que Dufaure, ministre de l'intérieur, justifiait dans ces termes : « Avec une administration collective....
*point d'initiative libre et spontanée, point d'impulsion forte et fé-
conde, point d'unité d'action, surtout point de responsabilité réelle
et applicable,* car là où l'autorité est répartie entre plusieurs, nul
n'est responsable individuellement, et la censure du pouvoir supérieur n'atteignant personne, la répression des abus devient impossible... »[1].

Pourquoi le projet soumis au Conseil d'État *permettait-il au gouvernement d'autoriser d'office la vente* des immeubles hospitaliers,
en cas de refus des commissions ou du directeur ? Ne jouissait-il
pas de ce droit ? Il n'en jouissait plus, car les auteurs de la loi du
7 août 1851, en vue d'assurer la conservation des biens formant la
dotation des hospices, et redoutant, sur ce point, l'initiative trop
fréquente d'aliénations provoquées par le pouvoir central, avaient
exigé désormais, pour que la vente fût possible, un AVIS CONFORME
du conseil municipal[2].

Le Conseil d'État rejeta le projet du gouvernement.

§ 3. — CIRCULAIRE DU GÉNÉRAL ESPINASSE, SON APPLICATION AUX HOS-PICES DE PARIS. — CIRCULAIRE DELANGLE.

Décidé à agir quand même, le ministre de l'intérieur, général
Espinasse, ne pouvant aboutir par une loi, recourut à la voie administrative et adressa aux préfets la CIRCULAIRE demeurée célèbre
dans l'histoire du patrimoine hospitalier, DU 15 MAI 1858.

Cette circulaire présente deux caractères essentiels ; elle ne vise
pas seulement à faire vendre par les hospices leurs immeubles défectueux et d'un rapport insuffisant : elle poursuit un autre but
d'une importance capitale : la transformation en rentes sur l'État de
tout le patrimoine immobilier des hôpitaux, hospices et bureaux de

---

1. *Moniteur* du 10 novembre 1848.

2. « Les délibérations comprises dans l'article précédent sont soumises au conseil
municipal et suivent, quant aux autorisations, les mêmes règles que les délibérations
de ce conseil.

« Néanmoins, l'aliénation des biens immeubles formant les dotations des hospices
et hôpitaux ne peut avoir lieu que sur l'avis conforme du conseil municipal. »

bienfaisance. D'autre part, elle ne conseille pas, elle n'indique pas une préférence : elle réclame impérativement. Dans l'impossibilité où se trouve le gouvernement d'imposer légalement sa volonté, empêché qu'il est par l'article 10 de la loi du 7 août 1851, il recourt, dans ses instructions aux préfets, à deux puissants moyens de pression : les menaces et les promesses.

Quand, en 1780, Necker avait fait accepter à Louis XVI l'idée de la conversion des biens des hospices en rente sur le roi, les états ou le clergé, il ne put obtenir du roi qu'il consentît à user de contrainte envers les hospices. Le roi refusa d'adopter des voies coercitives, car il voulait, suivant les paroles mêmes de Necker, *ménager les droits de la propriété et ne pas exciter de défiance*[1]. L'édit de 1780 ne fit donc que donner un conseil qui fut, du reste, peu suivi.

Depuis la confiscation opérée en 1794 et les aliénations, sous le premier Empire, des propriétés appartenant aux hospices de Paris, aucune mesure générale n'avait été prise contre les biens hospitaliers, aussi grave que la transformation réclamée par la circulaire du général Espinasse.

Au surplus, en voici les termes :

Monsieur le Préfet, les biens immobiliers appartenant aux établissements de bienfaisance sont loin, vous ne l'ignorez pas, de donner un revenu proportionné à leur valeur vénale. D'après les dernières statistiques, ce revenu ne dépasse pas, en moyenne, 2,50 p. 100, et il est même probable que si l'on en avait toujours dégagé les charges inhérentes à la propriété, il se fût trouvé réduit à moins de 2 p. 100. C'est là un résultat d'autant plus déplorable que, d'une part, la valeur capitale de ces immeubles est d'au moins 500 millions, et que, d'autre part, malgré l'importance de cette dotation, les établissements charitables sont généralement dans l'impuissance d'assister tous les nécessiteux qui ont besoin de leurs secours.

Il importe, Monsieur le Préfet, de remédier à une pareille situation. La sollicitude de l'Empereur pour les classes souffrantes fait un devoir à l'administration de rechercher constamment les *moyens* de leur venir en aide, et le plus efficace serait évidemment celui qui élargirait pour elles l'accès des hôpitaux aux malades, des hospices aux vieillards ou aux infirmes, et qui augmenterait la quantité des secours distribués à domicile par les bureaux de bienfaisance.

Il en est *un fort simple, souvent recommandé aux commissions admi-*

---

[1]. M. Necker, *De l'administration des finances*, t. III, p. 178.

nistratives *des établissements charitables*, mais auquel *elles recourent peu*, soit par incurie, soit par suite de certains préjugés contre les biens mobiliers. Je veux parler de la VENTE DES PROPRIÉTÉS FONCIÈRES POUR LES TRANSFORMER EN RENTES SUR L'ÉTAT. Cette opération *doublerait au moins les revenus de l'Assistance publique*, qui pourrait ainsi soulager un bien plus grand nombre de pauvres, et cet avantage ne serait pas le seul ; on sait combien la *gestion des immeubles* entraîne de *soins* et de *préoccupations* ; combien elle est sujette aux *non-valeurs*, exposée aux *usurpations*, troublée par des *procès*. Les administrateurs les plus zélés ne suffisent qu'imparfaitement à une pareille tâche. Si les commissions pouvaient en être affranchies par la *substitution d'un revenu net et facile à percevoir au revenu incertain de la propriété foncière*, elles porteraient alors toute leur attention sur le régime intérieur des établissements, trop souvent imparfaits, et réaliseraient des améliorations vainement espérées jusqu'à ce jour.

Ces *résultats* de la conversion *sont tellement évidents que personne n'a songé à les contester*. Seulement *quelques esprits timorés*, sans les nier, *objectent que la valeur monétaire*, et, par conséquent, *celle des rentes sur l'État, décroît sans cesse*, tandis que la même cause produit un effet contraire sur *la valeur des immeubles*, laquelle *suit une progression constante*. Ils font observer, en outre, qu'une certaine quantité de *propriétés immobilières ont été données pour servir à des fondations charitables*, dans un esprit de perpétuité qui ne paraîtrait plus avoir un gage aussi certain, si ces immeubles étaient convertis en rentes, et qu'en blessant ainsi les sentiments des fondateurs et de leurs familles, on s'exposerait à voir diminuer la source des libéralités qui alimentent le patrimoine des pauvres.

Ces objections, spécieuses peut-être, ont depuis longtemps été appréciées à leur juste valeur par l'administration.

Sans doute, *il serait imprudent de transformer en rentes sur l'État tous les biens de l'Assistance publique sans se mettre en garde contre l'amoindrissement* possible, dans l'avenir, *de sa dotation ainsi constituée*. Mais la *précaution à prendre*, dans ce cas, est bien *connue*, et d'ailleurs mise en pratique tous les jours. Elle consiste à CAPITALISER UNE PARTIE DES ARRÉRAGES DE LA RENTE ; LA PROPORTION JUGÉE SUFFISANTE N'EST QUE DE 10 P. 100. Cette mesure, tout en garantissant l'avenir, procure de grands avantages actuels. Ainsi, par exemple, un immeuble donnant, à raison de 2 p. 100, un revenu de 2 000 fr., est aliéné pour la somme de 100 000 fr., et le prix de vente est employé à l'acquisition d'une inscription de 4 284 fr. de rente 3 p. 100, au cours de 70 fr. *En capitalisant chaque année le dixième des arrérages*, soit 428 fr., on obvie à l'amoindrissement futur de la rente, et l'on obtient immédiatement une augmentation de 1 850 fr. de revenu, c'est-à-dire presque le double de celui que rapportait l'immeuble. La première objection ne soutient donc pas un sérieux examen.

Quant à l'objection *tirée du danger de refroidir la charité privée si l'on vendait les immeubles affectés à certaines fondations*, elle n'aurait quel-

que poids que dans l'hypothèse où l'administration entreprendrait systématiquement et d'une manière absolue l'aliénation de toutes les propriétés
foncières des hospices et des bureaux de bienfaisance. Mais telle n'est
point la pensée du gouvernement. La plupart de ces propriétés ont été
données sans autre condition que celle de les faire servir le plus utilement
possible au soulagement des pauvres ; par conséquent, rien n'empêche de
les convertir en rentes, pour en tirer un meilleur revenu ; c'est même se
conformer aux intentions tacites des bienfaiteurs. Que si, parmi les nombreux legs et donations charitables, il s'en trouve qui soient soumis à des
conditions spéciales dont on ne pourrait s'écarter sans froisser de justes
susceptibilités, l'administration ne commettra pas cette faute ; elle est trop
intéressée à ménager des sentiments louables en eux-mêmes et qui entre-
tiennent l'esprit de charité. Mais ce seront là des *exceptions trop rares
pour diminuer sensiblement les résultats généraux de la conversion.*

Je vous INVITE donc, Monsieur le Préfet, À USER DE TOUTE VOTRE INFLUENCE
ET, AU BESOIN, DE VOTRE AUTORITÉ, *pour amener les commissions administratives des établissements de bienfaisance à voter l'aliénation des biens-
fonds dont le revenu net serait notablement inférieur aux neuf dixièmes
des arrérages de la rente sur l'État,* qui pourrait être achetée avec les
prix de vente de ces biens. Vous leur adresserez immédiatement des instructions où, après avoir reproduit les considérations générales qui précèdent, vous signalerez à chaque commission, suivant la situation de l'établissement qu'elle administre, les motifs particuliers qu'elle aurait de s'en
inspirer, à raison de la nature des biens possédés par l'établissement, ou
de la modicité du revenu qu'ils procurent, ou de sa situation financière,
ou enfin du défaut de proportion entre les besoins de la localité et les ressources qui peuvent y être actuellement affectées.

J'aime à croire, Monsieur le Préfet, que ces instructions seront écoutées.
Les membres des commissions administratives sont généralement trop
éclairés et trop animés de l'amour du bien public pour ne pas s'empresser
de répondre aux vues philanthropiques du gouvernement. SI QUELQUES COM-
MISSIONS Y RÉSISTAIENT, *sans justifier leur opposition,* VOUS AVISERIEZ AUX
MOYENS DE VAINCRE LEUR REFUS DE CONCOURS. Le règlement définitif de leurs
budgets vous appartient, et cette attribution essentielle vous donne une
action réelle, quoique indirecte, sur la gestion des biens. Je n'ai pas besoin
de dire qu'à *l'avenir vous ne devrez, sous aucun prétexte, autoriser l'a-
liénation de rentes sur l'État,* lorsque l'établissement charitable aura des
immeubles susceptibles d'être vendus ; VOUS N'AUTORISEREZ JAMAIS NON PLUS
DES ACQUISITIONS FONCIÈRES COMME EMPLOI SPÉCULATIF DE SOMMES DISPONIBLES,
à moins que ce ne soit la condition expresse d'une donation ou d'un legs
fait en argent. Enfin, si une commission, par ses préjugés ou son inertie,
vous plaçait dans l'alternative de PROVOQUER SA DISSOLUTION ou de laisser
se prolonger indéfiniment une mauvaise administration des biens, *vous
ne devriez pas balancer à prendre le premier parti,* en m'adressant des
propositions formelles.

Je dois ajouter, et je vous invite à faire connaître aux commissions administratives, que *j'ai résolu, dès à présent, de ne point accorder de subventions ou secours aux établissements de bienfaisance qui, possédant des propriétés foncières, négligeraient le moyen si naturel d'augmenter leurs revenus ordinaires en aliénant ces propriétés.* Je fais reviser en ce sens le travail de répartition du premier semestre de 1858, et beaucoup de demandes de secours seront probablement rejetées par suite de cet examen, ou du moins ajournées jusqu'à ce que j'aie reçu des explications suffisantes.

Le gouvernement attachant une très grande importance à la TRANSFORMATION *qui fait l'objet de la présente circulaire, je suivrai attentivement, Monsieur le Préfet, le résultat de vos efforts dans votre département.* A cet effet, vous m'adresserez, tous les trois mois, un état conforme au modèle ci-joint, indiquant : 1° le nom des établissements charitables qui auront voté la vente d'immeubles pour en employer le produit en achat de rentes sur l'État ; 2° la nature, la contenance, l'évaluation et le prix de vente de ces immeubles ; 3° le montant de la rente acquise et le taux du cours de la Bourse auquel elle aura été achetée ; 4° enfin, dans une colonne spéciale, l'étendue et la valeur des biens-fonds restant à l'établissement et susceptibles d'être aliénés. Votre premier envoi devra me parvenir le 8 octobre prochain, au plus tard. Vous veillerez avec soin à ce que les états subséquents me soient adressés régulièrement dans les premiers huit jours de chaque semestre, quand bien même vous n'auriez à constater aucune aliénation nouvelle ; mais alors vous expliqueriez, dans la colonne d'observations, les causes de ce résultat négatif.

Je n'ai pas à craindre qu'aucune précipitation regrettable soit apportée dans l'exécution de la mesure dont il s'agit ; votre prudence et celle des commissions administratives me rassurent à cet égard. Mais je crois devoir vous recommander d'y *apporter l'esprit de persévérance* sans lequel les projets les plus utiles risquent d'avorter. *Je compte donc, Monsieur le Préfet, sur vos efforts soutenus* pour ACCOMPLIR CETTE ŒUVRE DE TRANSFORMATION DE LA DOTATION IMMOBILIÈRE DE L'ASSISTANCE PUBLIQUE. La part que vous y prendrez sera mise sous les yeux de l'empereur, et je sais d'avance que *Sa Majesté remarquera avec satisfaction ceux de MM. les préfets qui auront le plus contribué au succès d'une mesure dont le but est de soulager plus efficacement les malheureux.*

Vous voudrez bien m'accuser réception de la présente dès qu'elle vous sera parvenue.

Recevez, etc.

Cette circulaire s'adressait, sans distinction, aux hospices de Paris, comme à ceux de province. Toutefois, dans la transmission qu'il en fit le 17 mai, au préfet de la Seine, le ministre de l'intérieur montra qu'il voulait ménager l'administration de l'Assistance publique, mais sans, néanmoins, renoncer, à son égard, à l'exécution stricte des prescriptions de la circulaire. Ses termes, dit le ministre, « ne seraient pas tous également exacts, en ce qui concerne les hospices de Paris, puisqu'ils n'ont pas été décentralisés par le décret du 25 mars 1852 comme ceux des départements [1]. Certaines parties de ses instructions ne sauraient non plus s'adresser à l'administration de l'Assistance publique de Paris, car le directeur du service et les membres du conseil de surveillance sont trop éclairés et animés d'un zèle trop mis à nu pour que le gouvernement ait à craindre, à leur égard, la résistance ou l'inertie qui pourront se rencontrer, peut-être, dans quelques localités.

« Je me bornerai donc, Monsieur le Préfet, à appeler votre attention sur l'opportunité qu'il y aurait à augmenter les revenus ordinaires des hospices de la capitale, au moyen de la *conversion en rentes de la plupart, sinon de la totalité de leurs biens immobiliers* susceptibles d'être vendus.

« *Les revenus de ces établissements*, vous ne l'ignorez pas, *ont sensiblement diminué depuis quelques années*, par suite de l'affectation de capitaux considérables à l'exécution de grands travaux.

« D'autres projets, notamment la *construction de l'Hôtel-Dieu*, exigeront encore, dans un délai plus ou moins prochain, des dépenses très fortes ; et comme, d'un autre côté, *la ville de Paris, engagée elle-même pour longtemps dans des entreprises de voirie fort dispendieuses*, pourrait difficilement accroître la subvention annuelle qu'elle donne aux hospices, il importe d'*entrer immédiatement dans la voie d'une transformation de biens* qui peut seule rétablir l'équilibre nécessaire entre les besoins et les ressources de l'Assistance publique. »

Le ministre demandait ensuite de lui envoyer un *tableau des propriétés qui devaient être aliénées tout de suite*, avec le plus d'avantages.

Haussmann, préfet de la Seine, envoya au directeur de l'administration de l'Assistance publique la lettre de transmission du ministre, en réclamant des renseignements exacts et détaillés sur la *nature*, la *contenance* et la *valeur* des immeubles hospitaliers ; ses rensei-

---

1. Il fallait encore aux hospices de Paris un *décret pour aliéner* leurs immeubles. — Ils ne profitèrent de la décentralisation, qui substituait l'autorisation du préfet à celle du chef de l'État ou du ministre de l'intérieur, qu'à partir du décret du 9 janvier 1861 et de la loi du 24 juillet 1867, comme nous l'avons vu un peu plus haut.

gnements devaient être accompagnés d'un rapport contenant l'avis de l'administration hospitalière.

La fin de la lettre du préfet répondait à une préoccupation des hospices de Paris. « Je ne pense pas que la circulaire ministérielle fasse obstacle à ce que l'administration achète, soit à Paris, soit dans la banlieue, de *grandes propriétés*, en vue de la *translation des établissements hospitaliers dont le déplacement peut devenir nécessaire.* »

A cette époque, en effet, l'Assistance publique de Paris avait résolu de transporter en dehors de la capitale *la maison de retraite de Sainte-Périne* établie rue de Chaillot, près des Champs-Élysées, et *l'hospice des ménages*, rue de Sèvres. Ces transferts utiles, non seulement au point de vue hospitalier, mais encore à celui du développement et de l'embellissement de la ville, n'étaient possibles que si la circulaire n'était pas appliquée dans un sens trop rigoureux.

Le 3 juin suivant eut lieu, sous la présidence du préfet de la Seine, une réunion du conseil de surveillance de l'Assistance publique, dans laquelle fut lue et discutée la circulaire du 15 mai. Le procès-verbal de cette séance est intéressant.

Le préfet rendit justice à l'administration des hospices de Paris qui, depuis longtemps, était entrée dans la voie où le ministre lui conseillait de marcher et qui pouvait, sur ce point, être présentée à toutes les commissions administratives comme un modèle à suivre. Il constata qu'au ministère on s'était trompé en écrivant que les revenus des hospices avaient diminué depuis quelques années. Loin de diminuer, les revenus avaient augmenté. De 1848 à 1857, les loyers et fermages s'étaient accrus de 106 668 fr. 03 c. *Les rentes* qui, en 1848, montaient à 1 260 418 fr., s'étaient élevées, en 1857, à 1 316 802 fr. et cependant, elles *avaient subi la réduction du dixième.*

La situation financière de l'Assistance publique s'était constamment améliorée, malgré les travaux considérables qu'elle avait fait exécuter. Cette administration s'était-elle montrée réfractaire à l'aliénation de ses immeubles ? Comment le prétendre quand, de 1837 à 1856, inclusivement, la contenance des biens vendus par les hospices de Paris avait été de 294 hectares, rapportant avant la vente 287 507 fr. ; quand, sur le produit des aliénations montant à 14 022 814 fr., 7 037 769 fr. avait été employés à l'achat de 302 324 fr.

de rentes sur l'État, le reste ayant reçu des destinations diverses, avec l'autorisation du gouvernement.

La discussion amena ensuite le préfet à faire des déclarations importantes concernant l'application de la circulaire aux hospices de Paris. Inquiète, et à juste titre, des conséquences néfastes qui pouvaient résulter, dans l'avenir, pour les établissements hospitaliers de la capitale, de la transformation radicale en rentes sur l'État de son patrimoine immobilier, l'administration de l'Assistance publique souhaitait vivement que le préfet calmât ses justes appréhensions. Tout placement immobilier, comme remploi spéculatif de biens vendus, lui était-il donc désormais interdit, sans exception ? Non, déclara Haussmann ; et il ajouta : « Reporter sur des immeubles qui ont de l'avenir le produit de l'aliénation d'autres immeubles de peu de valeur qu'on a vendus, est une opération intelligente. Il en est de même d'une aliénation de rentes faite pour améliorer une maison, de manière à en obtenir 6 p. 100 ; cela vaut mieux assurément que les 4,50 p. 100 produits par cette rente. »

Que nous sommes loin des termes absolus de la circulaire du 15 mai : « *Vous n'autoriserez* JAMAIS *des acquisitions foncières comme emploi spéculatif de sommes disponibles* » !

Nous étions loin aussi du langage, cependant adouci, tenu par le ministre dans sa lettre de transmission de la circulaire au préfet de la Seine.

Pour qu'il ne restât aucun doute dans l'esprit des membres du conseil de surveillance et du directeur de l'administration hospitalière, le préfet précisa encore sa pensée et celle du ministre de l'intérieur : « *Les placements immobiliers ne sont nullement interdits :* ce que le ministre demande, c'est qu'on lui propose des *placements intelligents,* QU'ILS SOIENT MOBILIERS OU IMMOBILIERS [1]. »

---

1. « Le Conseil d'État, dit encore le ministre, a été saisi d'un projet de loi qui avait pour objet de remplacer par des directions les commissions administratives. Le gouvernement n'a pas cru devoir y donner suite, mais les renseignements qu'il a eus sous les yeux et de l'exactitude desquels il est parfaitement certain, ont établi que la plupart des biens des hospices de province ne produiraient au plus que 1,5 p. 100.

« Les commissions administratives, néanmoins, refusaient de les vendre, malgré les représentations pressantes du ministre ; c'était pour beaucoup d'entre elles une question d'amour-propre, elles craignaient de perdre leur importance, du moment où elles n'auraient plus de biens à administrer. C'est nécessairement à cet état de choses qu'il faut attribuer la mesure prise par le ministre.

« L'Assistance publique n'a jamais été comprise dans ces observations : elle n'a donc point à s'occuper de la circulaire. »

C'était l'abandon complet du principe de la *transformation en rentes du patrimoine hospitalier*, principe qui faisait l'objet même de la circulaire du 15 mai. Il s'était donc opéré un revirement au ministère de l'intérieur et dans le gouvernement. Ce revirement s'appliquait-il spécialement à Paris? Était-il général? Quelles en étaient les causes? C'est ce que nous allons maintenant examiner.

L'opinion publique avait été très vivement frappée par le bouleversement dans lequel la suppression de tout patrimoine immobilier pouvait mettre le fonctionnement des hospices. La *conversion en rentes sur l'État exclusivement* ne marquait-elle pas une tendance vers une confiscation nouvelle? L'expérience faite par la Révolution, en 1794, la misère des hospices, pr vés de leurs biens, dénués de toutes ressources et demandant vainement des subsides à l'État, cette phase terrible des annales hospitalières était présente à l'esprit de tous. Allait-on en voir le retour? Et, même, si cette crainte était fictive, la conversion en rentes su l'État ne devait-elle pas amener peu à peu la ruine des établissements hospitaliers?

L'émotion fut grande, elle se justifiait par le ton menaçant de la circulaire du 15 mai. Une campagne de presse très énergique fut entreprise. Les conseils généraux allaient, sans aucun doute, dans leur session d'août, émettre des vœux nettement hostiles à la mesure imposée aux hospices. Le gouvernement fut obligé de tenir compte de cette résistance qu'il n'avait pas prévue. C'est ce qui explique le ton si conciliant du préfet Haussmann au conseil de surveillance de l'administration de l'Assistance publique.

Le 15 juin 1858, M. Augustin Cochin, membre du conseil de surveillance de l'administration hospitalière de Paris, publia une brochure intitulée : *De la conversion en rentes des biens hospitaliers*, dans laquelle il critiqua vivement la circulaire et prit la défense des commissions administratives si malmenées par le ministre. Nous aurons l'occasion de revenir sur cette brochure.

Peu de temps après, le général Espinasse quitta le ministère, après un séjour de courte durée, et fut remplacé par Delangle. Qu'allait faire le nouveau ministre? Maintiendrait-il, malgré l'opposition de l'opinion, la mesure rigoureuse prise par son prédécesseur? Il ne tarda pas de s'expliquer sur ce point dans une circulaire du 14 août 1858, débutant ainsi : « Monsieur le Préfet, la controverse soulevée par la circulaire du 15 mai relative aux biens immeubles appartenant aux hôpitaux, hospices et bureaux de bienfaisance, n'est pas épuisée. On se demande quelle est la pensée de l'administration nouvelle, et mon silence est interprété par les uns comme une approbation, par les autres comme une désertion des mesures dont l'opinion publique s'est préoccupée. Il importe de mettre un terme à cette incertitude, et, en rassurant des intérêts à tort alarmés, de tracer aux agents de l'administration la voie qu'ils devront suivre... »

Le ministre s'efforçait, ensuite, de disculper le gouvernement du projet qu'on lui avait attribué d'avoir voulu *porter atteinte à la propriété* des établissements de bienfaisance et à l'*indépendance des commissions administratives.*

« Le gouvernement n'a jamais eu, et ses ennemis seuls pourraient lui prêter la pensée de porter atteinte aux droits sacrés de la propriété. Il en est le gardien et le défenseur. Mieux que personne, il comprend que si, en pareille matière, les distinctions étaient permises, la propriété des établissements de bienfaisance, patrimoine de la charité destiné à consoler et à adoucir les misères humaines, commanderait le respect à un plus haut degré que tout autre. Ce que le gouvernement ne veut pas faire directement, il ne doit pas davantage le tenter par des voies obliques ; il entend respecter, au même titre que la propriété elle-même, l'indépendance des commissions auxquelles est conférée l'administration des établissements charitables. Mais il abdiquerait son droit, il manquerait à ses devoirs de haute tutelle, s'il ne signalait à leur attention des réformes nécessaires, et s'il n'usait auprès d'elles, pour les y déterminer, de l'influence et de l'autorité légitimes qui lui appartiennent. »

Combien ce langage différait de celui de la circulaire précédente ! L'opinion publique obtenait gain de cause. Le ministre ne menace plus, n'émet plus une théorie radicale. Il disculpe le gouvernement, il calme les appréhensions. Il va ensuite essayer de convaincre des avantages de la rente sur l'État, et établir une distinction équitable et sensée entre les propriétés que les hospices ont intérêt à conserver et les immeubles en mauvais état et sans avenir dont les administrations charitables doivent se défaire.

Le problème à résoudre, dit le ministre, n'est-il pas « de faire participer le plus grand nombre possible d'infortunés aux bienfaits de l'assistance ?..... Or, ce résultat, la rente sur l'État le donne avec certitude : accroissement d'intérêts, exonération à peu près complète des frais de gestion, sécurité, tous les avantages s'y rencontrent, et avec eux, et par eux, le premier de tous, le moyen de soulager un plus grand nombre de misères..... Ce qui leur importe (aux hospices), c'est le taux de l'intérêt, c'est le revenu de leur capital : or il est invariable et à l'abri des mouvements de la Bourse. Quant au capital, où lui trouver une assiette meilleure, une garantie plus large que le crédit même de l'État..... *En faut-il conclure que tous les immeubles* des établissements charitables *doivent être aliénés et transformés en rentes sur l'État? Telle n'a jamais été la pensée de l'administration.*

« Deux raisons entre autres s'opposent à ce qu'il en soit ainsi :

« La première, c'est que des *propriétés foncières* ont été *données à charge d'inaliénabilité...* La seconde, c'est qu'*il n'y a pas d'intérêt à ce que des établissements* dont la durée n'a pas de limites *aliènent, sans nécessité, des immeubles gérés avec sollicitude* et intelligence, cultivés avec zèle et *dont le revenu,* sans atteindre celui de la rente, *ne diffère pas sensiblement du loyer de la propriété* purement *privée.*

« Mais il est des immeubles dont l'état matériel et le revenu accusent hautement, soit l'incurie des administrations, soit l'ignorance ou l'apathie des fermiers. »

Le ministre concluait en autorisant la *conservation des propriétés utilement exploitées,* entretenues avec soin et présentant des *chances d'avenir,* mais en indiquant aux hospices comme *un devoir la vente des biens* en mauvais état *et dont l'amélioration imposerait des sacrifices considérables* [1].

---

[1]. La presse s'attribua l'honneur de ce revirement : « Il nous est impossible de ne pas ajouter une réflexion qui est à l'honneur de la presse française et qui lui est due, non seulement comme une justice, mais comme une compensation de beaucoup de disgrâces. C'est à l'exercice loyal, modéré, mais ferme du droit de discussion qu'est dû, peut-être, ce retour salutaire à de meilleurs principes et à des règles plus administratives. » Journal *La Patrie* du 22 août 1858.

§ 4. — De la conversion en rentes sur l'État du patrimoine immobilier des hospices.

Nous nous sommes contenté, jusqu'à présent, d'exposer les faits sans discuter le principe, cher à tous les régimes politiques, de la *conversion du patrimoine immobilier des hospices en rentes sur l'État.* Nous croyons le moment venu de suspendre pendant quelques instants l'étude proprement dite du domaine hospitalier de la ville de Paris et d'indiquer les raisons qui nous semblent justifier la répugnance éprouvée de tout temps par les hospices pour une transformation aussi complète de leur patrimoine foncier.

Sans doute, les biens hospitaliers sont loin d'être partout administrés avec le même zèle et la même intelligence, et le ministre a pu citer des exemples de l'incurie, apparente tout au moins, de certaines commissions administratives [1] ; sans doute aussi, les biens immobiliers des hospices produisent, parfois, des revenus inférieurs à ceux qu'en pourraient retirer des particuliers; mais il y a là un vice qui tient beaucoup moins au défaut de dévouement et de capacités des hommes qu'à l'organisation administrative elle-même, toujours un peu lente et compliquée. Nous estimons, d'accord avec les meilleurs économistes, qu'un établissement hospitalier, dont la fortune serait exclusivement composée de rentes sur l'État, serait voué fatalement à la ruine, dans un temps plus ou moins éloigné, quel que fût le palliatif employé pour parer au danger de la rente.

Avantages de la rente. — Reconnaissons d'abord, en toute justice, que les placements en rentes sur l'État présentent, sur les placements immobiliers, certains avantages indéniables que, du reste, les circulaires des 15 mai et 14 août 1858 ont mis fortement en relief : le revenu de la rente est net et invariable, cette nature de biens n'entraîne pas de soins, de préoccupations, de non-valeurs,

---

1. « Une propriété affermée 600 fr. n'a-t-elle pas été vendue récemment moyennant un prix principal de 60 000 fr. » (*Circulaire du 14 août 1858.*) Cette critique est peut-être fondée ; mais nous n'aurions pas été fâché de savoir pourquoi et dans quelles conditions la location avait été consentie à raison de 600 fr. seulement. Nous savons, par une longue expérience, avec quelle facilité et quelle légèreté, sans aucun examen des faits, sont lancées contre les hospices les accusations de mauvaise gestion.

d'usurpations, de procès ; elle est exonérée de frais de gestion, elle offre une grande sécurité.

Ces considérations peuvent expliquer les efforts faits de tout temps, par l'État, pour imposer sa rente aux hospices. Ces efforts ont un autre motif non déclaré, mais cependant très légitime : *le désir de soutenir la rente*[1]. Il est naturel que l'État veuille avoir pour clients les établissements qu'il protège et subventionne, et qu'il recoure à ce moyen pour maintenir ou relever son crédit.

Si la rente sur l'État nous apparaît sous des dehors séduisants, un examen un peu attentif montre combien sa possession est funeste pour des établissements perpétuels obligés de la conserver indéfiniment dans leur patrimoine ou d'en faire l'objet exclusif de ce patrimoine lui-même.

Dépréciation du signe monétaire. — Il est un phénomène économique et financier qui s'est manifesté avec éclat dans le cours du xixᵉ siècle, à la suite des grandes découvertes de métaux précieux, c'est que l'abondance des métaux d'or et d'argent, entraînant une augmentation dans la production monétaire, nécessite, pour l'acquisition de toutes les choses indispensables aux premiers besoins de la vie comme des choses simplement utiles ou superflues, une quantité de monnaie plus grande qu'auparavant. Abondance amène dépréciation, c'est-à-dire renchérissement.

On estimait déjà, au xviiiᵉ siècle, que la *dépréciation normale* de la valeur monétaire était d'*un dixième par quart de siècle*. Or, en supposant qu'aucune découverte brusque de mines d'or ou d'argent ne vienne accélérer ce mouvement de dépréciation, si nous nous plaçons dans la situation la plus favorable, où l'État continue de servir, *sans réduction*, les mêmes arrérages aux porteurs de ses rentes, la perte que subissent ces derniers en un siècle est de quatre dixièmes, soit *40 p. 100*. Si dans cet intervalle le revenu nominal est resté le même, sa *valeur*, son pouvoir d'échange ont considérablement diminué.

Dans l'édit de 1780, inspiré par Necker, sur la conversion en rentes des biens des hospices, Louis XVI désirant éviter la dépréciation du patrimoine hospitalier, créait, au profit des établissements

_____

1. Augustin Cochin, *De la conversion en rentes des biens hospitaliers*, p. 15.

charitables, sur les rentes acquises par eux, un *droit d'accroissement, d'un dixième tous les vingt-cinq ans, tant sur le capital que sur les arrérages de la rente.* A chacune de ces périodes, il devait être passé un nouveau contrat conforme à cet engagement [1].

Trois ans avant la circulaire du général Espinasse, un économiste distingué, Ch. Lucas, avait donné lecture à l'Académie des sciences morales et politiques [2] d'un mémoire *sur les dangers de la dépréciation des valeurs monétaires pour les hospices et établissements charitables et sur les moyens de les en préserver.* Ce travail lui avait été inspiré par l'exploitation des mines aurifères de la Californie et de l'Australie. Il voyait là une situation analogue à celle qui avait suivi la découverte de l'Amérique et l'importation en Europe des métaux précieux; et il cherchait à épargner au xixe siècle « plusieurs des désastres qui bouleversèrent au xvie siècle l'existence de tant d'établissements, et notamment des établissements de charité et d'instruction ».

Comme exemple du renchérissement qu'avait produit sur les denrées alimentaires la dépréciation de la valeur monétaire au xvie siècle, Ch. Lucas citait notamment le *collège de Tours* établi à Paris, en 1334, rue Serpente n° 7, par Étienne de Bourgueil, archevêque de Tours. A l'époque de sa fondation, la somme de *trois sous* par semaine suffisait pour la nourriture de six écoliers. Après la découverte de l'Amérique, en 1540, on fut obligé d'élever la somme à *sept sous* par semaine; vingt-trois ans plus tard, en 1563, il fallut la porter au double, à *quinze sous,* et quelques années après, à *vingt sous,* c'est-à-dire au triple.

Ce collège, pourtant, ne périt pas, il réussit à maintenir le nombre de ses écoliers et à supporter les accroissements successifs de la dépense de leur nourriture et entretien [3]. Pourquoi ? « C'est que ce

----

1. Louis XVI s'exprimait ainsi, dans le préambule de son ordonnance : « Dans la vue de prévenir toute espèce d'objections relatives aux effets généraux de l'augmentation progressive du numéraire, et désirant que les hôpitaux conservent en entier, et dans tous les temps, le fruit de nos dispositions bienfaisantes, nous leur avons encore assuré le dédommagement de l'augmentation progressive que l'on peut attendre dans la valeur des immeubles, et, à cet effet, nous voulons que, tous les vingt-cinq ans, l'engagement que nous avons pris envers les maisons hospitalières soit augmenté d'un dixième en capital et arrérages, et qu'à chacune des révolutions susdites, il soit passé un contrat nouveau conforme à cette promesse. »

2. Extrait du compte rendu rédigé par M. Charles Vergé.

3. Il n'en fut pas de même de deux autres collèges. Citons d'abord le *collège de Lisieux,* fondé en 1336, rue Saint-Jean-de-Beauvais, par Guy de Harcourt, évêque

collège avait reçu une dotation en plusieurs immeubles. Or, le renchérissement des denrées alimentaires, et, par conséquent, des fermages, revenus et loyers d'immeubles, d'une part, et la dépréciation d'autre part de la valeur numéraire étant deux faits corrélatifs, le collège de Tours n'avait éprouvé aucun trouble dans son existence. »

Diminution du revenu de la rente, la conversion. — Le revenu de la rente *ne s'augmente jamais,* malgré la dépréciation du signe monétaire ; mais, par contre, *il diminue* quand l'État opère la *conversion ;* un bouleversement politique peut en amener la disparition.

Ces événements ne se présentent, sans doute, pas toujours dans la courte durée de la vie d'un homme, et, dans bien des cas, un particulier agit sagement, en vendant une terre pour acheter de la rente ; mais ils s'accomplissent, certainement, dans la durée indéfinie de la vie d'un hospice [1].

Depuis François Ier principalement, les rois de France ont contracté de nombreux emprunts par création de rentes assignées sur l'Hôtel de Ville, les tailles, les aides, les gabelles, les recettes générales, etc. Ces rentes ont été émises à des taux variant depuis le denier quatre (25 p. 100) [2], jusqu'au denier dix-huit (5,55 p. 100). Parfois, elles ont été imposées aux riches et aux notables. Quand le trésor était gêné, on retranchait des quartiers de rentes ; si, au

------

de Lisieux, qui n'avait laissé par testament qu'une somme de *mille livres* parisis pour l'enseignement et la nourriture de *24 pauvres écoliers,* et *100 livres parisis* pour leur logement. Obligé de réduire successivement le nombre de ses écoliers, ce collège perdit toute son importance. — Tel fut encore le sort du *collège de Chagnac,* fondé en 1224 par Guillaume de Chagnac, évêque de Paris, qui avait donné *cent livres de rentes* pour la nourriture de 12 écoliers du Limousin. Il fallut augmenter successivement la dotation de ce collège, qui, malgré ces augmentations, *suffisait à peine,* au xvie siècle, à *l'entretien de 6 écoliers,* nombre inférieur de moitié à celui de sa fondation (Ch. Lucas). — Les fondations dont nous venons de parler avaient autant le caractère d'établissements charitables que celui d'établissements d'instruction. Aux xiiie et xive siècles, les collèges portaient même souvent le titre d'hôpitaux. Ainsi le *collège des Bons-Enfants,* fondé en 1208, s'appelait *l'hôpital des pauvres écoliers ;* le *collège de Saint-Nicolas-du-Louvre* se nommait *l'hôpital des pauvres clers.* Ces pauvres clers et écoliers étaient souvent obligés de demander l'aumône (Ch. Lucas).

1. A. Cochin, *loc. cit.,* p. 21.

2. Après la mort de Louis XIII, en 1643, lorsqu'on voulut emprunter 12 millions, on fut obligé de le faire au denier quatre. Cette méthode ruineuse était vantée par le président Bailleul, alors surintendant des finances, qui disait que : « *Si le prince donnait un haut intérêt, il le donnerait à ses peuples qui s'enrichissent à ses dépens.* »

contraire, les ressources le permettaient, on profitait de l'avilissement des cours pour rembourser à très bas prix, au prix du commerce ; enfin on réduisait le taux des arrérages, tantôt avec et tantôt sans retranchement sur le capital.

Au moment des revers de la France, à la fin du règne de Louis XIV, un édit d'octobre 1713 convertit les rentes sur l'Hôtel de Ville, créées au denier quatorze et au denier seize, en rentes au denier vingt-cinq.

Après la mort du roi, deux édits d'octobre et de décembre 1715 réduisirent également au denier vingt-cinq, ou 4 p. 100, toutes les autres rentes ; elles étaient alors aux deniers douze, seize et dix-huit ; pour les unes on conserva le capital intact ; pour les autres, on en retrancha les deux cinquièmes.

En 1719, Law, à l'apogée de sa prospérité, proposa au roi Louis XV de lui prêter, au nom de la Compagnie des Indes, une somme de un milliard deux cents millions pour *éteindre la dette publique,* au taux de 3 p. 100. Le Trésor n'aurait à payer à la Compagnie des Indes qu'une redevance annuelle de trente-six millions, au lieu de quarante-huit millions payés alors aux créanciers de l'État. Cette offre séduisante fut acceptée par un arrêt du Conseil, du 27 août 1719.

La Compagnie des Indes fut autorisée à emprunter elle-même les un milliard deux cents millions en *actions rentières* (ce qu'on appelle aujourd'hui des *obligations*), à 3 p. 100 d'intérêt par an. On réserva un droit de préférence, pour la souscription à cet emprunt, aux rentiers de l'État, remboursés. Ils s'empressèrent de profiter de cet avantage. Leur revenu se trouva ainsi réduit de 4 p. 100 à 3 p. 100 jusqu'au jour très proche où survint la faillite de Law (décembre 1720)[1]. C'eût été la ruine si l'État ne se fût reconnu alors débiteur des créanciers de la Compagnie. Mais ceux-ci ne sauvèrent pas tout : leurs rentes furent réduites au denier quarante, ou 2,50 p. 100.

En frimaire an VI, peu de temps après l'*établissement du grand-livre de la dette publique,* eut lieu la création du *tiers consolidé* ou liquidation Ramel. L'État devait quarante-cinq milliards. Le Directoire décida que toutes les rentes perpétuelles et viagères de l'État

---

1. Voir *Un Chapitre de l'histoire financière de la France,* par Ad. Vuitry. (*Revue des Deux-Mondes,* 15 mars 1884.)

seraient remboursées pour *deux tiers* en papier, c'est-à-dire en mandats territoriaux, portant assignation sur les biens nationaux, et pour un tiers en inscription 5 p. 100 au grand-livre, comme dette consolidée. Ce *tiers consolidé* est l'origine de notre dette publique. La valeur des mandats territoriaux fut bientôt réduite à néant.

La France a toujours, depuis cette époque, exécuté ses engagements, même au milieu des plus grandes crises politiques qu'elle a eu à traverser et les créanciers n'ont plus eu à souffrir que des *conversions*, très légitimes du reste, de la dette publique.

En 1825, l'année même de la création de trente millions de rente 3 p. 100 pour indemniser les émigrés, une loi du 1er mai tenta la conversion du 5 p. 100, au moyen d'un échange *facultatif* de cette nature de rente contre un nouveau 3 p. 100, au taux de 75 fr., ou contre du 4,50 p. 100 au pair ; le nouveau 4,50 était déclaré non rachetable jusqu'au 22 septembre 1835.

M. de Villèle, le promoteur de cette conversion, l'imposa aux fonctionnaires et à un certain nombre d'établissements publics. *Les bureaux de bienfaisance, les hospices, les fabriques,* furent sollicités, de la façon la plus pressante, de présenter leurs titres à l'échange.

Une pareille opération n'eût été avantageuse pour les rentiers qu'en cas de hausse des nouveaux titres ; mais ce fut la baisse qui se produisit. Trois mois après la conversion, le 3 p. 100 payé 75 fr. se négociait à 60 fr. Ce fut une perte considérable pour ceux à qui l'opération avait été imposée ou qui avaient écouté les appels du ministre.

Peu de rentiers, heureusement, avaient accepté l'échange. Sur 157 millions de rente 5 p. 100 existant alors, 31 723 056 fr. seulement furent convertis.

En 1852 eut lieu la conversion Bineau. On offrit aux porteurs de rente 5 p. 100 le remboursement au pair ou de nouveaux titres à 4,50 p. 100 garantis contre toute conversion future pendant dix ans. La plupart des rentiers acceptèrent l'échange. La *perte* subie par eux fut *du dixième*. Il ne fut remboursé qu'un capital de 80 millions.

A l'expiration des dix ans, la conversion du 4,50 fut décrétée. Le 3 p. 100 se capitalisait alors à un taux plus élevé que les autres rentes, les porteurs de ce titre ayant moins à redouter le rachat ou la conversion. Le ministre des finances, Fould, voulut faire l'unité de la dette publique par la création d'un seul type de rentes, le 3 p. 100. On offrit aux détenteurs du 4 p. 100 et du 4,50 l'échange de leurs titres contre un chiffre égal de rente 3 p. 100, à la condition de payer une *soulte*, c'est-à-dire une somme égale ou, du moins, peu inférieure à la prime que le 3 p. 100 faisait à la Bourse sur les autres types de rentes ; elle fut de 5 fr. 40 c. par 4 fr. 50 c. de rente pour le 4,50 et de 1 fr. 20 c. pour le 4 p. 100. Vingt jours étaient accordés pour demander la conversion. Aussitôt, le gouvernement commença une campagne de presse en vue de présenter l'opération sous le jour le plus brillant. Un grand nombre de rentiers acceptèrent l'offre du ministre. Les soultes payées montèrent à 157 834 253 fr., et le gouvernement eut, cette année-là, l'argent dont il avait besoin pour équilibrer son budget. Mais, cependant, l'affaire ne fut bonne ni pour l'État, ni pour les rentiers qui avaient accepté cette conversion *facultative*. L'État devait 1 milliard 599 millions de plus. Quant aux rentiers, ils subirent le même sort que ceux de 1825. Le 3 p. 100 baissa, et les rentiers ne retrouvèrent pas dans une augmentation de capital la compensation de la soulte qu'ils avaient payée.

Il ne resta plus, après cette opération, que 39 691 000 fr. de rente 4,50 et 476 192 fr. de rente 4 p. 100.

Après la guerre de 1870, le gouvernement créa 340 millions de rente 5 p. 100 susceptibles de conversion, à partir de l'année 1876. La conversion au pair en 4,50 p. 100 eut lieu en 1883, avec un plein succès ; on n'eut à rembourser que 95 000 fr. Les porteurs furent garantis contre toute nouvelle conversion avant dix ans. Ils subirent une *perte d'un dixième*.

En 1887, ce qui restait de l'ancien 4 p. 100 et de l'ancien 4,50 p. 100 subsistant depuis 1862 fut converti en 3 p. 100 perpétuel. Les rentiers reçurent 0 fr. 833 de rente 3 p. 100 contre 1 fr. 05 c. de rente 4,50 p. 100, ou 3 fr. 748 de 3 p. 100 contre 4 fr. 50 de 4,50. Leur *perte* fut donc de 0 fr. 167 par franc de rente, un peu *plus du sixième*.

Ce fut encore une conversion obligatoire[1].

---

1. Voir, pour ces diverses conversions, Cauwès, *loc. cit.*, t. IV, nº 1327 et 1328, p. 543 et s.

En 1894, le nouveau 4,50 résultant de la conversion de 1883 fut réduit à 3,50. La *perte* des rentiers fut de 0 fr. 222 par franc, soit *plus du cinquième ;* ils reçurent 777 fr. 77 c. de rente nouvelle par 1 000 fr. de rente ancienne.

Enfin, en 1902, dernière conversion opérée sur le 3,50 de 1894 qui devient du 3 p. 100. On ne laissa aux rentiers, pour 1 000 fr. de rente, que 857 fr. 07 c. ; leur *perte* a été *du septième.*

Il n'y a plus actuellement en France qu'un seul taux pour la dette publique, celui de 3 p. 100.

Effet des réductions d'arrérages de rentes sur la fortune des hospices de Paris. — Quels ont été les effets des réductions d'arrérages de rentes sur la fortune des hospices de Paris ?

Si nous ouvrons le *Compte moral et administratif de l'année 1855*[1], nous constatons que le projet, alors connu et déjà discuté, de transformation du domaine hospitalier en rentes sur l'État, avait inquiété l'administration des hospices assez vivement pour déterminer son directeur, M. Davenne, à consacrer, dans l'exposé du compte, une courte étude destinée à réfuter cette dangereuse théorie. « Les rentes, dit M. Davenne, avaient été réduites à moitié, en 1720, à la suite des désastres financiers causés par le système de Law ; cette moitié a été réduite au tiers, en l'an VI (1797), et ce tiers aux neuf dixièmes en 1852. Par conséquent, *une rente de 100 fr. en 1720 n'est plus aujourd'hui que de 15 fr. ; ce qui constitue une perte de 85 p. 100.* La réduction de l'an VI a enlevé aux pauvres de Paris *200 000 fr. de revenu,* et celle de 1852, *190 000 fr.*[2].

Dix ans plus tard, la conversion de 1862 devait obliger les hospices à payer, pour conserver en rentes 3 p. 100 le revenu que pro-

---

1. Page 22.

2. M. Davenne exagère un peu en indiquant le chiffre de 190 000 fr. Il résulte de l'examen des comptes financiers de 1851, 1852 et 1853 que la perte de revenu a été exactement la suivante :

Fonds propres de l'Administration	132 253f,72c
Fondation Montyon	26 730,95
— Boulard	1 788 »
— Brézin	13 934,95
— Devillas	3 249,86
— Lambrechts	4 182,30
Total	182 130f,78c

duisait le 4,50, une *soulte de 1 561 816 fr. 89 c.*, représentant, au taux de 3 p. 100 seulement, 46 855 fr. de revenu [1].

En 1883, la conversion du 5 p. 100 en 4,50 p. 100 devait coûter à l'administration de l'Assistance publique un revenu de 6 574 fr. [2];

En 1887, la conversion du 4,50 ancien en 3 p. 100 devait coûter un revenu de 13 180 fr. 05 c. [3];

En 1894, la conversion du 4,50 nouveau en 3,50 devait coûter un revenu de 28 146 fr. [4];

---

1. La soulte fut supportée par le budget hospitalier de la manière suivante :

Fonds généraux	634 952f,12c
Fondation Boulard	18 649 ,57
— Brézin	151 093 ,69
— Devillas	32 311 ,08
— Montyon	295 413 ,44
Divers	429 396 ,99
Total	1 561 816f,89c

L'administration de l'Assistance publique vendit sur ses fonds propres la rente nécessaire au payement de la soulte de fondations, pour maintenir la dotation de ces derniers, et se fit rembourser par annuités qu'elle capitalisa, jusqu'à reconstitution complète de ses avances.

	Rente ancienne.	Rente nouvelle.
2. Fonds propres	16 365f	14 496f
Domaine des enfants assistés	1 350	1 215
Fondation Lenoir-Jousseran	45 700	41 130
	63 415f	56 841f

Différence en moins : 6 574f

	Rente ancienne.	Rente nouvelle.
3. Fonds propres	39 090f,50c	32 563f,50c
Domaine des enfants assistés	22 292 ,50	18 570 ,50
Fondation Brézin	8 010 »	6 673 »
— Devillas	9 000 »	7 496 »
— Lenoir-Jousseran	539 »	448 ,95
	78 932 »	65 751f 95c

Différence en moins : 13 180f,05c

	Rente ancienne.	Rente nouvelle.
4. Fonds propres	54 740f	43 031f
Domaine des enfants assistés	1 715	1 334
Fondation Lenoir-Jousseran	41 130	31 990
— Galignani	31 125	24 200
	128 710f	100 504f

Différence en moins : 28 146f

En 1902, la conversion du 3,50 en 3 p. 100 devait coûter un revenu de 42 988 fr. [1].

Les pertes auraient été beaucoup plus considérables si, depuis 1862, les hospices de Paris n'avaient pas eu la sagesse de ne plus faire d'emplois de capitaux qu'en rente 3 p. 100. Les rentes 5 p. 100, 4,50 et 3,50 qui ont subi les conversions successives, de 1883 à 1902, provenaient des libéralités nouvelles faites à l'administration hospitalière, ou étaient la propriété des grandes fondations à revenus distincts.

Le revenu de l'administration de l'Assistance publique, en rente 3 p. 100 sur l'État, s'élève, en 1902, à 6 800 000 fr., en y comprenant les fonds propres et ceux des grandes fondations. Le jour où cette rente descendra à 2,50, les hospices de Paris subiront un véritable désastre. Leur perte sera de 1 133 333 fr. de rente, correspondant à un capital de 37 777 766 fr.

La capitalisation indéfinie du dixième des arrérages. — Par l'effet des deux causes que nous venons d'analyser : *dépréciation du temps* et *conversions,* la fortune en rentes sur l'État des personnes morales, à durée illimitée, comme les établissements charitables, semble donc bien devoir être assez rapidement amoindrie et réduite à un chiffre voisin de l'anéantissement.

En vue d'assurer le maintien intégral de cette nature de revenu, on a imaginé un moyen ingénieux consistant dans *la capitalisation indéfinie du dixième des arrérages de chaque rente.* La circulaire du 15 mai 1836 montre la façon d'établir la réserve que nous indiquons. Nous avons, du reste, mentionné déjà cette capitalisation pratiquée par les hospices de Paris, dès les premières années du gouvernement de Juillet.

1.	Fonds propres	45 939[f]	39 376[f]
	Domaine des enfants assistés	1 488	1 275
	Fondation Lenoir-Jousseran	31 999	27 420
	— Galignani.	23 510	20 151
	— Chardon-Lagache	1 414	1 212
	— Davaine	5 637	4 831
	— Debrousse	190 500	103 285
	— Helœil	420	360
		300 898[f]	257 910[f]
			42 988[f]

Le général Espinasse considère la capitalisation du dixième des arrérages comme la réplique la plus décisive à l'objection *spécieuse, et qui ne soutient pas un sérieux examen*, tirée de la diminution constante du revenu de la rente.

Quoi qu'en pense l'auteur de la circulaire du 15 mai 1858, il y a là une illusion que l'expérience a fait ressortir avec éclat. Nous allons laisser, de nouveau, la parole à M. Davenne. En théorie, dit cet ancien directeur des hospices de Paris, une pareille thèse peut se défendre; « mais il n'en va pas de même dans la pratique : l'écueil sera toujours dans la facilité avec laquelle, dans certaines circonstances, on sera entraîné à disposer des réserves et même des rentes originaires. En l'an II, l'État, après s'être emparé des immeubles, n'a réussi à en vendre qu'une faible partie ; nous-mêmes, dans un temps prospère, nous ne pouvons vendre les maisons et les terrains dans Paris, dont l'aliénation est décidée en principe, que successivement, sous peine de faire l'affaire des spéculateurs au détriment des intérêts qui nous sont confiés. Les rentes, au contraire, se réalisent à jour fixe, aussitôt l'autorisation obtenue, et on se laisse aller à user d'un moyen aussi prompt de se créer des ressources immédiates. Notre administration en offre un exemple, en ce moment.

Après avoir vendu des rentes pour des travaux et autres dépenses extraordinaires, *nous allons en vendre* pour assurer, au défaut de la subvention municipale, le service courant ; d'où je conclus encore que, pour les administrations, comme pour les particuliers, la fortune la plus solide est celle qui tient au sol [1]. »

Ce n'était pas la première fois que les hospices étaient obligés de vendre des rentes. Ils avaient déjà eu recours, sous les deux régimes précédents, à ce moyen fâcheux de se procurer des fonds indispensables, dans leurs moments de détresse financière.

Ils ne devaient pas, non plus, s'en tenir là.

L'histoire des dernières années du xixe siècle est, sur ce point, fort instructive [2].

Avantages et inconvénients des revenus immobiliers, pour les hospices. — Pour être juste, il faut reconnaître que les revenus im-

---

1. Compte moral et administratif de 1855, p. 26.
2. Voir le procès-verbal des séances du conseil de surveillance de l'Assistance publique, du 6 mars 1903, n° 13, p. 430. Rapport de M. Worms.

mobiliers ne sont pas à l'abri des crises ; ils sont susceptibles de diminuer pour des causes que la raison humaine n'a pu prévoir. La circulaire Delangle, du 14 août 1858, le déclarait exactement [1].

Quand les hospices, il y a cinquante ans encore, et les économistes considéraient les placements agricoles comme offrant le maximum de stabilité et de sécurité, ils avaient, sans doute, d'excellents motifs de croire qu'il en serait toujours ainsi : le passé était pour eux le garant de l'avenir [2].

Nous avons montré plus haut qu'en un siècle, de 1730 à 1830, le taux du revenu des trente et une fermes appartenant aux hospices de Paris avait au moins quadruplé. Le revenu de sept de ces fermes avait quintuplé, celui de six d'entre elles avait sextuplé.

Au *Compte moral* de 1855, Davenne pouvait constater que, dans cet intervalle, un revenu de 100 fr., *ou rentes*, était descendu à 15 fr. et qu'un autre d'égale somme, *en terres*, s'était élevé à 400 fr. [3].

Mais, depuis cette époque, sont arrivés pour l'agriculture des jours douloureux dus à la concurrence des blés du nouveau monde, à l'augmentation des salaires qui ont doublé en quarante-cinq ans, et à d'autres causes [4]. Le taux des fermages a cessé de s'accroître, a oscillé, puis baissé, dans certaines régions, d'une façon plus ou moins sensible.

Est-ce à dire que la rente sur l'État soit devenue, pour les hospices, comme pour les particuliers, préférable aux placements agricoles ? Ce point est discutable. Si l'agriculture n'échappe pas aux crises et si la rente du sol peut diminuer, il serait déraisonnable de ne pas croire à la venue d'une nouvelle période de prospérité. Le

---

1. « On oppose la stabilité de la propriété foncière opposée à la mobilité des valeurs destinées à les remplacer. Mais, sans examiner *si la propriété foncière ne subit pas au même degré que la rente l'influence des crises ou des événements politiques, en quoi, etc...* »

2. « Il est bon... que ces capitaux prudents et patients sachent bien que le placement agricole est incomparablement celui qui leur offre le plus de sécurité et de stabilité ; le seul qui, au lieu d'avoir à craindre les effets ruineux des révolutions monétaires, produit, par le renchérissement progressif de ses denrées et de ses fermages, les dépréciations successives de la valeur monétaire. Et, non seulement le placement agricole échappe ainsi à l'action délétère que le temps exerce sur toutes les autres valeurs, mais il reçoit même un accroissement de richesse de l'influence du temps qui réalise progressivement toutes les améliorations qu'en agriculture il faut avoir l'habileté de préparer de loin, et la patience d'attendre. » Ch. Lucas, *loc. cit.*

3. Page 24.

4. Zolla.

domaine économique a ses phases et ses péripéties, comme le domaine de la nature physique. Déjà des symptômes de relèvement commencent à apparaître. L'industrie souffre, les revenus mobiliers sont de plus en plus réduits. On se tourne de nouveau vers la terre. Fécondé par la puissance de l'argent et l'emploi de meilleures méthodes de culture, fruit d'une éducation professionnelle plus complète et plus répandue qu'autrefois, le travail agricole donne des rendements plus abondants; et ceux qui cherchent de ce côté l'emploi d'une vie active et saine comprennent qu'ils y trouveront la juste rémunération de leurs efforts et de leurs capitaux.

Les revenus des *immeubles urbains* ne sont, pas plus que ceux des biens ruraux, à l'abri des fluctuations ; mais, l'équilibre finit toujours par s'établir entre la rente immobilière et la valeur courante de l'argent.

A l'inverse des croyances d'autrefois, fondées sur l'observation prolongée des faits, le loyer des propriétés sises dans les grandes villes et les agglomérations suburbaines présente aujourd'hui plus de garanties d'accroissement normal que le fermage des terres. C'est une conséquence du mouvement continu qui pousse les populations des campagnes vers les centres.

Nous avons vu quelle ressource précieuse constituaient, pour les hospices de Paris, leurs immeubles urbains et comme le merveilleux développement de la capitale avait contribué à l'augmentation du revenu de ces biens.

Dans le *Compte moral* de 1862, Husson, le nouveau directeur de l'administration de l'Assistance publique, mettait en évidence, par quelques exemples récents, la *supériorité des remplois immobiliers*, en prenant comme base d'opération la propriété urbaine à Paris. Un immeuble des hospices nouvellement bâti, boulevard Sébastopol, 88, donnait un produit net de plus de 9 p. 100. Des maisons édifiées, rue du Faubourg-Saint-Martin, 148, 148 *bis* et 148 *ter*, sur une bande de terrain longeant l'hôpital militaire (ancien hospice des incurables hommes), donnaient, en y comprenant la valeur du sol, un revenu net supérieur à 6 p. 100 [1]. Construits en matériaux de choix, les immeubles de cette nature ont une durée indéfinie et n'entraînent que de faibles dépenses d'entretien annuel.

---

1. Compte moral de 1862, p. cvii.

La théorie soutenue par Husson est aussi vraie maintenant qu'il y a quarante ans, malgré les lourdes charges d'impositions qui frappent la propriété à Paris [1].

La *législation* elle-même n'est pas sans *favoriser la propriété immobilière des hospices*. L'article 10 de la loi du 7 août 1850 décide, en effet, que l'aliénation des biens immeubles formant la dotation des hospices et hôpitaux ne peut avoir lieu que sur L'AVIS CONFORME du conseil municipal. Le motif de cette disposition nous est donné par M. de Melun, rapporteur du projet. Ses paroles seront le résumé le plus complet de toute l'argumentation qui précède. « L'avis *conforme* du conseil général [2] sera nécessaire pour ces transformations (de biens immobiliers en rentes sur l'État) qui, il faut le dire, sont trop souvent provoquées par le pouvoir central. Il est vrai que les impôts levés sur les biens de mainmorte et les droits de mutation imposés aux rentes enlèvent à l'État tout intérêt financier dans cette question ; mais il préférera toujours, pour les établissements publics, un genre de propriété qu'il tient dans la main et dont il est plus facilement le maître. Sans doute, il peut être utile de remplacer certains biens improductifs ou incertains par un revenu plus sûr et plus abondant ; mais, en général, l'expérience a prouvé que, dans un intervalle de temps assez long, la dépréciation forcée des rentes, due aux modifications subies par l'argent et à la toute-puissance de l'emprunteur qui, dans la prospérité, réduit l'intérêt, et, dans la détresse, le capital, vient à anéantir les fondations que l'élévation progressive des propriétés foncières augmente tous les jours [3]. »

§ 5. — LES ALIÉNATIONS URBAINES ET RURALES.

Nous avons suffisamment démontré que l'administration de l'Assistance publique n'avait pas besoin de circulaires comminatoires pour procéder à l'aliénation, en temps opportun, des propriétés

----

1. On peut regretter que l'administration hospitalière n'ait pas persévéré dans cette voie et ait à peu près complètement renoncé à faire des remplois de ces capitaux disponibles en constructions de maisons de rapport à Paris.

2. Dans la rédaction définitive, l'avis du conseil municipal a remplacé celui du conseil général.

3. *Moniteur* du 28 décembre 1850.

qu'elle n'avait pas un intérêt sérieux à conserver. La circulaire du 15 mai 1858 eut cependant pour effet de donner une impulsion à d'utiles projets d'opérations immobilières conçus depuis plusieurs années et de les faire aboutir. Dans le cours des dix-sept ans que dura le second Empire, le montant des ventes foncières faites par l'Assistance publique s'éleva au chiffre énorme de *quarante-huit millions six cent quatre-vingt-cinq mille six cent trente-sept francs*. Cette somme s'applique pour 46 154 605 fr. aux immeubles urbains et pour 2 531 032 fr. aux propriétés rurales, en y comprenant les terrains de la banlieue de Paris.

L'activité économique qui se produisit sous le second Empire, l'embellissement merveilleux de la capitale, l'annexion à Paris des communes situées entre les barrières d'octroi et l'enceinte des fortifications créées par Thiers en 1841, furent les causes principales et générales du nombre et de la valeur des aliénations consenties.

Quant aux causes immédiates et particulières des ventes, elles sont diverses. Indiquons principalement : 1° la *désaffectation* d'établissements hospitaliers situés dans Paris et transférés au dehors ; 2° les *expropriations* ; 3° l'*accroissement de valeur des grandes masses* de terrains *intra* et *extra muros* et l'*annexion* à Paris des communes suburbaines ; 4° les *donations et legs* d'immeubles d'une gestion difficile ou dont l'aliénation s'imposait pour d'autres raisons. En ce qui concerne spécialement les biens ruraux, mentionnons le mauvais état de plusieurs *corps de ferme*, l'isolement ou l'*éloignement* de certaines propriétés, les *occasions* qui se présentaient *d'augmenter le revenu* par des emplois en rente sur l'État, l'influence de la *circulaire Espinasse*, enfin, le *morcellement* partiel d'un *domaine* dont les lots étaient recherchés pour la création de propriétés d'agrément, celui de *Champrosay*, Draveil (Seine-et-Oise).

1° *Désaffectation d'établissements hospitaliers.* — La circulaire de 1858 prescrivant l'aliénation des propriétés des hospices détermina l'administration de l'Assistance publique à accomplir, pour donner satisfaction aux exigences gouvernementales, une œuvre dont elle se préoccupait depuis longtemps. Il s'agissait d'opérations foncières appelées, avant tout, à servir les intérêts hospitaliers, mais dont l'exécution devait aussi contribuer à l'assainissement de la capitale, à l'augmentation de sa fortune immobilière, à l'extension de sa population riche ou aisée.

Sous les régimes précédents, on avait déjà reconnu et proclamé l'utilité du transfert en dehors de l'enceinte de la capitale des hospices et maisons de retraite, et même de certains hôpitaux, de plus en plus insuffisants, lesquels, limités strictement dans leur périmètre, sans extension possible, empêchaient le développement des quartiers où ils se trouvaient. Ces translations, profitables aux pensionnaires et aux malades appelés à jouir des avantages d'un espace plus étendu et d'un air plus pur, devaient constituer, en même temps, une excellente opération financière, puisque les établissements déplacés seraient reconstruits beaucoup plus largement sur des terrains de peu de valeur et que leur emplacement primitif, loti et vendu en détail, produirait un capital important sensiblement supérieur aux charges pécuniaires de la translation.

Dès le mois de juin 1858, sur les instances du préfet de la Seine, qui invita le directeur de l'Assistance publique à lui fournir, dans un bref délai, des renseignements sur la contenance et la valeur des propriétés susceptibles d'être prochainement mises en vente, l'administration hospitalière indiqua notamment : *l'institution de Sainte-Périne, l'hospice des Ménages, l'Hôtel-Dieu et le chef-lieu de l'Assistance publique.*

La désaffectation de ces établissements s'imposait. Sous l'impulsion du préfet Haussmann, la transformation de Paris s'accomplissait rapidement. Dans les quartiers anciens, aux rues étranglées et sans air, aux maisons d'aspect sordide, la pioche des démolisseurs ouvrait de larges tranchées et faisait la place à des voies magnifiques : rues, boulevards, avenues, le long desquelles allaient s'ériger bientôt des immeubles spacieux et confortables. Le vieux Paris sacrifié disparaissait devant un Paris nouveau, salubre et luxueux, objet d'admiration et d'envie pour tous les peuples. La valeur des terrains augmentait dans des proportions incroyables. En 1840, une estimation de l'administration hospitalière avait attribué une valeur de 20 fr. par mètre aux terrains de Sainte-Périne, et de 50 fr. à ceux des Ménages. En 1858, dix-huit ans après, l'Assistance publique ne s'illusionnait certes pas, en espérant, par des ouvertures de rues et un lotissement heureusement compris, vendre les terrains de Sainte-Périne 130 fr. par mètre, et ceux des Ménages

150 fr. L'événement démontra que ces prévisions étaient au-dessous de la vérité.

A la même époque où l'Assistance publique pensait à transférer *Sainte-Périne* et *les Ménages* en dehors de Paris, elle étudiait également le projet de translation au delà de l'enceinte fortifiée de deux autres établissements : les *Incurables hommes* et les *Incurables femmes*.

A. — *Origine de Sainte-Périne, son déplacement en 1862.* — C'est en 1800 que fut fondé, rue de Chaillot, dans l'ancien couvent de Sainte-Périne, l'établissement de ce nom, par un particulier, Bertrand Duchailla des Arènes, ancien directeur du théâtre Feydeau. L'institution de Sainte-Périne devait être un asile assuré pour les infortunés parvenus alors à un âge avancé et qui avaient été ruinés par la Révolution. Le but de l'institution fut ensuite élargi. Duchailla voulut, pour la rendre durable, en faire profiter non plus seulement les victimes de la Révolution, mais aussi, et *dans tous les temps,* « les vieillards de l'un et l'autre sexe qui, nés dans des conditions honnêtes, se trouvent, comme il n'arrive que trop souvent, dépouillés de leur fortune par quelques-uns de ces revers dont le plus sage et même le plus habile ne parvient pas toujours à se garantir[1] ».

Pour être admis, il fallait avoir versé le montant d'une souscription annuelle très modeste (54 fr.), de trente à soixante-dix ans, ou payer soit un capital, soit une pension.

D'après l'édit royal d'août 1749, un établissement de ce genre ne pouvait être ouvert sans l'autorisation du gouvernement. Duchailla sollicita le consentement qui lui était nécessaire, mais il lui fut refusé. L'asile fut néanmoins ouvert, sous le titre d'*Institution libre.*

Grâce à la pompe et à l'habileté des annonces, cette entreprise eut d'abord un certain succès. En l'an XII, l'impératrice Joséphine pria Napoléon de signaler l'avènement de l'Empire en assurant le sort de cent quatre vieillards qui devaient être placés à Sainte-Périne. L'Empereur y consentit; les cent quatre vieillards choisis

---

1. Brochure intitulée : *Au Roi,* 1814. Dans cette brochure, dont l'objet est une requête adressée à Louis XVIII par le créateur de Sainte-Périne, ce dernier ne se nomme plus Duchailla des Arènes, mais seulement Bertrand Chailla.

furent admis dans le nouvel établissement et Duchailla reçut, sur la liste civile, un capital de 224 640 fr., soit 2 160 fr. par vieillard hospitalisé.

Cet événement augmenta la faveur dont jouissait Sainte-Périne et le mit en vogue. Les sommes encaissées par Duchailla lui permirent d'acquérir l'immeuble occupé par son institution, dont il n'était alors que locataire. L'acte d'acquisition fut passé à son nom et à celui de M. et Mme Gloux qu'il prit alors pour associés à son entreprise. Mais, dès 1806, des plaintes réitérées sur la situation matérielle de Sainte-Périne parvinrent au gouvernement. Un décret du 17 janvier 1806, reproduisant celui de 1749, venait d'enjoindre au ministre de l'intérieur « d'examiner les établissements de bienfaisance fondés irrégulièrement par des sociétés libres sous le nom des vieillards ou des femmes en couches et de connaître ceux qu'il serait nécessaire de supprimer ou dont il faudrait se borner à surveiller l'administration. » Un commissaire de police se rendit à Sainte-Périne et déclara que cet établissement était à la veille d'une faillite ou banqueroute qui allait compromettre l'existence de deux cents ou trois cents vieillards parmi lesquels se trouvaient les cent quatre protégés de Napoléon. En exécution du décret du 17 janvier 1806, le ministre de l'intérieur nomma successivement deux commissions d'enquête. La seconde commission, composée d'un magistrat et d'un jurisconsulte, établit qu'à la date du 21 septembre 1807 il n'existait dans l'établissement aucune provision de comestibles, que la caisse était vide, que les recouvrements à faire consistaient en petites sommes, montant de créances, dont quelques-unes étaient sans valeur et quelques autres contestables ou réductibles ; que la maison était revendiquée par des entrepreneurs non payés, etc. [1].

Le gouvernement estima qu'il n'y avait qu'un moyen de sauver la situation des malheureux de Sainte-Périne. Par un décret du 10 novembre 1807, Napoléon enleva l'administration de l'établissement à Duchailla et à la veuve Gloux, *chargea d'office les hospices*

---

1. Cependant Duchailla vivait somptueusement dans le splendide hôtel Boselli qu'il avait loué, non loin de l'institution. Sa moralité laissait beaucoup à désirer, paraît-il. « Nous avons acquis la conviction, écrivaient les commissaires, que le sieur Duchailla ne mérite aucunement par son caractère, ses principes, sa moralité, l'honneur d'être à la tête d'un établissement de bienfaisance. »

de Paris de gérer la maison, interdit l'admission de nouveaux pensionnaires et s'engagea à faire, sur les deniers de l'État, en faveur des hospices, un fonds sur le pied de 400 fr. par an et par individu, pour l'entretien de la maison de Sainte-Périne (art. 1 à 4). Le mobilier fut livré aux hospices, la propriété des bâtiments fut réservée.

L'administration hospitalière fut très peu satisfaite de la charge que lui imposait Napoléon. Du reste, le fonds annuel de 400 fr. par individu ne fut jamais versé par l'État[1]. Duchailla et la veuve Gloux, dépossédés, intentèrent un procès au gouvernement et mirent en cause les hospices. Bien avant qu'il ne fût jugé, les créanciers non payés de Duchailla firent vendre, par adjudication publique, à la date du 5 février 1818, les bâtiments de Sainte-Périne. L'adjudication fut prononcée moyennant 97 100 fr., au profit du comte Antoine de Saint-Didier.

La situation devenait, de nouveau, très critique ; les vieillards hospitalisés allaient être chassés de l'établissement.

Le Conseil Général des hospices n'hésita plus à faire le sacrifice que lui imposaient les événements. M. de Saint-Didier ayant proposé de lui consentir l'abandon, à prix coûtant, de ses droits de propriété sur les bâtiments de Sainte-Périne, cette offre fut acceptée et l'acquisition réalisée le 18 février 1819.

Mais, une complication surgit. La veuve Gloux, co-propriétaire avec Duchailla, se présenta, en son nom et au nom de ses enfants mineurs, soutint que la vente faite à M. de Saint-Didier n'avait pu atteindre que la part indivise de son ex-associé, et demanda en justice la licitation des bâtiments et dépendances de Sainte-Périne. Un jugement du tribunal de la Seine accueillit cette prétention.

Pour la deuxième fois, les vieillards étaient exposés à une expulsion.

Les hospices subirent la dure loi de la nécessité. Par acte du

---

[1]. Le gouvernement invoqua, plus tard, pour refuser tout payement, les termes d'un décret du 21 février 1808 qui obligeait Duchailla et la veuve Gloux à rendre compte de leur administration et décidait qu'on imputerait en déduction du solde débiteur à la charge de Duchailla : 1° le mobilier ; 2° le prix de la maison et de ses dépendances.

Le décret ajoutait : « que si le prix de la maison et du mobilier excède ce que Duchailla se trouvera redevoir, l'administration des hospices payera cet excédent, au moyen de quoi elle deviendra propriétaire du mobilier de la maison. »

28 juin 1825, ils transigèrent avec la veuve Gloux moyennant le versement entre ses mains d'une somme de 198 124 fr. 21 c. [1]. En outre, ils durent lui assurer, pendant sa vie, le traitement de 2 400 fr. et les autres avantages dont elle jouissait à Sainte-Périne. Elle mourut en 1833.

Ils étaient bien, cette fois, propriétaires de l'institution ; mais leurs soucis n'avaient pas encore pris fin. Ils continuaient d'être aux prises avec Duchailla qui les avait actionnés, en même temps que l'État, en règlement de comptes et leur réclamait, pour des prétendues créances et indemnités, près d'un million de francs. Portée d'abord devant le tribunal civil, l'instance avait été renvoyée en 1821 devant le Conseil d'État, à la suite d'un arrêté de conflit.

Duchailla mourut avant la fin de la lutte, vers 1829 [2]. Ses légataires universels continuèrent le procès qui fut jugé définitivement par ordonnance du 6 mai 1836 [3]. Toute compensation faite, l'admi-

---

1. Sur cette somme, 47 162 fr. 49 c. furent attribués personnellement à la veuve Gloux et à ses enfants, et 150 961 fr. 92 c. furent réservés pour l'acquittement des dettes contractées par le sieur Duchailla et garanties par la veuve Gloux (Me Champion notaire).

2. Duchailla paraît avoir été un royaliste ardent ; et, c'est à ses opinions politiques qu'il attribuait sa dépossession de Sainte-Périne. Dans une requête adressée au roi après la première Restauration, il faisait connaître l'insuccès de ses démarches pour obtenir justice par les voies amiables. Il exposait ensuite les malheurs qui lui étaient survenus : « Trois mois avant l'arrivée des puissances alliées à Paris, l'exposant fut arrêté dans le domicile d'un ami où il s'était réfugié, conduit dans les prisons de Sainte-Pélagie, mis au secret, jeté dans un cachot où on ne le nourrissait que de pain et d'eau. Son écrou portait qu'il était prévenu d'avoir fabriqué et distribué des proclamations tendant à favoriser le retour en France des princes de la Maison de Bourbon. Il était faux qu'il eût fabriqué des proclamations, mais il était très vrai qu'il en avait distribué. Ainsi, sa condamnation était certaine, et comme le délit dont il était accusé, emportant peine de mort, entraînait après lui la confiscation de ses biens, le gouvernement jouissait donc enfin, et sans qu'il eût besoin de faire aucun sacrifice pécuniaire, non plus seulement de la possession, mais de la propriété même de Sainte-Périne dont autrement il n'aurait pu s'emparer sans violer avec trop de scandale ses propres lois;... il n'était donc pas douteux qu'il n'existait plus pour l'exposant aucun moyen d'échapper au péril trop certain que le gouvernement lui faisait courir, lorsque tout à coup, et par une révolution à jamais mémorable, l'arrivée inattendue des souverains alliés à Paris, en changeant le sort de la France, changea aussi le sien. Ses fers furent brisés, il entrevit le jour de la justice ; et, aussitôt que Votre Majesté parut sur le trône de ses pères, alors il dut croire, et son attente ne sera pas trompée, que ce ne serait point en vain qu'il réclamerait contre une spoliation aussi perfide et accompagnée de circonstances aussi odieuses que celle dont il se plaint... »

3. Les légataires universels de Duchailla avaient fait imprimer pour le Conseil d'État un mémoire portant en épigraphe : *La raison du plus fort est toujours la meilleure*, et attaquant les hospices avec une grande violence.

nistration des hospices fut déclarée créancière de Duchailla pour une somme de 24 368 fr. 73 c. [1].

A partir de cette épreuve, la vie administrative de Sainte-Périne se poursuivit paisiblement, jusque vers le milieu du second Empire [2]. L'administration hospitalière en fit d'abord et simplement un lieu de refuge pour les personnes de l'un et de l'autre sexe, âgées au moins de soixante ans, et qui ne pouvaient se suffire à elles-mêmes ; puis elle en fit un asile destiné à venir en aide, sur la fin de leur carrière, à d'anciens fonctionnaires, à des veuves d'employés, ainsi qu'à des personnes ayant connu l'aisance et déchues d'une position honorable. Telle est encore la destination de Sainte-Périne. Pour être admis, il faut payer une pension annuelle de 1 400 fr. et être âgé de cinquante ans au moins.

L'institution de Sainte-Périne était située, comme nous l'avons dit plus haut, rue de Chaillot et s'étendait, en profondeur, jusqu'à la rue du Chemin de Versailles (aujourd'hui rue Galilée). Sa superficie fut d'abord réduite par l'ouverture de l'avenue de l'Alma et de l'avenue Joséphine (aujourd'hui avenue Marceau). Elle mesurait, après ces retranchements, une surface de 34 334^m,55.

Quand le transfert de cette maison de retraite en dehors de Paris eut été décidé, l'administration hospitalière acquit, aux dates des 14 février et 17 avril 1858, des princesses de Beauveau et de Bauffremont, un parc mesurant 10^{ha} 44^a 11^c, situé à Auteuil, pour un prix principal de 800 000 fr. [3]. Les travaux de construction des bâtiments de la nouvelle institution Sainte-Périne furent terminés en 1862 et c'est à cette date que l'établissement fut ouvert (juin 1862).

L'Assistance publique n'avait pas attendu ce moment pour étudier le parti à tirer de l'emplacement abandonné. Plusieurs projets de création de rues furent préparés. Celui qui fut définitivement adopté comprenait l'ouverture de quatre voies dont le sol couvrait une superficie de 7 334^m,50. La viabilité fut faite des deniers de l'administration hospitalière qui dépensa, à cet effet, une somme

---

1. Tout ce qui précède est extrait des nombreuses pièces du procès, manuscrites ou imprimées.

2. Le seul événement qu'il reste à noter est l'agrandissement de l'institution qui avait eu lieu le 12 mai 1824, par l'acquisition de Mlle Dubois de la Touche d'un terrain rue de Chaillot, près du jardin Marbeuf, d'une contenance de 2 339 mètres, pour un prix de 47 748 fr. 40 c.

3. 7 fr. 60 c. par mètre.

de 411 458 fr. [1]. Ces nouvelles voies furent les rues *Christophe-Colomb, Magellan, Euler* et *Bassano*. Le sol en fut livré gratuitement à la ville de Paris.

En 1864, on avait vendu pour 56 200 fr. les matériaux de démolition des bâtiments; en 1865, deux cents arbres furent cédés pour 3 000 fr. à la ville de Paris.

C'est seulement en 1866 que commença la vente des lots. A la chute de l'Empire, vingt-deux lots étaient aliénés sur l'avenue de l'Alma, l'avenue Joséphine, la rue Galilée et les quatre nouvelles rues. Le capital produit par ces ventes s'élevait à 2 121 059 fr. pour une superficie de 11 007^m,96, ce qui donnait un prix de 192 fr. 70 c. par mètre. Les ventes continuèrent jusqu'en l'année 1880; les dernières dépassèrent 250 fr. par mètre. L'aliénation entière de Sainte-Périne rapporta 6 388 380 fr. 75 c. [2].

B. — *Origines de l'hospice des Ménages, son déplacement en 1863.* — *L'hospice des Ménages* était situé à Paris, rue de la Chaise 28 et rue de Sèvres. Il occupait, d'après un mesurage officiel fait en 1867, une superficie totale de 26 166 mètres. Il avait remplacé l'ancien hôpital des *Petites Maisons* créé en exécution de lettres patentes du roi Henri II, en date du 11 novembre 1554, par le grand bureau des pauvres, sur l'emplacement de l'ancienne maladrerie Saint-Germain. Les Petites Maisons recevaient des vieillards pauvres des deux sexes, des insensés[3], des enfants atteints de la teigne

----

1. Y compris une indemnité de 156 742 fr. 55 c. payée à M. de Château Villars pour le prolongement d'une des rues nouvelles (la rue Bassano) à travers sa propriété, afin d'aboutir à la rue Vernet; y compris également les frais de clôture des lots de terrain à vendre.

2. Les frais de lotissement et ceux de transfert à Auteuil, déduction faite de la revente d'une parcelle détachée du parc et du montant de diverses expropriations pour l'ouverture des rues Wilhem, Mirabeau et de la Municipalité (depuis rue Chardon-Lagache), en 1869 et 1870, s'élevèrent ensemble à 3 416 639 fr. 26 c. Le bénéfice net réalisé par l'opération fut de 3 394 323 fr. 31 c. Dans ce bénéfice se trouve comprise une somme de 422 591 fr. 82 c. provenant de la revente à des particuliers et d'expropriation pour l'ouverture des rues Wilhem, Mirabeau et de la Municipalité, de certaines parcelles du parc de Bauffremont non affectées au nouvel établissement.

3. Les Petites Maisons, dans la langue courante, étaient la maison des fous. Exemple, ces vers de Boileau :

D'où vient, chez le Vayer, que l'homme le moins sage
Croit toujours avoir seul la sagesse en partage,
Et qu'il n'est point de fou qui, par de les raisons,
Ne loge son voisin aux petites-maisons ?

(Satire IV.)

et, dans une maladrerie spéciale, des pauvres frappés de la maladie appelée la *grosse vérole*. Cet établissement, en y ajoutant ses dépendances, était plus vaste que ne fut après lui l'hospice des Ménages. Il s'étendait le long de la rue de Sèvres, jusqu'à la rue du Bac sur laquelle il présentait une longue façade [1]. Mais, à cet endroit, et sur une étendue de 2 915 m,50, l'emplacement n'était pas affecté à l'hôpital même. Il était l'objet de locations à des particuliers et produisait quelques revenus.

Nous avons eu l'occasion de mentionner ces terrains rue du Bac et rue de Sèvres sur lesquels avaient été édifiés un certain nombre de bâtiments, et des tentatives de location pour baux de quarante ans, dont ils furent l'objet vers la fin de la Restauration [2].

C'est en 1801 que les Petites Maisons, transformées, devinrent l'*hospice des Ménages*, affecté exclusivement aux époux en ménage et aux veufs et veuves, divorcés ou séparés de corps, à leur profit, qui, sans être dans un état d'indigence absolu, n'avaient cependant pas des moyens suffisants d'existence et pouvaient payer une certaine somme au moment de leur admission.

En 1863, les Ménages furent transférés à Issy et installés en partie dans une propriété de 35 882 mètres, acquise en 1858 de Mme Pédelaborde, pour un prix de 155 818 fr., frais compris, et en partie sur un terrain de 24 754 mètres, appartenant déjà à l'Assistance publique, à qui il avait été légué par M. Dumetz.

L'ancien hospice de la rue de la Chaise fut démoli en 1868 ; les matériaux provenant de la démolition furent vendus 143 700 fr. Les opérations de voirie, conséquence de cette désaffectation, furent effectuées par les soins de la ville de Paris. L'Assistance publique contribua aux frais de viabilité pour une somme de 145 417 fr. 81 c.

Sur cet emplacement, la ville de Paris créa les rues *Velpeau* et

---

1. Primitivement, à l'angle de la rue de Sèvres et de la rue du Bac, se trouvait un petit cimetière, le cimetière de Saint-Sulpice. Il est encore indiqué au plan de Turgot de 1739. Quand il disparut, son emplacement devint la propriété des Petites Maisons qui en tirèrent parti par des locations, comme des terrains à la suite, rue du Bac.

2. Voir page 100. Ces immeubles portaient alors les n°s 117 à 133 inclusivement, rue du Bac, 20 et 22 rue de Sèvres. On loua pour quarante ans, en 1828, les immeubles 20 et 22 rue de Sèvres et 117 rue du Bac. Les immeubles 125-127, et 131-133 rue du Bac furent loués pour quarante ans en 1832. On ne parvint à louer les autres que par baux de courte durée.

Chomel, prolongea la rue de *Babylone*, fit une amorce du *boulevard d'Enfer*, élargit la rue de *Sèvres* et créa un *square*. L'emprise, pour l'exécution de ces travaux, fut de 16341 mètres, sur lesquels 5 724^m,58, destinés à l'ouverture des rues Velpeau et Chomel, ainsi qu'au prolongement de la rue de Babylone, furent livrés gratuitement. La ville paya 2 millions à l'Assistance publique les 10 617^m,64 consacrés au square, à l'amorce du boulevard d'Enfer et à l'élargissement de la rue de Sèvres.

Les aliénations des lots de terrain formés au long des nouvelles voies commencèrent en 1869. Quand l'Empire tomba, l'année suivante, onze lots représentant une surface de 4 720^m,16 avaient déjà été aliénés et avaient produit un capital de 1 610 043 fr. 05 c., donnant un prix moyen de 340 fr. par mètre carré [1].

On acheva les ventes en 1880. L'opération entière rapporta 5 856 737 fr. 30 c. [2].

C. — *Origine des hospices d'incurables; leur déplacement.* — Avant l'année 1625, il n'existait pas d'établissements destinés spécialement aux incurables; ces derniers voyaient se fermer devant eux les portes des hôpitaux existants. On les trouvait « languissant dans les rues et sur les chemins, sans secours ni consolation, au grand déplaisir des âmes chrestiennes. » L'abbé François Joulet de Châtillon, ancien aumônier et prédicateur ordinaire de Henri IV,

---

1. M. Boucicaut, le créateur des magasins du *Bon Marché* acheta, sur les rues de Sèvres, Velpeau, de Babylone et Chomel, six lots mesurant ensemble 3 124^m,72, pour un prix de 1 062 380 fr. Le reste des magasins du Bon Marché a été créé au moyen des achats successifs des maisons rue de Sèvres et rue du Bac, édifiées sur les terrains dépendant autrefois de l'hôpital des Petites Maisons. L'emplacement de ces vastes magasins a donc été acquis entièrement des hospices, à l'exception d'un lot, rue de Babylone, acheté par un tiers (M. Gilbert, carrossier) et revendu depuis au Bon Marché, avec la maison édifiée par l'acquéreur. Si, au lieu d'avoir eu affaire à l'administration des hospices seule, les fondateurs du Bon Marché avaient été obligés de traiter avec un certain nombre de propriétaires particuliers, il leur eût été presque impossible de donner à leur entreprise commerciale l'extension exceptionnelle qu'elle a pu prendre. Cette origine du Bon Marché est une des causes qui paraissent avoir déterminé Mme Boucicaut à instituer l'Assistance publique de Paris sa légataire universelle.

2. Y compris la valeur, à raison de 175 fr. le mètre, d'un terrain de 1 823^m,70 rue Chomel, sur lequel ont été élevées, aux frais de l'Assistance publique, des constructions à usage d'écoles, louées à la ville de Paris.

Le transfert de l'hospice des Ménages a donné les résultats suivants :

Recettes.	5 856 737^f 30^c
Dépenses.	5 735 515 85
Reste, comme bénéfice net.	121 221^f 45^c

ému, comme toutes les personnes charitables de son temps, d'un état de choses aussi pénible, fit aux maîtres, gouverneurs et administrateurs du grand Hôtel-Dieu de Paris, par testament du 11 novembre 1625, et codicille du 20 décembre suivant, un legs universel *de eo quod supererit* « pour commencer à faire bastir, construire et fonder en ceste ville ou faulxbourg de Paris, au lieu où ilz adviseront le plus commode, ung hospital de maladyes incurables ».

Il mourut deux ans après, le 30 septembre 1627, et l'Hôtel-Dieu entra en possession de son héritage, évalué à plus de 20 000 livres de rentes.

En 1632, Marguerite Rouillé fit aussi à l'Hôtel-Dieu une donation importante, dans le même but.

Avant que les travaux de l'hospice ainsi fondé ne fussent entrepris, le cardinal de La Rochefoucauld, « considérant qu'entre plusieurs hospitaux et autres maisons de piété employées..... pour le soulagement des pauvres, il n'y en a aucune en laquelle les affligez de maladies incurables soient reçus », donna également une grosse somme pour contribuer au dessein formé par feu messire François Joulet.

Les travaux de construction de l'hospice des incurables furent aussitôt commencés sur un vaste terrain situé rue de Sèvres. Dés lettres patentes de 1637 affectèrent l'établissement aux incurables des deux sexes.

En l'année 1802, les hommes furent transférés dans l'ancien couvent des Récollets, rue des Récollets et rue du Faubourg-Saint-Martin, les femmes demeurèrent rue de Sèvres.

Quand, sous le second Empire, la translation des deux hospices d'incurables, en dehors de Paris, eut été décidée, l'administration de l'Assistance publique affecta à cette destination une propriété sise à Ivry, dont nous avons parlé précédemment, le clos Scrize, ancien château d'Ivry, acheté en 1851. La superficie couverte par le nouvel hospice et ses dépendances fut de 148 114 mètres carrés. Les travaux entrepris en 1864 furent achevés seulement en 1869, époque où l'établissement fut ouvert.

Les bâtiments des deux hospices désaffectés ne furent pas démolis. L'État se rendit acquéreur, en 1861, en vue d'y installer un *hôpital militaire*, de l'hospice de la rue des Récollets. Il recourut à la forme de l'expropriation pour cause d'utilité publique. Le 30 mai 1861, le jury alloua à l'Assistance publique, à titre d'indemnité globale, une somme de 6 090 000 fr. L'État ayant été obligé de prendre possession des lieux, bien avant l'achèvement des constructions édifiées à Ivry, le ministre de la guerre dut mettre l'ancienne caserne Popincourt à la disposition de l'administration hospitalière pour y transporter provisoirement les incurables. Les travaux d'appropriation furent supportés par l'Assistance publique, ils entraînèrent une dépense de 147 386 fr.

L'hospice des incurables femmes, de la rue de Sèvres, faillit avoir un sort bien différent. L'État forma le projet d'y transférer le *lycée Louis-le-Grand* dont la reconstruction s'imposait déjà à ce moment. Le 18 mai 1866, le ministre d'État saisit de ce projet le Corps législatif au nom de l'empereur. Il fit valoir, dans l'exposé des motifs, qu'un lycée serait placé très heureusement au milieu de la rue de Sèvres, qu'il se trouverait à peu près posé au centre des populations aux besoins desquelles il était nécessaire et juste de pourvoir. Il ajouta que la reconstruction de Louis-le-Grand sur place, comme lycée d'internes seulement, entraînerait la création d'un collège d'externes à cause de l'insuffisance du périmètre (19 000 mètres carrés) des terrains de la rue Saint-Jacques. Il en résulterait une double dépense, de 4 100 000 fr. d'un côté, pour la reconstruction, de 3 millions d'un autre côté, pour l'édification d'un établissement d'externes, soit, en tout, plus de 7 millions. Le nouveau lycée de la rue de Sèvres pourrait renfermer mille internes et cinq cents externes sur une étendue de près de 38 000 mètres [1] ; il serait divisé, pour éviter l'encombrement et la difficulté de la surveillance, en deux parties distinctes et séparées. L'une, consacrée à l'enseignement secondaire classique, contiendrait six cents internes; l'autre, qui serait un établissement d'enseignement secondaire spécial et présenterait la plus complète application de la loi du 28 juin 1865, aurait quatre cents internes.

La ville de Paris devait faire, à ses risques et périls, l'acquisition de l'hospice et se charger de tous les travaux d'aménagement et d'appropriation ; le tout, moyennant une subvention de 2 500 000 fr. que lui payerait l'État, par annuités, avec intérêts à 5 p. 100 [2].

---

1. Sur les 19 000 mètres de la rue Saint-Jacques, on ne pouvait édifier des bâtiments que pour six cents internes.
2. Voir le projet de loi dans le *Moniteur universel* du mardi 10 juillet 1866.

Ce projet avait été adopté par le conseil municipal de Paris, dans sa séance du 11 mai. Dans les pourparlers entre les deux administrations, municipale et hospitalière, le prix d'acquisition par la ville de Paris fut fixé à 4 millions. Le conseil de surveillance de l'Assistance publique émit un avis favorable à la vente dans sa séance du 9 août 1860.

Mais le projet du gouvernement fut ajourné par le Corps législatif et il fut bientôt définitivement retiré.

Au mois de mai 1869, quand fut ouvert l'hospice d'Ivry, l'hospice des incurables de la rue de Sèvres fut fermé. Il rouvrit ses portes au moment de la malheureuse guerre de 1870, par suite du nombre insuffisant des places dans les hôpitaux, comme annexe de la Charité; il fut évacué au mois de juillet 1871. En mars 1874, ses portes s'ouvrirent de nouveau; il devint alors *l'hôpital temporaire*. En 1878, il prit le nom qu'il porte encore d'*hôpital Laënnec*.

D. — *Déplacement de l'Hôtel-Dieu et du chef-lieu de l'administration de l'Assistance publique.* — Jusque sous le second Empire, la place du parvis Notre-Dame était très restreinte. A droite, le long de la Seine, se trouvait une partie de l'Hôtel-Dieu communiquant, par une passerelle couverte jetée sur le petit bras de la Seine, avec les autres parties de cet établissement hospitalier situées sur la rive gauche du fleuve. Du côté opposé de la place, et masquant à demi la cathédrale, on voyait le *chef-lieu de l'administration hospitalière* qui, antérieurement, avait été la *pharmacie des hôpitaux*, et, à une époque plus éloignée, *l'hospice des enfants trouvés* ou *Maison de la couche*, construite en 1745 à un emplacement où avaient été édifiés auparavant les églises Sainte-Geneviève-des-Ardents et Saint-Christophe, la chapelle des Enfants trouvés et plusieurs immeubles privés. Ces églises, chapelle et bâtiments particuliers avaient été démolis pour dégager le parvis et construire la Maison de la couche.

Entre le chef-lieu de l'administration des hospices et le grand bras de la Seine, on rencontrait un enchevêtrement de rues et ruelles étroites et insalubres dénommées: Saint-Pierre-aux-Bœufs, du Chevet-Saint-Landry, Saint-Christophe, des Trois-Canettes, de Perpignan, Cocatrix, des Deux-Ermites, de la Licorne, des Marmousets, de Glatigny, du Haut-Moulin, du Haut-des-Ursins, de la Juiverie, etc.

Six églises dressaient leurs clochers parmi cet amas d'habitations, ce grouillement d'êtres humains, victimes désignées des grandes épidémies : les églises Saint-Landry, Sainte-Marine, Saint-Denis de-la-Chartre, Saint-Pierre-aux-Bœufs, Sainte-Madeleine, Saint-Aignan.

Les origines de l'Hôtel-Dieu de Paris sont assez obscures. Cet établissement hospitalier est le plus ancien de l'Europe. Primitivement, il fut un simple lieu de refuge, sorte de caravansérail ouvert à toutes les infortunes humaines et à tous ceux qui portaient l'enseigne « de pauvreté et de misère ». C'était un hôpital, un hospice, un asile de nuit. On peut le considérer comme le berceau de l'assistance hospitalière à Paris. L'encombrement finit par amener une sélection. On exclut d'abord les valides, puis les vieillards et les infirmes, et on ne reçut plus dans cet établissement que les seuls malades atteints d'affections aiguës. On créa, pour les valides, le *Grand Bureau des Pauvres*, pour les vieillards et les infirmes, l'*Hôpital Général*.

Mais, jusqu'au xiv° siècle, l'hospitalisation était illimitée ; c'était un grave danger pour ceux qui étaient contraints d'y recourir. L'entassement était extrême : les contagieux n'étaient pas séparés des autres. On prit, au xvii° siècle, des mesures destinées à remédier à ce grave état de choses en écartant les lépreux, les vénériens, les teigneux, en fondant deux hôpitaux de contagieux : *Sainte-Anne*, dans le faubourg Saint-Marcel, et *Saint-Louis*, dans le faubourg du Temple. Malgré ces moyens, l'Hôtel-Dieu ne suffisait pas à contenir les malades qui étaient venus frapper à sa porte, et son insalubrité était l'objet des critiques de tous [1]. En 1772, un incendie dévora une partie de ses bâtiments. On se préoccupa alors de reconstruire cet établissement charitable. Mais, fallait-il le rebâtir sur place, ou le transférer dans un milieu différent, plus dégagé et plus salubre ? Près d'un siècle devait s'écouler avant que cette question fût résolue et qu'un nouvel Hôtel-Dieu vaste, confortable et sain vînt remplacer le vieil et triste hôpital du Moyen Age.

Successivement et à divers intervalles, on proposa de transférer les services de l'Hôtel-Dieu à l'*île des Cygnes*, puis au milieu de la *plaine de Grenelle* ; enfin, à une date plus rapprochée, on indiqua

---

1. Voir le volume *L'Assistance publique en 1900*, p. 6 et suivantes.

comme emplacement *les alentours de l'église Saint-Julien-le-Pauvre*, sur la rive gauche de la Seine.

En 1862, l'édilité parisienne adopta le projet consistant à reconstruire l'Hôtel-Dieu à gauche de Notre-Dame, à l'emplacement des nombreuses rues et ruelles que nous avons énumérées plus haut. On réalisait ainsi une heureuse conception : l'union d'une mesure de voirie à une mesure d'assistance. On transformait tout un quartier de Paris où grouillait une population misérable, on dégageait les abords du palais de justice, ainsi que la cathédrale, et on respectait la tradition qui, depuis des siècles, maintenait l'un près de l'autre l'Hôtel-Dieu et l'église métropolitaine.

Le choix de cet emplacement ne fut cependant pas sans provoquer des critiques formulées par certains membres du corps médical. On fit observer que la cité ne présentait pas les conditions d'hygiène nécessaires à un établissement de cette nature, qui aurait été beaucoup mieux et plus utilement situé dans les faubourgs. On alléguait que la dépense s'élèverait au delà de toutes les prévisions et qu'elle atteindrait un chiffre hors de proportion avec le nombre des lits que devraient contenir les nouveaux bâtiments. On invoquait aussi le manque de ressources de l'administration hospitalière. A ces critiques, une commission spéciale, composée, en majeure partie, de médecins et chirurgiens, répondit en déclarant que l'emplacement choisi présentait des avantages remarquables et qu'il était difficile d'en trouver un meilleur « dans la région où l'Hôtel-Dieu devait être reconstruit par respect pour la tradition[1] ».

Du reste, Napoléon III, Haussmann, préfet de la Seine, et la municipalité parisienne tenaient à l'exécution de ce projet ; et, il faut bien reconnaître, en effet, qu'il servait, en même temps que les in-

---

1. « Si nous examinons à ce point de vue l'emplacement proposé, nous trouvons que sur deux de ses bords il est parfaitement dégagé. Du côté du nord et du côté du sud, il fait suite à d'immenses espaces vides. Au nord, il est séparé de la façade du quai Lepelletier (*aujourd'hui quai de Gesvres*) par le grand bras de la Seine et par la largeur des deux quais, et ce vide se prolonge même au nord-est, par la place de l'Hôtel-de-Ville, jusqu'à la rue de Rivoli. Au sud, il est séparé de la façade du quai de Montebello par la future place du Parvis-Notre-Dame, longue de 150 mètres et large de 70, par le petit bras de la Seine et par la largeur de deux quais. Ces conditions sont très favorables, si l'on considère surtout que le grand bras de la Seine est le siège d'un courant rapide, que l'eau courante produit toujours un certain mouvement dans les couches inférieures de l'atmosphère, et que le voisinage d'un fleuve constitue par conséquent un procédé naturel d'aération. » (*Rapport déposé par le Dr Broca, au nom de la commission.*)

térêts hospitaliers, ceux de l'embellissement et de l'assainissement de la capitale.

Un décret du 22 mai 1865 déclara donc d'utilité publique la suppression de l'ancien Hôtel-Dieu, sa reconstruction et toutes les opérations de voirie qui devaient assurer le dégagement et l'accès de Notre-Dame.

Il avait fallu, auparavant, régler une grosse question : de quelle manière serait-il pourvu aux dépenses de l'opération ? Nous avons vu que l'administration de l'Assistance publique n'avait pas de capitaux disponibles. Des conventions, approuvées les 23 et 24 mars 1865 par le conseil de surveillance et le conseil municipal, fixèrent la part contributive de l'administration hospitalière et de la ville de Paris.

Les hospices durent affecter à l'opération trois catégories de ressources.

En premier lieu, ils furent tenus d'employer le capital de la dette de 12 330 577 fr. 83 c. provenant des versements dans la caisse municipale du prix des immeubles hospitaliers aliénés sous le premier Empire. Nous avons vu qu'en 1842, lors de la *rétrocession à la ville de Paris des marchés livrés* par elle *aux hospices,* à titre de nantissement, l'administration municipale avait pris l'engagement de rembourser le principal de sa dette à l'expiration de trente années, c'est-à-dire en 1872, et d'en verser, jusqu'à ce moment, l'intérêt au taux de 5 p. 100[1]. Une loi du 12 juillet 1865 autorisa la ville de Paris à comprendre les 12 330 577 fr. 83 c. dans l'emprunt de 270 millions qui fut émis à cette époque et à en opérer, par ce moyen, le remboursement anticipé à l'Assistance publique.

Pour la création de la nouvelle place du Parvis-Notre-Dame, il fallait démolir notamment les bâtiments désaffectés, depuis quelques années, du chef-lieu de l'Assistance publique et la partie de l'ancien Hôtel-Dieu située le long de la Seine, sur la rive droite. On attribua à ces constructions et au terrain compris dans leur périmètre une

---

1. Voir plus haut, chapitre II, § 5, 5°, page 71. Rappelons que l'administration des hospices avait été forcée de verser dans la caisse de la ville de Paris le prix de ses immeubles vendus sous le premier Empire et qu'elle avait été, en retour, mise en possession de divers marchés dont elle percevait les revenus à son profit. Par un traité passé entre les deux administrations et qu'approuva une ordonnance royale du 23 septembre 1843, la ville de Paris rentra en possession de ses marchés et s'engagea à payer annuellement aux hospices l'intérêt du principal, à 5 p. 100.

valeur globale de 4 800 000 fr. que l'administration hospitalière fut également tenue d'affecter aux dépenses de l'opération.

Enfin, on estima que le bénéfice à provenir de la translation en dehors de Paris de l'institution Sainte-Périne et des hospices des Ménages et des Incurables (hommes et femmes) s'élèverait, en chiffres ronds, à 2 500 000 fr. Ce fut la troisième ressource indiquée pour former la part contributive de l'Assistance publique [1].

En réunissant ces trois sommes, nous obtenons un total de 19 630 528 fr. 90 c.

Tout l'excédent des dépenses, quelque chiffre qu'il pût atteindre, restait à la charge de la ville de Paris.

On prévoyait, à l'origine, que la reconstruction de l'Hôtel-Dieu entraînerait une dépense de 21 millions pour les expropriations, l'édification des bâtiments et le mobilier [2]. La dépense atteignit, en réalité, une somme beaucoup plus élevée, 36 millions environ [3], dont le règlement provoqua des difficultés entre l'administration hospitalière et l'administration municipale.

---

1. La prévision d'une recette de 2 500 000 fr. ne fut pas réalisée. Comme nous l'avons vu plus haut (p. 239) on n'aliéna que trois établissements sur quatre. L'hospice des Incurables (femmes) de la rue de Sèvres fut maintenu et devint l'hôpital Laënnec. Le produit des ventes de Sainte-Périne, des Incurables (hommes) et des Ménages fut, au total, de 19 305 450 fr. 07 c. ; mais la construction de trois nouveaux établissements à Auteuil, à Ivry et à Issy, coûta 18 075 080 fr. 27 c. Le bénéfice net fut donc de 1 290 369 fr. 80 c. A cette somme il faut ajouter la valeur de l'établissement de la rue de Sèvres qui rend encore d'appréciables services à l'administration des hospices.

2.   Pour les expropriations. 8 000 000f
    Pour les constructions 12 000 000
    Pour le mobilier 1 000 000

3.   Pour les expropriations. 18 000 000f
    Pour les constructions et le mobilier 17 964 769 24c

Ce dépassement des prévisions s'explique par les raisons suivantes : les allocations du jury furent très élevées, en second lieu, les événements de la guerre franco-allemande et de la Commune suspendirent les travaux pendant plusieurs années. Enfin, dès qu'il fut possible de les reprendre, on s'aperçut qu'il était nécessaire d'apporter des modifications aux bâtiments à moitié construits. On reconnut que le nombre des lits prévu pour le nouvel hôpital (800) était trop considérable eu égard à la superficie occupée par les bâtiments (22 000 mètres environ). On décida, en conséquence, de démolir l'étage des combles affecté aux salles des malades et d'y substituer un toit plat ; on abaissa, en outre, d'un étage le corps de bâtiment en aile sur le quai. Le nombre des lits fut ainsi réduit à 550. A raison des retards occasionnés par ces faits, les entrepreneurs introduisirent contre l'Assistance publique, pour le préjudice que leur avaient causé les interruptions de travaux, une action qui donna lieu à un long procès.

L'administration de l'Assistance publique n'avait pas attendu l'exécution des travaux de transformation de la cité pour *déplacer son chef-lieu*. Le transfert fut effectué dans les premières années du second Empire sur un terrain de 2 041 mètres, situé place de l'Hôtel-de-Ville, avenue Victoria 3 et quai Lepelletier 4 (aujourd'hui quai de Gesvres), appartenant à la ville de Paris. La cession à l'administration hospitalière fut approuvée par décrets des 10 avril 1856, 5 novembre 1857 et 19 mai 1859. Le contrat qui précisait les conditions de la vente et en déterminait le prix ne fut signé qu'en 1859, assez longtemps après la prise de possession effective. Le prix s'éleva à 1 205 278 fr. 14 c.

2° *Expropriations pour cause d'utilité publique*. — Sous le second Empire, les grandes expropriations qui transformèrent Paris réduisirent le patrimoine immobilier des hospices d'environ quarante propriétés bâties et d'un nombre à peu près égal de terrains ou de parcelles de terrains. La création d'un asile départemental d'aliénés leur enleva un vaste domaine de 14 hectares 68 ares, la ferme de Sainte-Anne, dont nous avons fait l'historique [1].

La superficie que couvraient tous les immeubles expropriés était de 302 933^m,80, les indemnités s'élevèrent à la somme de 15 millions 281 289 fr. 36 c. [2].

En 1853, l'ouverture du *boulevard de Strasbourg* retira 1 658 mètres de terrain à la *Maison municipale de santé* (ordinairement connue sous le nom de *maison Dubois*) située alors rue du Faubourg-Saint-Denis, 110. Cinq ans après, la création du *boulevard Magenta* (primitivement boulevard du Nord) faisait disparaître entièrement le reste de cet établissement qui fut reconstruit sur des terrains d'une contenance de 12 316 mètres acquis dans ce but et situés rue du Faubourg-Saint-Denis, 196 à 200 [3].

---

1. Page 47.

2. Nous ne comprenons pas dans cette somme le prix de la cession à l'État (6 690 000 fr.) de l'hospice des Incurables de la rue des Récollets (voir p. 241). On employa, pour réaliser la cession, la forme de l'expropriation pour cause d'utilité publique, comme nous l'avons vu plus haut.

3. Placée originairement dans la maison dite du Nom-de-Jésus, au faubourg Saint-Martin, la maison de santé créée pour les malades peu fortunés, mais qui pouraient cependant se faire soigner à leurs frais, fut inaugurée en mai 1802. Elle fut transférée le 1er février 1816 dans l'ancienne communauté des sœurs grises de la rue du Faubourg-Saint-Denis : elle prit alors, en vertu d'une autorisation spéc'ale

En 1854, la formation des *halles centrales* fit tomber une maison portant le n° 22 rue de la Cordonnerie.

En 1855 et 1864, la *gare d'Orléans* absorba 39 308^m,75 de terrains boulevard de la Gare, quai d'Austerlitz, rues de la Gare, Jouffroy, Papin et Watt. Ces trois dernières rues disparurent entièrement.

Le dégagement des abords du *Louvre*, en 1856, fit tomber une maison de secours place du Louvre, 14. L'année suivante, l'agrandissement de l'*église des Blancs-Manteaux* prit un petit terrain de 34^m,65.

En 1858, le percement du boulevard de Monceau, devenu depuis le boulevard de la Reine-Hortense et finalement l'*avenue Hoche*, donna lieu à la cession gratuite à la ville de Paris d'une parcelle de 2 735 mètres, détachée d'un vaste terrain situé au chemin de ronde de l'Étoile[1]. La même année, fut abattue une maison, rue du Cloître-des-Bernardins, 12, couvrant une superficie de 556 mètres ; la ville de Paris paya une indemnité de 110 000 fr.

En 1862, l'ouverture du boulevard du Prince-Eugène, maintenant *boulevard Voltaire*, entraîna l'expropriation de deux maisons, l'une rue d'Angoulême, 15, l'autre rue de la Tour, 1, et rue des Fossés-du-Temple, 48[2]. En 1862, également, en 1863 et en 1865, la création du *chemin de fer de ceinture* enleva aux hospices 27 460 mètres de terrain dans les 13e, 14e et 15e arrondissements.

Dans le cours de l'année 1863 eut lieu une des plus importantes opérations de voirie de la capitale : l'ouverture de la *rue Lafayette*. La percée enleva huit maisons appartenant à l'administration hospitalière, rue de Buffault, 12 à 24[3]. Le prolongement des rues *Aumaire* et *Réaumur* supprima une maison et un terrain des hospices, cour de la Marmite. C'est à ce moment que le département de la

---

du roi Louis XVIII, le titre de *Maison royale de santé*. Le nom de maison Dubois qui lui a été donné par le public tient uniquement à la réputation de l'habile chirurgien, qui fut longtemps chargé du service chirurgical de cet établissement. *L'Assistance publique en 1900*, p. 533 et 534.

1. Nous avons mentionné ce terrain plus haut, p. 94.

2. Cet immeuble couvrait une superficie de 2 013 mètres ; il avait été donné à bail emphytéotique pour quatre-vingt-dix-neuf ans, du 1er octobre 1782 au 1er octobre 1881, moyennant un loyer annuel qui s'élevait en dernier lieu à 71 fr. 12 c.

3. Ces maisons faisaient partie d'un ensemble loué en 1775 pour quatre-vingt-dix-neuf ans moyennant un loyer qui s'élevait, lors de l'expropriation, à 1 895 fr. 29 c.

Seine créa l'*asile Sainte-Anne* à l'emplacement de la ferme de ce nom.

La *Halle aux cuirs* fut commencée l'année suivante. On prit, dans ce but, à l'Assistance publique, 10 821^m,80 de bâtiments et terrains provenant de l'ancien couvent des Cent-Filles, rue Censier, dans le 5e arrondissement [1].

Nous avons consacré précédemment quelques lignes au domaine des Grands-Porcherons, rue de la Chaussée-d'Antin, et nous avons vu qu'une partie de cette vaste propriété avait disparu lors de la formation du *square de la Trinité* [2]. Rappelons que l'opération dont il s'agit eut lieu en 1866 et qu'elle nécessita la démolition des immeubles hospitaliers rue de la Chaussée-d'Antin, 59, 61, 63 et rue Saint-Lazare, 83 à 95 *bis*, couvrant une étendue de près de 4 000 mètres.

C'est en 1866 et 1867 que la ville de Paris acquit les immeubles situés à l'emplacement du futur *parc Montsouris*. Huit pièces de terre des hospices furent expropriées à cette fin ; elles mesuraient 14 674 mètres. En 1867, le prolongement de la rue du Cardinal-Fesch (maintenant rue de Maubeuge) fit disparaître une ancienne maison de secours rue du Faubourg-Montmartre, 60.

On ouvrit la *rue de Rennes* la même année. Cette nouvelle voie diminua le patrimoine immobilier de l'administration de l'Assistance publique d'une vaste propriété couvrant 2 561^m,80 rue du Four-Saint-Germain, 67, rue Beurrière et rue du Vieux-Colombier, 22-24. Elle enleva également l'hospice Devillas (3 404^m,80) rue du Regard, 17. Ce petit établissement fut alors transféré à Issy, à côté du nouvel hospice des Ménages [3].

La *rue de Chaligny*, percée en 1868, prit 4 709 mètres de terrain à l'ancienne abbaye Saint-Antoine, devenue l'hôpital de ce nom. En 1868 et 1870, l'administration municipale fit, à Auteuil, les rues *Wilhem*, *Mirabeau* et de la Municipalité (*Chardon-Lagache*). L'emprise opérée sur les terrains hospitaliers fut de 13 886^m,93 [4].

---

1. En 1860, les hospices avaient déjà vendu une partie de cet ancien couvent (3 082^m,35) pour 123 190 fr.

2. Page 130, note 2.

3. L'hospice Devillas a été fondé par M. Devillas, négociant, mort en 1832. Il a été inauguré en 1835. Établi primitivement dans l'hôtel même du fondateur, rue du Regard, il est destiné à recevoir des indigents infirmes des deux sexes. Voir *L'Assistance publique en 1900*, p. 649.

4. On prit 13 237^m,79 sur le terrain du parc de Beauffremont et 649^m,14 sur un terrain provenant du legs veuve Legendre (1856).

Le régime impérial touchait à sa fin, quand le déplacement de l'hospice des Ménages amena la création des rues *Velpeau* et *Chomel*, le prolongement de la *rue de Babylone*, la formation du *square* dit *du Bon-Marché* [1], et l'élargissement à cet endroit de la *rue de Sèvres*. Nous renvoyons aux développements donnés ci-dessus [2]. L'indemnité de 2 millions allouée à l'Assistance publique fut ratifiée, après entente préalable, par le jury d'expropriation.

On peut rattacher aux expropriations, bien que l'acte ait affecté la forme d'une vente amiable, la rétrocession faite le 21 avril 1854, par l'administration de l'Assistance publique, des dix-neuf boutiques établies dans les demi-lunes du *Pont-Neuf* et qui avaient été attribuées aux hospices de Paris par les décrets des 18 septembre 1805 et 9 novembre 1807 [3].

C'est à l'occasion de la restauration de ce pont que l'État et la ville de Paris, désireux de supprimer les boutiques, en effectuèrent le rachat. Elles rapportaient alors aux hospices des loyers annuels s'élevant à 18 900 fr. Le prix payé par les deux acquéreurs, chacun par moitié, fut de 341 100 fr. [4]

3° *Accroissement de la valeur des grandes masses de terrain intra et extra muros.* — *Annexion des communes suburbaines.* — Les ouvertures de rues faites soit par l'administration hospitalière et de ses deniers, soit par la ville de Paris ; le lotissement des terrains en façade sur les nouvelles voies, attirèrent les capitaux à la recherche de placements immobiliers et eurent pour conséquence la formation de quartiers nouveaux qui se peuplèrent rapidement. Les lots non encore vendus acquirent d'année en année une valeur croissante, au fur et à mesure que se bâtissaient tout alentour de nouveaux immeubles de rapport.

Sous le second Empire, en dehors des opérations auxquelles donna lieu la désaffectation de Sainte-Périne et des Ménages, l'administration de l'Assistance publique mit en vente, dans l'intérieur

---

1. Maintenant square Potain.
2. Pages 238 et 239.
3. Page 30.
4. Lors de l'attribution faite aux hospices, on avait donné aux boutiques une valeur de 293 500 fr.

do Paris, après les avoir loties, trois grandes masses de terrains dont l'aliénation avait été préparée ou commencée sous les régimes précédents. Il s'agit du *marais contigu à l'hôpital Saint-Louis* [1], de la masse de terrains de la *barrière Montparnasse* et des *terrains de la Roquette* [2], provenant de l'ancien couvent des hospitalières de ce nom. L'administration hospitalière vendit également, mais en bloc, une importante propriété entre les rues *du Regard, du Cherche-Midi* et *de Vaugirard*. Enfin, elle aliéna, grâce aux grands travaux de voirie exécutés tout autour de l'arc de triomphe des Champs-Élysées, les lots formés dans le vaste terrain situé à l'ancien *chemin de ronde de la barrière de l'Étoile* [3].

A. — *Ancien marais de l'hôpital Saint-Louis.* — Les lots créés sur le marais de l'hôpital Saint-Louis furent tous aliénés de 1857 à 1865. Ils couvraient, dans leur ensemble, une surface de 18 702^m,28 et s'étendaient au long des rues Corbeau, Parmentier, Saint-Maur-Popincourt, Claude-Villefaux, de la Chopinette, de l'avenue Richerand et du quai Jemmapes.

Les ventes, au nombre de vingt-trois, produisirent un capital de 1 100 430 fr. La moyenne des prix obtenus fut de 45 fr. en 1857, de 67 fr. en 1858, de 53 fr. en 1859, de 112 fr. en 1860, de 75 fr. en 1861, de 86 fr. en 1863. En 1865, le lot restant, rue Claude-Vellefaux prolongée et rue de la Chopinette, fut vendu 80 fr. Dans l'intervalle des huit ans qui s'étaient écoulés entre le commencement des ventes et leur achèvement, la valeur vénale des lots de terrains avait doublé.

B. — *Terrains de la barrière Montparnasse.* — En 1840, le Conseil Général des hospices, dans le but de faciliter l'aliénation du terrain de la barrière Montparnasse provenant de l'ancienne ferme du Grand-Pressoir, avait ouvert la rue Delambre [4] et procédé au lotissement de ce domaine. En 1845, deux lots bien placés, mesurant ensemble 748^m,40, furent vendus pour un prix total de 34 900 fr., soit, en moyenne, plus de 40 fr. le mètre. Trois ans après, en 1848, on aliéna un troisième lot à l'angle de la rue Delambre et du bou-

---

1. Pages 97 et 156.
2. Pages 94, 95, 152 et 158.
3. Page 94.
4. Page 158.

levard d'Enfer (aujourd'hui boulevard Raspail), à raison de 35 fr. 20 c. le mètre. Un autre lot fut vendu en 1852 à un taux à peu près équivalent (35 fr. 40 c.).

Dans le cours du second Empire, l'Assistance publique réalisa l'aliénation de quarante-cinq lots sur la rue Delambre, la rue et le boulevard Montparnasse. Ils mesuraient une superficie globale de 29 684ᵐ,74. Les prix atteints, en y comprenant la vente de quelques mitoyennetés, s'élevèrent à 1 523 206 fr. 48 c. Les premières adjudications furent prononcées aux taux de 30, 35 et 37 fr. le mètre; les dernières, pendant les années 1868, 1869 et 1870, s'élevèrent à 60, 65, 70, 80 et jusqu'à 110 et 120 fr. le mètre [1].

C. — *Terrains de la Roquette.* — Le 10 novembre 1829, un acte administratif, confirmé par une ordonnance royale du 14 juillet 1830, transféra au département de la Seine la propriété d'une parcelle de terrain de 34 830 mètres, prise dans l'ancien *enclos des dames hospitalières de la Roquette* [2]. L'administration départementale s'était proposé de créer à cet emplacement une maison de correction, ou prison modèle, pour femmes. L'établissement fut affecté définitivement aux jeunes détenus et a conservé cette destination jusqu'à nos jours.

La superficie de 34 830 mètres avait été jugée nécessaire pour l'édification de la prison même et aussi pour la formation d'une place au-devant de cet établissement et l'ouverture des rues qui devaient l'enceindre sur les trois autres côtés.

L'aliénation eut lieu sous forme d'échange. Le département de la Seine céda au Conseil Général des hospices les bâtiments et terrains de la prison de Bicêtre [3]; en contre-échange, l'administration

1. Nous avons vu, page 168, note 1, que l'Assistance publique est encore actuellement propriétaire d'une partie de ce domaine.

2. Pages 30 et 152.

3. La prison de Bicêtre était au milieu de l'hospice qui abritait les vieillards et les fous; elle renfermait les forçats détenus en attendant le départ de la chaîne. Ce « mélange monstrueux du crime et de la vieillesse malheureuse » provoquait des difficultés entre les services pénitentiaires et les services hospitaliers. En outre, il devenait urgent d'agrandir l'emplacement réservé aux vieillards et celui qui était consacré aux fous; il fallait notamment démolir les loges insalubres et délabrées où se trouvaient quatre-vingt-dix-neuf fous et les remplacer par des cellules plus saines; or, la place faisait entièrement défaut. Enfin, le nombre des détenus enfermés dans la prison de Bicêtre ne s'élevait plus qu'à deux cents au lieu de douze cents, nombre qu'elle contenait antérieurement. De son côté, l'administration pénitentiaire se proposait de supprimer la prison de Bicêtre pour en créer une nouvelle destinée

hospitalière abandonna le terrain ci-dessus mentionné et, en plus, une maison rue du Faubourg-Saint-Denis, 113, destinée à l'agrandissement de la prison Saint-Lazare. On évalua la prison de Bicêtre un million. Quant au terrain de l'ancien couvent de la Roquette, on lui attribua une valeur de 450 000 fr.; la maison rue du Faubourg-Saint-Denis fut estimée 40 000 fr. L'administration hospitalière resta donc débitrice envers le département d'une soulte de 510 000 fr.

Quelques années plus tard, par un contrat du 14 août 1834, passé en exécution d'une ordonnance royale du 5 mars 1832, les hospices cédèrent au département une autre partie de terrain, de 20 690 mètres, en face de la première, sur la place de la Roquette, pour y construire la prison destinée à remplacer celle de Bicêtre. L'évaluation donnée à cette seconde parcelle fut de 125 000 fr.; de sorte que la soulte définitive en faveur du département fut de 385 000 fr. La superficie aliénée comprenait, comme dans la première vente, le terrain nécessaire à une place au-devant de la prison et à des rues d'isolement à droite et à gauche. La parcelle acquise s'étendait, au fond, jusqu'à la rue de la Folie-Regnault.

Dans chacun des deux contrats de 1829 et de 1834 il avait été stipulé que les frais de premier établissement du sol des rues à ouvrir seraient supportés pour moitié par chacune des deux administrations départementale et hospitalière.

Pendant de longues années cette clause ne reçut aucune exécution; les rues projetées ne furent pas ouvertes. C'est seulement sous le second Empire, quand l'Assistance publique voulut mettre en valeur, en vue de leur aliénation, les portions restantes de l'ancien couvent des hospitalières de la Roquette, que les travaux de voirie furent exécutés. En même temps, on créa d'autres rues jugées utiles à l'exploitation de la propriété. C'est ainsi que furent ouvertes, dans le cours de l'année 1861, les rues *Servan, Merlin, Duranti, Omer-Talon, Gerbier* et *de la Vacquerie*[1]. La dépense à la charge de l'administration des hospices fut de 274 360 fr. 28 c.

non seulement à l'incarcération des forçats attendant le départ de la chaîne, mais à la détention des mendiants et vagabonds qui formaient alors une partie de la population des maisons de Villers-Cotterêts et de Saint-Denis dont la suppression était arrêtée.

1. L'ouverture des rues facilita l'accès des bâtiments construits par l'Assistance publique pour le service du mont-de-piété, rue Servan.

La vente des lots formés sur les nouvelles voies commença en 1865. Jusqu'à la fin du second Empire on aliéna une superficie de 13 004^m,04 pour un prix total de 797 481 fr. 65 c. Les prix varièrent d'après l'emplacement entre un minimum de 40 et un maximum de 95 fr. le mètre[1].

Depuis la chute de l'Empire, l'Assistance publique a cessé de vendre les lots subsistants ; elle s'est contentée d'en tirer un revenu relativement élevé par des locations. La suppression déjà réalisée de la Grande-Roquette, le projet de démolition de la prison des jeunes détenus, l'augmentation de valeur que ces opérations ont donnée et donneront encore dans l'avenir aux terrains voisins, justifient la mesure prise par l'administration hospitalière à cet égard.

D. — *Propriété rues du Cherche-Midi, du Regard et de Vaugirard.* — Nous avons fait mention[2] de la propriété des hospices formant un îlot compris entre la rue des Vieilles-Tuileries (du Cherche-Midi), la rue du Regard et la rue de Vaugirard. Cette propriété comprenait dix-huit maisons et des terrains avec hangars ou bâtiments légers. Elle était louée en vingt et un lots et produisait, en 1855, un revenu de 52 201 fr. 30 c.[3]. Sa superficie était de 24 613 mètres. Depuis longtemps les hospices avaient projeté de la vendre, après y avoir percé des rues.

En 1857, un architecte, M. Amoudru, offrit d'acquérir l'immeuble entier pour un prix de 1 200 000 fr. Les hospices acceptèrent son offre et lui consentirent la vente à ce prix, mais sous réserve d'approbation, par acte sous signatures privées, du 30 mars 1857. Il était convenu dans l'acte que l'acquéreur devait livrer à la ville de Paris le terrain nécessaire pour l'ouverture d'une nouvelle voie en prolongement de la rue Saint-Placide, depuis la rue du Cherche-Midi jusqu'à la rue de Vaugirard, et supporter les frais de viabilité de cette voie.

Conformément à l'engagement pris par elle, l'administration des hospices s'empressa de solliciter du gouvernement l'approbation de

---

[1]. Le terrain vendu 95 fr. le mètre était situé à l'angle de la rue Merlin et de la rue des Amandiers-Popincourt (maintenant rue du Chemin-Vert) ; la vente eut lieu en 1868.

[2]. Page 152.

[3]. *État général des propriétés*, 1855, p. 240 et 241.

la vente amiable consentie à M. Amoudru. En même temps, la ville
de Paris soumettait au ministre de l'intérieur, après accord intervenu avec M. Amoudru, un projet de décret ayant les trois objets
suivants : 1° déclarer d'utilité publique l'ouverture de deux rues,
l'une de 26, l'autre de 22 mètres, sur la propriété de l'Assistance publique ; 2° autoriser la ville de Paris à accepter la soumission présentée le 25 avril 1857 par M. Amoudru à l'effet d'ouvrir lesdites
rues et de se charger, à ses risques et périls, des expropriations nécessaires pour les faire déboucher sur la rue de Vaugirard, moyennant une subvention de 250 000 fr. payable par la ville de Paris ;
3° substituer, en conséquence, la société créée par M. Amoudru dans
tous les droits de l'administration municipale, pour acquérir, soit à
l'amiable, soit par voie d'expropriation, en vertu de la loi du 3 mai
1841 et du décret du 26 mars 1852, les immeubles situés sur le tracé
des voies et appartenant à des tiers.

Au moment où le ministre de l'intérieur se disposait à donner
suite à la proposition du préf. de la Seine, un concurrent de
M. Amoudru adressa au gouvernement un mémoire pour réclamer
la propriété du projet qui aurait, dit-il, été conçu par lui, après de
longues et coûteuses études. Il prétendait que son but n'était pas de
faire une simple spéculation de terrains, mais de seconder les vues
de l'empereur, concernant notamment les logements à bon marché ;
il s'engageait à livrer à la ville de Paris, non pas deux, mais quatre
rues, des bains et des lavoirs publics, ainsi qu'un marché, et de
construire sur les terrains restant disponibles soixante-dix maisons
contenant des logements à des prix très modérés. La ville de Paris
ne devait contribuer à cette entreprise que par l'expropriation à ses
frais de deux portions de maisons appartenant à des tiers et évaluées
250 000 fr.

Par une dépêche du 28 avril 1857, M. Billaud, alors ministre de
l'intérieur, fit connaître cette réclamation au préfet de la Seine et
conseilla de recourir à une adjudication publique, sur une mise à
prix correspondant à l'offre la plus avantageuse qui serait adressée
tant à l'administration de l'Assistance publique qu'à la ville de
Paris.

Les deux administrations tinrent compte des observations du
ministre, malgré les protestations de M. Amoudru et sa menace
de recourir à la justice.

Le 3 mars 1858, un décret autorisa le directeur de l'administration de l'Assistance publique à aliéner la propriété de la rue du Cherche-Midi, en la chambre des notaires, par adjudication, sur une mise à prix de 1 300 000 fr.

Le même décret déclara d'utilité publique l'ouverture sur cette propriété et sur les propriétés voisines des deux rues projetées, prescrivit aux adjudicataires d'ouvrir les rues et d'en abandonner le sol à la ville de Paris, leur permit d'acquérir à l'amiable ou par expropriation les immeubles ou portions d'immeubles nécessaires au tracé de la nouvelle voie et appartenant à des tiers, enfin mentionna qu'ils recevraient à cet effet une subvention de 250 000 fr. que leur allouerait l'administration municipale.

L'adjudication fut prononcée le 27 avril 1858, moyennant un prix de 1 300 100 fr. au profit de M. Amoudru. Ce dernier satisfit sans retard aux obligations qu'il avait assumées : il prolongea la *rue Saint-Placide* de la rue du Cherche-Midi à la rue de Vaugirard et ouvrit la *rue de l'Abbé-Grégoire*, en prolongement de la rue Neuve-Saint-Maur [1]. Il créa, en outre, un marché (le *marché des Missions*) ayant une façade sur la rue de l'Abbé-Grégoire et les trois autres sur les rues *Gerbillon*, *Régis* et *Bérille* qu'il ouvrit également sur la propriété acquise par lui de l'administration des hospices.

E. — *Terrains de la barrière de l'Étoile.* — L'ouverture des boulevards de Monceau et Beaujon et de la rue Beaujon prolongée ne fut pas faite par la ville de Paris directement, mais par l'intermédiaire d'une société qui avait contracté à cet effet avec l'administration municipale, la société de Varaigne, propriétaire d'une grande partie des terrains traversés par la nouvelle voie.

Quand l'Assistance publique voulut aliéner, à raison de la plus-value qu'il avait acquis, son vaste terrain du chemin de ronde de la barrière de l'Étoile [2], elle échangea avec la société de Varaigne une parcelle de sa propriété mesurant une superficie de 2 755 mètres, contre un terrain de 1 013 mètres qui augmentait sensiblement l'étendue de la façade du terrain hospitalier sur le boulevard Monceau. A la même époque, l'Assistance publique céda gra-

---

1. Le nom de rue de l'Abbé-Grégoire a été donné, depuis, aux deux voies qui n'en forment maintenant plus qu'une seule.
2. Page 94.

tuitement à la ville de Paris 2 839 mètres situés sur le passage du boulevard Monceau (avenue Hoche) et de la rue Beaujon prolongée.

Lorsque ces mesures préliminaires eurent été prises, le lotissement fut effectué et les ventes commencèrent. Dès l'année 1858, une parcelle de 2 827^m,62, boulevard Monceau, fut vendue 319 835 fr. 75 c., c'est-à-dire à raison de 175 fr. le mètre. De 1860 à 1870, quatorze lots furent aliénés ; ils couvraient une superficie de 7 327^m,07 et furent adjugés moyennant un prix principal de 1 324 606 fr. 70 c. Dans leur ensemble, les lots aliénés sous le second Empire produisirent donc, en y comprenant la vente faite en 1858, un capital de 1 644 442 fr. 75 c. donnant un prix moyen de 138 fr. par mètre.

4° Développement des communes de la banlieue. — L'annexion en 1859. — En dehors de Paris, dans les communes suburbaines, l'Assistance publique était appelée à recueillir les fruits de l'habile gestion de l'ancien Conseil Général des hospices. Sagement, on avait attendu que le temps eût donné aux terres une plus-value notable ; et, pour l'augmenter, on n'avait pas hésité, sous les régimes qui avaient précédé le second Empire, à sacrifier le sol et l'argent nécessaires à l'ouverture de rues.

Un événement, depuis longtemps prévu et dont les hospices devaient largement bénéficier, se produisit en 1859. Une loi du 16 juin 1859, promulguée le 3 novembre suivant, étendit les limites de la ville de Paris jusqu'à l'enceinte des fortifications, englobant dans la capitale plusieurs communes et sections de communes suburbaines.

Dans la zone annexée, l'Assistance publique avait de nombreuses pièces de terre, ou terrains à bâtir, ainsi répartis :

ANCIENNES COMMUNES.	CONTENANCE des propriétés.	MONTANT des locations.
	mètres.	fr. c.
Belleville	703	259,60
La Chapelle-Saint-Denis	2 383	216,30
Gentilly	430 800 [1]	11 718,37
Ivry	60 075	6 074,17
Montrouge	31 648	8 391,60
Vaugirard	33 042	3 004,44
	561 041	31 173,72

1. Cette contenance comprend les terres et bâtiments de la ferme de Sainte-Anne.

Après l'annexion ces terrains se sont trouvés répartis dans les 13e, 14e, 15e, 18e et 19e arrondissements.

Déjà, en prévision de cette extension donnée à la capitale, l'Assistance publique avait pu vendre, dans les années précédentes, un certain nombre de ses terrains situés dans les quartiers qui se développaient alors le plus rapidement, à des prix qui ne furent pas sensiblement dépassés depuis, du moins jusqu'à la fin du régime impérial.

A l'avènement du second Empire, il restait à l'Assistance publique 10 047 mètres du grand terrain de *La Chapelle-Saint-Denis*, provenant du legs Cosnard de Trémont à l'Hôtel-Dieu et à travers lequel le Conseil Général des hospices avait ouvert la rue Doudeauville [1]. Les douze lots demeurés dans le domaine hospitalier, en façade sur les rues Doudeauville, des Cinq-Moulins et Mazagran, furent vendus de 1853 à 1856, moyennant un capital de 207 133 fr., soit en moyenne 20 fr. par mètre carré [2].

Les terrains de *Gentilly* et d'*Ivry* (abstraction faite de la ferme de Sainte-Anne) ne formaient pas des groupes compacts susceptibles d'être mis en valeur par l'ouverture de rues ; et, du reste, Paris s'étendait alors fort peu de ce côté. Même actuellement, cette région (13e arrondissement) est encore la moins favorisée de la capitale.

L'annexion n'augmenta donc pas la valeur de la propriété, de ce côté. Aussi, l'Assistance publique se préoccupa-t-elle peu des terres en question dont quelques-unes seulement furent aliénées et qui continuèrent, pour la plupart, à être exploitées en culture.

Il n'en fut pas de même des terrains de *Montrouge*. La masse située entre la route d'Orléans et la chaussée du Maine avait été, comme nous l'avons vu [3], percée de rues et lotie sous le gouvernement de Juillet. Dès 1844, les ventes avaient commencé. La commune de Montrouge avait acquis, à cet endroit, de l'administration hospitalière une superficie assez étendue sur laquelle elle groupa la mairie, les écoles, la justice de paix, un marché. L'emplacement dont il s'agit devint, par suite, très rapidement un centre qui attira la population et permit aux hospices de vendre, sous l'Empire, à des prix élevés, la majeure partie des lots non encore aliénés.

---

1. Pages 97 et 156.

2. Le terrain de 2 383 mètres resté dans le domaine hospitalier, après l'annexion, ne faisait pas partie de ce groupe ; il ne fut aliéné que sous la troisième République.

3. Pages 147 et 155.

En 1855, la commune de Montrouge acquit encore, pour y construire une église, une parcelle de 8 340 mètres, moyennant 83 400 fr., soit 10 fr. seulement par mètre. Trente-neuf autres lots furent vendus aux enchères, de 1856 à 1870, sur les rues Montyon (Mouton-Duvernet), Boulard et Brézin. La superficie aliénée fut de 18 103^m,12, les prix obtenus s'élevèrent à 774 164 fr. 40 c. En y ajoutant la vente faite à la commune, les hospices vendirent donc, sous le second Empire, 26,443^m,12 pour 857 564 fr. Le prix des ventes varia entre 10 fr. et 76 fr. par mètre carré. En déduisant la vente faite à la commune, la moyenne fut de 43 fr.

Dans la section du quartier actuel de Plaisance située sur l'ancienne commune de Montrouge, se trouvaient un certain nombre de terrains hospitaliers plus ou moins vastes, dont la valeur restait stationnaire ou ne s'accroissait qu'insensiblement. Certaines parties bien placées, notamment des parties d'angle, furent seules vendues. Il eut été préférable de continuer de louer au mieux et d'attendre le moment propice pour aliéner avec méthode et faire des opérations d'ensemble. L'Assistance publique a heureusement conservé presque tous ces terrains donnant actuellement sur les rues Didot, d'Alésia, de Gergovie, des Plantes, de la Sablière, sur l'avenue du Maine, etc. La poussée de population vers ce quartier de Paris éminemment salubre a décuplé la valeur vénale du sol [1].

Les terrains hospitaliers répartis sur le territoire de l'ancienne commune de *Vaugirard* et que le Conseil Général avait conservés dans son patrimoine formaient sous le second Empire deux groupes principaux, l'un entre les rues de l'Ouest et de Vanves, l'autre rue de la Gaîté prolongée (rue Vercingétorix). Sur le premier, les hospices ouvrirent deux rues, la rue Neuve-Brézin (devenue rue *Niepce*) et la rue *Pernéty* prolongée. Un décret du 3 novembre 1856 auto-

---

1. Un terrain de 2 633^m,04 rue de Gergovie et rue Didot a été aliéné de 1901 à 1904, après avoir été divisé en lots. Les adjudications ont été réalisées à des prix variant entre 70 fr. et 155 fr. par mètre. Trente ans auparavant, ce terrain ne valait pas plus de 10 fr. le mètre.

Un exemple frappant démontre combien une administration dont la vie civile est indéfinie peut avoir intérêt à attendre, pour aliéner, le temps le plus opportun. Une ordonnance du 11 juillet 1833 avait autorisé le Conseil Général des hospices à vendre moyennant 33 000 fr. un terrain situé rue Popincourt. Il ne fut aliéné qu'en 1861, pour un prix de 296 600 fr. Sa plus-value eut pour cause directe l'ouverture du boulevard du Prince-Eugène, auquel il aboutit. Nous pourrions multiplier les exemples de ce genre.

risa la vente. Trente lots furent créés ; on les vendit de 1857 à 1868 : ils couvraient 18 161ᵐ,82 de superficie. Les adjudications donnèrent 411 030 fr., c'est-à-dire une moyenne de 22 fr. 62 c. par mètre.

Le terrain rue de la Gaîté prolongée fut divisé en dix-huit lots d'une surface globale de 9 137ᵐ,26. Ils furent adjugés au prix de 218 620 fr. 25 c., ou 24 fr. du mètre, en moyenne. La première vente eut lieu en 1858, la dernière en 1864.

5° *Aliénations d'immeubles provenant de dons et legs.* — Sous le second Empire, les libéralités importantes faites à l'administration de l'Assistance publique furent nombreuses. L'émolument de beaucoup d'entre elles était immobilier. Les propriétés données ou léguées consistaient, pour la plupart, en maisons et terrains dans Paris. On en vendit beaucoup qu'il eût été cependant utile de conserver et facile de gérer. Elles auraient, par la progression de leur valeur vénale et de leurs revenus annuels, constitué un patrimoine supérieur à la vente ; mais, il importait, surtout depuis la circulaire du 15 mai 1858, de donner satisfaction aux volontés du gouvernement. Du reste, les décrets autorisant l'acceptation des libéralités, dans les cas où ils étaient encore nécessaires, prescrivaient tous l'aliénation des immeubles ; et, certaines libéralités assez rares imposaient la vente et le remploi du prix en rentes sur l'État.

On aliéna plusieurs propriétés dont la vente avait été prescrite sous les régimes précédents. Ces propriétés provenaient de libéralités faites et acceptées depuis une époque plus ou moins éloignée : legs Brézin, Fortin, Guérineau-Fleuranderie, Leprince, Saint-Hilaire, Marigner ; elles consistaient en domaines urbains et aussi en biens ruraux situés dans des régions éloignées, ou d'un accès difficile. Quelques-unes n'étaient que le reliquat de patrimoines immobiliers légués que l'on vendait en détail, sans hâte, en attendant le moment le plus propice (legs Brézin) [1].

---

1. 1853, vente pour 149 500 fr. d'une maison rue Sainte-Anne, 63 (legs Marigner, 1851) ;

1853, vente pour 20 000 fr. d'une maison à Saint-Leu (legs Vincent-Saint-Hilaire, 1849) ;

1853, vente pour 29 615 fr. d'une partie du domaine de Mousseaux, à Châteauroux (legs Guérineau-Fleuranderie, 1847) ;

1854, vente pour 465 100 fr. d'un terrain rue du Faubourg-Saint-Honoré (legs Fortin, 1840) ;

1855, ventes pour 533 100 fr. de trois terrains rue Fortin (legs Fortin) ;

Les biens vendus par l'administration de l'Assistance publique, dans la période écoulée entre 1853 et 1870 et qui avaient été acquis à titre gratuit, sont au nombre de soixante-six. Ils provenaient de vingt legs et d'une donation. Deux ventes d'immeubles situés à Paris furent imposées par des expropriations pour cause d'utilité publique. Douze s'appliquèrent à des propriétés rurales comprenant une maison, deux domaines, une ferme, des prairies et de nombreux lots de terre. Toutes les autres aliénations eurent pour objet des maisons et terrains dans Paris.

Le prix total des ventes atteignit 5 848 668 fr. 18 c. Si nous en déduisons les indemnités allouées par le jury pour les deux expropriations faites à Paris et qui s'élevèrent à 476 750 fr., il reste une somme de 5 371 918 fr. 18 c. pour les ventes par adjudication publique d'immeubles donnés ou légués. Le montant en fut employé en rentes sur l'État français.

Les libéralités qui donnèrent lieu aux ventes les plus importantes sont les suivantes :

Legs Lelong, immeubles vendus : quatre maisons et sept terrains dans Paris, prix : 1 641 152 fr. [1] ;

Legs Fortin, immeubles vendus : six terrains dans Paris, prix : 1 317 600 fr. [2] ;

Donation Turquois, immeubles vendus : deux maisons (une à Paris, l'autre dans Seine-et-Marne) et six terrains dans Paris, prix : 1 018 189 fr. [3] ;

1856, vente pour 184 300 fr. d'un terrain rue Fortin et rue Ponthieu (legs Fortin) ;

1862, vente pour 207 630 fr. d'un terrain rue Fortin, 16-18 (legs Fortin) ;

1863, vente pour 5 845 fr. 68 c. de terres à Ormoy (legs Brézin) ;

1864, vente pour 22 455 fr. de la partie restante du domaine de Mousseaux, à Châteauroux (legs Guérineau-Fleuranderie) ;

1864, vente pour 70 050 fr. de terres à Montigny-Carottes (Aisne) (legs veuve Leprince) ;

1865, vente pour 65 500 fr. de la ferme de Loge-Panier à Montreuil-aux-Lions (legs Brézin) ;

1868, vente pour 125 500 fr. d'un terrain rue des Écuries-Artois, 7 (legs Fortin).

1. *Maisons* rue de Grammont 16, rue Saint-Maur 210, rue Claude-Vellefaux 14, rue du Faubourg-Montmartre 9 : *terrains* boulevard de Grenelle, rues Saint-Louis et de Chabrol (16e arrondissement), rues Chabrol, Saint-Louis et Viala, rue Lelong, rue de Lourmel 18, rue Viala 33, 35, rue Lafayette 84, rue Letellier 6 et 8.

2. Voir la note p. 260 et ci-dessus.

3. *Maisons* cour de la Marmite (avec terrain), rue des Vertus, 19 ; *terrains* rues Volta et Aumaire (angle), à Saint-Denis-du-Port (Lagny), rue Aumaire prolongée, rue Réaumur prolongée, rue Volta 14, rue Réaumur 13.

Legs V⁰ᵉ Couverchel, immeuble vendu : une maison dans Paris, 351 000 fr. [1];

Legs dame Guillaume, née Gallot, immeuble vendu : une maison dans Paris, prix : 284 000 fr. [2];

Legs Bargue, immeubles vendus : une propriété et cinq terrains dans Paris, prix : 266 435 fr. [3];

Legs Lambin, immeubles vendus : trois maisons et trois terrains dans Paris, prix : 201 503 fr. [4];

Legs Marigner, immeuble vendu : une maison dans Paris, prix : 149 500 fr. [5];

Legs Rivière, immeuble vendu : une maison dans Paris, prix : 160 066 fr. 66 c. [6];

Legs Ferris, immeuble vendu : une maison dans Paris, prix : 130 000 fr. [7];

6° *Nouvelles ventes de corps de fermes.* — Nous avons consacré quelques développements à la vente de corps de ferme d'un entretien coûteux [8]. Sous la Restauration, on avait aliéné, tout en conservant les terres, les bâtiments et dépendances de trois fermes. Sous le gouvernement de Juillet, les ventes de cette catégorie de biens ruraux furent au nombre de six. Sous la deuxième République elles s'élevèrent à quatre.

De plus en plus satisfaite des résultats obtenus, l'administration hospitalière vendit encore, sous le second Empire, les bâtiments de dix fermes, la grande et la petite ferme de Créteil, *Seine* (1867, 1868), celles des Botheaux, à Vert-le-Grand (1852-1853-1855) [9], de Saint-Christophe, à Gonesse (1855), de l'Autruche, à Grigny (1856),

---

1. Maison rue du Caire 18 et passage du Caire (1864).

2. Maison rue de Choiseul, 16.

3. *Propriété* Bargue ; *terrains* rue latérale au marché de Vaugirard, rue de la Procession et rue Nouvelle (angle), rues Plumet et Regnier (angle), rue de la Procession (marché Necker), rues de Vaugirard et Bargue (angle).

4. *Maisons*, rue de l'Empereur 38, rue Tholozé, rue de l'Empereur 36 et rue Tholozé (angle); 3 terrains rue Tholozé.

5. Voir note, p. 260.

6. Maison, rue de Port-Mahon, 8 (1856).

7. Maison, place du Vieux-Marché-Saint-Martin 9, 11 (1857).

8. Pages 103, 139.

9. Une partie des bâtiments avait déjà été vendue sous les régimes précédents. Voir pages 139 et 186 note 1.

de Blancheface, à Sermaise (*Seine-et-Oise*) (1861), de Saint-Christophe, à Brie-Comte-Robert (1855), de Villeneuve-sous-Dammartin (clos et grange) (1856), de Bonneuil, à Vinantes (1860), de Gouvert, à Touquin (*Seine-et-Marne*) (1860-1861). Le prix total obtenu par toutes ces ventes fut de 284 340 fr.

L'affermage des terres privées des bâtiments, en masse ou par division, le placement en rente 4,50 p. 100 du prix des ventes, la suppression des dépenses qu'occasionnait l'entretien des bâtiments, augmentèrent le revenu annuel de 20 800 fr. environ.

Ces conséquences si brillantes de l'aliénation des corps de fermes devaient entraîner de graves déboires pour l'avenir, ainsi que nous l'avons démontré précédemment [1].

7° *Autres ventes rurales du patrimoine ancien des hospices.* — Le nombre et l'importance des aliénations portant sur les biens ruraux du patrimoine ancien des hospices furent bien plus considérables sous le second Empire que sous les régimes antérieurs. L'administration hospitalière n'avait plus, sans doute, une foi aussi aveugle dans l'avenir exclusif de la propriété rurale. Elle fut aussi stimulée par la pression gouvernementale et voulut profiter d'occasions propices qui s'offraient à elle pour vendre des terres peu productives, en vue d'augmenter son revenu au moyen de remplois avantageux en rente 4,50 p. 100. Comme par le passé, du reste, elle se débarrassait, quand elle pouvait le faire avec avantage, de ses propriétés lointaines, isolées ou d'un entretien onéreux.

Si nous laissons de côté, les aliénations toujours aussi fréquentes, pour les raisons invoquées plus haut, de terres et terrains situés sur le territoire des communes entourant Paris, nous trouvons, dans le cours du second Empire, plus de quatre-vingts ventes portant sur l'ancien domaine rural hospitalier. Elles ont produit un capital de 407 892 fr. Dans ce prix, les ventes de pierres, pavés, marne, sable et cailloux, figurent pour une somme de 6 323 fr. On aliéna à Marly-la-Ville (Seine-et-Oise) plusieurs pièces de terre provenant de l'ancienne ferme dont les bâtiments avaient été vendus en 1841. Le développement de cette région avait beaucoup accru la valeur des biens qu'y possédaient les hospices ; mais c'est surtout sur

---

1. Page 140.

la commune de Draveil (Seine-et-Oise) que les ventes furent importantes.

Le village de *Champrosay*, commune de Draveil, est très agréablement situé, à proximité de la forêt de Sénart, au sommet d'un coteau d'où la vue s'étend au loin sur la vallée de la Seine. L'administration était propriétaire à cet endroit et, par extension, sur d'autres parties de la commune de Draveil, d'une ferme d'environ 111 hectares, de deux domaines enclos de murs dénommés clos Piquet et clos de Bellevue, d'une maison dite du Grand-Pressoir, d'une autre maison avec vignes, enfin, de sept maisons avec terres et vignes situées devant le clos de Bellevue. Ce vaste domaine avait été donné, en l'an 1302, à l'Hôtel-Dieu de Paris, par Adam de Champrosay ; il avait été modifié et complété, depuis, par divers échanges et acquisitions.

Sous le second Empire, l'administration de l'Assistance publique estima qu'à raison de l'attrait qu'exerçait ce pays très recherché par la villégiature, elle avait intérêt, tout en conservant sa ferme, à aliéner le reste de son domaine. En dehors du prix élevé qu'elle espérait retirer des aliénations, elle supprimait d'assez lourdes charges d'entretien.

De 1852 à 1870, les biens de Champrosay-Draveil furent l'objet de quatorze ventes qui produisirent un capital de 301 330 fr. Les immeubles vendus ne donnaient pas un revenu supérieur à 5 000 fr. Le résultat de l'opération fut donc, au début du moins, très avantageux. Le prix de vente placé en rente 4,50 p. 100 rapporta environ 13 560 fr.

§ 6. — LES ACQUISITIONS.

Il peut sembler surprenant qu'après avoir vendu tant d'immeubles productifs de revenus, aussi bien de l'ancien que du nouveau patrimoine hospitalier, l'Assistance publique eût encore un domaine important, à l'avènement de la troisième République. Et pourtant, le résumé de l'état général des propriétés, arrêté au 31 décembre 1870, nous permet de constater que la superficie des propriétés uniquement productives de revenus a relativement peu diminué ; tandis que, par contre, la surface des maisons de secours, asiles, écoles, hôpitaux, hospices et établissements généraux a augmenté sensiblement.

Voici la comparaison entre l'état de 1850 et l'état de 1870 [1].

	NOMBRE des propriétés.		SUPERFICIE.		MONTANT DU REVENU.	
	1850	1870	1850	1870	1850	1870
			mètres.	mètres.	fr. c.	fr. c.
Immeubles urbains productifs	178	158	402 604,90	406 163,71	380 893,08	706 803,38
Biens ruraux productifs.	176	107	69 893 171 »	67 729 594 »	487 334,26	535 196,32
Écoles, asiles et maisons de secours	37	54	24 641,56	71 198,78	83 353 »	395 883,56
Hôpitaux, hospices et établissements généraux	37	45	1 405 835,91	2 395 608,71	»	»
	428	364	71 726 253,37	70 602 603,20	951 580,34	1 637 883,26

Dans cet intervalle de vingt années, le nombre des immeubles urbains productifs semble n'avoir diminué que de vingt unités et la superficie paraît avoir augmenté de 3 558ᵐ,81.

Il n'y a là, cependant, qu'une apparence. La catégorie des immeubles urbains productifs comprend, en 1870, les terrains de l'ancien domaine rural suburbain réuni à Paris par l'annexion de 1859. Ces terrains sont au nombre de quarante-deux et leur superficie est de 141 408ᵐ,01 [2]. Les propriétés comprises dans les limites de l'ancien Paris sont donc, en réalité, réduites à cent seize; leur superficie descend à 264 755ᵐ,70 [3].

Le nombre des biens ruraux a diminué de soixante-neuf unités et la superficie de 2 163 577 mètres, sous la réserve, toutefois, de l'observation qui précède relative à l'annexion. Si, maintenant, nous jetons les yeux sur le revenu, nous constatons qu'il s'est accru dans une proportion considérable.

---

1. Nous réunissons dans ces états les biens propres de l'Assistance publique et ceux des fondations.
2. Le montant de leur revenu est de 12 906 fr. 47 c.
3. Leur revenu est ramené à 693 890 fr. 91 c.

Quant aux immeubles affectés à un service public scolaire, de secours ou hospitalier, le tableau ci-dessus montre quelle extension ils ont pris, en nombre et en superficie, dans le même laps de temps.

Le domaine des hospices de Paris est donc semblable à l'oiseau légendaire qui renaît constamment de ses cendres, plus puissant que par le passé.

La rapidité avec laquelle s'est reconstitué, sous le second Empire, le patrimoine hospitalier s'explique par plusieurs raisons : l'abondance des dons et legs, les acquisitions dans l'intérêt du domaine productif, l'extension donnée aux services scolaires et de secours, notamment après l'annexion de 1859, les déplacements, les agrandissements et les accroissements numériques des établissements hospitaliers.

1° *Dons et legs.* — Le nombre et l'importance des libéralités ont suivi, dans la seconde moitié du XIXᵉ siècle, une progression notable, comme, du reste, l'indigence elle-même développée par la poussée continue des campagnes vers Paris, par l'âpreté plus grande de la lutte pour l'existence, par la substitution de l'outillage mécanique à la main-d'œuvre humaine, par les crises de la surproduction, par le chômage plus fréquent. La compassion qu'a éveillée, cet état social a provoqué un mouvement de générosité, destiné sinon à supprimer, ce qui n'était pas possible, du moins à atténuer le mal au moyen d'un concours spontané apporté par l'initiative privée à l'œuvre de la bienfaisance publique. Les uns ont été touchés par la condition des vieillards incapables de tout travail, et souvent sans famille, et ont fondé pour eux des lits dans les hospices ; d'autres se sont préoccupés du soulagement des malades, ceux-ci ont pensé aux pauvres, en général, ceux-là aux enfants.

Parmi les libéralités faites à l'administration hospitalière, sous le second Empire, plus de vingt comprenaient des immeubles. La majeure partie en fut aliénée, ainsi que nous l'avons exposé[1] ; plusieurs, cependant, furent définitivement conservés. Ce sont les suivants :

A. — Propriété dite le *passage du Grand-Cerf,* rue Saint-Denis, 145 et rue Dussoubs, 8, léguée par Mᵐᵉ veuve Couverchel, née

---

Monier, décédée en 1862. Ce passage contient onze maisons et couvre 2 302 mètres ; il rapporte environ 100 000 fr. nets [1].

B. — *Maison place Dauphine, 10,* léguée par M. de Betbéder, décédé en 1855, aux hospices, pour soulager les malheureux.

C. — *Propriété place des Vosges,* rue des Vosges et rue de Turenne, léguée par M. Louis-Victor Bellanger, décédé en 1852, pour les pauvres de l'ancien huitième arrondissement.

D. — *Maison rue Git-le-Cœur, 6,* léguée par Mme veuve Azimon, décédée en 1861, pour les pauvres et notamment pour la fondation de dix lits dans les hospices.

E. — *Terrains rues de la Procession, Bargue et Tessier,* partie non vendue des propriétés léguées aux hospices par M. Louis-Alexandre Bargue, décédé en 1861, pour les vieillards du quinzième arrondissement.

F. — *Terrains rue Rouelle,* reste des nombreux immeubles légués par M. Lelong à l'Assistance publique de Paris.

G. — *Terrains rue Wilhem, Corot et Mirabeau,* provenant d'un legs de Mme veuve Legendre, décédée en 1856, pour les pauvres vieillards de la commune d'Auteuil [2].

En dehors de Paris, l'Assistance publique avait encore, en 1870, à Bonneville-sur-Touques (Calvados), tous les biens comprenant des bâtiments d'habitation et d'exploitation, des herbages et des pièces de terre que lui avait légués M. Émile-François-Étienne Saucisse, décédé en 1866 à Paris. Ces biens couvraient une superficie de 421 083 mètres ; ils étaient évalués 302 951 fr. Ils ont été vendus, depuis, pour la majeure partie.

---

1. Ce passage a été ouvert à l'emplacement de l'hôtellerie du Grand-Cerf d'où partaient les coches pour Amiens et le Nord ; il a été couvert en 1825. *Avant 1815, le passage du Grand-Cerf était la propriété des hospices de Paris ;* il fut vendu 30 000 fr. le 13 avril 1815 ; voir pages 32 (note) et 65 (note). — Le legs de Mme Couverchel comprenait, en outre, une maison rue du Caire, 18 et passage du Caire, qui fut vendue, comme nous l'avons vu plus haut, en 1804. La charge principale du legs veuve Couverchel était de faire construire dans un des hospices de Paris un pavillon devant porter le nom de Monier. Ce pavillon fut créé à l'hospice des Incurables.

2. En 1870, il existait aussi dans le domaine hospitalier, un immeuble *rue de Castellane, 42,* dont l'Assistance publique n'avait que la nue propriété ; il provenait d'un legs fait par Mlle Amélie Couturier, décédée en 1853, pour vingt pauvres mères sortant de la maternité et pour cinquante pauvres enfants orphelins. Cet immeuble a été vendu à l'expiration de l'usufruit.

2° *Acquisitions à titre onéreux pour le domaine productif.* — Les acquisitions dans l'intérêt du domaine hospitalier productif de revenus ont eu des causes diverses. En ce qui concerne le domaine urbain, l'administration hospitalière a eu à acheter plusieurs mitoyennetés, à réunir quelques parcelles appartenant à des particuliers à plusieurs de ses terrains pour en régulariser la forme et en augmenter la valeur. Ces opérations n'ont mis en jeu que des capitaux peu élevés. Mais l'Assistance publique, comprenant combien il serait avantageux pour l'avenir de ses revenus immobiliers d'avoir, dans Paris, la propriété de maisons bien bâties, situées sur les grandes voies nouvelles ouvertes par les soins d'Haussmann, se décida à acheter des terrains pour y faire bâtir elle-même. Cette initiative donna les plus heureux résultats. On peut regretter qu'elle n'ait pas été faite moins timidement et surtout qu'elle n'ait pas été renouvelée depuis cette époque.

La première opération de cette nature a été réalisée en 1856. L'Assistance publique avait alors dans son patrimoine urbain, rue Quincampoix, 59, une vieille bâtisse où se trouvaient réunis une maison de secours, une école et un ouvroir. Après la création du boulevard Sébastopol, elle démolit cette construction, acheta de la ville de Paris, à raison de 700 fr. le mètre, un terrain contigu, de 162^m,15 en façade sur le boulevard, et sur tout l'emplacement, édifia, comme nous le verrons plus loin, un important immeuble de rapport.

Lord Henry Seymour Conway, décédé le 16 août 1859, à Paris, 4, rue Taitbout, institua les hospices de Paris et de Londres ses légataires universels; mais il exigea, comme condition du legs fait aux hospices de Paris, que l'émolument recueilli par eux fût employé en acquisitions d'immeubles inaliénables.

L'Assistance publique ne songea pas, comme elle l'eût fait certainement à une autre époque, à employer le capital de ce legs à des acquisitions rurales. Le chef-lieu de l'administration hospitalière venait d'être transféré de la place du Parvis-Notre-Dame à l'avenue Victoria, avec façades sur la place de l'Hôtel-de-Ville et le quai Lepelletier (aujourd'hui quai de Gesvres [1]). L'Assistance pu-

---

1. L'inauguration eut lieu le 15 novembre 1858. *Compte moral* de l'exercice 1858, p. 14.

blique acquit de la ville de Paris, sur les fonds du legs Seymour, moyennant 484 160 fr., un terrain de 1 210^m,40 entre l'avenue Victoria, la rue de la Tâcherie et le quai Lepelletier, faisant suite à l'emplacement du chef-lieu ; elle fit construire à cet endroit, en 1861, avec une partie du legs Seymour, deux grands immeubles de rapport [1].

L'année suivante, l'administration de l'Assistance publique acheta de la ville de Paris une maison de rapport à l'angle de la place de l'Hôtel-de-Ville et de l'avenue Victoria, couvrant une superficie de 260^m,40. Le prix payé fut de 321 934 fr. En faisant cette acquisition l'Administration des hospices se proposait de garantir son chef-lieu contre les inconvénients du voisinage [2].

Parmi les acquisitions rurales, un grand nombre eurent pour objet des parties de chemins désaffectés par suite de suppression ou de redressement ; elles furent réunies aux terres des hospices, d'autres eurent pour but de faire disparaître des enclaves ou de donner à plusieurs pièces des accès sur les routes ; d'autres, enfin, furent effectuées pour profiter d'occasions avantageuses qui se présentaient d'agrandir certaines fermes [3]. Les acquisitions faites, de la sorte, du 2 décembre 1852 à la chute de l'Empire, accrurent le patrimoine rural de 30^{ha} 10^a 08^{ca}. Les prix payés montèrent à 140 130 fr. 12 c. C'est surtout entre les années 1853 et 1857 que ces acquisitions furent importantes.

Les acquisitions urbaines et rurales réunies, faites dans l'intérêt du domaine exclusivement productif, en y comprenant le domaine de la fondation Brézin, portèrent sur une superficie de 715 586^m,73 et donnèrent lieu à une dépense principale de 1 087 309 fr. 85 c. [4].

---

1. *Compte moral administratif* de l'exercice 1860, p. cviii. L'administration avait prévu que l'immeuble pourrait servir plus tard à l'agrandissement des bureaux de son chef-lieu.

2. *Compte moral* de l'exercice 1862, p. c111. Il ne lui restait plus, pour être entièrement propriétaire du groupe d'immeubles situé entre la rue de la Tâcherie, la place de l'Hôtel-de-Ville, l'avenue Victoria et le quai Lepelletier, qu'à acheter la maison à l'angle du quai et de la place ; cette acquisition n'a pas été faite.

3. Ferme de Sainte-Anne, à Gentilly, acquisition en 1858 ; ferme de Poix à Bouillancy, acquisitions de 1858 et de 1861 ; ferme de Champrosay, acquisition en 1858 ; ferme de Charmont, acquisition en 1868, etc.

4. Nous négligerons les *échanges* comme n'ayant modifié qu'insensiblement la contenance du domaine hospitalier.

3° *Extension donnée aux services scolaires et de secours.* — La catégorie des maisons de secours, écoles, asiles et ouvroirs reçut une très grande extension sous le second Empire, ce fut une conséquence de l'accroissement de la population et de l'annexion de 1859 qui rattacha à la capitale les communes comprises entre les barrières d'octroi et les fortifications. Cette extension, quant aux maisons de secours, est due aussi à la loi du 10 janvier 1849 sur l'organisation de l'Assistance publique à Paris et aux arrêtés du directeur de la nouvelle administration, l'un du 20 avril 1853 sur le traitement des malades à domicile, l'autre du 20 mars 1860 sur l'assistance à domicile, pris en attendant le règlement d'administration publique prévu par la loi et qui n'intervint que le 12 août 1886[1].

Afin d'assurer mieux et plus complètement le service des secours conformément aux vues du législateur de 1849, et d'aider la ville de Paris dans son œuvre scolaire, l'administration de l'Assistance publique fit 30 acquisitions immobilières. Les achats comprirent 10 maisons, 2 terrains avec constructions, 18 terrains et parcelles de terrain ; on dut payer, en outre, pour les constructions édifiées, le prix de 9 mitoyennetés. De ce chef, le domaine hospitalier fut augmenté d'une superficie de 24 116^m,75 ; les dépenses atteignirent, en principal, 2 545 047 fr. 26 c.[2]

15 acquisitions eurent lieu pour des maisons de secours seules, 3 pour des écoles seules, 12 pour la création de groupes de maisons de secours, écoles, asiles et ouvroirs. L'Assistance publique construisit, non seulement sur les terrains achetés, mais encore sur plusieurs terrains appartenant à son domaine productif et sur quelques parcelles qu'elle détacha du périmètre d'établissements hospitaliers ; il en fut ainsi surtout dans les arrondissements nouvellement annexés, où l'administration possédait de nombreux emplacements susceptibles d'être affectés à cette destination.

---

1. Ce règlement a été lui-même remplacé par le décret actuellement en vigueur du 15 novembre 1895.

2. Dans ce chiffre, les mitoyennetés sont comprises pour une somme de 7 796 fr. 73 c.

ANNÉES.	NATURE de l'acquisition.	SITUATION.	ARRONDISSEMENTS nouveaux.	SUPERFICIE.	PRIX.	BUT DE L'ACQUISITION.
				mètres.	fr. c.	

Acquisitions pour maisons de secours seules.

ANNÉES.	NATURE de l'acquisition.	SITUATION.	ARRONDISSEMENTS nouveaux.	SUPERFICIE (mètres).	PRIX (fr. c.).	BUT DE L'ACQUISITION.
1856.	Maison.	Rue Fourcy-Saint-Marcel, n° 11.	5e	550,13	75 000 »	Remplacement de la maison de secours rue des Fossés-Saint-Victor, 5 (vendue 40 100 fr. le 8 déc. 1857).
1857.	Terrain.	Rue du Faubourg-Montmartre, 60 bis.	9e	226,82	68 046 »	Agrandissement de la maison de secours.
1857.	Maison.	Rue Gracieuse, 38.	5e	583,54	2. 000 »	Asile de la sœur Rosalie.
1857.	Terrain.	Rues Oudinot et Vaneau (angle).	7e	513,97	44 131,15	Création de maison de secours.
1858.	Terrain.	Rue Boutebrie.	5e	242,10	43 500 »	Agrandissement de la maison de secours.
1861.	Maison.	R. des Patriarches, 1, et de l'Epée-de-Bois, 7.	5e	462 »	66 800 »	Remplacement de l'immeuble rue Gracieuse, 38, exproprié.
1861.	Maison.	Chemin des Tournelles, 5 (rue d'Alleray, 5).	15e	1 079,20	22 000 »	Création de maison de secours.
1861.	Maison.	Rue de Villiers, 15 (rue Guersant).	19e	845 »	141 750 »	Id.
1862.	Maison.	Rue Saint-Bernard.	11e	505,08	27 000 »	Agrandissement de la maison de secours.
1863.	Terrain.	Rues Boissière, 52, et du Bel-Air (aujourd'hui rue Lauriston).	16e	584 »	43 800 »	Création de maison de secours.
1864.	Terrain.	Rue de Larochefoucauld, 25.	9e	876 »	240 000 »	Id.
1865.	Terrain.	Rue Saint-Bernard.	11e	448,40	20 178 »	Agrandissement de la maison de secours.
1866.	Bande de terrain.	Avenue Parmentier.	11e	102,90	15 435 »	Agrandissement de la maison de secours rue des Amandiers-Popincourt, 22.
1867.	Terrain.	Rue Gauthey, 43.	17e	454,54	22 729 »	Création de maison de secours.
1868.	Parcelle de terrain.	Rue des Portes-Blanches (r. Ordener).	18e	1,78	89 »	Réunion à la maison de secours par voie d'alignement.
				7 475,46	855 458,15	

Acquisitions pour écoles seules.

ANNÉES.	NATURE de l'acquisition.	SITUATION.	ARRONDISSEMENTS nouveaux.	SUPERFICIE (mètres).	PRIX (fr. c.).	BUT DE L'ACQUISITION.
1864.	Terrain.	Avenue des Ternes (terrain de fond).	17e	971,50	77 720 »	Création d'une école contiguë à la maison de secours, rue de Villiers.
1864.	Terrain.	Boulevard Péreire.	17e	801,18	100 147,50	Id.
1866.	Parcelle de terrain.	Rue Saint-Bernard.	11e	83,85	3 773,25	Agrandissement de l'école.
				1 856,53	181 640,75	

Acquisitions pour groupes de maisons de secours, écoles et asiles.

ANNÉES.	NATURE de l'acquisition.	SITUATION.	ARRONDISSEMENTS nouveaux.	SUPERFICIE (mètres).	PRIX (fr. c.).	BUT DE L'ACQUISITION.
1833.	Maison.	Rue Ste-Croix-de-la-Bretonnerie, 22.	4e	664,52	120 000 . »	Remplacement de la maison n° 19, même rue, dont l'administration n'était que locataire.
1834.	Maison.	Rue de la Sourdière, 27, et r. du Marché-Saint-Honoré, 32.	2e	795,92	280 000 »	Remplacement de la maison rue Saint-Roch, 9, qui devait être vendue.
	A reporter, ...			1 460,44	400 000 »	

ANNÉES.	NATURE de l'acquisition.	SITUATION.	ARRONDISSEMENTS NOUVEAUX.	SUPERFICIE.	PRIX.	BUT DE L'ACQUISITION.
				mètres.	fr. c.	
		Report		1 460,44	400 000 »	
1861.	Maison.	Rue des Amandiers-Popincourt.	11e	3 080 »	150 000 »	Création d'un groupe.
1861.	Terrain.	Rues Boutebrie et de la Parcheminerie (angle).	5e	731,14	263 122,03	Id.
1861.	Terrain et constructions.	R. Vandrézanne, 39.	13e	586 »	22 000 »	Id.
1863.	Terrain.	Rue des Portes-Blanches et petite rue Saint-Denis (angle) [rues Ordener et du Mont-Cenis].	18e	1 456,42	65 538,90	Id.
1863.	Terrain et construction.	Rue du Rendez-Vous et boulevard extérieur Saint-Mandé (boul. de Picpus).	12e	961,51	75 000 »	Id.
1864.	Terrain.	Rues d'Alger, Ernestine et Cavé (Affre, Cavé, St-Jérôme et Saint-Mathieu).	18e	1 449,80	133 453,20	Id.
1864.	Terrain.	Petite rue St-Denis (r. du Mont-Cenis).	18e	237,30	13 051,50	Agrandissement du groupe.
1864.	Maison et dépendances.	Rue du Ranelagh, 64 à 70.	16e	»	195 000 »	Création d'un groupe.
1864.	Terrain.	Rue des Portes-Blanches (r. Ordener).	18e	»	34 640 »	Agrandissement du groupe.
1865.	Terrain	Rues de Constantine et Guilleminot (des Croisades, 1, Guilleminot et Vercingétorix, 61).	14e	230,75	48 546 »	Création d'un groupe.
				14 784,70	1 500 351,03	

4° *Acquisitions pour établissements hospitaliers et services généraux.* — Bien que notre étude ait uniquement pour objet le domaine productif de' revenus, nous croyons intéressant, pour avoir un tableau complet des acquisitions, de mentionner les créations, reconstructions sur de nouveaux emplacements et agrandissements des établissements hospitaliers ou de services généraux.

Dans cette période du second Empire, l'Assistance publique construisit un hôpital général, rue de la Chine, dans le 19e arrondissement, ce fut l'hôpital *Tenon* [1], et deux hôpitaux d'enfants, l'un à

_____

1. La majeure partie de la superficie nécessaire fut acquise par expropriation. La dépense totale s'éleva à 1 526 644 fr. 11 c.

Berck-sur-Mer (Calvados), l'autre à *Forges-les-Bains* (Seine-et-Oise). On reconstruisit l'*Hôtel-Dieu*[1], la *Maison de santé*, les *Ménages*, les *Incurables*[2], *Sainte-Périne*[3]. On agrandit l'*hospice des Enfants-Assistés*, les hôpitaux *Saint-Antoine*, *Lariboisière*, *Beaujon* et de la *Charité*, la *Boulangerie* et le *Magasin central*.

Ces opérations hospitalières, sur lesquelles nous n'insisterons pas davantage, entraînèrent une dépense totale de 15 425 703 fr. 31 c. La superficie acquise fut de 434 499ᵐ,79.

Indiquons enfin, pour ne rien omettre d'essentiel, deux legs d'immeubles devant recevoir une affectation hospitalière. Mme *Damet*, née Madeleine-Andrée Desmaisons, décédée à Paris le 10 janvier 1859, légua au bureau de bienfaisance de la ville de Batignolles (aujourd'hui 17ᵉ arrondissement de Paris) sa maison, rue Lemercier, 19, pour y loger gratuitement, à perpétuité, des personnes pauvres et âgées de soixante ans au moins. L'Assistance publique, autorisée à accepter ce legs comme représentant le bureau de bienfaisance de l'ancienne commune de Batignolles, créa dans l'immeuble légué l'hospice imposé par la testatrice[4].

Mlle Alexis-Angélique Geay, supérieure de la congrégation des Dames de Bon Secours, décéda le 27 avril 1860, après avoir légué à sa communauté une maison, rue du Regard, 13, pour élever des orphelins. Un décret impérial du 13 avril 1864 autorisa l'acceptation de cette libéralité conjointement par l'Assistance publique et par la supérieure générale des sœurs de Bon Secours. Cette fondation existe encore[5].

§ 7. — LA GESTION DES BIENS.

Si les hospices de Paris avaient conservé intact le patrimoine immobilier productif de revenus qu'ils possédaient, après les restitutions qui leur furent faites, en vertu de la loi du 7 vendémiaire

---

1. Page 242.
2. Pages 188 et 240.
3. Page 236.
4. La maison est aménagée pour recevoir treize ménages et trente-trois célibataires veufs ou veuves.
5. Une partie de l'immeuble légué fut expropriée en 1867 pour le percement de la rue de Rennes. Le prix fut employé à l'achat d'un terrain hors Paris et à l'acquisition de trois rentes s'élevant ensemble à 4 562 fr.

an V, ce patrimoine aurait pris une valeur énorme par le seul effet du temps; et les revenus, principalement ceux des biens de ville, seraient devenus considérables.

Mais la majeure partie du domaine urbain primitif fut dispersée par les ventes, les biens ruraux eux-mêmes furent atteints; et nous avons vu combien furent importantes, sous les différents régimes où nous avons poursuivi notre étude du domaine hospitalier, la diminution numérique des immeubles aussi bien que la réduction de la superficie.

Les propriétés urbaines étaient au nombre de 770, en 1807. En 1820, il en reste 288; en 1840, ce nombre est réduit à 185; il descend, en 1850, à 158, malgré les reconstitutions partielles provenant d'acquisitions à titre onéreux ou gratuit faites durant cette période de quarante-trois ans. De leur côté, les biens ruraux respectés sous le premier Empire et la Restauration, commencèrent sous le gouvernement de Juillet à subir le sort des propriétés urbaines. On en vendit 110 parcelles de 1830 à 1848 et 42 autres sous la deuxième République.

Ces coupes sombres, insuffisamment compensées par les acquisitions, non seulement ne réduisirent pas le revenu immobilier, mais n'empêchèrent nullement qu'il ne suivît avec régularité une marche toujours ascendante, surtout sous le second Empire. Une progression aussi surprenante ne peut trouver son explication seulement dans la diminution de la valeur de l'argent et dans le développement de la capitale.

Il faut rechercher ailleurs, c'est-à-dire dans le mode et les circonstances de la gestion du domaine (tout en tenant un grand compte, néanmoins, des deux causes générales que nous venons de mentionner), l'explication d'un accroissement aussi remarquabl du revenu annuel produit par les biens hospitaliers.

L'augmentation constatée dès la Restauration est due à l'exécution des travaux, à l'exclusion des enchérisseurs banaux des adjudications publiques, à la création de marchés par l'administration des hospices sur des emplacements appartenant à la ville de Paris, à la mise en valeur de terrains par des percements de rues, et à la concession de baux de longue durée[1].

---

1. Pages 90 et suiv.

Sous le gouvernement de Juillet, l'augmentation a surtout pour causes, quant aux propriétés du domaine urbain, la location à la manufacture royale des glaces de Saint-Gobain, d'un vaste immeuble, rue Saint-Denis, 311-313, l'expiration de baux à longue durée ou à vie, les locations à la ville de Paris, pour ses écoles et asiles, en exécution de la loi municipale du 28 juillet 1837 ; enfin, comme sous le régime précédent, l'exécution de travaux aux bâtiments et l'ouverture de rues. L'accroissement du revenu rural tient à l'augmentation de la durée des baux, à la suppression des fermages payables en nature, à la vente des corps de ferme en mauvais état [1].

Sous la deuxième République, le relèvement du revenu s'explique principalement par l'extinction de plusieurs baux de longue durée et par l'exécution de travaux [2].

Dans le cours du second Empire, l'administration de l'Assistance publique fit preuve, en ce qui concerne sa gestion immobilière, d'une féconde initiative ; elle voulut sortir des sentiers battus dans lesquels les administrations, même les mieux intentionnées, ont parfois trop de tendances à se maintenir. Paris se transformait, de larges rues, des boulevards et des avenues s'ouvraient de tous côtés ; les immeubles nouvellement bâtis, le long de ces voies, rapportaient de gros revenus. L'Assistance publique s'empressa de profiter de ces circonstances favorables. Pourquoi ne ferait-elle pas bénéficier les pauvres d'opérations immobilières que les particuliers réalisaient partout, sans aucun risque, à un moment où la prospérité de l'État amenait une première réduction du taux de la rente et quand des réductions nouvelles étaient à redouter ? Pourquoi l'administration hospitalière ne construirait-elle pas, comme tant d'autres, avec ses capitaux disponibles, des immeubles de rapport sur ses propres terrains, au lieu de faire l'emploi, ou le remploi de ces capitaux, exclusivement en rentes, et pourquoi aussi ne saisirait-elle pas l'occasion d'acquisitions avantageuses ?

Nous devons lui rendre cette justice que, malgré le parti pris du pouvoir central de supprimer, ou du moins de restreindre le plus possible le domaine foncier des hospices [3], elle ne laissa pas échapper l'occasion qui se présentait à elle d'augmenter ses revenus

---

1. Pages 153 et suiv.
2. Page 191.
3. Voir pages 201 et suiv.

au moyen de placements immobiliers. Sa tâche, à cet égard, fut du reste facilitée, mais seulement à partir de l'année 1861, par l'application à la ville de Paris des principes de la *déconcentration* administrative [1].

Si l'Assistance publique mit à profit les événements, elle eut aussi l'heureuse fortune d'être entraînée par la ville de Paris elle-même à des acquisitions et à des travaux qui devaient donner un certain essor à sa fortune immobilière. Les *écoles* communales étaient devenues insuffisantes, en dimensions et en quantité. L'annexion allait encore imposer à la ville de Paris de nouvelles et lourdes charges sur ce point. Il n'était guère possible de prélever sur les ressources du budget municipal tous les capitaux dont il fallait disposer pour que la ville pût édifier, sur les terrains lui appartenant, ou acquis dans ce but, de nouveaux bâtiments scolaires. Du reste, comme nous l'avons exposé précédemment [2], une grande partie des écoles existantes étaient adjacentes aux maisons de secours, et la propriété de l'Assistance publique. Les agrandissements de ces écoles ne pouvaient guère être effectués que par l'administration hospitalière elle-même, sauf à elle à acquérir, dans ce but, des terrains contigus. Quant aux nouveaux groupes scolaires, la ville de Paris pouvait demander à l'Assistance publique, qui possédait de nombreux terrains, de les utiliser à cet usage, en bâtissant elle-même ; et, comme le service des secours prenait, lui aussi, une grande extension, il était facile à l'Assistance publique, obligée d'acquérir pour ses propres besoins, d'acheter une superficie plus vaste qu'il ne lui était nécessaire et d'édifier côte à côte, sur un même emplacement, les bâtiments d'écoles et les maisons de secours.

La ville de Paris n'hésita pas, dans cette conjoncture, à réclamer aux hospices un concours financier qui lui était précieux, et les hospices acquiescèrent à la proposition de l'administration municipale avec empressement. Les deux administrations se rendaient ainsi un mutuel service : la ville de Paris évitait la nécessité d'immobiliser des capitaux et n'avait qu'à payer des loyers annuels formés de deux éléments cumulés ; le montant de l'intérêt de la valeur du terrain à un taux donné, et le montant de l'intérêt du prix des cons-

---

1. Voir page 200.
2. Voir page 161.

tructions. De son côté, l'Assistance publique faisait un bon placement immobilier et se créait des revenus dont le recouvrement ne
devait donner lieu à aucun aléa. Un danger cependant était à
craindre : l'abandon, par la ville de Paris, à un moment donné, de
constructions elevées spécialement pour des locaux scolaires et
qu'il serait, par suite, impossible d'utiliser sans grands frais, au cas
où les écoles seraient déplacées. Cet événement s'est produit, mais
très rarement [1].

Les constructions urbaines pour locaux commerciaux et d'habitation et les constructions scolaires sont les deux principales causes
de l'augmentation constatée en 1870 du revenu des propriétés productives de revenus. Il y en a d'autres, notamment pour les biens
ruraux, que nous ferons connaître un peu plus loin.

Le tableau inséré plus haut [2] démontre qu'en vingt années, de
1850 à 1870, le revenu général des biens productifs de revenus a
passé de 951 584 fr. 36 c. à 1 637 883 fr. 26 c., ce qui donne une
augmentation de 686 298 fr. 90 c., ou plus de 72 p. 100.

L'augmentation des revenus du domaine urbain, défalcation faite
d'une somme de 12 906 fr. 47 c. représentant le produit des biens
situés sur les communes annexées à la capitale en 1859, est de
313 003 fr. 83 c., soit plus de 82 p. 100. L'accroissement du revenu
des biens ruraux, en y comprenant les terres et terrains annexés, est
de 60 768 fr. 53 c., c'est-à-dire de 12 fr. 50 c. p. 100. Mais la différence est surtout sensible en ce qui concerne le loyer rapporté par
les écoles, asiles et ouvroirs ; il passe de 83 353 fr. à 395 883 fr. 56 c.,
en augmentation de 312 530 fr. 56 c., soit près de 375 p. 100.

Nous allons exposer d'abord les opérations immobilières urbaines
qui ont surtout contribué à ce résultat.

1º *Constructions urbaines pour locaux commerciaux et d'habitation.* — En 1858, après l'ouverture du boulevard Sébastopol [3],

---

1. La ville de Paris a abandonné notamment les bâtiments d'école rue Saint-
Dominique, 187, contigus à l'hospice Leprince, les bâtiments rue du Sentier, 21,
et les bâtiments rue de Beaujolais (depuis rue de Picardie) et rue Cafarelli, 6
(3e arrondisst). Ce dernier immeuble a pu être reloué pour une industrie, la fabrique
de valves pour bicyclettes Sclaverend. Le premier a dû être en partie démoli et
reconstruit pour y édifier une maison de rapport ; le second a été loué à un com-
merçant.

2. Page 265.

3. Voir page 268.

l'Assistance publique édifia, sur l'emplacement que nous avons indiqué plus haut, deux maisons reliées par une construction en aile. Les travaux donnèrent lieu à une dépense de 385 756 fr. 58 c. L'Assistance publique loua par bail principal chacune des deux maisons ; celle de la rue Quincampoix, 59, produisit 18 437 fr. ; l'autre, boulevard Sébastopol, 38, rapporta 24 200 fr. Les loyers étaient nets de toute charge. En tenant compte de la valeur du terrain, le revenu fut de 6 p. 100 [1].

La vente par l'Assistance publique à l'État de l'ancien hospice des incurables hommes, rue des Récollets, fut effectuée, comme nous le savons [2], en 1861. Mais l'administration venderesse se réserva, sur la rue du Faubourg-Saint-Martin, depuis l'angle de la rue des Récollets, la propriété d'une bande de terrain mesurant une superficie de 1 105^m,42 sur laquelle elle édifia, en 1858, trois maisons qui portèrent les numéros 148, 148 *bis* et 148 *ter.* Ces maisons se composaient seulement d'un rez-de-chaussée et de trois étages carrés, plus un étage sous comble. La dépense de construction s'éleva à 343 172 fr. 33 c. Les maisons firent l'objet de trois principales locations aux prix respectifs de 9 300 fr., 8 700 fr. et 15 500 fr., au total 33 500 fr., nets de toute charge pour la bailleresse [3]. En ajoutant la valeur du terrain aux frais de construction, on trouve que l'Assistance publique fit un placement à 6 p. 100, comme dans l'opération immobilière du boulevard Sébastopol et de la rue Quincampoix.

Sur le terrain acquis en 1859 de la ville de Paris, au moyen d'une partie des fonds du legs Seymour [4], avenue Victoria 5, rue de la Tâcherie et quai Lepelletier 6, l'administration hospitalière édifia, en 1861, deux maisons de rapport qui entraînèrent une dépense totale de 959 741 fr. 93 c. Elles rapportèrent, dès qu'elles furent entièrement louées, 92 315 fr., soit environ, déduction faite des charges, 6 p. 100, comme dans les deux opérations précédentes. Le revenu éventuel n'avait été évalué qu'à 76 550 fr.

Faisant allusion aux avantages financiers produits par ces emplois

---

1. Le *Compte moral et administratif* de 1860, p. cvii, accuse même un revenu net de plus de 9 p. 100.

2. Voir page 240.

3. Elles rapportent aujourd'hui 58 300 fr. nets de toute charge ; le revenu avait été évalué à 18 540 fr.

4. Voir plus haut, page 269.

de capitaux, le *Compte moral administratif* de 1860 s'exprime de la sorte : « Ce sont là d'heureux résultats, et il est permis de supposer qu'en recherchant les circonstances opportunes, sans toutefois s'écarter un instant de la réserve et de la prudence dont elle ne doit pas se départir, l'*Administration,* soit qu'elle utilise les terrains qu'elle possède dans les quartiers nouveaux pour y faire construire des maisons appropriées, soit qu'elle se rende acquéreur d'autres terrains placés dans une situation aussi favorable, *pourrait trouver dans la propriété urbaine le plus avantageux des remplois* [1]. »

Nous avons mentionné l'acquisition faite en 1862 de la maison avenue Victoria 1, appartenant à la ville de Paris. L'Assistance publique n'eut pas à exécuter de travaux dans cet immeuble qui était approprié pour des locations à des particuliers. Elle dut simplement maintenir un bail principal dont le loyer était de 19 500 fr. par an. Avec les frais, le prix déboursé s'éleva à 344 827 fr. 02 c. ; le placement ressortait à 5,5 p. 100. A l'expiration du bail principal, la gestion directe de l'immeuble assura à l'Assistance publique un revenu de 27 300 fr., ou environ 7 p. 100, charges déduites.

Une opération d'un caractère particulier est celle qui fut accomplie à l'occasion de l'agrandissement de la Charité, rue Jacob et rue des Saints-Pères. Cet établissement hospitalier était devenu insuffisant. A l'angle des deux rues se trouvaient quatre maisons particulières (rue Jacob 49 et 49 *bis* et rue des Saints-Pères 31 et 33) qui avaient appartenu aux hospices de Paris, mais que le premier Empire avait fait vendre, avec tant d'autres, en 1812 et 1813, sans aucun souci de l'avenir [2]. L'aliénation avait produit 110 500 fr. [3]. En 1859, l'Assistance publique racheta un de ces immeubles par adjudication publique pour un prix de 38 000 fr. [4]. En 1861, elle fit exproprier les trois autres; les indemnités foncières et locatives payées aux propriétaires et locataires expropriés s'élevèrent à 475 280 fr. On voit combien l'administration des hospices paya cher la faute que le gouvernement l'avait forcée à commettre, près de cinquante ans auparavant.

---

1. Page cviii.
2. Page 65.
3. Le *Compte moral* de 1861, p. civ, donne, par erreur, le chiffre de 92 500 fr. seulement. — Voir aussi le *Compte moral* de 1860, p. cix.
4. Maison rue Jacob 49.

Une bande de terrain mesurant 514 mètres, distraite des immeubles acquis, fut cédée par l'Assistance publique à la ville de Paris, pour être réunie à la voie publique; le prix payé, qui vint heureusement en déduction des charges, fut de 156 473 fr. 76 c. Quand ces mesures préalables eurent été prises, l'administration hospitalière fit construire, le long de la rue des Saints-Pères et en retour sur la rue Jacob, un bâtiment dont la partie supérieure seule fut édifiée en vue du service des malades. Au rez-de-chaussée furent créées des boutiques avec dépendances; là où ce fut possible, on ajouta à la boutique un entresol aménagé pour le logement du locataire; et, sous le bâtiment entier, on fit de vastes sous-sols.

Les travaux commencèrent en 1862. La dépense complète, en y ajoutant le prix des acquisitions, mais en déduisant la revente faite à la ville de Paris pour l'élargissement de la rue des Saints-Pères, fut de 1 391 088 fr. 96 c. Ce chiffre global s'applique, non seulement à la partie de l'immeuble construite pour être affectée au domaine productif de revenus, mais également aux étages édifiés pour le service de l'hôpital. Cette dernière partie comprenait les deux tiers de la construction. En 1870, les boutiques étaient toutes louées et rapportaient 57 140 fr. [1]. L'opération fut donc très profitable à l'Assistance publique, qui fit à la fois une œuvre hospitalière et un bon placement. La rue des Saints-Pères y gagna une certaine activité commerciale et évita la tristesse que donnent à une voie publique les murs froids et nus d'un établissement hospitalier.

2° *Constructions scolaires*. — L'administration de l'Assistance publique fit exécuter, sous le second Empire, des travaux considérables d'appropriation, d'agrandissement, de construction et de reconstruction soit d'écoles seules, soit de groupes d'écoles et de maisons de secours [2]. Elle édifia les bâtiments sur des terrains acquis par elle à cet effet [3] et sur des emplacements dont elle était depuis longtemps propriétaire, notamment dans les nouveaux arrondissements.

----

1. Le revenu possible n'avait été évalué qu'à 53 240 fr. 50 c. Nous devons ajouter à cette somme une redevance de 5 000 fr. payée par l'Académie de médecine pour la jouissance de l'ancienne chapelle de la Charité.

2. Nous laissons de côté les créations de maisons de secours seules, parce qu'elles sont improductives de revenus.

3. Voir pages 270 et suiv.

L'annexion, comme nous l'avons fait observer, fut une des causes principales de ces travaux. De 1853 à 1870, dix écoles isolées ou groupées avec des maisons de secours furent appropriées ou agrandies; une école fut entièrement reconstruite, vingt constructions nouvelles furent édifiées, dont neuf exclusivement pour écoles et dix pour maisons de secours et écoles réunies. On construisit également plusieurs maisons de secours seules; nous laisserons ces dernières, comme ne rentrant pas dans l'objet de notre étude.

Les dépenses effectuées pour l'exécution des travaux atteignirent 5 615 104 fr. 40 c. En voici le tableau :

TABLEAU

ÉPOQUE de l'exécution des travaux.	NATURE des immeubles.	SITUATION.	ARRONDISSEMENT.	OBJET des travaux.	MONTANT de la dépense.
					fr. c.
1853 et 1867	Maison de secours, école de filles et ouvroir.	R. St-Jacques, 250.	5e	Appropriation.	25 107,48
1853.	Maison de secours et école de filles.	R. de la Lune, 12-14	2e	Id.	29 863,20
1854.	Maison de secours, école de filles et ouvroir.	Rue Sainte-Croix-de-la-Bretonnerie, 22.	4e	Id.	17 166 »
1856.	Maison de secours, école de filles et asile.	Rue du Marché-St-Honoré, 32, et rue de la Sourdière, 27.	1er	Id.	29 900 »
1856.	Maison de secours et école de filles.	Rue de Fourcy, 11 (rue Thouin).	5e	Id.	11 617,50
1859.	École de garçons.	Rue St-Dominique, 166.	7e	Agrandissement.	9 907 »
1859 et années suiv.	École de garçons.	R. Ferdinand-Berthoud, 2, et Montgolfier, 1.	3e	Reconstruction.	171 105,73
1861.	Ancienne école.	Rue de Fleurus, 14.	6e	Conversion de l'école en maison d'habitation pour les frères instituteurs.	18 906,22
1862.	Écoles.	Passage Corbes.	12e	Construction sur terrain pris à bail et, en partie, sous-loué à la ville de Paris[1].	72 417,80
1862 et années suiv.	Écoles et asiles.	R. des Fourneaux, 16, et de Vaugirard.	15e	Constructions sur terrain de l'Assistance publique	241 771,19
1863 et années suiv.	Écoles de garçons et de filles.	Rue de Beaujolais, 5, et Caffarelli, 6.	3e	Id.	110 755,15
1863 et années suiv.	Écoles de garçons, de filles et asile.	Rue Phélippeaux (r. Dumaire prolongée).	3e	Id.	324 872,34
1863.	Ancienne maison de secours.	R. Vandrezanne, 31	13e	Création de logements pour les sœurs des écoles	22 675 »
1863 et années suiv.	Maison de secours et écoles.	R. de Constantine et rue des Croisades.	14e	Constructions sur terrain acquis de la ville de Paris (1865).	320 617,16
1863.	Maison de secours, écoles de garçons et de filles.	Rue Parmentier, 5.	10e	Construction sur terrain de l'Assistance publique	60 308,57
1863 et années suiv.	Maison de secours et école de filles.	R. d'Alger (r. Affre, Cavé et Ernestine).	18e	Construction sur terrain acquis de la ville de Paris (1864).	436 389,83
1863 et années suiv.	Écoles.	R. des Portes-Blanches et Petite rue Saint-Denis (rues Ordener et du Mont-Cenis).	18e	Construction sur terrains acquis en 1863 et 1864.	381 010,76
				A reporter. . .	2 290 481,03

1. Le loyer payé par la ville de Paris fut de 7 000 fr., somme qui comprenait un amortissement annuel de 2 929 fr. 40 c. destiné à reconstituer la somme payée pour la construction de l'école.

ÉPOQUE de l'exécution des travaux.	NATURE des immeubles.	SITUATION.	ARRONDISSEMENT.	OBJET des travaux.	MONTANT de la dépense.
					fr. c.
				Report. . . .	229 481,03
1865-1866	Maison de secours et école de filles.	Rue du Ranelagh, 64 à 70.	16e	Construction sur terrain acquis en 1864.	436 794,37
1864-1865	Maison de secours, écoles et asiles.	Rue du Rendez-Vous, 53, et boulevard extérieur de Saint-Mandé.	12e	Construction sur terrain acquis en 1863.	156 828,70
1864 et années suiv.	Maison de secours, écoles et asile.	Rue de la Tombe-Issoire, 31.	14e	Construction sur terrain de l'Assistance publique	543 483,70
1864 et années suiv.	Maison de secours, écoles de filles, ouvroir.	R. St-Bernard, 33, 35, 37.	11e	Construction sur terrains de provenances diverses.	182 632,45
1865 et années suiv.	Écoles.	Rue Delambre, 24.	14e	Construction sur terrain de l'Assistance publique	394 543,53
1865.	École de filles.	R. de Monceau, 17.	8e	Id.	51 677 »
1865-1866	Maison de secours, école de filles, asile et ouvroir.	R. des Amandiers-Popincourt, 22 (avenue Parmentier, 179).	10e	Id.	96 413,12
1866 et années suiv.	Maison de secours, écoles, ouvroir, asile.	Rue St-Benoît, 14, 16, 18.	6e	Id.	218 300,73
1866 et années suiv.	Écoles de filles et asile.	Boulevard Pereire, 221.	17°	Construction sur terrains acquis en 1861 et 1864.	271 267,86
1869.	Asile.	Rue de Varennes, 39.	7e	Travaux d'appropriation.	34 427,15
1869-1870	Écoles de garçons et de filles.	Rue Chomel.	7e	Constructions sur terrain de l'Assistance publique	286 296,40
1869.	École de garçons et asile.	Rue des Récollets, 23-25.	10e	Travaux de création d'une loge et d'un préau.	7 484 »
1869.	Maison de secours, écoles de garçons et de filles, asile.	Rue Jenner.	13e	Constructions sur terrain de l'Assistance publique	577 714,36
					5 615 104 4

3° *Travaux extraordinaires d'amélioration des biens de ville.* — D'autres travaux extraordinaires contribuèrent à la progression du revenu des immeubles. Nous avons mentionné plus haut l'ouverture de rues pour mettre en valeur les terrains de *l'ancien couvent des hospitalières de la Roquette.* Cette opération, qui fut effectuée en 1861, coûta 274 366 fr. 28 c. Antérieurement, en 1855 et les années suivantes, l'Assistance publique avait fait construire sur cette propriété, *rue de la Folie-Regnault* et *rue de la Roquette,* de grands murs pour clore un terrain loué comme jardin maraîcher [1]. Elle fit exécuter en 1853 des travaux de même nature au *boulevard Mazas* [2] et dépensa en travaux de pavage, au-devant de terrains qui lui appartenaient, *rue de Lyon*, une somme de 9 091 fr. 20 c. (1853).

4° Travaux extraordinaires d'amélioration des biens ruraux. — Les améliorations apportées au domaine rural consistèrent en travaux d'assainissement, en plantations d'arbres, construction ou réfection de bâtiments. C'est ainsi qu'en 1854 et pendant les années suivantes, l'Assistance publique effectua à la ferme des Noues, à Vert-le-Grand (Seine-et-Oise), des travaux de construction de bâtiments annexes, de drainage et de terrassements pour une somme de 35 000 fr. Cette dépense permit d'augmenter le revenu de la ferme d'environ 3 200 fr. On fit d'importants drainages principalement dans les terres de Marcoussis et de Grigny (Seine-et-Oise). En 1866, on reconstruisit des bâtiments incendiés à la ferme de Sainte-Croix, aux Essarts-le-Vicomte (Marne).

Notons, toutefois, que l'Assistance publique s'est montrée moins généreuse pour ses fermes, sous le second Empire, que ne l'avait été l'administration des hospices sous les régimes précédents. Elle n'a consacré à ses propriétés rurales bâties que des ressources insuffisantes pour en assurer la conservation. Nous en reparlerons plus loin.

On fit, comme nous l'avons vu, des acquisitions pour augmenter le revenu de parcelles de terre, en leur donnant des issues sur des chemins ou des routes. Beaucoup d'acquisitions furent le résultat de suppressions ou de redressements de voies publiques. Les domaines qui profitèrent plus particulièrement de ces emplois de capitaux furent ceux de Créteil (Seine), Escardes, Saint-Bon, La Forestière (Marne).

Parmi les dépenses extraordinaires accomplies dans l'intérêt du domaine productif de revenus, quelques-unes eurent pour objet de faciliter non la location, mais uniquement la vente des biens. Telles

---

1. La dépense fut de 23 189 fr. 64 c.
2. Elle dépensa 2 457 fr. 31 c.

furent, à Paris, les frais de clôture de terrains aux abords de l'hôpital Saint-Louis [1], d'ouverture et de mise en état de viabilité de rues sur les terrains de l'ancienne institution Sainte-Périne, à Chaillot [2], et des Petits Ménages, rue de Sèvres [3] Dans la banlieue, on paya la viabilité de deux rues, à Ivry [4]; avant l'annexion, en 1857, on ouvrit, à Vaugirard, la *rue Niepce*, qui porta primitivement le nom de rue Neuve-Brézin, et on prolongea la *rue Pernety* [5].

La nouvelle assemblée municipale, après la chute du second Empire, demande une justification de l'utilité des dépenses. — L'ensemble des dépenses extraordinaires effectuées pour l'exécution des travaux de toute nature dont nous venons de donner l'énumération atteignait 9 millions de francs. Pour subvenir au payement d'une pareille somme, les capitaux disponibles de l'Assistance publique furent loin d'être suffisants; on fit des prélèvements sur le produit des prix de vente d'immeubles; on dut aussi aliéner de la rente.

Après la chute de l'Empire, une commission du conseil municipal de Paris, nommée en vue de l'examen des anciens comptes et de l'appréciation du passé laissée à la nouvelle municipalité (la commission n° 9), s'émut du chiffre important de ces dépenses extraordinaires effectuées sous l'ancien gouvernement, par l'Assistance publique, dans l'intérêt de l'accroissement de son domaine productif de revenus. Un des membres de cette commission s'exprima ainsi, au cours de la séance du conseil en date du 10 mai 1872 : « L'administration de l'Assistance publique a son autonomie relative, mais l'administration municipale a vis-à-vis d'elle un droit de contrôle et lui fournit d'ailleurs une grande partie de ses ressources. Elle a, par suite, le devoir de suivre avec sollicitude la situation de l'administration de l'Assistance publique. Sous l'impulsion de la dernière administration municipale, l'administration de l'Assistance publique a fait plusieurs opérations d'une certaine hardiesse. Pour trouver les ressources nécessaires aux créations ou transformations qu'elle a effectuées, elle a aliéné des rentes et aussi d'importants immeu-

---

1. Dépense, 8 105 fr. (année 1857).
2. La dépense atteignit 424 345 fr. 79 c.
3. La dépense fut de 210 000 fr. 40 c.
4. Dépense : 8 293 fr. 74 c.
5. Dépense : 44 214 fr. 17 c.

bles. La commission des anciens comptes n'a pas à émettre, quant à présent, son avis sur ces opérations, mais il importe au conseil municipal d'en connaître avec précision l'ensemble et d'apprécier la valeur des emplois. La commission des anciens comptes demande que la préfecture fasse rédiger, avant l'examen du projet de budget de l'Assistance publique, un état donnant : 1° l'indication des *rentes* et des *immeubles* de l'administration de l'Assistance publique au 27 février 1848 ; 2° la même indication se rapportant à l'époque où le conseil municipal actuel est entré en fonctions. »

Il s'agissait de savoir si les emplois de rentes aliénées et les remplois du prix des biens vendus avaient augmenté le revenu de l'Assistance publique d'une façon appréciable et durable, si ces opérations qualifiées de hardies avaient effectivement donné les résultats espérés.

L'administration hospitalière fournit sans retard les tableaux demandés ; en voici le résumé :

TABLEAU.

RENTES SUR L'ÉTAT
Situation en 1847 (31 décembre)

	Rente	Capital, au pair moins le 3 p. 100 évalué à 75 fr.
	fr.	fr. c.
5 p. 100 aux hospices réunis et aux diverses fondations	1 856 762	37 135 240 »
4,50 p. 100 aux hospices réunis.	163	3 622,22
4 p. 100 aux hospices réunis	288	7 200 »
3 p. 100 aux hospices réunis et à la fondation Montyon	42 574	831 480 »
	1 899 787	37 997 542,22

RENTES SUR L'ÉTAT
Situation en 1871 (31 décembre)

	Rente	Capital, au pair pour le 4,50 et à 60 fr. pour le 3 p. 100
	fr. c.	fr. c.
4,50 p. 100 aux hospices réunis et aux diverses fondations	40 428 »	898 399,94
3 p. 100 aux hospices réunis et aux diverses fondations	2 417 576,50[1]	48 351 530 »
	2 458 004,50	49 249 929,94

ÉTAT DES PROPRIÉTÉS
au 31 décembre 1847

Montant des loyers	Superficie	Valeur vénale
fr. c.	mètres.	fr.
918 412,47	71 630 220,51	97 481 490

ÉTAT DES PROPRIÉTÉS
au 31 décembre 1871

Montant des loyers	Superficie	Valeur vénale
fr. c.	mètres.	
1 707 150,33	70 540 095,64	Mémoire[2]

1. Observation faite que l'Assistance publique a dû prélever, en 1862, sur ses capitaux, une somme de 1 686 181 fr. 82 c. pour le payement de la soulte, à l'occasion de la conversion des rentes 4,50 en 3 p. 100.

2. Les états des propriétés dressés sous le second Empire ne contenaient pas l'indication de la valeur vénale. En effet, cette valeur était, comme de nos jours, du reste, d'une appréciation difficile ; et les indications sur ce point ne pouvaient être que très approximatives.

Dans cet intervalle de vingt-quatre ans, le revenu des rentes s'est augmenté de 558 217 fr. 50 c., malgré la conversion ; l'accroissement est de 29,38 p. 100. Dans le même laps de temps, le revenu des immeubles s'est augmenté de 788 737 fr. 80 c. ; l'accroissement est de 85,50 p. 100.

Ces tableaux sont intéressants ; ils montrent l'extension qu'avait prise, de 1847 à 1871, la fortune mobilière et immobilière de l'Assistance publique ; ils ne prouvent rien de plus. Les réponses étaient sans doute conformes aux deux questions telles qu'elles avaient été libellées par la commission des anciens comptes ; mais celles-ci avaient été mal posées. La consistance des deux patrimoines mobilier et immobilier s'était modifiée, depuis 1848, par des ventes et des achats ; la fortune hospitalière avait aussi profité de nombreuses acquisitions à titre gratuit ; la conversion de 1852 avait, d'un autre côté, réduit les arrérages des rentes.

Il aurait fallu comparer le revenu que produisaient les rentes aliénées en vue des opérations immobilières, ainsi que le revenu qu'auraient rapporté en rentes sur l'État les autres capitaux employés dans ce but (prix des immeubles vendus, capitaux disponibles provenant surtout des sommes versées pour admission dans les maisons de retraite payantes), avec le revenu net des immeubles acquis, construits, reconstruits ou améliorés au moyen de ces capitaux. Le résultat de la comparaison aurait justifié ou condamné la conception qui avait guidé l'Assistance publique dans ces opérations foncières. Nous savons combien, en fait, ce résultat était avantageux, et combien l'administration hospitalière, instruite par l'expérience des conversions de rentes et éclairée sur l'avenir de la propriété immobilière dans Paris, avait eu à se louer d'être sortie des timides errements suivis jusqu'alors en matière d'administration du patrimoine. L'Assistance publique actuelle recueille encore les fruits d'une gestion si intelligemment pratiquée.

5° *Travaux d'entretien normal.* — En dehors des ressources extraordinaires qu'elle affecta à l'amélioration de son patrimoine immobilier productif de revenus, l'administration hospitalière inscrivit dans ses budgets annuels les sommes qu'elle jugeait suffisantes pour assurer l'entretien normal de ses immeubles urbains et ruraux. Le crédit général fut de 71 500 fr. jusque vers la fin de l'Empire, où, par suite de l'augmentation numérique de ses biens de ville, le crédit fut porté à un chiffre sensiblement plus élevé (année 1869, 98 000 fr. ; année 1870, 82 200 fr.).

6° *Exposé de la gestion du domaine rural, de 1827 à 1861.* — Nous n'avons pas cru devoir consacrer, pour cette période du second Empire, un paragraphe spécial à la gestion des immeubles ruraux. Cette gestion ne présente pas, en effet, de particularités saillantes, comme sous les régimes antérieurs. Il est certain néanmoins que l'Assistance publique dépensa moins qu'autrefois pour son domaine rural. Elle n'alla cependant pas jusqu'à le négliger complètement. Elle continua avec prudence le défrichement des bois, là où la fécondité du sol rendait cette opération avantageuse ; elle vendit aussi les arbres épars arrivés à maturité, fit dans les terrains trop maigres ou trop humides pour la culture de nouvelles plantations ; elle créa des aunaies ; elle acheva les bornages commencés sous les régimes précédents. Nous avons vu qu'elle avait employé des ressources extraordinaires à des travaux d'assainissement et notamment de drainage, qu'elle avait fait des percements et des pavages de rues, etc.

Nous sommes bien documentés à cet égard, du moins jusqu'à l'année 1861, par un travail consciencieux auquel nous avons déjà fait plus d'un emprunt et qui émane de M. Prévost, inspecteur des biens ruraux. C'est l'*Exposé de la gestion du domaine rural affermé des hospices de Paris, de 1827 à 1861 inclusivement,* accompagné de nombreux tableaux à l'appui.

L'auteur de cet exposé constate que la moyenne du *prix de location des biens ruraux* qui était, en 1827, de 62 fr. 56 c. par hectare s'est élevé, en 1861, à 83 fr. 81 c. par hectare, en augmentation de 21 fr. 25 c. ou 33 fr. 46 p. 100.

M. Prévost attribue cette amélioration du revenu à l'action du temps et aux actes de gestion, principalement à la vente des corps de ferme, à la location en bloc ou en détail des terres qui en dépendaient, aux défrichements des bois, aux plantations, aux dépenses de viabilité et d'assainissement, enfin à la plus longue durée des baux[1].

---

1. Voir, en ce qui concerne l'augmentation de la durée des baux, page 163.

En 1861, dix-neuf *corps de ferme* et une grange étaient déjà *aliénés*[1]. L'avantage annuel produit par les ventes et la relocation des terres s'élevait à 42 437 fr. 37 c. M. Prévost, partisan convaincu de ce mode de gestion, avait la certitude que le bénéfice qu'il avait procuré s'accroîtrait avec le temps. Il se trompait, comme nous l'avons vu. Cette opération, si belle au début, a eu de nos jours de fâcheuses conséquences[2].

A la même époque, la *quantité de bois distraite du régime forestier*, depuis 1827, pour être défrichée, était de 101ʰᵃ 13ᵃ 49ᶜᵃ. Ces bois étaient situés dans les départements de la Marne, de l'Oise, de Seine-et-Marne et de Seine-et-Oise. La vente des arbres, avec obligation pour les acquéreurs de faire le défrichement, avait donné un bénéfice net de 67 351 fr. 45 c. ; le sol transformé avait produit une augmentation de revenu annuel de 6 149 fr. 10 c.

Vingt-trois mille huit cent soixante-dix pieds d'*arbres épars* avaient été *vendus* pour un prix de 296 595 fr. 55 c., représentant une moyenne de 12 fr. 42 c. par arbre. Trente et un mille neuf cent cinquante-cinq *arbres nouveaux* avaient été *plantés*. La dépense s'en était élevée à 29 858 fr. 30 c. L'excédent des plantations était de sept mille quatre-vingt-cinq pieds et celui du bénéfice des ventes de 266 737 fr. 25 c. L'administration des hospices avait fait, en outre, pour 3 580 fr. 25 c. de plantations de taillis.

Il avait été dépensé, en contributions volontaires pour construction de *routes* à Bouillancy et aux Essarts, une somme de 25 500 fr. Les travaux de *drainage* et d'*assainissement* dans les fermes de Bouillancy, des Corbins, à Montévrain, et les Noues, à Vert-le-Grand, s'étaient élevés à une somme de 46 507 fr. 44 c.; enfin, les percements, pavages et éclairages de rues dans la banlieue de Paris avaient coûté 124 350 fr. 08 c.

Le *bornage* des terres avait été entrepris dès l'année 1825[3] et poursuivi, depuis lors, sans interruption. L'opération était terminée en 1861 sur une surface de. 3 899ʰᵃ 51ᵃ 98ᶜᵃ
elle était en cours d'exécution sur une surface de . 1 294 84 40
elle restait à faire entièrement sur 448 10 45

---

1. On n'aliéna, depuis cette époque, que la grande et la petite ferme de Créteil (Seine).

2. Voir chapitre IV, § 4, 2°.

3. Voir chapitre III, § 5, 8°.

Elle fut complétée avant la chute de l'Empire [1].

Les *bornages* achevés avaient coûté 84 814 fr. 04 c., c'est-à-dire 14 fr. 85 c. par hectare. L'auteur de l'*Exposé* en fait ressortir ainsi l'utilité : « Cette dépense, qui ne doit pas se renouveler, n'a pas seulement pour avantage de fixer invariablement les limites et la contenance de la propriété ; elle n'est pas non plus sans compensation matérielle, puisqu'elle a servi à faire réintégrer dans le domaine des parcelles usurpées, pour une valeur assez importante. »

La moyenne des dépenses ordinaires annuelles pour *travaux aux bâtiments* [2] avait été, pendant la période décennale de 1827 à 1836, de 31 332 fr. 46 c.; elle descendit, de 1837 à 1846, à 21 606 fr. 31 c.; tomba, de 1847 à 1856, à 11 745 fr. 61 c. pour diminuer encore et n'être plus, de 1857 à 1861, que de 10 271 fr. 79 c. [Ce fut surtout la conséquence de la vente des corps de ferme en trop mauvais état de délabrement. Il eût été sage de reporter sur les bâtiments subsistants les crédits affectés auparavant aux bâtiments aliénés.]

Tels sont, en résumé, les principaux renseignements que nous fournit ce travail sur la gestion des biens ruraux de 1827 à 1861 [3].

Il nous reste à mentionner les *coupes de bois* et les *chasses*.

---

1. On acheva le bornage des terres de Catillon en 1853; de la ferme de Poix, de celle de Reez-Fosse-Martin et de celle de Saint-Bon, en 1854; des fermes des Botheaux, à Vert-le-Grand, et de Saint-Christophe, à Gonesse, en 1855; des fermes de Massy, de Sainte-Croix, de la Chalmelle, de la Gondiere, aux Essarts, de Salles et Rieux et du Pilori, à Escardes, de Charmont, de Saint-Christophe, à Brie-Comte-Robert, de Blanchefouace à Sermaise, en 1856; de la ferme de Bercagny, en 1859; des terres de Compans, en 1860; des fermes de Feux et de Gueux, à Bouillancy, en 1862.

2. Non compris les biens ruraux de la fondation Brézin.

3. Nous savons également, par l'*Exposé* en question, quel était le *personnel* préposé à la gestion et à la surveillance du domaine rural. En 1827, 15 agents subalternes avaient, sous les ordres de l'inspecteur, la garde et la surveillance de quelques parties du domaine. En 1861, le nombre de ces agents se trouve réduit à 11, avec augmentation de gages, justifiée, pour la plupart, par la plus grande importance des propriétés soumises à leur garde.

Voici l'état des rétributions allouées à ce personnel, en y comprenant la part afférente à la fondation Brézin en 1829 (date de la fondation Brézin) et en 1861.

		1829.	1861.
		fr.	fr.
Inspecteur.	Appointements	3 400	4 500
	Remises pour états de lieux et estimations	1 800	800
	Frais de voyage	2 500	2 000
	Rétributions totales de l'inspecteur.	7 700	7 300
	Gardes et surveillants, ensemble. .	1 572	3 172
		9 272	10 472

Le travail de l'inspecteur Prévost nous renseigne aussi sur le nouvel impôt de la

7° *Coupes de bois et chasses.* — Les *coupes* ordinaires annuelles auxquelles venaient s'ajouter la vente de harts, fagots, écorces et bourrées produisirent, pendant les dix-huit années du second Empire, une somme de 490 747 fr. 78 c. à laquelle il faut ajouter le produit des coupes extraordinaires et celui des arbres épars et des arbres morts, produit qui s'est élevé à 478 265 fr. 78 c. Nous obtenons ainsi un total de 969 013 fr. 56 c., avec une moyenne de 53 834 fr. par an. La moyenne n'avait été que de 25 450 fr. sous la Restauration ; elle s'était élevée, sous le gouvernement de Juillet, par suite, notamment, de plantations faites aux Essarts, dans la Marne, à la somme de 46 213 fr. [1].

La location du droit de *chasse* rapporta par an 223 fr. 50 c. sous la Restauration. En 1840, ce revenu était de 1 228 fr. 04 c. ; il atteignit 6 312 fr. en 1870.

8° *Comparaison du revenu des fermes aux dix-huitième et dix-neuvième siècles.* — Nous ne voulons pas terminer cette étude de la gestion des biens ruraux, sous le second Empire, sans reproduire un tableau intéressant du revenu des fermes en 1865, comparé avec le revenu des mêmes biens au XVIIIe siècle et vers l'année 1830. Ce travail, analogue à un autre publié précédemment [2], a été fait à un moment où le principe de la conversion du patrimoine immobilier des hospices en rentes sur l'État était l'objet de nouvelles préoccupations de la part du gouvernement.

En vue de montrer combien ont été déjouées les prévisions des hospices sur l'accroissement continu de la valeur locative des fermes, nous ajouterons le revenu des mêmes fermes ou des terres subsistantes après l'aliénation des bâtiments, à la fin du XIXe siècle, en 1900.

---

mainmorte, appliqué aux biens ruraux. « La loi du 20 février 1849 a soumis, à partir du 1er février de la même année, les biens des établissements publics à une contribution supplémentaire assez importante. L'administration n'a pas cru, jusqu'ici, devoir imposer généralement à ses fermiers cette nouvelle charge, dans la crainte de nuire à ses locations. Cependant, l'essai qu'elle a tenté avec succès dans cinq baux de lots de terre à Catillon, Chèvreville, Nourard, Vitry et Nantouillet, l'élévation croissante des fermages et la longue durée des baux font présumer qu'elle pourra, sans dépréciation du revenu de ses terres et sans opposition de la part des fermiers, exiger de ces derniers, aux prochains renouvellements, le payement de l'impôt dont il s'agit, comme de tous les autres.

« Il a été payé en 1831, pour l'acquit de cet impôt, une somme de 19 583 fr. 73 c.

« Si l'on prend cette somme pour la moyenne des treize années alors connues depuis la publication de la loi, l'impôt de mainmorte avait occasionné, à la fin de 1861, une dépense totale de 254 588 fr. 49 c. »

1. Page 105.
2. Page 110.

SITUATION DES BIENS.	ANNÉES des baux.	MONTANT des fermages.	NATURE des biens.
		fr. c.	
Eure-et-Loir.			
Ferme des Brosses, à Intreville .	1728	1 400 »	
	1825	9 220 »	
	1865	16 480 »	
	1900	8 970 »	
Ferme de La Salle, à Outreville .	1734	1 500 »	
	1826	5 140 »	
	1865	10 320,60	
	1900	9 520 »	
Oise.			
Ferme à Ève	1724	2 110 »	
	1832	7 354 »	
	1865	7 570,50	Location des terres, après la vente des bâtiments.
	1900	4 805 »	Id.
Ferme à Ognes	1724	1 050 »	
	1825	7 863,70	
	1865	8 209,10	
	1900	6 670 »	
Ferme à Saint-Waast	1738	475 »	
	1830	1 800 »	
	1865	2 155,05	Id.
	1900	1 420 »	Id.
Seine.			
Fermes à Créteil	1733	3 000 »	
	1830	16 620 »	
	1865	22 104,36	
	1900	23 695 »	Id.
Seine-et-Marne.			
Ferme à Brie-Comte-Robert . .	1735	1 112 »	
	1826	7 140 »	
	1865	10 291,12	Id.
	1900	11 289,47	Id.
Ferme à Charmentray	1727	2 500 »	
	1833	14 420 »	
	1865	16 819,90	
	1900	12 247,52	
Ferme à Compans	1734	3 000 »	
	1830	7 340 »	
	1863	7 828 »	Id.
	1900	5 220 »	Id.
Ferme à Saint-Gobert	1732	4 000 »	
	1828	19 540 »	
	1865	19 612,76	
	1900	15 000 »	
Fermes du Saint-Esprit et de l'Hôtel-Dieu, à Saint-Mesmes .	1725	1 620 »	
	1827	9 144 »	
	1865	9 280,30	
	1900	6 000 »	
Ferme de Mitry	1727	1 350 »	
	1832	6 000 »	
	1865	14 523 »	Id.
	1900	5 200 »	Id.
Fermes de la Charité et de l'Hôtel-Dieu, à Vinantes . . .	1734	2 033 »	
	1828	7 630 »	
	1865	11 393,80	Id.
	1900	8 547,82	Id.

SITUATION DES BIENS	ANNÉES des baux	MONTANT des fermages	NATURE des biens
		fr. c.	
Seine-et-Oise.			
Ferme du Bellay.	1734	3 606 »	
	1823	12 360 »	
	1865	18 315,18	
	1900	12 000 »	
Ferme de Bercagny	1738	1 600 »	
	1830	6 320 »	
	1865	7 915,54	
	1900	6 000 »	
Ferme de Blanchefovare	1733	1 637 »	
	1825	8 200 »	
	1865	10 854,40	Location des terres, après la vente des bâtiments.
	1900	9 897 »	Id.
Ferme de Boisfranc	1726	1 500 »	
	1827	5 262 »	
	1865	7 608,97	
	1900	8 100 »	
Ferme de Champrosay	1738	800 »	
	1828	5 400 »	
	1865	8 478,67	
	1900	7 900 »	
Ferme de Charmont	1735	2 545 »	
	1826	13 184 »	
	1865	17 609,83	
	1900	5 520 »	
Ferme de Gonesse	1732	700 »	
	1824	4 400 »	
	1865	9 313,51	Id.
	1900	19 399,15	Id.
Ferme de Origny	1732	700 »	
	1824	4 400 »	
	1865	9 313,51	Id.
	1900	11 680 »	Id.
Ferme de Marly-la-Ville	1738	2 750 »	
	1832	10 820 »	
	1865	11 037,13	Id.
	1900	11 359,50	Id.
Ferme de Morangis	1726	1 800 »	
	1830	7 601,87	
	1865	13 670,03	Id.
	1900	19 095,26	Id.
Ferme du Tillay	1739	1 650 »	
	1829	5 020 »	
	1865	7 313 »	
	1900	5 605 »	
Ferme des Botheaux, à Vert-le-Grand.	1728	1 000 »	
	1829	3 522 »	
	1865	3 639,76	Id.
	1900	5 195 »	Id.
Ferme de Massy	1724	2 000 »	
	1832	11 536 »	
	1865	20 634,16	Id.
	1900	15 887,10	Id.
Ferme des Noues, à Vert-le-Grand.	1732	1 500 »	
	1824	712,72	
	1865	10 499,98	
	1900	17 100 »	

SITUATION DES BIENS.	ANNÉES des baux.	MONTANT des fermages.	NATURE des biens.
		fr. c.	
Fermes de Poix, Feux et Gneux, à Bouillancy.	1756 1827 1865 *1900*	9 944 » 29 460 » 43 058,30 31 005,75	
Fermes de Saint-Bon, du Pilori, de Salles et Rieux, du château de Sainte-Croix, de la Gondière et de la Chalmelle à Saint-Bon, Escardes et aux Essarts (domaine des Essarts).	1764 1827 1865 *1900*	4 688 » 18 380 » 25 562 » 21 448 »	

Ce tableau est instructif. Il nous permet de faire les constatations suivantes : En 1865, le revenu des fermes est partout très supérieur au revenu des mêmes biens vers 1830. Partout aussi, après l'apogée de 1865, les loyers des fermes proprement dites (avec bâtiments) a subi un abaissement sensible à la fin du XIXe siècle, sauf toutefois à la ferme de Bois-Franc où l'augmentation est légère et à la ferme des Noues, à Vert-le-Grand, où elle est très accentuée.

En 1900, sept fermes avec bâtiments rapportent un revenu moindre qu'en 1830.

Là où les bâtiments constituant les corps de fermes ont été vendus une diminution de loyer s'est produite pour sept domaines dont les terres ont été relouées en détail ; pour six, le loyer est en hausse sur les prix payés en 1865.

Les terres des deux fermes de Créteil, dont les bâtiments n'étaient pas encore vendus en 1865, rapportent plus qu'à cette époque.

La statistique qui précède n'est pas, du reste, rigoureusement exacte ; il nous faudrait, pour être précis, tenir compte des parcelles de terres vendues dans le courant du siècle. Ces ventes, en diminuant la superficie des domaines ont aussi diminué le revenu. Mais, dans leur ensemble, les chiffres que nous avons donnés ne s'éloignent guère de la vérité. On peut, au point de vue de l'enseignement à en tirer, les considérer comme justes.

Le tableau démontre clairement, ce que personne n'ignore, que le loyer des fermes a baissé de nos jours ; il indique la proportion de cette baisse dans les départements les plus rapprochés de Paris. Il semble bien aussi démontrer que les terres des fermes privées de bâtiments et morcelées se louent mieux que les fermes à proprement parler, ce qui justifierait les ventes des corps de fermes en mauvais état faites par les hospices, vue de leurs pensées dirigeantes depuis le gouvernement de Juillet. Cette conclusion, longtemps indiscutable, n'est plus vraie de nos jours où les rôles tendent à se renverser, ainsi que nous l'avons fait observer précédemment [1]. En effet, la difficulté de relouer les terres seules, en détail, a contraint l'Assistance publique, au commencement du xxe siècle, à des ventes de domaines qu'elle compterait encore dans son patrimoine si elle n'en avait pas aliéné les bâtiments. C'est ainsi qu'en 1902 ont dû être vendues les terres de l'ancienne ferme de Gouvert, à Touquin (Seine-et-Marne), celles de l'ancienne ferme de Massy et celles de la ferme de l'Autruche, à Grigny (Seine-et-Oise). En 1903, on a jugé prudent de vendre les terres de l'ancienne ferme de Blois, à Saint-Waast et Verberie (Oise). En 1904, on a aliéné les terres de l'ancienne ferme de Blanchefouace, à Sermaise (Seine-et-Oise). Les locataires se lassaient de cultiver pour une administration des terres contiguës à leurs propres biens; possesseurs d'économies péniblement amassées, ils voulaient acquérir la propriété de ces terres et étaient disposés à en payer un bon prix à l'adjudication. Aussi les ventes que nous venons de citer ont elles toutes parfaitement réussi [2].

Au contraire, les locations de fermes sont maintenant plus recherchées [3]; mais les fermiers, plus exigeants qu'autrefois et, en général, plus instruits, réclament des bâtiments en bon état d'entretien, des locaux d'habitation confortables. Plus que par le passé, ils ont le souci du bien-être et de l'hygiène, et on ne saurait les en blâmer.

Là, du reste, où l'Assistance publique a pu livrer à ses fermiers des bâtiments solides et commodes et des terres de qualité suffisante, elle a toujours reloué sans difficulté, même au moment de la

---

1. Voir chapitre IV, § 4.

2. Les terres de Touquin ont été vendues 95 030 fr.; celles de l'ancienne ferme de Massy, 539 353 fr.; celles de Grigny, 468 314 fr.; celles de Saint-Waast, 66 290 fr.; enfin, celles de Sermaise, 261 030 fr. Conformément aux circulaires ministérielles de 1858, le prix a été employé en rentes sur l'État. Le revenu immédiat se trouve diminué, en ce qui concerne Touquin, de 473 fr.; en ce qui concerne Sermaise, de 1 570 fr.; mais, par contre, il est augmenté de 1 300 fr. pour les terres de Massy, de 3 000 fr. pour les terres de Grigny et de 470 fr. pour celles de Saint-Waast.

3. Voir p. 327.

pleine crise agricole. Nous pouvons citer comme exemple la ferme
des Noues, à Vert-le-Grand, où les travaux d'agrandissement des
constructions existantes et d'assainissement des terres ont permis de
porter à 17 100 fr. un fermage annuel qui n'était, en 1865, que de
10 500 fr.; en 1829, de 4 712 fr. 29 c., et, en 1732, de 1 500 fr.

Si donc l'administration des hospices de Paris veut conserver son
patrimoine rural, et c'est là une ressource que nous persistons à
considérer comme précieuse, elle doit prendre le contre-pied de ce
qu'elle a fait, en général, sous le second Empire. Au lieu d'affecter
des crédits insuffisants à l'entretien de ses fermes [1] et de laisser péricliter les bâtiments, elle doit réparer ces derniers avec soin, les
assainir, les améliorer, les agrandir, les reconstruire le cas échéant.
Rendons-lui cette justice que les hommes qui la dirigent aujour-
d'hui l'ont bien compris. Il est à leur honneur d'être entrés résolu-
ment dans cette voie et d'avoir pris une initiative qui sera féconde
en résultats [2].

§ 8. — LES BIENS DE LA FONDATION BRÉZIN.

Il n'a été fondé, sous le second Empire, aucun établissement
à revenus distincts qui fût propriétaire d'immeubles-urbains ou
ruraux [3]. Seule, dans cette période, la fondation Brézin [4] continue
de rentrer dans l'objet de notre étude [5].

Sous la Restauration et le gouvernement de Juillet, les hospices
avaient vendu toutes les propriétés urbaines et une partie des biens
ruraux de cette fondation. Elle restait encore propriétaire, en 1853,
de la ferme de la Loge-Panier à Montreuil, dans l'Aisne, et des
biens suivants, en Seine-et-Oise : ferme des Montcelets, à Champcueil, bois soumis au régime forestier sur le même territoire, pièces

---

1. Voir pages 284 et 291.

2. *Compte moral et administratif* de 1901, p. LV, et de 1902, p. 133.

3. Plusieurs fondations propriétaires d'immeubles productifs de revenus ont été
créées depuis : les fondations demoiselle Belœuil, Boucicaut, dame Alquier Debrousse,
Hubert Debrousse, Galignani, veuve Guéroult.

4. Voir chapitre III, §, 6 et chapitre IV, § 9.

5. Nous négligeons la fondation Boulard dont un terrain de 19ᵐ86ᶜ² contigu à
l'hospice Saint-Michel est encore, sous le second Empire, l'objet d'une location,
moyennant 50 fr. par an.

de terre à Montceau et Ormoy, clos entouré de murs et terres labourables, à Vaucresson. La superficie de ces différents biens était de 381ʰᵃ 45ᵃ 57ᶜᵃ; en 1865, leur revenu s'élevait à 22 760 fr. 95 c.

Le domaine conservé fut géré avec soin. En 1853, on fit des plantations d'arbres sur les terres dépendant de la ferme de la Loge-Panier; en 1856, on exécuta des travaux d'assainissement dans cette propriété. La même année, on construisit un bâtiment à la ferme des Montcelets.

Comme la ferme de la Loge-Panier était éloignée et que sa conservation devenait onéreuse, on la vendit, en 1865, pour un prix de 66 300 fr. Son revenu brut ne dépassait pas 1 839 fr. 20 c. Vers la fin du second Empire, en 1868, l'Assistance publique acquit, pour augmenter la valeur des domaines de Vaucresson, une pièce de terre de 44ᵃ 18ᶜᵃ. Par contre, les terres d'Ormoy furent réduites d'une superficie de 84ᵃ 58ᶜᵃ par la création de la ligne du Bourbonnais. En 1870, le revenu du bien de cette fondation est de 22 240 fr. 33 c. [1].

Nous arrêterons à la fin du second Empire cette étude du patrimoine des hospices civils de Paris.

RÉSUMÉ ET CONCLUSION

Nous avons montré que tous les régimes politiques qui se sont succédé depuis la Révolution ont été hostiles au domaine hospitalier et se sont efforcés de le supprimer ou de le réduire dans une large mesure.

La Révolution ayant voulu faire un service d'État de l'assistance hospitalière et de l'assistance à domicile, en vue d'assurer une répartition plus égale et plus équitable des ressources affectées à cette destination, le pouvoir central, substitué aux administrations locales, devait logiquement s'emparer de leurs biens et en employer les revenus au soulagement des malades, des vieillards, des enfants abandonnés et des pauvres gens. L'État prit, en effet, les biens, mais, pressé par d'urgents besoins financiers, il les aliéna pour la

---

1. Le clos de Vaucresson, loué pour haras à M. Lupin, rapporte, en 1870, 7 000 fr. contre 5 500 fr. en 1853. Il produit 12 200 fr. en 1904 (location Edmond Blanc).

plupart. Bientôt il se vit, faute de ressources, dans l'impossibilité de suffire à la lourde tâche qu'il avait assumée. La situation des hospices devint critique, il fallut reconstituer les administrations locales, rendre les biens non vendus et donner d'autres immeubles pour remplacer au moins partiellement ceux que les enchères avaient dispersés. L'échec complet de l'expérience tentée à cette époque devrait faire hésiter ceux qui, justement préoccupés d'une meilleure organisation sociale, croient possible d'assurer la plénitude de l'assistance au moyen de la centralisation par l'État de tous les services de secours.

Moins soucieux d'augmenter les revenus hospitaliers que de se procurer l'argent qui lui était nécessaire pour l'embellissement de sa capitale, Napoléon Ier força les hospices de Paris à aliéner leur patrimoine immobilier. Lors de sa chute, leur fortune foncière était diminuée de quatre cent dix immeubles urbains. Le gouvernement de la Restauration suivit l'impulsion donnée par le premier Empire et, pour payer les créanciers de la ville de Paris, prescrivit de nouvelles ventes.

Il était facile de trouver des raisons destinées à justifier devant l'opinion publique une aussi grave mesure de transformation de la fortune des hospices. On invoqua l'état de délabrement d'un grand nombre d'immeubles, la faiblesse prétendue du revenu net attribuée à une mauvaise gestion, le danger du développement de la main-morte. Le pouvoir central croyait, sans doute, fermement qu'il était indispensable de débarrasser les hospices de Paris des soucis d'une administration pour laquelle ils ne devaient avoir que des aptitudes insuffisantes.

Le gouvernement de Juillet, comme ceux qui l'avaient précédé, traita en suspect le domaine hospitalier. Il n'en pouvait être autre-ment. C'était une idée partout répandue que ces immeubles gérés par un personnel incapable ne produisaient que de maigres revenus. Les hospices de Paris, attachés à leurs biens ruraux qu'ils considé-raient, grâce aux fermages en grains, comme le patrimoine idéal d'une administration hospitalière, productif d'un revenu toujours croissant, les défendirent avec énergie. Il n'en fut pas de même de leurs propriétés urbaines ; on ne prévoyait pas alors la transforma-tion de la capitale, et cette nature de biens ne paraissait susceptible d'aucun avenir. Aussi le Conseil Général des hospices reprit-il assez volontiers, sous la pression exercée par le préfet de la Seine et sur les instances du conseil municipal, les aliénations urbaines quelque temps suspendues.

A l'exemple des régimes antérieurs, le gouvernement de Juillet poursuivait, du reste, en même temps que ce qu'il croyait être l'avantage des hospices, un but intéressé. Il se proposait de convertir leurs propriétés foncières en rentes sur l'État. N'était-il pas naturel, en effet, que les établissements placés sous sa tutelle contribuassent, par l'acquisition de sa rente, à soutenir son crédit ?

Le gouvernement de la deuxième République, gêné par de graves embarras budgétaires, envisagea la possibilité de se procurer des ressources avec les immeubles appartenant aux hospices ; mais, il ne s'arrêta pas à l'idée d'une nouvelle confiscation qui eût été un nouveau désastre hospitalier. Il imagina le procédé ingénieux, d'une réalisation difficile, consistant en un échange de propriétés hospitalières contre une égale valeur de forêts de l'État. Ce projet, applicable à la France entière, n'ayant pas abouti, l'Assistance publique de Paris put conserver les biens qui, jusqu'alors, avaient échappé aux ventes.

Avec le second Empire, la lutte contre le patrimoine foncier des hospices reprend plus ardente : les critiques contre la gestion se font plus vives. La circulaire du général Espinasse, de 1858, proscrit une mesure radicale : la vente de tous les immeubles hospitaliers et le remploi du prix en rentes sur l'État, avec capitalisation indéfinie du dixième des arrérages. Cette fois, la mesure parut brutale et injustifiée, le sentiment public s'émut ; le gouvernement dut reculer et, par une nouvelle circulaire, explicative de la première, il revint à une appréciation plus saine de la gestion des établissements hospitaliers, notamment à l'égard de l'Assistance publique de Paris, à qui il lui fallut rendre justice.

Chose singulière ! Ce patrimoine des hospices parisiens, constamment morcelé et démembré, subsiste quand même, et ses revenus, loin de diminuer, ne font qu'augmenter d'année en année. Nous avons exposé les causes principales d'une progression de revenus aussi surprenante : la diminution de la valeur de l'argent, le développement de la capitale, l'exécution de travaux d'amélioration, la mise en valeur de terrains par des percements de rues, l'extinction de baux emphytéotiques ou à vie, la conservation de quelques immeubles acquis par des libéralités, les locations à la ville de Paris pour ses écoles, et spécialement, sous le second Empire, les constructions productives de revenus, soit en vue de locations bourgeoises, soit pour créations ou extension de groupes scolaires, la simplification des formalités d'autorisation, etc.

- L'étude des efforts accomplis par le pouvoir central, en vue de l'aliénation des immeubles appartenant aux hospices, forme la partie principale et, en quelque sorte, la grande ligne de notre travail. Mais, en dehors de ce point essentiel, nous avons exposé un certain nombre de faits et étudié plusieurs questions qui nous ont semblé offrir un réel intérêt. Citons notamment l'historique de quelques-unes des propriétés hospitalières, la curieuse affaire des révélations Mariette, la cession des marchés parisiens aux hospices, les baux emphytéotiques et à vie, les fermages en grains, les ventes de corps de ferme en mauvais état et leurs conséquences imprévues, l'influence de la révolution de 1848 sur les revenus des immeubles, la transformation des écoles de charité en écoles municipales, les ouvertures de voies publiques dans Paris, la création de l'impôt de mainmorte, le déplacement d'hôpitaux et d'hospices, enfin, l'étude particulièrement importante de la conversion en rentes sur l'État du domaine hospitalier.

Le jugement qu'il nous est permis de porter sur la façon dont les hospices de Paris ont administré leur domaine foncier se dégage facilement des faits dont nous avons poursuivi l'examen. S'ils se sont illusionnés sur l'avenir indéfini de biens ruraux et s'ils ont trop aisément consenti à sacrifier leurs propriétés urbaines, ils ont leur excuse dans l'erreur commune et l'impossibilité où ils étaient de prévoir les événements. Ce que l'on doit surtout retenir, c'est que, malgré des attaques continuelles, ils ont, sans défaillance, géré le patrimoine des pauvres avec un zèle soutenu et, sous le second Empire, avec un esprit d'initiative qui n'est pas toujours l'apanage des administrations.

Il nous faut maintenant conclure. Tant que l'organisation sociale actuelle existera, qu'un *novus ordo rerum* ne s'établira pas, sapant par la base les institutions publiques qui nous régissent et supprimant la propriété individuelle des personnes privées ou morales, il sera de l'intérêt des malheureux de conserver aux hospices et autres établissements de bienfaisance un patrimoine immobilier. Mais, cette nature de biens ne donnera tous ses fruits qu'à la condition de laisser, à ceux qui auront la charge de leur gestion, des pouvoirs étendus, dégagés le plus possible des formalités administratives et se rapprochant de ceux dont jouissent les gérants de propriétés particulières. Choisis avec soin pour leurs aptitudes et leur probité, les chefs de ce service continueront, en l'améliorant, l'œuvre de leurs prédécesseurs.

Bien que ce travail soit restreint à un objet spécial et porte sur un point un peu secondaire de la grande question de la bienfaisance, nous voulons espérer cependant qu'il n'aura pas été inutile et nous serons heureux d'avoir apporté notre petite pierre à l'édifice de l'Assistance, auquel l'humanité travaille toujours, mais qu'elle ne parachève jamais.

APPENDICE

Nous avons fait observer, à la page 15, qu'il nous était difficile de connaître l'importance des aliénations de biens des établissements de bienfaisance de Paris faites sous la Révolution, en exécution de la loi de confiscation du 23 messidor an II. Nous n'avions alors, pour nous renseigner, que des affirmations assez contradictoires, sauf en ce qui concerne les biens ruraux pour lesquels nous possédions des documents précis bien qu'incomplets (p. 16 et 17, note).

Depuis ce moment, nous avons été assez heureux pour découvrir quatre états dressés après la loi de restitution de vendémiaire an V et qui se réfèrent tant aux propriétés urbaines qu'aux propriétés rurales aliénées. Un cinquième état particulièrement important énumère l'ensemble des pertes de toute nature subies par les hospices du chef de la Révolution. Sa date est un peu postérieure à vendémiaire an IX.

Voici le contenu de ces états :

1ᵉʳ ÉTAT. — État des maisons situées dans la commune de Paris faisant partie du revenu des hôpitaux, qui ont été vendues et dont la commission administrative des hospices demande le remplacement, en vertu de la loi du 16 vendémiaire an V.

SITUATION des maisons.	DATES des ventes.	PRIX des ventes.	NOMS des acquéreurs.	MONTANT annuel des loyers.
		fr.		fr. c.
Grand hospice d'humanité.				
Rue Bergère, nº 1025 . .	23 nivôse an III	80 000	Franc.	300 »
— du Bouloy, nº 37 . .	4 messidor an III	203 000	Vignon.	2 600 »
— de la Huchette, nº 13	14 dudit	74 200	Massin.	815 »
— de l'Observance, nº 89.	Idem	85 200	Barras.	1 100 »
— de la Grande-Truanderie, nº 13.	16 dudit	180 200	Franc.	1 450 »
— de la Huchette, nº 15.	Idem	102 500	Radu.	1 225 »
— de l'Observance, nº 0.	Idem	303 400	Dupré.	2 444 »
— St-Médéric, nº 483 .	22 dudit	110 100	Lethiey.	614,70
			A reporter . . .	10 617,70

SITUATION des maisons.	DATES des ventes.	PRIX des ventes.	NOMS des acquéreurs.	MONTANT annuel des loyers.
		fr.		fr. c.
			Report	10 617,70
Rue des Fossés de la Liberté, no 85	26 messidor an III	80 600	Bourdon.	824 »
— des Fossés de la Liberté, no 84	Idem	105 100	Bourdon.	950 »
— des Fossés de la Liberté, no 87	Idem	90 700	Dombre.	775 »
— des Fossés de la Liberté, no 81	4 thermidor an III	151 000	Franc.	1 223 »
— Michel-Lepelletier, no 220	Idem	392 600	Fichet.	2 000 »
— de Montmorency . .	Idem	551 900	Boucher.	2 229 »
— de la Colombe, no 9.	8 dudit	49 800	Mouthiers.	808 »
— de Touraine	Idem	120 300	Bizouardine.	1 215 »
— de l'Observance, no 7	Idem	325 100	Deverey.	1 884 »
— Beaubourg.	Idem	404 000	Tiron et Cie.	1 633 »
— du Poirier, no 498. .	14 dudit	31 500	Dunon.	410 »
— des Fossés de la Liberté, no 82 . . .	dudit	101 100	Franc.	800 »
— des Fossés de la Liberté, no 83 . . .	Idem	110 300	Barras.	943 »
— Galande, no 8 . . .	Idem	200 000	Breton.	1 226 »
— des Marmouzets, no 29.	18 dudit	130 000	Gogly.	843 »
— des 3 Canettes, no 10.	Idem	107 300	Tanchon.	1 043 »
— du Bacq, no 469 . .	Idem	565 100	Bourson et Cie.	1 862,33
— Galande, no 6 . . .	24 messidor an III	186 000	Gornet.	1 200 »
— de Touraine, no 5. .	Idem	260 000	Pélan.	2 131 »
Vieille rue du Temple, no 737	Idem	602 100	Vanier et Migeon.	4 076 »
Rue Médéric, no 487 . .	dudit	630 100	Duquesne.	5 062 »

Hospice Catherine.

SITUATION des maisons.	DATES des ventes.	PRIX des ventes.	NOMS des acquéreurs.	MONTANT annuel des loyers.
Rue Denis	26 pluviôse an III	78 400	Liévois.	1 200 »
			Feuillette.	1 300 »
			Prévost.	4 050 »
— Martin.	8 germinal dudit an	280 200	Vincent.	4 050 »
— de la Jussienne. . .	28 thermidor an III	310 100	Desjardins.	1 100 »
— de Cléry.	16 ventôse dudit an	151 600	Sergent.	1 550 »
Faubourg Laurent . . .			Grouvelle.	2 016 »

Hospitalières, rue Mouffetard.

SITUATION des maisons.	DATES des ventes.	PRIX des ventes.	NOMS des acquéreurs.	MONTANT annuel des loyers.
Rue Mouffetard. . . .				450 »

Hôpital général.

SITUATION des maisons.	DATES des ventes.	PRIX des ventes.	NOMS des acquéreurs.	MONTANT annuel des loyers.
Rue du Bacq, no 469, pour deux tiers, dont un appartenant à l'Hôpital Général et l'autre tiers aux Enfants-Trouvés .				3 724,67

Hospice des Incurables.

SITUATION des maisons.	DATES des ventes.	PRIX des ventes.	NOMS des acquéreurs.	MONTANT annuel des loyers.
Terrain et marais, rue de Vaugirard				250 »

Petites maisons.

SITUATION des maisons.	DATES des ventes.	PRIX des ventes.	NOMS des acquéreurs.	MONTANT annuel des loyers.
Rue Coquillère				1 366 »
			TOTAL	64 792,70

2ᵉ ÉTAT. — *État des biens aliénés appartenant aux indigents de Paris.*

NOMS des établissements de charité.	DÉSIGNATION des biens.	PRIX de ferme ou de loyer en 1790.	VALEUR en capital.	ÉPOQUE de la vente.	PRIX de la vente.		
		l.	l.		l.	s.	d.
Pauvres de la paroisse de Saint-Roch	Partie de maison rue d'Argenteuil . . .	2 000	20 600	3 br. an V.	23 400	»	»
Id.	Maison autrefois habitée par les filles de Sainte-Anne, même rue	1 200	17 135	7 mess. an IV	55 800	»	»
Id.	Autre, même rue, nº 32	3 000	30 150	13 fruct. an IV.	112 000	»	»
Pauvres des paroisses de Saint-Merry, Saint-Séverin, Saint-Étienne-du-Mont, Saint-Jacques-la-Boucherie et Sainte-Marguerite. . .	Autre, rue Saint-Honoré, nº 26, près la barrière des Sergents	3 000	39 325	5 br. an IV.	450 000	»	»
Pauvres de la paroisse de Saint-Nicolas-des-Champs	Autre, rue Jean-Robert	1 400	15 500	11 fruct. an IV.	18 000	»	»
Pauvres de la paroisse de Saint-Gervais.	Autre, rue des Barres, ci-devant occupée par les sœurs Grises . . .	800	11 300	18 flor. an IV.	18 900	»	»
Id.	Autre, rue du Long-Pont	1 000	16 420	25 fruct. an IV.	32 400	»	»
Pauvres de la paroisse de Saint-Médard	Autre, rue de l'Orangerie, nº 3	300	4 000	»	»		
Pauvres de la paroisse de Saint-Étienne-du-Mont.	Autre, avec jardin, rue Saint-Étienne .	500	6 450	5 ger. an VI.	9 300	»	»
Id.	Autre, rue des Chiens	1 200	7 080	»	»		
Ci-devant sœurs Grises .	Plusieurs bâtiments dépendant de la maison des sœurs Grises, rue du faubourg Saint-Denis, vis-à-vis Saint-Lazare	»	155 236	28 frim. an V. Id. 27 br. an V. 29 vend. an V 4 frim. an V. 28 ger. an V.	147 083 37 500 16 300 71 458 19 200 1 648 862	6 » » 6 » »	8 » » 8 » »
Pauvres de la paroisse de Saint-Laurent	Maison, rue du faubourg Saint-Martin, nº 171	2 000					
Id.	Autre, dite la Ménagerie, même rue, près le cul-de-sac Saint-Michel, nºˢ 104 et 105 . . .	2 250	36 400	19 th. an IV.	40 500	»	»
Id.	Maison et marais, même rue, nº 21 .	750					
		19 400	359 596		2 210 793, 13ˢ 4ᵈ		

3e ÉTAT. — *État des revenus aliénés appartenant aux différens hospices civils de Paris.*

Grand hospice d'humanité de Paris, ci-devant Hôtel-Dieu.

Noms des départements.	Noms des lieux où sont situées les fermes.	Prix des fermages. (l. s. d.)
Paris	Aubervilliers	1 194 ,10 »
Seine-et-Oise	Aubray	683 , 3 3
Loiret	Argeville	4000 » »
Paris	Petit-Gentilly	672 » »
Eure	Guitry	12 232 , 5 9
Idem	Forêt	2676 » »
Seine-et-Marne	Lieusaint	484 » »
Seine-et-Oise	Marcoussy	1078 ,16 8
Paris	Orly	255 » »
Idem	Puteaux	170 » »
Seine-et-Oise	Villiers-le-Sec	1680 » »
TOTAL		24 525 ,15 8

Noms des rues.	Prix des locations. (l. s. d.)
Rue Bergère, n° 1015	300 » »
Rue du Roulol, n° 37	2600 » »
Rue de la Huchette, n° 13	800 » »
Au coin des rues de l'Observance et de l'Égalité	1169 » »
Rue de la Grande-Truanderie, n° 13	1450 » »
Rue de la Huchette, n° 15	1225 » »
Rue de l'Observance, n° 6	2444 » »
Rue Merry, n° 488	614 ,14 »
Rue des Fossés de l'Égalité, n° 85	824 » »
Rue des Fossés de l'Égalité, n° 84	959 » »
Rue des Fossés de l'Égalité, n° 87	775 » »
Rue des Fossés de l'Égalité, n° 81	1223 » »
Rue des Fossés de l'Égalité, n° 82	800 » »
Rue des Fossés de l'Égalité, n° 83	943 » »
Rue Michel Le Pelletier	1964 ,12 »
Rue de La Réunion, n° 208	2229 » »
Rue de La Colombe, n° 2	808 » »
Rue de Touraine	1215 » »
Rue de l'Observance, n° 7	1889 » »
Rue Beaubourg	1033 » »
Rue du Poirier, n° 498	416 » »
Rue Galande, n° 8	1226 » »
Rue des Marmouzets, n° 29	813 » »
Rue des Cannettes, n° 10	1043 » »
Rue du Bac, n° 469 (Pour un tiers seulement, les deux autres tiers appartenant à l'Hôpital Général et aux Enfants abandonnés)	1862 , 6 8
Rue Galande, n° 6	1200 » »
Rue de Touraine, n° 5	2131 5 »
Vieille rue du Temple, n° 737	4076 » »
Rue Merry, n° 487	5002 » »
TOTAL	43 685 ,17 8

FERMES.		PRIX des fermages.	MAISONS. — Noms des rues.	PRIX des locations.
Noms des départements.	Noms des lieux où sont situées les fermes.			
		l. s. d.		l. s. d.

Hôpital Général.

Noms des départements.	Noms des lieux où sont situées les fermes.	PRIX des fermages.	Noms des rues.	PRIX des locations.
Paris.	Orly	1450 » »	Rue du Bac, nº 40).	3 724 ,13 4
Idem.	9 arpents à la Chapelle Denis et à la Villette. (Cet article fait partie des propriétés de l'hôpital du St-Esprit qui ont été réunies à celles de l'Hôpital Général et qui doivent faire aujourd'hui partie de celles des Orphelines, barrière de Sève)	373 » »		
	Total.	1823 l. » » d.	Total.	3 724 l. 13 4 d.

Incurables.

Noms des départements.	Noms des lieux où sont situées les fermes.	PRIX des fermages.	Noms des rues.	PRIX des locations.
Oise	Reez, près Bouillancy (Le ci-devant château de Bouillancy et jardins en dépendant ne produisant aucun revenu, il doit en être tenu compte à l'hospice par un revenu équivalent au capital du prix de la vente). Deux moulins et plusieurs pièces de terre en dépendant	1400 » »	Terrain et marais, rue de Vaugirard	250 » »

Petites Maisons.

Noms des départements.	Noms des lieux où sont situées les fermes.	PRIX des fermages.	Noms des rues.	PRIX des locations.
»	»	»	Rue Coquillère	1366 ,11 »

Hospice de la rue Mouffetard, réuni aux deux hospices de l'Est et du Roulle.

Noms des départements.	Noms des lieux où sont situées les fermes.	PRIX des fermages.	Noms des rues.	PRIX des locations.
»	»	»	Rue Mouffetard	400 » »

Hospice Sainte-Catherine.

Noms des départements.	Noms des lieux où sont situées les fermes.	PRIX des fermages.	Noms des rues.	PRIX des locations.
»	»	»	Rue Denis	1 200 » »
			Id.	1 300 » »
			Id.	4050 » »
			Rue Martin	4050 » »
			Rue de la Jussienne	1 100 » »
			Rue de Cléry	1 550 » »
			Faubourg Laurent	2010 » »
			Total.	15 250 l. » »

FERMES.		PRIX des fermages.	MAISONS. — Noms des rues.	PRIX des locations.
Noms des départements.	Noms des lieux où sont situées les fermes.			
		l. s. d.		l. s. d.

Hospices supprimés.

Enfant-Jésus		4600 » »		
Miramionnes		5000 » »	»	»
Hospice Saint-Mandé		4000 » »		
Total. . . .		13600ˡ, » »		

A l'égard des trois derniers articles ci-dessus et de celui de la rue Mouffetard, la commission n'a pu se procurer jusqu'à ce jour aucun détail sur la désignation particulière des objets aliénés dont elle présente seulement le montant du revenu en masse.

RÉCAPITULATION.

	FERMAGES.			MAISONS.		
	l.	s.	d.	l.	s.	d.
Grand hospice d'humanité.	24525	15	8	43685	17	8
Hôpital Général.	1823	»	»	3724	13	4
Incurables	1400	»	»	250	»	»
Petites Maisons	»	»	»	1366	11	»
Hospice de la rue Mouffetard	»	»	»	400	»	»
Hospice Sainte-Catherine	»	»	»	15250	»	»
Hospices supprimés.	13600	»	»	»	»	»
Totaux	41348ˡ,	15	8ᵈ	64683ˡ,	2ˢ	»

106031ˡ, 17ˢ 8ᵈ.

Pour copie conforme :
Le Secrétaire de la Commission administrative des hospices civils de Paris,
LÉVÉVILLE.

4ᵉ ÉTAT. — *État des rentes dues aux hospices dont le remboursement ayant été fait à la nation, il y a lieu de faire répétition à la régie des droits d'enregistrement, après toutefois vérification faite si les remboursements ont été faits conformément aux lois.*

NOMS des hospices.	NOMS des débiteurs.	RENTES dues.	DATES des remboursements.
		l. s. d.	
Grand hospice d'humanité	Frémont, rue Aux-Fers . . .	6 ,15 10	20 juillet 1792.
Hôpital Général	Gibert	50 » »	26 floréal an III.
Idem.	Créanciers Bouffemont . . .	900 » »	»
Idem.	Demantort, notaire	2 000 » »	7 frimaire an IV.
Idem.	Poulain, serrurier, rue Copeau	200 » »	En 1793.
Saint-Esprit	Gibert	5 » »	26 floréal an III.
Enfants de la Patrie . .	Caussin	150 » »	27 thermidor audit an.
Idem. . .	Pannelier	150 » »	4 messidor an III.
		3 461 ,15· 10⁴	

5e ÉTAT. — *État général des pertes faites par les hospices civils étaient anciennement* — *de Paris sur les biens-fonds, rentes et redevances dont les revenus perçus à leur profit.*

BIENS ALIÉNÉS en vertu de la loi du 23 messidor an II et autres revenus éteints au profit des hospices.	ÉVALUATION des loyers, fermages des propriétés aliénées et dont le prix a été touché par les domaines nationaux.	ÉVALUATION des rentes dont le capital a été versé dans les caisses nationales.	RÉDUCTION des rentes sur l'État en exécution des lois du 24 frimaire an VI au 11 brumaire an VII.	RENTES ou REDEVANCES assignées sur les domaines nationaux dont l'exécution a eu lieu.	TOTAL des pertes annuelles des revenus des hospices civils.	ARRÉRAGES dus des pertes annuelles depuis le 1er vendémiaire an V jusqu'an 1er vendémiaire an IX.	CAPITAUX des biens-fonds à remplacer.	CAPITAUX des rentes ou redevances à remplacer ou rétablir par le Trésor public.
	fr. c.	fr. c.	fr.	fr.	fr. c.	fr. c.	fr.	fr.
1. Loyers des maisons	64 792,70	»	»	»	64 792,70	»	1 293 856	»
2. Fermages	29 396,20	»	»	»	29 396,20	»	587 923	»
3. Dîmes et droits supprimés	»	29 764,45	»	»	29 764,45	»	»	595 289
4. Rentes sur particuliers	»	3 462 »	»	»	3 462 »	»	»	69 240
5. Deuxième partie de loyers et fermages	51 818 »	»	»	»	51 818 »	»	1 036 360	»
6. Propriété de l'hospice de Saint-François à Issy, près Paris	8 000 »	»	»	»	8 000 »	»	160 000	»
7. Rentes en grains pour immeubles dont l'aliénation a été ordonnée par l'édit de 1780	4 000 »	»	»	»	4 000 »	»	80 000	»
8. Rentes sur les corps et communautés supprimés	»	4 616,35	»	»	4 616,35	»	»	92 326
9. Rentes sur l'État liquidées. / Rentes sur l'État à liquider	»	»	1 071 956 128 464	»	1 200 000 »	»	»	24 000 000
10. Don de Louis XIII à l'hospice des Enfants sur les domaines de Gonesse et de Paris	»	»	»	24 000	24 000 »	»	»	480 000
11. Don de Louis XIV au même hospice sur ses domaines	»	»	»	8 000	8 000 »	»	»	160 000
12. Don de Louis XV au même hospice sur ses domaines comme ayant la charge de la haute justice de Paris qui comprenait celle des enfants trouvés	»	»	»	120 000	120 000 »	»	»	2 400 000
13. Don à l'Hôpital Général sur la ferme des carrosses	»	»	»	15 000	15 000 »	»	»	300 000
14. Droits sur les arts et métiers, année commune	»	»	»	6 000	6 000 »	»	»	120 000
15. Don de 5 sols par minot de sel payé par abonnement sur les domaines	»	»	»	25 000	25 000 »	»	»	500 000
16. Droit ou aumône sur les réceptions des juges et autres officiers des tribunaux, année commune	»	»	»	8 000	8 000 »	»	»	160 000
17. Indemnité annuelle payable par le Trésor public représentative de l'ancienne loterie des Enfants trouvés	»	»	»	150 235	150 235 »	»	»	2 804 700
	158 006,90	37 849,80	1 200 000	345 235	1 742 084,70	6 928 338,80	3 160 139	31 681 555

OBSERVATIONS.

Les quatre premiers articles de cet état ont été réclamés en l'an V et n'ont point été compensés. Les articles qui suivent sont ici présentés pour la première fois d'après l'arrêté des consuls du 15 brumaire an IX. On a cru devoir porter à la quatrième colonne les deux tiers des rentes sur l'État qui restent à liquider.

On doit ajouter à ces pertes les sommes payées pour affranchissements d'entrées qui montaient par année à la somme de 601 900f

Les droits sur les spectacles dont le produit en ce moment attribué aux secours à domicile, quoique le droit soit créé en leur faveur, produit par année.. 350 000

Le droit de la boucherie de l'Hôtel-Dieu acheté par le gouvernement moyennant une rente qui n'est plus payée et qui avait été stipulée de 40 000

Le Petit-Pont ou le Pont-au-Double de l'Hôtel-Dieu qui n'est plus d'aucun produit et qui rapportait annuellement............ 30 000

Divers droits féodaux qui appartenaient à quelques hospices et dont le revenu pouvait être évalué annuellement............ 25 000

L'affranchissement de toutes impositions qui, n'existant plus, diminue la recette des hospices d'environ... 350 000

Les legs particuliers et universels qui pouvaient, autrefois, être modérément évalués à un produit de... 170 000

Les bénéfices du Mont-de-Piété dont les produits, lorsqu'il n'existait pas de concurrence pour les prêts, s'élevaient, année commune, à............ 180 000

Tous ces divers revenus étaient indépendants des octrois aux entrées de Paris qui se percevaient, tant au profit de l'Hôpital Général que de l'Hôtel-Dieu et de divers autres hospices. Ces droits produisaient à peu près quatre millions par année dont la concession est aujourd'hui représentée par l'octroi de bienfaisance et dont les hospices ne retirent pas les mêmes avantages.

1 696 900f

RÉCAPITULATION
de la perte annuelle du revenu des hospices

Par la sixième colonne de l'État 1 742 084,70
Et par la colonne des observations ... 1 696 900 »
TOTAL.......... 3 438 984,70

Ces tableaux appellent quelques remarques :

Première remarque. — Les prix de vente des immeubles situés dans Paris (états 1 et 2) sont, le plus souvent, hors de toute proportion avec le montant des loyers et l'évaluation foncière. Un immeuble rue Bergère, n° 1025 (1er état), dont le loyer annuel est de 300 fr., est vendu 80 000 fr.; un autre, rue Saint-Honoré, 26 (2e état), évalué 39 325 fr. rapportant, en 1790, 3 000 fr. de loyer, est vendu 450 000 fr. Les bâtiments dépendant de la maison des sœurs Grises, rue du faubourg Saint-Denis (2e état), évalués 155 236 francs, sont vendus, en six lots, 1 940 494 fr. Il en est ainsi, d'une façon plus ou moins sensible, pour la plupart des autres immeubles aliénés. L'anomalie que nous signalons est une conséquence de la création des assignats. En l'an III, et plus encore en l'an IV, ce papier-monnaie avait subi une dépréciation énorme. Tous ceux qui en étaient porteurs n'avaient qu'un souci : s'en débarrasser pour le convertir en valeurs plus solides; c'est ce qui explique les prix excessifs auxquels furent adjugés les immeubles provenant des hospices [1].

Deuxième remarque. — Le deuxième état (*état des biens aliénés appartenant aux indigents de Paris*) contient des aliénations postérieures à la loi de restitution du 16 vendémiaire an V (7 octobre 1796). Nous avons vu, en effet [2], que les bureaux de bienfaisance n'avaient participé au bénéfice de la loi de vendémiaire que par une loi du 20 ventôse suivant (10 mars 1797). D'un autre côté, c'est seulement le 28 prairial an IX (17 juin 1801) qu'un arrêté consulaire comprit dans la restitution : 1° les biens spécialement affectés à la nourriture, à l'entretien et au logement des hospitalières et des filles de charité attachées aux anciennes corporations vouées au service des *pauvres* et des *malades* [3], 2° les biens affectés à l'acquit

---

1. « On avait voulu créer une monnaie fiduciaire; mais, avant même qu'on en arrivât au papier-monnaie (1790), il se produisit un grave symptôme de la défiance publique : ce fut l'empressement des porteurs d'assignats, lors des adjudications, à convertir leurs titres en valeurs plus solides, *ce qui fit monter démesurément le prix des terres.* » Cauwès, *Précis du cours d'économie politique*, t. I, n° 612, 2e édit., 1881.

2. Page 16, note 1.

3. Voir ci-dessus, page 29.

des fondations relatives à des services de bienfaisance et de charité[1]. Jusqu'à ces deux époques, l'État avait donc pu continuer les aliénations de biens de cette provenance. Telles sont les raisons pour lesquelles nous trouvons dans le deuxième état des ventes effectuées en brumaire, frimaire et germinal an V (pauvres de la paroisse Saint-Roch et bâtiments dépendant de la maison des sœurs Grises) et même une vente faite en germinal an VI (pauvres de la paroisse Saint-Étienne-du-Mont).

Troisième remarque. — Nous avons donné, à la page 15, note 2, d'après un travail préparatoire du compte moral de 1861, une liste dont les éléments avaient dû être puisés dans le cinquième état que nous reproduisons ci-dessus. Nous faisions toutes réserves sur l'exactitude des chiffres indiqués dans cette liste dont nous ignorions alors la provenance. Bien que nous ayons maintenant une énumération détaillée, et que nous pouvons supposer vraie, de l'ensemble des pertes subies par les hospices et notamment des pertes en loyers et fermages, quelques points, cependant, restent encore obscurs dans cet *état général* (n° 5). Si le chiffre des pertes en loyers de maisons correspond à celui des états 1 et 3, par contre, le chiffre des pertes en fermages est moins élevé (dans l'état général), puisqu'il est seulement de 29 396 fr. 20 c. tandis qu'il est de 41 348 fr. dans le troisième état.

Nous trouvons, en outre, dans l'*état général* un n° 5, ainsi conçu : *Deuxième partie de loyers et fermages, 51 818 fr.*, sur lequel nous ne possédons aucun renseignement. Les autres états ne nous fournissent pas d'indications qui nous permettent de savoir de quels immeubles il est ici question et à quels établissements hospitaliers ils appartenaient.

Quatrième remarque. — Nous ne pensons pas que le chiffre total des pertes subies par les hospices civils de Paris fourni par l'*état général* (n° 5) soit rigoureusement exact. En effet, les sommes qui figurent en *observations* dans cet état ne sont que des évaluations approximatives, et il semble bien qu'elles ont dû être plus ou moins exagérées pour les besoins de la cause.

---

1. Durieu et Roche, *loco cit.*, t. I, p. 242.

Cinquième remarque. — Dans la liste des pertes données à la page 10, nous lisons : 1° *Suppression des redevances au profit des hospices par les personnes affranchies de toutes impositions.* Il y a là une inexactitude rectifiée par l'état général (n° 5); il faut lire : *Suppression de l'affranchissement de toutes impositions dont jouissaient les hospices.*

TABLE DES MATIÈRES

CHAPITRE III

Le domaine productif de revenus sous la Restauration.

CHAPITRE IV

Le domaine productif de revenus sous la monarchie de Juillet.

CHAPITRE V

Le domaine productif de revenus sous la deuxième République.

CHAPITRE VI

Le domaine productif de revenus sous le second Empire.

TABLE ALPHABÉTIQUE ET ANALYTIQUE

NANCY, IMPRIMERIE BERGER-LEVRAULT ET Cie

Documents manquants (pages, cahiers...)
NF Z 43-120-13